Les Magistrats sur le divan

Dominique Verdeilhan

Les Magistrats sur le divan

éditions du
ROCHER

Éditions du Rocher
28, rue Comte-Félix-Gastaldi - BP 521 - 98015 Monaco

www.editionsdurocher.fr

ISBN : 978-2-268-07917-2
EAN Epub : 9782268090887

À Caroline, ma première lectrice dont le soutien,
l'encouragement et la présence
me sont quotidiennement précieux.
À Margaux et Olivier dont je me félicite
qu'ils n'aient jamais comparu devant un magistrat.
À Louis, qui ne sait pas encore lire,
mais qui peut compter sur moi.

Du même auteur

– Dominique VERDEILHAN et J.C. BAUER (illustrations), *Portraits de justice*, éd. Dargaud, 1995.

On touche à l'humain tout le temps.
C'est profondément un ministère humain,
pas toujours avec le bon côté de l'humanité
puisque l'on voit arriver les gens quand ils ont tout raté.
Donc on n'a pas la vision la plus optimiste de l'humanité.

Dominique Perben
Ministre de la Justice de mars 2002 à juin 2005

Ce sont des jeunes en dérive, en délinquance,
des familles déchirées. Tous les drames humains de la société
convergent vers la justice.

Élisabeth Guigou
Ministre de la Justice de juin 1997 à octobre 2000

C'est un ministère de l'urgence,
de tragédie humaine en permanence.
C'est la liberté et l'honneur des personnes, c'est la mort, la prison...
Plus angoissant qu'au ministère de l'Intérieur.

Pierre Méhaignerie
Ministre de la Justice de mars 1993 à mai 1995

Toutes ces phrases sont extraites du documentaire
Les Gardes des Sceaux ont la parole
de J. Beauregard et L. Greilsamer.

Préface

Mon casier judiciaire est toujours vierge. Pourtant je fréquente les magistrats depuis bientôt vingt-huit ans. Je les suis, les observe, les scrute. Une attention teintée d'admiration. S'il m'est arrivé d'en épingler quelques-uns dans mes chroniques, je me suis toujours attaché à viser l'institution et non les hommes. On oublie trop de saluer les difficultés logistiques, mais aussi juridiques qu'ils rencontrent dans leur mission.

Les gardes des Sceaux et les parlementaires ont beau jeu de critiquer les juges quand ils se prennent les pieds dans le tapis dans une procédure alors que, dans le même temps, les politiques surchargent, au gré des alternances, l'arsenal juridique.

Les chroniqueurs judiciaires que nous sommes avons une obligation d'être synthétiques, compréhensibles, à la limite de la simplification. Le juge se doit d'être précis, complet, non exhaustif. Il n'est, pour s'en rendre compte, que de consulter une ordonnance de renvoi, un arrêt de mise en accusation, de lire les attendus juridiques et pointilleux d'un arrêt de la Cour de cassation pour appréhender la complexité du travail du magistrat. Le jour et la nuit. Il n'y a pas seulement un fossé entre le temps médiatique et le temps judiciaire. Ce sont deux univers totalement asymétriques.

Au début de l'été 2015, j'ai jeté mon filet en contactant plusieurs des magistrats croisés ces dernières années. Certains s'étonneront de ne pas avoir été sollicités. J'assume mes choix. Mais je suis forcé de reconnaître qu'au début de mon enquête, je m'attendais à éprouver quelques difficultés à réunir autant de témoignages. Je connais le magistrat. De par sa nature, sa formation, à quelques exceptions près, il est discret, effacé, cherchant plutôt l'ombre que la lumière. Je m'attendais à des refus massifs. Polis, mais fermes. Erreur et surprise. Très rapidement, malgré la période estivale et leurs occupations professionnelles, nombreux furent ceux qui m'ont répondu favorablement, saluant au passage une initiative « originale », « un beau et noble projet », « une approche inhabituelle », « un angle d'attaque intéressant », « un sujet pertinent et passionnant ». L'un évoquant un « sujet sans doute un peu tabou » chez eux, un autre considérant que cela « flirte avec le psy et l'intime ». « On ne fait pas un travail comme ça, sans être marqué », soulignait un haut magistrat. « Notre travail est peu évoqué sous un angle humain et pourtant », note un autre correspondant.

« Nous étions dans le non-dit. Un magistrat qui pleure, vous ne le voyez pas », me confiera un haut magistrat. « On considérait que cela faisait partie des risques du métier. On nous disait : "tu te débrouilles". Nous étions dans le déni de souffrance », assènera un autre. « On ramène cela à la maison, c'est faux de dire le contraire », selon un troisième juge. « Ces questions ont longtemps été mises sous le boisseau. Tu es juge. Tu es donc au-dessus de tout ça. En disant ta robe te protège. Elle protège, mais elle est peut-être lourde à porter », avance un procureur général de l'Est. « On s'en sortait en se disant que le travail que l'on faisait était utile. La procédure est un tampon protecteur », se rassure un avocat général. « Quand je rentre chez moi, j'ai l'impression que personne ne va me comprendre. Donc ce n'est pas la peine que je raconte », regrette une avocate devenue magistrat.

Rares furent en définitive les refus. En revanche, à l'image de la conscience professionnelle des magistrats, ils furent presque sans exception, argumentés et motivés.

« J'ai une faculté naturelle d'oubli des procédures [...]. On rentre dans une espèce de tunnel qui génère une forte concentration. Dès que la décision est prise, je passe à la procédure suivante. Et j'oublie [...]. C'est un peu comme une vis sans fin qui laisse peu de place aux états d'âme», écrit un président de cour d'assises, ancien juge d'instruction.

Dans la même lignée, un autre juge note que «dans la façon dont le juge ressent les dossiers, il doit l'analyser et la maîtriser, afin qu'elle n'influence pas de façon inconsciente sa décision et celles à venir. Ce travail est indispensable [...]. Une affaire de pudeur personnelle».

Un haut magistrat à la retraite reconnaît qu'il a été marqué par «la grandeur humaine des uns et le malheur effrayant subi par d'autres». Après plus de quarante ans de carrière, il se remémore quelques souvenirs douloureux, mais mettant en exergue discrétion et pudeur, il fait le choix de tourner la page.

Une magistrate, occupant aujourd'hui de hautes fonctions, reconnaît que les deux années pendant lesquelles elle a été juge aux affaires familiales sont celles pendant lesquelles elle n'a pas dormi. «Je me réveillais, en me disant: "Est-ce que la décision que j'ai prise concernant le placement de cet enfant est la bonne"?»

«Oserais-je dire que mes souvenirs les plus éprouvants résident dans l'angoisse qui a été, et qui reste la mienne, de parvenir à mener à terme le "paquebot que représentent certaines affaires"», écrit une conseillère de la cour d'appel de Paris.

«L'opinion publique n'a pas conscience de la masse de travail du magistrat, mais également de la masse d'angoisse. Tout ce que l'on se prend dans l'estomac. On baigne dans une violence continuelle, dans les mauvais traitements. Dans l'invraisemblable» m'a confié un autre juge sous le sceau de l'anonymat.

Je suis entré dans leur cabinet comme journaliste. J'en suis parfois ressorti avec des faux airs de psychologue ou de psychiatre. C'est tout juste si certains de mes interlocuteurs ne m'ont pas raccompagné à la porte après m'avoir dit: «Merci Docteur, je vous dois combien?» «Tout magistrat devrait passer sur un divan», lancera en conclusion une conseillère de cour d'appel. Certains s'interrogeront à voix haute sur leur besoin soudain de se livrer à une catharsis. « C'est la première fois que j'ai une telle discussion avec quelqu'un », m'a confié un magistrat plus proche de la retraite que du concours d'entrée à l'École nationale de la magistrature.

Nos entretiens face à face n'ont jamais duré moins d'une heure. Le temps d'une consultation. Ils étaient assis sur leur chaise. Mais mentalement ils étaient allongés sur un divan. Chair de poule, larmes à l'œil, voix étranglée, nombreux sont ceux qui ont revécu les scènes qu'ils me décrivaient. Au fur et à mesure de notre rencontre, les souvenirs, les anecdotes remontaient à la surface. Faisant inconsciemment un voyage dans le temps. Un bond de plusieurs dizaines d'années en arrière, à l'époque où ils débutaient dans la magistrature.

Tous m'ont surpris par leur mémoire restée intacte. Ils se souvenaient des noms, des années, des lieux, des détails de leur histoire, de leur procédure. Enfouis au plus profond de leur disque dur.

J'étais celui qui venait réveiller des dossiers, des souffrances. Un seul me gratifia à l'issue de notre rencontre d'un « merci de m'avoir déprimé ». Plus nombreux sont ceux qui me proposèrent de nous revoir. Comme si, inconsciemment, ils sollicitaient une deuxième séance.

D'autres, bons élèves et consciencieux, m'attendaient munis de leur pense-bête. Une fiche cartonnée. Un post-it. Un aide-mémoire. Ne souhaitant rien omettre. Désireux d'être le plus complet possible. Rigoureux comme ils s'efforcent de l'être dans leur procédure.

Sans retenue, ils livraient cette accumulation d'images négatives de la société, reconnaissant que cela ne les avait pas forcément conduits à un très grand optimisme. S'interrogeant sur la cruauté et la perversité dont certains de nos contemporains peuvent faire preuve.

Tout au long de ces mois d'enquête, ce fut le principe des vases communicants.

Ils se libéraient de leurs souvenirs, de leurs vécus, de leurs interrogations. Je repartais riche de nouveaux drames, de nouvelles souffrances qui venaient rejoindre celles que j'avais moi-même emmagasinées. Je les soulageais. Et je remplissais mon propre bagage de noirceur.

Je vous convie à pénétrer dans leur musée des horreurs judiciaires.

1

Face aux attentats

Les silences de François Molins

11 septembre 2001, 7 janvier 2015, 13 novembre 2015, 14 juillet 2016. Des dates qui sont entrées dans l'histoire le jour même des événements. Chacun d'entre nous sait ce que nous faisions lorsque nous avons basculé dans l'horreur.

Un attentat est une scène de crime. Puissance 100. Puissance 1 000. Policiers, pompiers, secours, médecins urgentistes sont les premiers à arriver sur les lieux du carnage.

Le temps de la justice arrive dans un second temps.

Le vendredi 13 novembre 2015 au soir, François Molins est chez lui quand il est alerté de ce qui se passe d'abord près du Stade de France et ensuite dans le XIe arrondissement de Paris. Une demi-heure plus tard, il est sur place. « J'ai vu trois scènes de crime. Je suis d'abord allé à *La Bonne Bière*, je me suis trouvé avec un ou deux policiers du XIe et avec les pompiers qui étaient en train de s'affairer dans le bistrot pour traiter les blessés. Ensuite, je suis allé au *Carillon*. Là aussi, (silence) je suis allé discuter avec des gens qui étaient rescapés dans le bar. Je voulais comprendre ce qui s'était passé. Enfin, je suis allé au *Bataclan*. Au *Bataclan*, j'y suis entré trois fois (silence). Cela secoue. En entrant, vous avez le bar à gauche, la fosse avec l'orchestre en face et puis sur la droite des aménagements. Il y avait une dame, qui devait avoir la cinquantaine, je ne voyais pas son visage. Elle était morte, couchée. Elle avait une coiffure « coupe au carré », les cheveux cendrés. Et le téléphone portable qui n'arrêtait pas de sonner, de sonner dans le sac posé à côté de sa tête (silence). »

François Molins est devenu un visage, un procureur identifié par le grand public et un procureur attendu par les médias malgré lui. Même l'un des directeurs de *Libération*, Johan Hufnagel, y est allé de son compliment en novembre 2015 dans un édito intitulé « Monsieur le Procureur François Molins, je vous aime ». Soulignant que si celui-ci apparaissait sur nos écrans, cela était le signe que l'actualité n'allait pas fort, il relatait un phénomène commun à toutes les rédactions : « On augmente alors le volume et on écoute, en communion. »

François Molins n'en est pourtant pas à ses débuts. Ni judiciaires, ni médiatiques.

Nos chemins se sont déjà croisés. En 2005, alors procureur de la République à Bobigny, il doit expliquer sa position après la mort de Zyed et Bouna, électrocutés dans un transformateur EDF à Clichy-sous-Bois après une course-poursuite.

Directeur de cabinet de Michèle Alliot-Marie puis de Michel Mercier au ministère de la Justice, il se fait plus discret, tout en continuant d'entretenir des contacts privilégiés avec la presse. Un passage ministériel sur lequel il ne s'étend pas. « C'est un épisode très complexe. Avec deux époques très différentes, en raison des deux ministres », lâche-t-il simplement.

Le 20 mars 2012, la carrière médiatique du procureur Molins redémarre. Ce jour-là, descendu à Toulouse rejoindre son homologue Michel Vallet, il donne les premiers éléments d'enquêtes sur les attentats perpétrés par Mohammed Merah.

Hier décrié. Aujourd'hui encensé. « Cela n'a pas toujours été comme cela », confesse-t-il dans un éclat de rire. Lors du débat télévisé opposant François Hollande à Nicolas Sarkozy en mai 2012, le premier reproche au second la nomination de l'ancien directeur de cabinet au poste de procureur de Paris, poste sensible s'il en est.

« Je l'ai très mal vécu. J'étais devant ma télé. Je ne savais plus où me mettre », me confie-t-il un peu gêné.

Notre rencontre dans son bureau au Palais de Justice de Paris a lieu le 21 décembre 2015. À peine cinq semaines après les attentats du 13 novembre. Nice, Saint-Étienne-du-Rouvray sont encore bien loin.

L'homme est pudique, réservé. Il parle rarement de lui. De sa vie privée, de ses émotions. Son témoignage est ponctué de longs silences. Quand je lui demande si le magistrat, le procureur de la République reprend le pas sur l'homme, sa réponse est positive. Après un nouveau silence. Quand je lui fais remarquer qu'après de telles scènes de crime, il faut rentrer chez soi avec ces images, sa réponse est une nouvelle fois positive. Avec une nouvelle fois un long silence.

« Les policiers, ceux de la PJ Paris, ceux de l'Identité judiciaire sont encore plus confrontés que les magistrats. On sait que l'on a une mission, qu'il va falloir la respecter et que l'on est projeté dans un exercice totalement professionnel. Nous n'avons pas le droit de craquer sur place. Chaque fois, dans ces circonstances-là, je m'accorde toujours un temps de recueillement. Cela dure une ou deux minutes. Après j'essaye de ne plus y penser. Après on a des choses qui reviennent régulièrement. Il faut prendre sur soi et travailler. »

Au Bataclan…

Les policiers, qui ont témoigné de leur côté, parlent d'une « vision apocalyptique ». Dans la salle de concert seulement éclairée par des spots, ce ne sont qu'enchevêtrements de corps au milieu de mares de sang. Ce sont près de quatre cents personnes qui sont étendues par terre. Moyenne d'âge : 25 ans. Alors que les premières forces de sécurité font leur entrée, certains survivants, coincés entre les morts, lèvent un bras pour demander secours. Au risque de se faire tirer dessus par des terroristes encore présents dans le *Bataclan*. Des policiers unanimement impressionnés par un silence lourd. Pesant. De mort. Un silence entrecoupé parfois de cris, de hurlements, de gémissements.

Tout cela dans une odeur prenante de sang frais. Des policiers parleront d'authentique charnier.

Comme François Molins, Christophe Molmy, chef de la brigade de recherche et d'intervention (BRI), dira avoir été marqué par cet incroyable silence, seulement interrompu par les sonneries de portables, sonnant sans fin. Dans la poche ou dans le sac des morts. Déjà, à l'autre bout du fil, on s'inquiète.

Avançant progressivement sur les lieux du carnage, les policiers du commissariat du IIIe arrondissement et les hommes de la BRI sont confrontés à une scène de guerre. Découvrant au fur et à mesure de leur avancée dans la salle, des blessures de guerre.

Plus tard dans la nuit, peu avant 1 heure du matin, une fois l'assaut donné et le lieu sécurisé, la scène de crime est confiée aux hommes du service régional de l'Identité judiciaire et de l'Unité de police d'identification des victimes de catastrophe. Xavier Espinasse, le patron de l'IJ commence à compter les morts. Quatre-vingt-dix spectateurs ont perdu la vie dans cette salle de concert.

Policiers et scientifiques, vêtus de leur combinaison blanche, gantés, sont à l'action : il leur revient de prélever tous les éléments nécessaires à l'enquête. Prélèvements biologiques sur les spectateurs abattus, mais aussi sur les assaillants tués. Mettre un nom sur chacun d'entre eux. Contrairement à un *crash* d'avion, les choses sont plus compliquées pour l'identification des victimes. Pour le *Bataclan*, comme pour la plupart des autres lieux touchés par les attentats terroristes, la justice ne dispose d'aucune liste de personnes présentes sur les lieux. En l'absence de papiers d'identité, chaque détail relevé sur le décédé compte. Une cicatrice, un tatouage. Victimes et terroristes, unis dans la même recherche d'identification. Prélèvements ensuite des éléments balistiques. Armes, chargeurs de kalachnikov, explosifs, détonateurs, étuis de cartouches… Rien ne leur échappe. Ces spécialistes quittent les lieux le samedi en début d'après-midi. Plus de treize heures ont été nécessaires pour ne rien oublier d'incontournable sur la scène de crime. Certains des hommes et femmes de l'Identité judiciaire avaient, neuf mois plus tôt, participé aux constatations après le *crash* de la Germanwings dans les Alpes. Le 14 novembre vers 14 heures, leur 2 697e mission de l'année vient de s'achever. Ils ne l'oublieront jamais.

Les corps des victimes du *Bataclan*, mais aussi des terrasses de café, sont ensuite transférés à l'institut médico-légal (IML). La scène se répétera malheureusement après Nice, après chaque attentat. Une salle dite de catastrophe peut recevoir près de deux cents dépouilles. Elle a déjà servi après les *crashs* du Concorde et de l'Airbus entre Rio et Paris. Mais les autorités reconnaîtront par la suite, que l'IML « n'est pas conçu pour faire face à une telle catastrophe ». Des familles se sont plaintes d'avoir entendu, depuis la salle d'attente, les cris de douleur de celles qui les précédaient. Des critiques qu'elles formuleront lors de leurs auditions devant la commission parlementaire sur les attentats de Paris.

En moins de quatre jours, la liste définitive des victimes est établie. Des examens cliniques et de balistique ont simplement été établis. Peu ou pas d'autopsie pour les morts des attentats du 13 novembre. En revanche, pour les besoins de l'enquête, des autopsies et des examens plus poussés ont été pratiqués sur les corps des terroristes de Paris et de Saint-Denis. L'émotion, le ressenti des policiers, des experts, des magistrats sont évidemment d'une autre nature…

Pendant plusieurs jours, les familles seront reçues à l'IML, les unes après les autres. La présence de psychologues a été anticipée. Comme ce fut le cas ensuite au centre d'accueil et d'information installé à l'École militaire. Du personnel d'accueil a été requis pour accompagner les proches dans l'épreuve de reconnaissance des corps puis dans les premières démarches administratives. Chaque famille est accompagnée d'un psychologue lors de la présentation des dépouilles. Certaines des hôtesses présentes à l'IML ou à l'École militaire demanderont à leur tour à être reçues par un psy. Plusieurs, de retour chez elles, ont craqué. Trop de douleur à supporter.

Pendant plusieurs semaines, des proches de victimes viendront consulter au centre de consultation médico-psychologique d'urgence à l'Hôtel-Dieu à Paris.

Magistrats, policiers, secouristes, personnels d'accompagnement, aucun n'est sorti indemne des attentats du 13 novembre 2015. Comme aucun n'était sorti indemne des attentats perpétrés à Paris entre le 7 et le 9 janvier de la même année.

Charlie Hebdo

Onze mois plus tôt, le mercredi 7 janvier, François Molins avait dû quitter son bureau en urgence. Direction le boulevard Richard-Lenoir. Plus précisément la rue Nicolas-Appert, siège du journal satirique *Charlie Hebdo*.

« Je suis entré dans la salle de rédaction de *Charlie*. Je les ai vus tous par terre. » L'image est violente pour le magistrat qui, sans être un fervent lecteur de l'hebdomadaire, reconnaît que certaines unes l'ont plutôt amusé. « Quand j'ai vu le lendemain en première page des quotidiens, les visages, les photos de ceux que j'avais vus étendus, cela fut dur, compliqué à maîtriser. » Comme il le fera à l'intérieur du *Bataclan* et sur les autres lieux des attaques terroristes du 13 novembre, dans les locaux du journal François Molins s'accorde un moment de recueillement. « Cela, je le garde pour moi, mais après, quel que soit ce que l'on pense ou ressent, il faut être professionnel. »

Des photos, des images prises quelques minutes après l'arrivée des personnalités sur les lieux des attentats de janvier et novembre montrent un procureur Molins au visage ravagé par l'émotion. Le regard hébété.

François Molins n'est pourtant pas un novice en matière de terrorisme. En poste à Lyon, il intervient dans le dossier de Khaled Kelkal, un des responsables des attentats de 1995, tué lors de son interpellation dans la région lyonnaise. Depuis sa nomination à la tête du parquet de Paris en novembre 2011, les dossiers n'ont pas manqué dans son service. De Mohammed

Merah à Toulouse à l'attaque du Thalys en passant par Mehdi Nemmouche, auteur présumé du Musée juif de Bruxelles.

Lors de chacune de ses conférences de presse, après des attentats ou des catastrophes, ses premiers mots, avant de détailler les premiers éléments de l'enquête, vont aux victimes et à leurs familles.

Quelques jours après l'attentat perpétré contre *Charlie Hebdo*, à l'occasion de la visite au pôle antiterroriste de Christiane Taubira, alors ministre de la Justice, François Molins réitère une vieille revendication. Le recours à un psychologue. « Contrairement à d'autres administrations, nous n'en avons pas. Logiquement on devrait pouvoir avoir quelqu'un chez qui on peut envoyer les magistrats ou les fonctionnaires quand on a des syndromes de *burn-out*, de souffrance au travail ou des chocs psychologiques. »

Message reçu. Depuis les attentats de janvier 2015, un psychologue est à la disposition de ceux qui le souhaitent. « C'est compliqué, car ce n'est pas dans les mœurs de la justice. Ce n'est pas un réflexe naturel pour les collègues de consulter. J'ai dû beaucoup insister. Je leur ai dit que j'irais le voir aussi. J'y suis allé, plus pour l'organisation. J'y ai envoyé cinq ou six collègues. »

Si pour la plupart, il ne semblait y avoir aucune conséquence, aucun traumatisme fâcheux, la psychologue a demandé à pouvoir suivre régulièrement deux des magistrats.

François Molins ne cache pas qu'après la vague d'attentats du 13 novembre, il a demandé à revoir la psychologue. « Cela m'a fait du bien. Je suis allé la voir pour discuter. Je n'avais pas de trouble du sommeil. Comme on ne craque pas, on se demande si on est normal. Je me connais, je sais que j'ai des charges émotionnelles qui reviennent. Dans ce métier, on sait qu'il faut être professionnel, on finit par se blinder, par bien dissocier, ce qui n'est pas pour autant le signe qu'on n'a pas d'humanité. »

Les choses ont heureusement été améliorées dans la prise en charge des personnels de justice face à de telles scènes de crime. Mais combien d'années a-t-il fallu avant d'en arriver là ? Combien d'attentats aussi ?

Laurent Davenas, aujourd'hui à la retraite, est procureur à la 8e section chargée des crimes et des délits flagrants, au moment de l'attentat de la rue de Rennes le 17 septembre 1986. Lors de notre rencontre, il se souvient qu'à son époque, la justice était déjà le parent pauvre dans ce domaine. « Le SAMU, cela m'avait frappé à l'époque, a eu un suivi psychologique. Nous rien. On s'en sort peut-être avec un œil professionnel. »

Le 27 novembre 2015, le procureur de la République, François Molins, fait partie des autorités présentes dans la cour d'honneur aux Invalides. La nation rend hommage aux victimes des attentats des derniers jours. « Les images défilaient avec des noms sur la chanson de Brel *Quand on a que l'amour*, c'était un moment extrêmement fort. Cela ne peut pas laisser indifférent. C'est fort (silence). Ce sont des choses qui n'ont plus rien à voir avec l'humanité. C'est monstrueux (répété plusieurs fois). »

Autre lieu. Autre moment difficile. À l'École militaire, les magistrats reçoivent des familles de victimes. Leur tâche : « Votre fils, votre fille, votre frère est décédé. » « Ce sont des choses auxquelles nous ne sommes pas préparés. Certains des magistrats ont remis des objets personnels, notamment à l'Institut médico-légal. Quand je suis allé à l'École militaire, j'ai discuté avec deux ou trois familles avec lesquelles je me suis assis. Je les ai écoutées. Elles ne comprenaient pas bien le processus de remise du corps . Ce qu'elles attendaient de nous c'était de l'empathie. »

7 janvier 2015. 13 novembre 2015. 14 juillet 2016. Quelle sera la prochaine date ? Aujourd'hui François Molins reconnaît que, vu la violence de ces scènes de crime et de ce qui en découle, il est dans l'obligation d'identifier les hommes qui dans son service pourraient être un peu fragiles. Son équipe, il la teste au cours de week-ends de détente et d'initiation, dans les calanques de Cassis (Bouches-du-Rhône), ou au ski. « La première fois que je l'ai fait, j'étais procureur de la République à Bobigny. J'avais amené les collègues faire la vallée Blanche. Cela permet

d'insuffler un esprit d'équipe. Je tire beaucoup d'énergie du fait de travailler avec des jeunes. Ils ont de l'énergie, du dynamisme. Ils sont exigeants notamment à l'égard de leur chef. Cela peut aider. »

À chacune de ses conférences de presse, de cette voix modulée aux forts accents de ses Pyrénées-Orientales natales, François Molins énumère consciencieusement et méthodiquement cette litanie d'indices graves et concordants. La voix se veut rassurante. Mais les propos font froid dans le dos, chaque fois, dans la petite salle du dernier étage du Palais de Justice de Paris.

Tuerie en plein conseil municipal

« La seule fois où j'ai été confrontée à une scène sanglante, c'est la tuerie de Nanterre », raconte Maryvonne Caillibotte. Dans la nuit du 26 au 27 mars 2002, alors que la séance du conseil municipal touche à sa fin, peu après une heure du matin, un homme se lève et sort de dessous son manteau une arme à feu. En se déplaçant dans les gradins, il tire à plusieurs reprises dans la foule et en direction de l'estrade. C'est la panique. Tout le monde se jette à terre. Huit personnes ne se relèvent pas. Dix-neuf autres sont grièvement blessées. L'homme est appréhendé. Il s'appelle Richard Durns.

Procureure adjointe à Nanterre, Maryvonne Caillibotte arrive sur les lieux très rapidement. « Il y avait beaucoup de sang. La salle du conseil municipal était disposée en amphi, ce lieu était semblable à une scène de théâtre. Au sol, le positionnement des victimes était totalement incongru. On avait l'impression qu'en tapant des mains, en disant "coupez", tout le monde allait se relever. C'était irréel. Les policiers de la brigade criminelle ont dit que cela leur faisait penser à l'attentat de Saint-Michel. Cela vous prend. Vous avez besoin de sortir, de respirer. Je me souviens d'un moment où je me suis isolée, j'attendais le procureur, j'ai pris un peu de recul, mais cela reste un moment professionnel. Sur des scènes comme celle-ci, il n'y a pas de solitude, ce n'est pas une personne qui prend une décision.

L'équipe protège des erreurs de dérapage, des faiblesses. Ce sont des faits qui sont supervisés par une chaîne hiérarchique, des équipes, des intervenants, un procureur. Mais ponctuellement cela peut laisser des séquelles. »

La tuerie de Nanterre intervient dans un contexte politique particulier. Nous sommes à quelques semaines d'une grande échéance électorale. Les présidentielles. « On a vu défiler un nombre ahurissant de personnalités. Le président, le Premier ministre, le ministre de l'Intérieur. La police criminelle ne pouvait même plus travailler. Le contexte peut aider à cette submersion. C'est un truc tellement énorme sur le plan sociétal, médiatique. Vous faites partie de cette énormité. Vous êtes pris dans ce truc monstrueux, qui n'est plus seulement policier et judiciaire. Cela peut contribuer à vous déborder. C'est l'impact un peu extérieur de l'événement qui fait que l'on oublie le boulot de base, l'essentiel. Il faut éviter la solitude. »

Après son arrestation à Nanterre, Richard Durns est conduit dans les locaux de la police criminelle à Paris. L'audition se fait dans un bureau sous les toits au quatrième étage du Quai des Orfèvres. La fenêtre est restée entrouverte. L'auteur de la tuerie profite d'un moment d'inattention générale. Subitement, il se lève de sa chaise et se défenestre. Son corps inanimé est tombé entre les voitures de fonction et les voitures de police dans la petite cour donnant sur le 36, quai des Orfèvres. Sa mort a mis fin à l'enquête qui avait été ouverte à Nanterre. L'enquête sur les causes de sa mort à Paris a abouti à un non-lieu.

« La tuerie de Nanterre m'a marquée pour le restant de ma vie. Peu de temps après, un hebdomadaire a fait sa une avec la photo des huit morts. Des photos d'identité. Des photos qui avaient servi pour la campagne électorale des municipales. Avec un enquêteur, on a réglé un blocage par rapport à la scène de crime. C'est d'une banalité absolue. Nous avions gardé en mémoire leur dernière expression. Terrorisées, les victimes avaient vu le tireur de face. Leur visage était défiguré par la peur et le magazine nous renvoyait une autre image d'eux. Leur vrai visage. Cela a déverrouillé ce blocage que nous faisions. »

Marseille, un 11 septembre avant l'heure

L'Airbus A300 de la compagnie Air France quitte la piste de l'aéroport Houari Boumediene à Alger en direction de Paris. Nous sommes le 26 décembre 1994. Depuis deux jours, l'appareil fait l'objet d'une prise d'otages. Quatre hommes armés sont montés à bord avant la fermeture des portes. Se revendiquant du Groupe islamique armé (GIA), ils demandent la libération immédiate de deux chefs du Front islamique du salut (FIS) incarcérés en Algérie. Plus de deux cents passagers et douze hommes d'équipage sont pris en otages. Trois d'entre eux sont exécutés. Peu après 3 heures du matin, le vol AF 8969 se pose sur l'aéroport de Marseille-Marignane. Une escale qui n'était pas prévue. Raison invoquée par le commandant de bord, un manque de carburant. En réalité, l'ordre vient du gouvernement français qui, dans le même temps, a envoyé à Marseille des hommes du GIGN.

Patrick Lalande était à l'époque le chef de la section antiterroriste de Paris. Dans la nuit du 25 au 26, il rejoint en urgence l'aéroport de Villacoublay (Yvelines). Direction la cité phocéenne. Avec Roger Marion, alors à la direction centrale de la police judiciaire, il va tenter de négocier avec les terroristes. «J'étais dans la tour de contrôle. Un souvenir extrêmement prégnant. Nous nous sommes fait tirer dessus par les preneurs d'otages. Il y avait une extrême tension. Les mesures de sécurité prévoyaient de contrôler tous les otages. À 17 heures, l'assaut est donné. Les otages sont libérés. On les a tous fait se coucher à plat ventre sur le tarmac. Pendant quinze à vingt minutes, cent cinquante personnes sont ainsi restées allongées, sans bouger. Nous appréhendions surtout que des terroristes se soient glissés parmi eux. C'était très lourd.»

Dix gendarmes du GIGN ont été blessés. Les quatre terroristes ont été tués. Leur projet: transformer l'avion en bombe volante et le faire exploser en percutant la Tour Eiffel.

Huit morts et cent dix-sept blessés au RER Saint-Michel

Le 25 juillet 1995, alors qu'une rame du RER B pénètre dans la station de métro Saint-Michel-Notre-Dame, une violente explosion se fait entendre en surface. De l'autre côté du pont Saint-Michel, Patrick Lalande est dans son bureau avec un de ses collègues. Les deux hommes se rendent alors très rapidement sur place. Tous deux descendent au deuxième sous-sol du RER. De la fumée se dégage du quai où se trouve la rame. Des personnes sonnées, hagardes, remontent à la surface.

« Une image qui ne me quittera jamais. Je suis entré dans la rame du RER qui avait subi l'attaque, à peine un quart d'heure après l'explosion, il y avait encore des flammes et les corps n'avaient pas été retirés de la rame. J'ai vu des gens amputés par l'explosion. Les pompiers et les sauveteurs s'activaient. Petit à petit, c'est une médecine de guerre qui s'est installée sur les quais de la gare, avec les moyens du bord. C'est une vision d'apocalypse qui me revient parfois et que j'ai évoquée avec ma femme, ma famille. Je n'ai pas pensé tout de suite aux victimes. L'outrance, la violence sont telles qu'elles sidèrent totalement. Cette pensée vient après. Face aux attentats, on se dit : "C'est énorme, ce n'est pas possible, qui a pu faire cela ?" Ce qui m'a impressionné, c'est le capharnaüm qui régnait, la porosité absolue des dispositifs de scène de crime. On ne savait pas qui était qui et qui faisait quoi. Une foule qui n'a fait que gêner les sauveteurs et les pompiers. »

Au lendemain de cet attentat, Patrick Lalande propose au procureur de la République, Bruno Cotte, que les magistrats, à l'image de ce qui se fait pour les policiers, portent un brassard. Comme signe de reconnaissance. Brassard que portent désormais les membres du parquet sur les lieux d'attentat. François Molins en tête.

Dans son appartement parisien où il me reçoit, Bruno Cotte parle de cet attentat comme une « secousse personnelle que l'on arrive à bien supporter parce que le métier prend le dessus ».

Ayant laissé Patrick Lalande aller au plus près des lieux de l'attentat, il reconnaît avoir été préservé de la scène de crime ou de guerre. Le procureur de la République Bruno Cotte a la charge d'accueillir les personnalités. Mais si le procureur reste en surface à proximité de la brasserie Saint-Michel transformée en hôpital de campagne, les politiques veulent se rendre au plus près de l'événement.

Vingt ans plus tard, les deux magistrats gardent le même souvenir agacé de ces visites officielles. Alors que les policiers de la criminelle et de l'Identité judiciaire recherchent le moindre indice, la moindre empreinte, le moindre morceau d'explosif ou de bombe, successivement le maire de Paris, le préfet de police, le ministre de l'Intérieur, le Premier ministre, puis le président de la République, vont allègrement piétiner, ravager la scène de crime.

Fort heureusement, cet épisode servira d'exemple. Aujourd'hui, les procédures sont plus rigoureuses et les scènes de crime mieux protégées. « Mais ce dispositif d'aide psychologique est resté exclusivement à destination des victimes dans un premier temps. Personne ne parlait d'une éventuelle prise en compte du pompier ou du gardien de la paix intervenant. Encore moins du magistrat du parquet ou du siège amené à intervenir sur les lieux. »

Peu après l'attentat de Saint-Michel, Patrick Lalande est écarté de la section antiterroriste de Paris. Il est nommé avocat général chargé de la politique de la ville. Un placard qui ne veut pas dire son nom dans lequel il va rester sept ans. Il est ensuite promu procureur général près la cour d'appel de Bastia. La plus petite de France qui ne règne que sur deux parquets. La Corse, le substitut Lalande en avait déja eu une idée lorsqu'il était à la 14e section. Plusieurs attentats, plusieurs nuits bleues, plusieurs explosions dans la même nuit. Tantôt à Bastia. Tantôt à Ajaccio.

« C'était plus fort que moi, j'ai considéré que je devais aller sur le terrain et reprendre mes habitudes de la section antiterroriste. Ce qui fait que pendant sept ans, je me suis déplacé sur des scènes de crime aux côtés des procureurs de la République, je me suis comporté comme un chef de section antiterroriste, ce qui ne faisait pas toujours plaisir aux procureurs. J'avais ce goût de la proximité du terrain qui ne m'a jamais quitté. Je n'étais pas là pour contrôler, mais la fonction du procureur général étant d'informer également la Chancellerie, cela me facilitait la tâche. »

Aujourd'hui à la retraite, vivant sereinement dans la région parisienne, il reconnaît que ce fut la période la plus difficile à vivre. Pour lui et ses proches. Une protection 24 h/24. Une voiture à sa disposition en permanence. « Je ne faisais pas un pas tout seul. » Aussi bien à Paris qu'en Corse. Je me souviens l'avoir croisé plusieurs fois au Palais de Justice de Paris, escorté par ses officiers de sécurité qui le suivaient comme son ombre.

« J'étais pris dans le feu de l'action. Il n'y a pas de place pour prendre du recul. À cela il faut ajouter le syndrome de la vie blindée, les escortes, les déplacements sous sécurité qui sont très lourds pour le magistrat, mais aussi pour son entourage. J'ai fait récemment le décompte. J'ai vécu quatorze ans de ma carrière sous protection policière. J'habitais déjà en région parisienne et je me déplaçais tous les jours en voiture de police, en empruntant l'autoroute de l'Ouest toutes sirènes hurlantes. Avec le gyrophare. Très longtemps avant de sombrer dans le sommeil, j'entendais les bruits de sirène. J'avais ça dans la tête et j'ai eu ça dans la tête pendant des mois. Comme un fond sonore. Cela a été horrible. »

En 2014, Patrick Lalande a fini sa carrière comme avocat général près la Cour de cassation. Il continue à suivre les affaires de terrorisme. En spectateur avisé. « Je me mets à la place de mes collègues d'aujourd'hui qui sont en charge des affaires de terrorisme. Aucune de celles que j'ai connues n'avait l'ampleur de celles que la France a vécues à la fin de l'année 2015. Je me suis interrogé : comment aurais-je réagi, supporté. Avec un pincement au cœur, je voudrais bien être encore sur le terrain, prendre sur les épaules tout ce poids. »

Pour lui, il y a urgence à prévenir les futurs magistrats. « Il faut les y préparer techniquement et humainement. Il faut leur ouvrir les yeux sur ce contentieux auquel ils vont être de plus en plus confrontés. Leur dire que derrière il y a les victimes, les intervenants, eux-mêmes ne sont pas à l'abri de dommages collatéraux. »

Une médecine de guerre

Amphithéâtre Laënnec de l'université Lyon 1. Deux cent cinquante professionnels ont répondu à l'appel de Frédéric Dupuch, président de l'Institut national de police scientifique, et d'Alain Miras, médecin légiste, pour participer à la deuxième édition du Congrès de balistique lésionnelle. Thème de ces deux jours en juin 2016 : « Terrorisme et armes à feu. » On ne peut pas mieux choisir comme titre après les événements récemment vécus.

Dans la salle, principalement des policiers et des médecins légistes. Des Français, mais également des Tunisiens, des Algériens. Un seul magistrat assiste à la totalité des échanges. Jean-Yves Coquillat, procureur de la République à Grenoble, a fait le voyage jusqu'à Lyon. Je le rencontre le lendemain. Il est encore sous le choc de ce qu'il a entendu et vu. D'abord les témoignages de ceux qui étaient présents lors des attentats de Paris, mais aussi à l'attaque du musée du Bardo à Tunis, ou lors de l'assaut donné dans un hôtel à Ouagadougou (Burkina Faso). Ensuite les récits des psychiatres et des psychologues. Devant une assemblée silencieuse, ces derniers détaillent le stress post-traumatique des victimes, de leurs proches. Mais aussi celui des policiers, des pompiers, des soignants. Sans oublier une catégorie de professionnels auquel on ne pense pas au premier abord. Ceux qui ont débriefé les précédents. Ils n'ont assisté à rien, mais ils ont été des témoins par procuration. Ce qu'un psy a appelé « l'inflation victimologique ».

Soudain dans l'amphi, la lumière s'éteint. On plonge la salle dans une relative obscurité. Un film va être projeté aux deux cent cinquante participants. Il dure quarante-cinq minutes. C'est un montage d'images tournées par la BRI et les pompiers de Paris quelques minutes après les attentats. Aux terrasses de café visées par les terroristes. Au *Bataclan*. Dans la cellule de crise. On y entend des échanges téléphoniques avec ceux présents dans la cellule de crise et ceux qui sont sur le terrain. Le film met en avant une pratique née aux États-Unis dans la marine. Le *damage control*. Lorsqu'un navire est touché, on bouche la voie d'eau et on combat l'incendie dans le but de ramener le navire au port afin de le réparer. Appliqué à l'humain, il s'agit de prodiguer les gestes prioritaires pour endiguer l'hémorragie et maîtriser les risques infectieux. Une phase préopératoire. Désormais, dans les attentats, les personnes touchées par des balles de kalachnikov sont victimes d'hémorragie massive. Systématiquement, les premiers secours les déshabillent. Pour un diagnostic rapide. Et pour s'assurer qu'ils n'ont pas une ceinture d'explosifs. Dans l'urgence de la situation, on ne fait pas toujours la distinction entre une victime et un terroriste.

« On y voit l'organisation des secours. Des médecins qui font des choix entre ceux que l'on peut sauver et les autres. Des médecins qui s'adressent à des rescapés en leur conseillant de rester à côté de leurs proches parce qu'il n'y a plus d'espoir. C'est une masse de cadavres comme on n'en voit qu'à la guerre. L'ampleur et la brutalité de la scène engendrent un phénomène de sidération. C'est une chirurgie de guerre. » Apparemment le magistrat ne s'est pas remis de son visionnage de la veille. Lui qui dit ne pas être un grand expansif, a visiblement le besoin de se libérer dès le début de notre rencontre.

Le jugement de Jean-Yves Coquillat est sans appel. « Ce film est une épouvante. J'ai failli tourner de l'œil. Il y a une gradation dans l'horreur. On ne s'habitue pas. »

Rencontre avec Marc Trévidic, ancien juge d'instruction antiterroriste

Il incarne toujours le juge antiterroriste. Il a pourtant quitté ses nombreux dossiers d'attentats depuis plus d'un an et demi. Son nom est connu. Il est reconnu. Aujourd'hui vice-président à Lille, il est chargé des affaires familiales. Après dix ans, entre 2006 et 2015, dans le couloir de l'instruction appelé la galerie Saint-Éloi à Paris, il s'habitue difficilement à voir défiler dans son cabinet, non plus des terroristes repentis ou des djihadistes en herbe, mais des couples qui se déchirent sur fond de garde d'enfant. Une autre guerre. Parmi les demandeurs en divorce, il arrive parfois que certains lui disent : « Qu'est-ce que vous faites là ? » On l'aura compris, il ne se sent pas à sa place dans ses nouvelles fonctions. « Compte tenu de mon itinéraire, c'est plus dur à encaisser que si je sortais de l'école. Mais je ne crois pas à la théorie du complot. Je crois plutôt à une mauvaise gestion humaine de l'institution judiciaire. »

Ses successeurs, ses anciens collègues restent dans l'ombre. Marc Trévidic demeure la figure emblématique de la lutte antiterroriste. À telle enseigne que, dans un sondage réalisé en novembre 2015[1], il fait partie des personnalités que les Français voient entrer dans un gouvernement d'union nationale. Il se situe *ex aequo* avec Jean-Luc Mélenchon, juste derrière Nicolas Sarkozy et François Fillon.

Signe du destin, notre rencontre était fixée au samedi 14 novembre 2015. Attentat oblige. Actualité oblige. Nous avons dû le décaler. Dans le bureau de France Télévisions où nous finissons par nous retrouver plusieurs semaines plus tard, il se confie sans langue de bois. Sans retenue. Un entretien ponctué de son rire sonore et chaleureux. En quelques secondes, il peut passer de l'anecdotique au sérieux. Déclarant brusquement : « Le pire est devant nous. »

---

1. Sondage Elabe pour *Marianne*.

Il confie que deux de ses collègues du parquet ont été très choqués par la scène de crime de *Charlie Hebdo*. « J'aurais eu du mal à travailler sur ce dossier dans la mesure où l'un de mes gardes du corps, Franck, fait partie des victimes. Si quelqu'un que vous connaissez se fait tuer, c'est un peu différent. On n'a pas la même perception, cela devient trop proche. Le terrorisme devient palpable quand vous mettez un visage sur la victime. »

Septembre 1986. Attentat de la rue de Rennes à Paris. Il se destine à la carrière de magistrat quand il voit, horrifié, les premières images du carnage devant le magasin *Tati*.

19 avril 2000. Attentat contre un McDonald's à Quévert dans les Côtes d'Armor. Il est de permanence au parquet antiterroriste à Paris. Irène Stoller, sa chef, lui demande de l'accompagner. Lui, le Breton né à Bordeaux.

« C'est le premier mort *in situ* que je vois. Et c'est une Bretonne, Laurence Turbec. Alors que je suis les dossiers de l'islam radical, je ne pensais pas que ma première victime du terrorisme serait bretonne. C'est surréaliste pour moi. Et puis il y a la dureté des faits. Employée du *fast-food*, elle ouvre une porte de service et déclenche le mécanisme de la bombe qui s'est arrêtée à 3 heures du matin. J'ai encore en mémoire l'image de la jambe coupée, un pied d'un côté, le corps qui est projeté, c'est horrible, c'est brutal. Je me souviens aussi de l'autopsie. Sur la table, le corps démembré, c'est le choc… l'absurdité du terrorisme m'a choqué. »

Attentat de la rue Copernic en 1981. Celui de la rue des Rosiers en août 1982. Assassinat du président rwandais en 1994. Assassinat des moines de Tibhirine en Algérie en 1996. Attentat de Karachi en mai 2002. Tous les gros dossiers sont passés entre ses mains. Ou presque. Il est la mémoire vivante de toutes ces attaques terroristes.

En dix ans, il en a vu défiler dans son cabinet des djihadistes convaincus et des terroristes sans scrupule. On pourrait s'attendre à ce qu'il dresse un tableau sombre de leur face-à-face. On se trompe.

« Ils sont attachants par leur parcours qui parfois a été difficile. Ils sont attachants aussi par leur naïveté, quand il s'agit des jeunes endoctrinés, pétris d'idéaux. Ils sont attachants ou énervants pour certains d'entre eux par leur négation de l'horreur, par leur idée du complot. Nombreux sont ceux qui vous disent : « Le 11 septembre, c'est le Mossad. » Ils sont attachants pour certains d'entre eux, parce que la frontière entre victimes d'un embrigadement et auteur terroriste est assez fine. À partir de quel âge, 15, 16, 19 ans, on ne va plus considérer un jeune comme victime d'un embrigadement, mais dire c'est un terroriste ? Ce n'est pas si simple à résoudre. Aujourd'hui la situation est différente, mais les premiers qui partaient pour aller combattre Bachar El Assad n'étaient pas dans la même psychologie. Au départ, l'État islamique n'existait pas. Ils y allaient avec un idéal. Aujourd'hui avec celui qui rejoint Daech, les choses sont claires. Il y a des gens désaxés, des gens hyperdangereux. Ce sont des ados pour beaucoup d'entre eux, garçons ou filles. Il y a un côté humain qui m'attire là-dedans. On dit "les comprendre, c'est les excuser". Faux. À la section antiterroriste, j'étais juge d'instruction. Je ne juge pas les gens. Plus je peux discuter avec eux, plus ils répondent aux questions, plus j'informe convenablement le tribunal. Moi, mon boulot c'est de comprendre. La justice c'est humain. »

Une humanité qui pour Marc Trévidic doit s'appliquer aussi aux victimes en premier lieu. Certaines sont très rationnelles, veulent savoir la vérité, sans esprit de vengeance. D'autres sont dans la punition. D'autres dans le pardon. Sans omettre celles qui veulent tout oublier, ne pas entendre parler de l'affaire.

Une année, le juge accepte l'invitation de SOS Attentats, l'association des victimes présidée par Françoise Rudetzki, elle-même victime d'un attentat à Paris en 1983. Par la suite, il se rend régulièrement en septembre à la cérémonie aux Invalides à la mémoire des victimes du terrorisme. Une présence qui ne fut pas du goût d'un de ses supérieurs hiérarchiques.

« Mon chef de juridiction m'a dit : "Ils sont partie civile dans votre dossier, donc vous ne pouvez pas aller à ce type de manifestation." On rêve ou quoi ? Je fais de la lutte antiterroriste. Ce sont des victimes d'actions terroristes. Évidemment que je réprouve le terrorisme. Ce seraient la même chose s'il s'agissait de victimes de viol, je réprouve le viol. Le juge doit rester objectif devant un éventuel coupable. C'est-à-dire instruire à charge et à décharge et ne pas vouloir à tout prix donner un coupable aux victimes. L'objectivité d'un magistrat, c'est l'impartialité vis-à-vis d'un individu en particulier. Ce n'est pas de nier le crime. Bien sûr que l'on a de l'empathie pour les victimes du terrorisme, cela ne veut pas dire qu'on va leur livrer un coupable sans preuves, qu'on ne va pas respecter ses droits. Même si le crime est particulièrement odieux, il ne faut pas chercher un coupable à tout prix. Plus le crime est odieux, plus la société veut des coupables. Si le juge abonde dans ce sens-là, alors que l'on sait le penchant de l'exécutif et de la police à aller dans cette direction, cela peut déraper. »

Sa technique pour mener à bien ses instructions à charge et à décharge est assez basique. « Pas très *high-tech*, mais qui représente 90 % du travail », reconnaît-il. Une fiche cartonnée avec deux colonnes et se poser une seule question. « OK, je suis persuadé que c'est lui, mais pourquoi ? C'est un peu froid, un peu technique, mais cela nous garde de notre subjectivité. Parfois 100 % des éléments à charge ne sont que des témoignages. On ne peut pas leur accorder une valeur absolue. Nous pouvons être face à des innocents pas doués du tout, qui mentent sur des détails, qui n'ont pas de mémoire, qui reviennent sur ce qu'ils ont dit, et face à des coupables très doués. »

Instruire des dossiers de terrorisme, c'est forcément tenter d'ouvrir des portes que les autorités politiques ou diplomatiques préfèrent voir fermées. Instruisant le dossier de l'attentat perpétré le 6 avril 1994 contre l'avion du président Rwandais Juvénal Habyarimana, attentat qui allait déclencher le génocide, Marc Trévidic doit se rendre au Rwanda avec six experts afin de faire, en pleine nuit, dans les montagnes, des calculs sur les positions de tir. « Je suis convoqué par mon supérieur hiérarchique. Je suis persuadé qu'il veut évoquer des problèmes de sécurité, car j'ai fait part de mon étonnement de partir avec un seul garde du corps. Il me dit : "Il vaudrait mieux que vous ne parliez pas aux journalistes une fois arrivé là-bas." J'ai du mal à leur pardonner ce genre de comportement. Cela montre à quel point nous sommes dans deux mondes différents. »

Autre dossier sensible. L'assassinat de sept moines français, sept frères cisterciens en Algérie. Dans la nuit du 26 au 27 mars 1996, ils sont enlevés dans leur monastère de Médéa au sud d'Alger. L'annonce de leur mort est révélée deux mois plus tard. Ils ont été décapités. Dix ans plus tard, on ne connaît ni la date exacte, ni les circonstances de leur mort. En juin 2014, après trois ans de dures négociations avec le gouvernement algérien, le juge Trévidic est parvenu à faire réaliser une autopsie des têtes retrouvées des moines de Tibhirine. Il a fallu attendre juin 2016 pour que l'Algérie accepte de remettre les prélèvements au juge Nathalie Poux, désormais chargée de l'instruction. Vingt ans après les faits, la justice française est toujours dans l'incapacité de désigner les responsables de ce crime collectif. Islamistes du GIA ? Manipulation des services secrets algériens ? Le dossier est toujours ouvert. Illustration parfaite de la raison d'État.

« Le poids de la diplomatie. Dans l'affaire des moines de Tibhirine, j'ai eu droit à la fameuse phrase prononcée par la Direction centrale du renseignement intérieur (DCRI) : "On ne peut pas avoir de mauvaises relations avec les services algériens." En clair cela voulait dire que les services de renseignement n'allaient pas enquêter. "Il n'y a pas marqué dans le code de procédure pénale d'obéir à la raison d'État. On connaît et on comprend les problèmes du Quai d'Orsay. Mais on ne peut pas nous les imposer." »

Autre façon de mettre des bâtons dans les roues du juge : le priver d'enquêteurs. « C'est le signal. Quand vous vous en étonnez, on vous dit : "On a des dossiers plus urgents." Le dossier Karachi[2] est un symbole, puisque pendant un an et

2. Le 2 mai 2002, l'explosion à Karachi (Pakistan) d'un car fait quinze morts dont onze Français, membres de la Direction des constructions

demi, je n'ai plus eu d'enquêteur. Ou alors on vous en met un, histoire de savoir ce que vous faites. »

Dernière technique insidieuse pour déstabiliser le magistrat :

– Soit on lui donne tous les dossiers alors que son cabinet est déjà surchargé. « En 2009, j'ai récupéré le dossier de l'OMPI, l'Organisation des moudjahidines du peuple iranien. Cent quarante tomes[3]. C'était en pleine crise Sarkozy et les juges[4]. Impossible de dire : je ne peux pas. »

– Soit on l'ignore. Ainsi, il n'a toujours pas admis de ne pas avoir fait partie des quatre juges saisis des dossiers liés aux attentats de 2012 à Toulouse et Montauban, tueries perpétrées par Mohammed Merah[5]. « Alors que je suis les affaires de l'islam radical depuis des années, que je connais tout du groupe d'Artigat[6] pour avoir instruit leurs dossiers en 2006-2007, que je connais par cœur les gens, je ne suis pas dans le dossier. Votre *ego* en prend un coup. C'est bête en termes d'efficacité et c'est vexatoire. »

« Pas de raison que Marc Trévidic ait tous les dossiers intéressants. » Voilà ce que l'on a répondu au juge.

---

navales de Cherbourg. Jean-Louis Bruguière, premier juge chargé de l'instruction, penche pour un attentat perpétré par Al Qaïda. Par la suite, Marc Trévidic dirige ses investigations vers une autre thèse : une réponse à un non-versement de rétrocommissions lors de la vente de sous-marins. Les juges van Ruymbeke et Le Loire instruisent le volet financier sur fond de financement occulte de parti politique lié à la campagne de Balladur en 1995.

3. Dossier d'abord instruit par le juge Bruguière. Considéré comme une affaire de terrorisme, il devient ensuite un possible délit financier. Après dix ans d'instruction, Marc Trévidic reprend le dossier et rend en septembre 2014 un non-lieu général.

4. En 2009, Marc Trévidic connaît une certaine notoriété. Nicolas Sarkozy annonce devant la Cour de cassation son souhait de supprimer le juge d'instruction. M. Trévidic est alors président de l'Association française des magistrats instructeurs, l'AFMI. Il part en guerre contre le chef de l'État.

5. Aujourd'hui seul son frère Abdelkader Merah fait l'objet d'un renvoi devant les assises pour complicité d'assassinat terroriste.

6. Lieu en Ariège dans laquelle vit l'« émir blanc » chez qui est passé, entre autres, Mohammed Merah.

Ses dossiers ont été répartis dans plusieurs cabinets d'instruction. Il les suit désormais de loin. De Lille. « Il y a des dossiers, cela fait de la peine de les laisser. Non pas parce que je pense être le seul à pouvoir les instruire, mais parce que je m'y suis beaucoup investi, et que l'aventure continue sans moi. Comme j'étais médiatisé, identifié à un dossier, donc potentiellement gênant dans les dossiers comme celui des moines, on disait : "Attention il peut aller gueuler dans les médias." Un rapport de force qui m'a permis d'avancer. Pour le magistrat qui reprend le dossier, s'il n'est pas connu, si son caractère n'est pas d'aller dans les médias, le rapport de force est cassé. Si les enquêteurs ne veulent plus mener les investigations, sur qui va s'appuyer le juge ? Les médias ? Les victimes ? Difficile si le magistrat ne veut pas les rencontrer. »

Avant de quitter son cabinet parisien, le juge Trévidic a tenu à recevoir les parties civiles de certains dossiers pour les informer de son départ. Chaque année, il s'efforçait de les accueillir dans une salle du tribunal, réservée pour l'occasion, pour les tenir informés de l'avancée, ou pas, de ses investigations. « Si vous faites cela sur plusieurs dossiers, c'est un énorme investissement. Mes collègues, qui ont repris mes dossiers, doivent faire attention à cela. Ils le feront ou pas. C'est lourd émotionnellement. Personne ne vous force à le faire. Je trouvais légitime de le faire, mais cela me mettait une pression, une obligation de progresser. Il y a des collègues qui ne reçoivent jamais les victimes. En ne les recevant pas, vous n'avez pas à vous engager, à faire des promesses. Vous n'aurez pas de sympathie ou d'empathie. »

Comme tous ses collègues spécialistes des affaires de terrorisme, il a bénéficié, durant des années, d'une protection rapprochée. « J'ai toujours vécu cela comme un poids. De temps en temps, cela donne de l'importance. Cela flatte l'*ego*, vous êtes important parce que vous êtes protégé. Moi, j'aime bien être libre de mes mouvements Je n'étais pas plus important parce que j'avais un garde du corps. Cela voudrait dire qu'aujourd'hui je suis moins important parce que j'en ai plus ? »

De garde du corps, il n'en a effectivement plus. Est-il moins important pour autant? Sûrement pas aux yeux de ceux qui défilent dans son cabinet et dont il est le « démarieur ». « C'est une audience de conciliation où l'on ne réconcilie jamais personne. Vous êtes témoin du drame des autres. C'est une justice d'abattage. Ce sont *Les Temps modernes*. C'est Charlie Chaplin. À chaque audience, il y a une quinzaine de cas à gérer. Dans mon cabinet, quand je dois rédiger mes jugements, je prends ma pile de dossiers faciles, je me mets un casque sur les oreilles et j'écoute de la musique. Cela devrait être fait par un assistant de justice. »

Juge atypique, il l'est et le revendique. Acceptant de se prêter au jeu de la médiatisation, on l'a vu jouer de la guitare et chanter du Bashung et du Jean-Patrick Capdevielle. Repasser sa chemise à la demande de Catherine Ceylac dans « Thé ou Café ». Après trois ouvrages consacrés à la lutte antiterroriste, il signe en 2016 un roman intitulé *Ahlam*, sur fond d'islam radical.

2

FACE AUX CATASTROPHES

Le geste criminel d'un copilote

Brice Robin n'est pas près d'oublier la date du 24 mars 2015. D'abord parce que c'est le lendemain de son anniversaire. Ensuite parce que, il le dit lui-même, il n'est plus le même depuis.

L'homme a été en poste à Lyon, Saint-Étienne, Bourg-en-Bresse, Montpellier. Il a siégé une centaine de fois aux assises. Depuis qu'il est en poste à Marseille, il ne compte plus les règlements de comptes sur les lieux desquels il s'est rendu.

« Des cadavres, j'en ai vu des dizaines. Je suis allé récemment encore sur les lieux d'un règlement de comptes à Marseille. À force d'en voir, je suis désolé, c'est choquant ce que je vais dire, mais je suis un peu comme un médecin urgentiste, un cadavre ne me fait plus d'effet. Je pose des questions basiques comme : “Par où est rentrée la balle ?”. »

Au début de notre entretien, il m'avait prévenu. Il ne voulait pas parler de la Germanwings. « Je suis descendu de l'avion, dit-il, mais on me remet dedans souvent, y compris à l'étranger. » Alors, il a d'abord évoqué une première affaire. En mars 2010. Deux corps déchiquetés près d'un trou béant de plusieurs mètres. Un exercice militaire qui a mal tourné dans la région de Perpignan. Une voiture que l'on a volontairement fait exploser. Seulement personne ne s'était aperçu que deux militaires étaient restés près du véhicule. « C'était Beyrouth. Je n'étais pas préparé à une telle vision. Cette image ne m'a pas quitté depuis ces années. Ce n'était évidemment pas de l'ampleur de la Germanwings. » Germanwings. C'est lui qui naturellement cite à nouveau ce nom. Pendant l'heure et demie qui va suivre, il ne me parlera plus que de ce *crash*.

Le 24 mars 2015, le procureur de la République de Marseille se rend sur les lieux du *crash* de l'avion de la Germanwings. Un Airbus A320 parti de Barcelone, qui n'atteindra jamais Düsseldorf en Allemagne. Pour une raison inexpliquée dans les premiers temps, l'appareil s'écrase dans le massif des Trois-Évêchés, près de Barcelonnette (Alpes-de-Haute-Provence). Les soixante-cinq tonnes de l'avion ont percuté la paroi rocheuse à une vitesse avoisinant les 700 km/h. Cent cinquante personnes périssent. Aucun survivant. « Le drame collectif, c'est ce qu'il y a de pire. Surtout lorsque l'on est face à la détérioration de l'intégrité physique à un niveau élevé », confie Brice Robin.

Accompagné du général David Galtier, commandant de gendarmerie de la région PACA, Brice Robin survole en hélicoptère la zone supposée du *crash*.

« On ne le trouve pas. On cherche bêtement un avion. Mais il ne reste quasiment plus rien, juste un bout de fuselage. C'est totalement déstabilisant de voir que cent cinquante personnes sont parties ainsi, en résidus humains, désarticulés, polytraumatisés pour reprendre un terme pudique. Un seul passager ressemblait encore à un corps humain. Cela heurte la conscience. C'est un premier impact. »

L'hélicoptère se pose et les deux hommes, avec les premiers secours, se rendent sur les lieux de la catastrophe. Ils sont alors confrontés à une autre vision dérangeante. Les objets des passagers disséminés sur les pentes de la montagne.

« Vous avez des cartes bancaires, des papiers d'identité à moitié brûlés, des téléphones écrasés, les objets ne m'ont pas fait le même effet que d'habitude, ils avaient quelque chose d'humain. C'est terrible, cela appartenait à des êtres humains et cela redonnait du sens à la chaîne d'identification que nous avions installée quelques mètres en contrebas. Les objets me donnaient l'impression de voir revivre les gens. »

La nouvelle du *crash* se propage et fait la une des journaux français, allemands et espagnols. Très rapidement les premières familles de victimes arrivent sur les lieux de la catastrophe. Le lendemain, le procureur leur fait face. Elles veulent comprendre.

« Vous êtes leur interlocuteur. Cette première rencontre m'a fortement touché parce qu'il faut leur expliquer ce qui est arrivé. C'est difficile à croire déjà. Ils ont perdu un de leurs proches et en plus vous leur annoncez que c'est le copilote qui les a projetés dans la montagne. Vous êtes face à deux cents personnes qui sont en pleine souffrance même si elles sont accompagnées de psychologues, d'infirmiers, de médecins. Elles prennent cela de front et vous le renvoient, cela fait boomerang, Vous êtes obligé de leur dire une vérité qui est, quelque part, difficile à concevoir. Souvenez-vous que madame Angela Merkel a dit : "C'est inconcevable." Cette souffrance collective va au-delà de la souffrance individuelle. Des parents sont venus spontanément vers moi pour me serrer la main ou me prendre dans leurs bras. C'est une relation pour un procureur pas si évidente que ça. Par empathie et compassion réciproque, ils m'assimilaient à leur drame. Tout d'abord, c'est le leur. Pas le mien. Je n'ai perdu personne. Mais, ils ont vu que j'étais proche de leur ressenti. Le 11 juin à Paris, c'était encore plus poignant, ils ne voulaient plus me lâcher alors que je devais tenir ensuite une conférence de presse. Spontanément, chacun leur tour, ils se précipitaient pour nous remercier, les gendarmes et moi, dans leurs langues, de ce que nous avions fait. C'était hallucinant d'empathie collective. Il y avait une charge émotionnelle partagée. Nous avions été transparents dans notre explication, et ils n'avaient, semble-t-il, aucun reproche à nous faire pour le travail accompli. Cela partait du tréfonds de l'âme humaine. J'ai répondu que j'avais fait le travail. »

Certes, il existe une liste des passagers qui ont embarqué à l'aéroport de Barcelone. Mais il s'avère assez vite qu'elle est inexacte. Non seulement elle n'est pas complète, mais y figurent des noms de personnes qui ne sont pas montées à bord de l'appareil. Pour les enquêteurs, débute sur le terrain un premier travail. D'un côté, retrouver les deux boîtes noires qui permettront d'élucider les raisons du *crash*, et de l'autre, se livrer à l'identification des cent cinquante victimes. Dix-neuf nationalités étaient représentées dans l'Airbus. Dix-neuf ambassades ou consulats attendent donc des informations sur leurs ressortissants.

« La chaîne d'identification est fortement impactante. Parmi les responsables de l'IRCGN[7], il y avait une femme enceinte. Comme parmi les morts il y avait deux bébés, elle n'a pas supporté. Elle a craqué. Il a fallu la retirer de la chaîne d'identification pour la protéger. On a trouvé des dents, des morceaux de doigts. Un doigt tout seul, cela fait drôle. Des morceaux sur lesquelles on a pu relever des empreintes. Ce sont des morceaux humains, ce ne sont pas des corps, quand ce sont des morceaux, cela a un côté "scène de guerre". Ce qui m'a coûté aussi, c'est de décider de l'arrêt de la chaîne d'identification. Rien n'est écrit dans les textes. C'est une décision que vous prenez seul. »

Détail macabre, 4 500 morceaux de chair ont été identifiés par l'IRCGN et la SRGTA[8]. Mais presque autant ne l'ont pas été. Pollués par le kérosène, par la terre, par le liquide des freins moteurs ou abîmés par les éclats de verre. Résultat, l'ADN n'a pas pu être extrait. Pas identifiés, donc pas restitués aux familles. Lors d'une réunion interministérielle, le procureur interroge les autres participants. Que faire de la somme considérable de restes humains non identifiables ?

« J'ai dit qu'il devrait y avoir un comité d'éthique. Pour que cela soit une décision collective. Ce n'est pas à moi, procureur de Marseille, de trancher cette question. Moi, j'ai une enquête judiciaire avant tout. Cette question-là est de l'ordre de l'éthique médicale qui nous dépasse. La réponse n'est écrite nulle part, dans aucun code, même de santé publique, dans aucun protocole, dans aucune convention internationale. Il fallait faire œuvre de jurisprudence. Il y a cinquante ans, on

---

7. IRCGN : Institut de recherche criminelle de la Gendarmerie nationale.
8. SRGTA, Section de recherche de la gendarmerie des transports aériens.

ne se posait pas ce genre de question. On faisait une sépulture commune et c'était tout. Ma proposition de sépulture collective a été validée par l'Élysée et Matignon. Ces réflexions, ces questionnements ont également été impactants. Nous sommes au-delà de l'humain. »

Très rapidement, le procureur se rend à l'aéroport de Barcelone. L'enquête passe également par l'Espagne, le point de départ du vol.

« Nous avons visionné les vidéos. On y voit les passagers plus d'une demi-heure avant de mourir. Ils discutent. Ils rigolent. Ils sont songeurs. Ils consultent leur téléphone. Ils passent sous le portique en se déshabillant. Nous avons également vu le film de l'avion qui décolle. Cela m'a pris à la gorge. Ces gens-là ne savaient pas qu'ils allaient mourir. J'ai arrêté de regarder la vidéo. Cela m'était insupportable d'imaginer que ces images pourraient être vues par des familles. C'est une pièce du dossier. Si elles le veulent, elles pourront y avoir accès. C'est pourtant neutre. C'est seulement le cerveau qui travaille. C'est une image banale d'aéroport, mais on se dit qu'ils sont dans leur cercueil et ils ne le savent pas. »

Dès le lendemain du *crash*, une première boîte noire est retrouvée et très vite analysée. La seconde le sera, dix jours après, le 2 avril. Elle conforte à 90 % la thèse initiale. Il ne s'agit pas d'un accident avec panne de moteur. Mais bel et bien d'un suicide qui engendre une mort collective. Le 25 mars vers 19 heures 30, le procureur de Marseille apprend que c'est le copilote, Andreas Lubitz, qui a précipité l'avion sur les Alpes. « Je me suis retrouvé tout seul. J'étais sûr que l'information allait fuiter dans la nuit. J'ai appelé la Chancellerie pour savoir comment gérer cette nouvelle qui était une bombe médiatique. Je ne me voyais pas dire la vérité. » Brice Robin a vu juste. L'information fuite dans la nuit. Par le *New York Times*. « À partir de là, le lendemain matin, cela a été l'apocalypse. Le cabinet de la ministre m'a dit : "Il faut parler tout de suite." J'ai dit : "Non, je reçois les familles, la presse après." C'est remonté jusqu'au Premier ministre qui a dit : "S'il ne veut pas, qu'il fasse un communiqué de presse pour dire pourquoi il ne veut pas le confirmer." C'est la nuit, et vous vous retrouvez seul… »

Brice Robin se souvient de l'émotion qu'il a ressentie lorsqu'on lui a fait écouter la bande-son de l'enregistrement de la cabine de pilotage. « C'est quelque chose que l'on entend rarement. Les coups, à la porte, du pilote qui veut retourner dans le cockpit. Nous l'avons ensuite fait entendre aux familles des victimes pour leur montrer que l'on ne cachait rien. Je voulais qu'ils repartent sans questions. La réunion a duré 4 heures ¼ , c'est lourd. J'ai proposé à ceux qui ne voulaient pas entendre ce document de quitter la salle, tellement le choc était rude. Ils sont restés. La salle était pleine. Ils se sont autoflagellés. Par respect pour la mémoire de leurs proches. »

Lors de la rencontre avec les familles le lendemain, les questions fusent. « Combien de temps avant le *crash* se sont-ils rendu compte ? » « Les cris, nous les entendons sur la bande. C'est juste à la fin dans les 30 secondes, une minute avant le *crash*, poursuit le magistrat. C'est fondamental pour certaines familles. On est face à quelque chose d'insondable. Il faut se blinder quand on est face à l'insondable, parce que cela vous attire dans un puits sans fond de souffrance humaine. »

« Cela a été une journée dense. Gérer les familles, cela a été rude, mais affronter la presse n'a pas été facile non plus. Les mots ont une importance. Vous ne pouvez pas dire n'importe quoi. Il y avait deux cents journalistes sur zone, et une centaine au point presse. On venait de découvrir la cause du *crash*, mais sur le passé, la personnalité, l'itinéraire du copilote, on ne savait rien. Cela a été un tsunami médiatique. J'ai eu quatre cent cinquante coups de fil en deux jours et demi sur mon portable. Je ne répondais plus. »

Le procureur avoue que les deux premières nuits qui ont suivi la catastrophe, il n'a quasiment pas dormi. « On tire sur la bête », précise-t-il.

Le décalage est flagrant. En apparence, l'homme est un roc. Il a la poignée de main franche. Sa stature est imposante. La voix est ferme. Bref, il impressionne. On se dit que ce magistrat est loin de toute fragilité. Erreur. La voix va se troubler plusieurs fois. Le magistrat est vaillant. Mais l'homme est touché. Et nous touche.

Du 24 mars au 17 juin, date à laquelle le procureur décide d'ouvrir une information judiciaire et donc de confier le dossier à un juge d'instruction, le procureur va tenir, avec sa procureure adjointe, l'enquête à bout de bras. Pendant presque trois mois. 24 heures sur 24.

« Tous les soirs, on vidait notre sac, chacun se libérait de son surplus d'émotion. On n'est pas psy, mais on avait une capacité d'écoute qui a apaisé un peu les souffrances réciproques. Cela nous a fait du bien. On s'interrogeait aussi pour savoir jusqu'où nous devions aller parce que nous n'avions personne pour nous guider. Les familles sont très exigeantes, c'est un puits sans fond. Nous avons été confrontés à des demandes totalement différentes. Des gens nous disaient qu'ils ne voulaient pas revoir leur proche et nous demandaient de l'enterrer sur place. D'autres craignaient qu'on les incinère. Certains s'opposaient à la sépulture collective, parce qu'ils ne voulaient pas que les restes de leur fils ou fille soient mélangés à ceux d'Andreas Lubitz, le copilote. Or, il n'y avait pas de raison que je traite cet homme différemment alors qu'il était aussi une victime de l'accident. »

« Je suis symboliquement descendu de l'avion, le jour où j'ai ouvert l'information. Un soulagement. Avec mon adjointe, nous nous sommes dits : "On n'y touche plus pendant un moment, on a suffisamment fait d'efforts pendant trois mois, on arrête de se faire impacter sinon on va y laisser des plumes." On s'est autogérés. »

Seul, maître mot cité par les magistrats dans ce genre d'affaires : « Une hiérarchie absente » à Marseille comme à Paris.

« Ils ne s'en sont pas inquiétés. La seule chose qui les intéressait, c'est que les conférences de presse se passent bien. Je n'ai jamais eu le moindre mot de madame Taubira[9], alors que la famille royale espagnole s'est manifestée. Cela m'a fortement

9. Ministre de la Justice au moment des faits.

étonné. J'ai eu énormément de remerciements de la part de Bernard Cazeneuve[10]. Au-delà de ce que je pouvais imaginer. Il l'a fait plusieurs fois en public. J'étais le premier sur les lieux et il est arrivé très vite après. Nous avons passé quasiment vingt-quatre heures ensemble. Nous avons appris à nous connaître et à nous apprécier. Je le remercie pour ce qu'il a dit, parce que cela venait du fond du cœur. J'ai trouvé que c'était très républicain, parce qu'il n'avait pas à le faire. Le président François Hollande s'est également manifesté depuis l'Élysée le 2 juin. Il a eu plus d'empathie que madame Taubira. »

Le procureur ne cache pas avoir mis ce dossier de côté. Procureur à Marseille, il est revenu, dans un premier temps, à des affaires plus simples, plus classiques. À son lot régulier de règlements de comptes et d'affaires financières dans la cité phocéenne. En septembre 2016, il a été promu procureur général près la cour d'appel de Chambéry.

Le mot « impactant », reviendra de nombreuses fois dans sa bouche. Alors que je lui demande s'il ne regrette pas cet investissement et cette exposition personnelle pour un résultat judiciaire qui risque d'être mince, il répond : « Faire ce métier sans s'impliquer, cela n'a aucun intérêt. J'avais un devoir vis-à-vis de ces familles. Certes cela m'a impacté, mais je peux me regarder dans la glace le matin. »

Le *crash* d'un avion mythique

Quand Christophe Régnard prend possession en 2002 de son cabinet d'instruction à Pontoise, il hérite d'un dossier de quarante-cinq tomes. Il ne peut guère compter sur sa greffière pour l'aider dans la connaissance de cette volumineuse procédure. Elle arrive en même temps que lui. Seul le procureur connaît l'affaire depuis le début. Les trois premiers magistrats saisis ensemble ont quitté le tribunal chacun leur tour. Christophe Régnard doit donc se plonger dans le travail de ses prédé-

10. Ministre de l'Intérieur au moment des faits.

cesseurs, tout en gérant les cent vingt-quatre autres dossiers en cours dans son cabinet. Bien sûr, l'affaire dont il est désormais saisi ne lui est pas inconnue.

Un *crash* d'avion dans la région parisienne. Mais pas n'importe quel avion. Un supersonique. Le Concorde. Peu après son décollage de Roissy, l'appareil perd de l'altitude. Un des moteurs de l'appareil prend feu. Une vidéo tournée par un amateur depuis un camion sur l'A 1 fera le tour du monde. Le Concorde de la société Air France s'écrase sur un hôtel à Gonesse (Val-d'Oise). Aucun passager et membre d'équipage n'en réchappe. Cent treize morts. Nous sommes le 25 juillet 2000.

Les premiers magistrats chargés de l'enquête vont se transporter sur place. Ils se déplaceront souvent sur les lieux du drame. Pendant de nombreux jours, des experts vont tenter d'y relever des indices. Gendarmes, spécialistes de l'identification judiciaire vont également fouiller les décombres fumants de l'appareil. « Les gendarmes ont bénéficié d'une cellule psychologique. Pas les magistrats. » Ces derniers ont pourtant été marqués par la vision des deux corps calcinés dans le cockpit du Concorde.

« Dans le dossier, j'ai vu les photos prises après le *crash*. Je me suis mis à la place des enquêteurs. Comment ont-ils pu supporter tout cela ? En même temps cela m'a donné de l'énergie pour continuer l'instruction », raconte Christophe Régnard.

Trois ans plus tard, alors que leur conservation ne se justifie plus pour les besoins de l'enquête, la justice décide de rendre les effets personnels aux familles. « Ce fut l'un des moments les plus durs. Cela a duré une semaine. Chaque famille a été reçue, l'une après l'autre. Je me souviens de l'époux de l'une des hôtesses. Il avait mon âge. Je lui ai remis le collier que nous avions retrouvé dans les décombres. Il l'a pris, en me disant : "Vous me rendez ce qui reste de ma femme." En revanche une famille allemande à qui nous remettions des montres, les ont jetées sur nos bureaux. Avec ma greffière, nous n'étions pas à notre aise. Tout cela dans une odeur de kérosène dont ces objets étaient imprégnés. Air France m'avait proposé de faire partie des passagers pour le dernier vol. J'ai refusé», poursuit le magistrat.

Christophe Régnard a réalisé le plus gros de l'instruction. «J'ai eu l'opportunité de saisir juridiquement un Concorde. Dans le but de nous livrer à des tests afin de vérifier certains éléments du dossier, principalement concernant des pièces du train d'atterrissage. On n'en menait pas large de faire voler un supersonique auquel nous avions enlevé certaines pièces. Ce sont des grands moments de solitude, parce que vous n'êtes pas spécialistes de l'aéronautique.»

Pour la justice, c'est la perte d'une pièce en titane d'un avion de la compagnie *Continental Airlines*, qui a décollé avant le Concorde, qui est la cause de l'accident. En perforant le réservoir de l'une des ailes du Concorde, elle a précipité sa perte. En 2003, Air France puis *British Airways* mettent fin à la carrière commerciale du Concorde.

À son tour, le magistrat a demandé à être secondé par un collègue. C'est ce dernier qui a clos l'enquête et renvoyé plusieurs prévenus devant le tribunal correctionnel de Pontoise[11]. «Pendant quatre ans, je me levais Concorde, je vivais Concorde et me couchais Concorde. J'étais devenu un peu mono maniaque. J'habitais dans le Val-d'Oise et les avions passaient au-dessus de mon domicile. Quand le Concorde survolait notre habitation, ma fille disait: "C'est l'avion de papa."»

11. Condamnée en première instance à Pontoise en décembre 2010, Continental Airlines est relaxée en novembre 2012 par la cour d'appel de Versailles, et seulement jugée civilement responsable. Les deux employés de la compagnie américaine sont également relaxés. Les autres prévenus, cadres français de l'aéronautique ou de la Direction générale de l'aviation civile, (DGAC) l'avaient été dès le premier procès.

Deux postes, deux catastrophes

Procureur de la République de Chambéry depuis avril 2014, Thierry Dran était précédemment en poste aux Sables-d'Olonne et à Marmande. Alors qu'il voulait être juge de l'application des peines, il fait ses classes à Évry, aux côtés de Laurent Davenas, alors procureur de la République. Il sera donc parquetier. Il commence sa carrière en 1992. Pour son premier poste, il part à Papeete à Tahiti comme substitut, puis à Montauban, Saint-Denis de la Réunion et Toulouse.

En ce vendredi matin du 21 septembre 2001, Thierry Dran prend, à 9 heures, sa permanence au tribunal de grande instance de Toulouse. C'est sa première permanence. C'est donc un moment important dans la carrière d'un jeune substitut qui revient en métropole après plusieurs années passées à la Réunion. Il quitte son bureau et rejoint une salle au rez-de-chaussée. Tous les jours, les services de police et de gendarmerie appellent pour tenir informé, en temps réel, le magistrat du parquet de permanence, des faits divers qui ont lieu dans le périmètre de la juridiction. À charge pour lui de donner les directives aux enquêteurs, de décider de se rendre sur place et, si besoin est, d'informer son supérieur hiérarchique d'un événement exceptionnel. Un moment important, mais qui constitue aussi un acte routinier dans le fonctionnement d'un parquet.

Peu avant 10 heures 20, alors que Thierry Dran est en conversation téléphonique avec un gendarme, une violente explosion se fait entendre. « J'ai ressenti une secousse, comme un tremblement de terre[12]. J'ai dit à mon interlocuteur : « Il se passe quelque chose d'anormal. » J'ai raccroché et je suis remonté dans mon bureau. Une partie du plafond était tombée. Nous avons d'abord pensé que le tribunal était victime d'un attentat. Étant de permanence, le procureur de la République, Michel Bréard, m'a demandé de m'inquiéter de ce qui venait d'arriver.

---

12. Sur l'échelle de Richter, l'explosion a été enregistrée à une amplitude de 3,4.

Je suis sorti du tribunal. Un épais nuage se dirigeait vers nous, c'était impressionnant. »

Le magistrat intercepte une voiture de police et part en direction de l'endroit d'où vient la fumée avec des policiers qu'il ne connaît pas. Ils prennent la direction de l'usine chimique AZF. Elle est située à un peu plus de deux kilomètres du tribunal, ce qui explique l'intensité avec laquelle l'explosion a été ressentie dans la juridiction. Des personnes résidant jusqu'à quatre-vingts kilomètres aux alentours ont entendu la détonation.

Installé dans la voiture de police, le magistrat est confronté à une image qu'il n'a pas oubliée. Plus de quinze ans après les faits. De chaque côté de la route qu'il emprunte, des colonnes de blessés quittent les lieux de la catastrophe. « C'était une ambiance apocalyptique. C'était la stupeur. » Le magistrat arrive sur les lieux et découvre l'étendue des dégâts. D'abord plusieurs bâtiments à proximité de l'usine ont été soufflés par l'explosion. Des commerces sont détruits ou endommagés. Aucune vitre n'a résisté.

Des véhicules aux alentours sont calcinés. C'est une scène de guerre. La vie s'est arrêtée. Une forte odeur chimique se fait sentir dans un périmètre assez large. Le magistrat s'est muni d'un masque à gaz. Enfin l'usine, elle-même ravagée, se résume à un cratère de plusieurs mètres de largeur et de plus de cinq mètres de profondeur. Les secours arrivent assez vite de différentes casernes de pompiers. De nombreuses ambulances convergent également vers l'usine. Pour le magistrat et pour les premiers secours arrivés sur place, il est évident que le nombre de victimes va être conséquent. Plus aucune communication téléphonique n'est possible. Le substitut Dran doit pourtant rendre compte à son procureur. Il fera donc trois allers-retours entre l'usine AZF et le tribunal alors que la circulation dans Toulouse est totalement bloquée.

« Nous étions dix jours après les attentats à New York contre le *World Trade Center*. Les gens étaient angoissés, inquiets. La ville était dévastée. Il y avait une impression de fin du monde.

Les habitants nous arrêtaient pour nous poser des questions. Sur les causes. Le nombre de victimes. Nous n'avions aucune réponse à leur apporter. »

On dénombrera trente et un morts et plus de deux mille cinq cents blessés.

« Voir des cadavres, cela fait partie de notre métier. Nous y sommes préparés. Cela fait partie de notre quotidien, de notre travail. On est assez vite blindé. On tombe dans la banalité du drame. C'est plus compliqué, plus difficile quand on est confronté à quelque chose d'exceptionnel. Avec AZF, on sort du cadre normal. Probablement en raison du nombre de victimes, des circonstances du drame. Je suis le seul magistrat à être allé sur les lieux. J'ai vu le pire. D'habitude, on voit au maximum trois ou quatre cadavres. En poste à la Réunion, j'ai dû me rendre sur un accident de la route à 5 heures du matin. Trois gamines y étaient mortes. Il ne faut surtout pas se dire que cela pourrait être les siens. Mais encore une fois, c'est notre fonction qui veut cela. À Toulouse, il y avait douze ou treize personnes étendues sur le sol. Même un stage de gestion de crise à l'ENM ne prépare pas à cela. »

« Le soir, il faut rentrer chez soi. Le week-end a été un peu compliqué. Parce que l'on se retrouve seul. On se passe les images en boucle. Le lundi matin, j'en ai discuté avec un substitut et une vice-procureur qui travaillaient aussi sur le dossier. On a débriefé. Entre nous. Aucune prise en charge psychologique. Mais j'ai eu du mal à repasser sur les lieux pendant un moment. Très vite, le métier reprend le dessus. Il n'y a pas eu de *stress* post-traumatique. Je me suis principalement occupé des victimes, de l'identification des morts, de la prise en charge des blessés. »

Sept jours après la catastrophe, le procureur Bréard ouvre une information judiciaire contre X pour homicides, blessures et destruction de bien involontaire. Deux juges d'instruction se succéderont. Le directeur de l'usine et la société La Grande Paroisse sont mis en examen. Quant au groupe Total et à son PDG de l'époque, ils sont convoqués devant le tribunal par voie de citation directe. Le 23 février 2009, un premier procès s'ouvre devant le tribunal correctionnel qui s'est transporté dans une salle de sport à la périphérie de Toulouse. En novembre, tous les prévenus sont relaxés. Lors du procès en appel en septembre 2012, le directeur de l'usine est condamné à un an ferme. Total et son dirigeant sont une nouvelle fois relaxés. En janvier 2015, la Cour de cassation a annulé la condamnation du patron de la Grande Paroisse et renvoyé le dossier devant la cour d'appel de Paris pour un troisième procès.

Thierry Dran, lui, a quitté Toulouse depuis longtemps. Nommé procureur de la République en janvier 2004 à Marmande, il rejoint les Sables-d'Olonne à la fin de l'année 2008. Une station balnéaire vendéenne, une juridiction sur le front de mer plutôt paisible. Paisible jusqu'à la nuit du 27 au 28 février 2010. La côte ouest de la France est balayée par une tempête. Les vents dépassent les 160 km/h. La concomitance avec un fort coefficient de marée (102) provoque, en pleine nuit, une brusque montée des eaux de plusieurs mètres. Des dizaines d'habitations sont envahies par la mer. Surprises dans leur sommeil, prisonnières de leurs maisons ou emportées par les eaux, cinquante-neuf personnes vont périr. Les dégâts sont importants, principalement en Charente-Maritime et en Vendée. Mais une ville plus qu'une autre va être touchée par cette tempête appelée Xynthia : La Faute-sur-Mer.

Cette fois-ci, Thierry Dran n'est pas de permanence. Il est en congé. À quelques encablures du tribunal. Il rejoint son collègue vice-procureur qui assure la permanence. Les lieux sont impossibles d'accès. « Tout s'est fait par téléphone. Il fallait attendre que le niveau de l'eau baisse pour aller sur place. Nous avons fait le choix de donner la priorité aux opérations de secours. Au fur et à mesure que nous avions les secours en ligne, le nombre des disparus augmentait. On a commencé par cinq, puis dix. Pour dépasser la cinquantaine. Là encore, comme à Toulouse, il s'agissait d'abord de connaître assez rapidement le nombre de morts, d'identifier les victimes et de prendre en charge victimes et familles. J'ai pris très vite un certain nombre de décisions, notamment celle de rassembler dans la même salle communale les vingt-huit morts de La Faute-sur-Mer[13]. Il y avait aussi bien des enfants que des personnes âgées. J'ai fait venir deux légistes. À Toulouse, nous avions fait pratiquer des autopsies sur les victimes situées au plus près de l'explosion pour comprendre au mieux les circonstances de la catastrophe, je ne l'ai pas jugé nécessaire dans le dossier Xynthia. Il ne fallait pas rajouter un traumatisme aux parents qui avaient perdu parfois plusieurs membres de leur famille.

Là encore, comme à Toulouse, le métier reprend le dessus. "On bascule très vite dans le pénal au bout de deux jours. Cela m'a semblé plus facile. Peut-être parce qu'il y avait eu AZF." »

Là encore, le procureur Dran n'a pas suivi le dossier jusqu'à la fin de l'instruction. Un autre magistrat a soutenu l'accusation devant le tribunal correctionnel. Comme pour la catastrophe d'AZF, eu égard au nombre de parties civiles, le procès est sorti du tribunal pour siéger dans la salle des congrès des Sables-d'Olonne. Le principal prévenu du dossier, René Marratier, le maire de La Faute-sur-Mer, en exercice en février 2010, a été condamné à quatre ans de prison ferme. En appel, sa peine a été réduite à deux ans de prison avec sursis.

Pendant la durée du procès en septembre-octobre 2014, une psychothérapeute et deux psychologues ont été réquisitionnés par l'institution judiciaire. Dans la plus grande discrétion, ces praticiens étaient là pour accueillir, à tout moment, les victimes qui le souhaitaient. Les magistrats du tribunal y ont eu également recours. Principalement après les audiences qui étaient consacrées aux témoignages des survivants et des secours. Dans cette immense salle des congrès, on a pu entendre les appels de détresse des personnes bloquées chez elle alors que l'eau montait dans leur domicile. Terrible moment d'audience où l'on assiste en direct à la mort d'une femme qui se noie alors que de l'autre côté de la ligne téléphonique, le pompier lui parle

13. Le bilan définitif passera à cinquante-trois morts, dont vingt-neuf à La Faute-sur-Mer.

le plus longtemps possible pour masquer son impuissance à intervenir.

« La robe ne protège pas de tout, les personnels judiciaires peuvent développer des symptômes, des insomnies, l'invasion d'images récurrentes », confie la psychothérapeute Valérie Daniel, présente aux Sables-d'Olonne pendant le procès[14].

Pour Thierry Dran, le parquet a favorablement évolué. D'une structure un peu militaire, très hiérarchisée, nous sommes passés à un travail d'équipe. « On debriefe beaucoup. Il y a un côté équipe assez protecteur. Nous sommes moins isolés qu'on ne le pense. On a une réunion par semaine où l'on discute de nos dossiers. C'est une façon de libérer la parole. Il n'y avait pas cela à Toulouse. Je le pratique à Chambéry aujourd'hui. Est-ce lié à ce que j'ai vécu ? Pas impossible. »

Une ambiance de guerre

12 juillet 2013. Le train Corail 3 657 qui a quitté quelques minutes plus tôt la gare d'Austerlitz, roule déjà à la vitesse de 137 km/h. Soit en dessous des cent cinquante km/h autorisés dans cette portion de circuit. Le Corail doit arriver à Limoges en début de soirée. Un aller-retour quotidien qui se déroule chaque fois sans encombre. À la hauteur de la gare de Brétigny-sur-Orge (Essonne), le train quitte les rails et monte en partie sur le quai. Quatre passagers en attente d'un train de banlieue qui circule sur les mêmes rails sont fauchés. Deux personnes dans le train sont tuées sur le coup. Une septième victime décède quelques jours plus tard des suites de ses blessures. Il est 17 heures 11. Quelques minutes plus tard, dans son bureau au Palais de Justice d'Évry, le procureur adjoint, Rémi Crosson du Cormier, est prévenu. Il part aussitôt sur les lieux. « À aucun moment, je ne pensais à ce que j'allais trouver sur place. Je ne pensais qu'à ma mission, à ce que je devais faire. Arrivé à la gare, j'ai constaté l'étendue des dégâts. C'était une

14. France Inter le 19 septembre 2014.

ambiance de guerre, comme un bombardement, le train avait entraîné le mobilier de la gare, il y avait du ballast partout dans les escaliers, les couloirs étaient jonchés de cailloux. Il fallait faire abstraction de cette vision d'horreur, et être professionnel. On a un devoir, on ne se pose pas de questions. Je savais, avant d'arriver sur place, qu'il y avait des morts. Mais on pense d'abord à l'essentiel, les constatations, puis à désigner des experts, les services d'enquête. On n'est pas désincarné, insensible, inhumain. On sait simplement ce que l'on doit faire. Un processus s'engage dans la tête, un schéma, ne pas se livrer à l'émotion, à l'appréhension. » Le soir même, le procureur adjoint ouvre une enquête en flagrance pour homicides et blessures involontaires et confie l'enquête à la police judiciaire de Versailles. L'instruction a montré qu'au passage de la troisième voiture du Téoz 3657, une éclisse en acier s'est désolidarisée du rail, provoquant le déraillement du train Corail.

Plus de trois ans après les faits, la justice peine à pointer des responsabilités pénales.

Dans l'enfer du tunnel

Il n'y a jamais eu autant de journalistes et d'équipes de télévision devant le tribunal de Bonneville (Haute-Savoie). Nous sommes le 31 janvier 2005. L'expression « procès hors norme » peut être employée à juste titre. Il a fallu déployer les grands moyens. Ici, pendant cinquante-sept jours, va se dérouler le procès de la catastrophe du tunnel du Mont-Blanc. Alors on a poussé les murs pour accueillir d'un côté les familles et les proches des nombreuses victimes, soit deux cent quatre-vingt-cinq parties civiles, et de l'autre les prévenus : douze personnes physiques et quatre personnes morales. Ce ne sont pas moins de quatre-vingts avocats qui vont se répartir de chaque côté de la barre.

Le 24 mars 1999, un poids lourd s'engage dans le tunnel du Mont-Blanc. Direction l'Italie. Six kilomètres après son entrée, le camion prend feu. Une épaisse fumée se propage dans le tunnel long de plus de onze kilomètres. L'incendie gagne également trente-quatre autres véhicules pris au piège. Il faudra cinquante-trois heures, plus de deux jours, pour venir à bout de l'incendie. On retire des décombres trente-neuf victimes. Des automobilistes, mais aussi un pompier et un employé du tunnel.

Près de six ans après, plusieurs hommes se retrouvent assis sur le banc des prévenus. En première ligne, le chauffeur du car d'origine belge, qui a causé l'accident. Il s'en est miraculeusement sorti. À ses côtés, ont pris place le chef de la sécurité du tunnel, le régulateur, le président de la société exploitante du tunnel, le maire de Chamonix, la société Volvo, constructeur du poids lourd qui a provoqué la catastrophe.

Le président du tribunal de grande instance ne cherche pas bien loin pour choisir celui qui va avoir la lourde tâche de diriger les débats. Il se désigne. Un défi, car dans le même temps, il faudra assurer la gestion du reste du tribunal.

Renaud Le Breton de Vannoise est un ancien de la préfectorale. Son premier poste dans la magistrature fut à l'instruction dans la Marne dans les années quatre-vingt-dix.

Pour affronter ce qui s'apparente à un challenge impossible, le magistrat s'est préparé physiquement en se mettant au sport, en courant beaucoup. « Il fallait tenir sur la durée. »

« Avant l'audience, il a fallu se plonger dans le dossier. Quatre-vingts tomes, essentiellement composés d'expertises d'une grande complexité. Cela allait de la propagation de l'incendie au système de ventilation jusqu'au moteur Volvo du camion. Il fallait se mettre à niveau. J'ai compris l'ampleur du dossier quand il m'a été remis. De plus il fallait se confronter à des personnes qui connaissaient le dossier, qui parfois pouvait être amenées à se contredire. À cela s'ajoutait un bras de fer avec les quatre-vingts avocats. »

À peine le procès ouvert, une fois accompli l'appel des prévenus et le rappel des faits qui leur sont reprochés, le président donne le ton du procès. Il égrène le nom des trente-neuf personnes décédées lors de l'incendie. Un silence de plomb s'installe alors dans la salle d'audience.

Après avoir exposé les faits et projeté le film tourné deux jours après l'incendie, le président décide de consacrer une audience à l'audition des familles de victimes.

« Certains se sont longuement exprimés. D'autres se sont contentés de faire projeter la photo du disparu. On ne pouvait pas aborder le fond du dossier sans évacuer l'émotion. Il y avait eu une chape de plomb dès le premier jour qui interdisait tout débat. Il y a eu des moments insoutenables. L'audience a été interrompue plusieurs fois. J'avais demandé à l'une de mes assesseurs si elle souhaitait que l'on interrompe plus longuement. Elle m'a répondu : "Non sinon je ne reviens pas." Pour moi, il a fallu trouver à chaque moment la force pour enchaîner les témoignages. Tellement c'était fort. »

Lors des audiences, qui n'ont lieu que l'après-midi, le magistrat décide de faire une coupure à mi-temps. Les magistrats et les greffiers se retrouvent alors dans la même salle. « Cela permettait de décharger l'émotion au fur et à mesure. La collégialité a servi de thérapie. »

Des avocats de la défense lui ont reproché de devenir otage de l'émotion des victimes. « J'ai répondu que le procès dans sa phase technique n'avait pas commencé. » Il a commencé le lendemain.

« Il a fallu entrer dans le détail des faits et des circonstances des décès. Ceux qui ont été asphyxiés et qui n'ont pas eu le temps de souffrir, ceux qui se sont vu mourir et qui ont senti la chaleur monter, et ceux enfin qui ont tenté de fuir, l'un d'eux s'était réfugié dans son camion frigorifique. »

Le 29 avril, l'audience s'achève. Le tribunal met son jugement en délibéré[15].

---

15. Sur les seize prévenus, treize sont condamnés. En appel, le responsable de la sécurité du tunnel écope de six mois de prison avec sursis, tandis que le maire de Chamonix est relaxé. En première instance, Volvo avait bénéficié

« Le dernier jour, tout le monde s'est serré la main. On était allé vers un apaisement progressif au fur et à mesure des audiences. Les victimes ont compris que les prévenus n'étaient pas des assassins et les prévenus ont compris que les parties civiles étaient venues chercher des réponses et étaient dans une grande souffrance. »

À aucun moment, pour la justice, dans ce dossier n'est apparue une quelconque arrière-pensée d'ordre financier. Le jugement pointera une mauvaise communication entre services et une mauvaise appréciation des exigences de sécurité.

« L'enjeu était à la fois de rendre une bonne justice, mais aussi de donner l'image à l'étranger et en France d'une bonne justice. »

Renaud Le Breton de Vannoise a depuis quitté Bonneville pour un tribunal plus exposé. Plus en souffrance encore. Il est, depuis octobre 2015, le président du TGI de Bobigny, cent magistrats sur cent vingt-quatre postes. « Il en faudrait cent cinquante pour que la machine tourne convenablement. »

La chapelle ardente

Est-ce un hasard ? Rémy Heitz, qui au cours de sa carrière fut quatre ans délégué du Comité interministérielle à la sécurité routière, reste marqué par un accident mortel de grande ampleur.

Nous sommes alors plusieurs années après la catastrophe de Beaune sur l'autoroute A6. Quarante-quatre enfants de six à quinze ans, originaires de Crépy-en-Valois dans l'Oise, avaient péri dans leur car lors d'un carambolage. Un drame similaire se reproduit sur une autre autoroute. Rémy Heitz, procureur de la République à Metz, se rend sur les lieux. « Après les constatations d'usage, je me suis rendu dans la chapelle ardente. Des dizaines de corps étaient étendus sur le

---

d'une relaxe et le chauffeur du camion avait été condamné à quatre mois avec sursis.

sol. Des étiquettes attachées aux pieds des cadavres permettaient de les identifier. Je ne sais pas pourquoi, aujourd'hui encore, je me souviens de certains noms. Dans la foulée, je suis allé à l'hôpital pour rencontrer certains blessés. Je n'ai pas oublié ces hommes et ces femmes qui me demandaient si j'avais des nouvelles de leur mari ou leur époux. C'était une scène d'horreur et d'effroi, car pour certains j'avais vu leur nom quelques minutes avant sur une fiche de médecine légale et je ne pouvais rien leur dire. »

« Il y a un sentiment d'impuissance, d'être de trop à ce moment-là. Vous ne pouvez pas grand-chose. Vous êtes à la fois le témoin et l'acteur involontaire d'une tragédie, d'un drame alors qu'une demi-heure avant, vous étiez dans votre bureau à travailler sur des dossiers de papier. »

3

LE PREMIER CADAVRE

« Il y a des jeunes magistrats qui n'ont jamais vu de morts. » Face à moi, dans le restaurant où nous sommes attablés, Pierre-Yves Couilleau, procureur de la République à Toulouse, prononce cette phrase comme une grande évidence. À moins d'avoir perdu un parent proche dans son enfance ou dans son adolescence, la première rencontre avec un cadavre se fait à l'école. Lorsque, auditeur de justice, il assiste dans un amphi ou à l'institut médico-légal à une autopsie. « Une autopsie à l'ENM est un spectacle terrifiant, poursuit Valéry Turcey, président de chambre de l'instruction à Paris. Cela n'a rien à voir avec le côté aseptisé des séries américaines. »

Une vision violente. Sans préparation. Sans accompagnement. C'est le premier souvenir qu'évoque, lors de notre rencontre place Dauphine à Paris, Rémy Heitz, premier président de la cour d'appel de Colmar. Pour suivre sa carrière depuis seize ans, je connais sa pudeur, sa retenue, sa pondération, mais aussi sa sensibilité. Il ne se livre pas facilement. D'ailleurs, il reconnaît qu'il a, au cours de sa carrière, très peu évoqué dans le détail avec son épouse et ses enfants les dossiers qu'il a suivis. Certes en raison du secret professionnel, concède-t-il, mais aussi au nom de sa discrétion. Alors qu'il s'apprête à rejoindre l'un des plus hauts postes de la magistrature, mon interlocuteur évoque « son traumatisme » vécu alors qu'il n'était pas encore magistrat. « J'étais à l'École nationale de la magistrature. Au programme, il y a des cours de médecine légale. Nos professeurs nous incitaient à suivre une autopsie. J'y suis allé sans imaginer le choc que cela allait provoquer en moi. C'était une autopsie dite de sécurité après un accident de la circulation. Un cadavre était allongé sur la table. Tout s'est passé très vite. Sans explication. Sans mise en garde. Le médecin légiste s'est saisi d'une scie égoïne et a commencé à découper le crâne. C'était violent, choquant, perturbant. On nous envoyait assister à un tel acte procédural sans aucune préparation. Certes pour nous former, mais aussi pour nous éprouver, nous tester. Cela est propre à notre société. »

« Je n'ai pas oublié ma première autopsie, raconte Jean-François Thony, procureur général à Colmar. J'avais 25 ans et j'étais juge d'instruction à Albertville. Un bébé que la mère avait jeté dans les poubelles. L'image de cet enfant que le médecin légiste devait débarrasser du marc de café et des épluchures de légumes me revient en mémoire. » Quelque temps plus tard, il a dû se rendre sur le lieu d'un accident de voiture. Le véhicule a dérapé, fait un tête-à-queue avant de s'encastrer à très grande vitesse dans un mur. « À l'intérieur, il y avait une mère et ses deux jeunes filles. J'étais jeune père de famille à l'époque. Je n'ai pas voulu voir leurs corps. »

« Il faut prendre de la distance par rapport à l'aspect émotionnel, pour éviter toute réaction de sensiblerie, toute réaction épidermique », conseille Alain Philibeaux. Auditeur de justice, il assiste à sa première autopsie. Une fillette de cinq ans, décédée d'une pleurésie. « Ses parents lui avaient fait prendre des douches froides. »

Une première autopsie, c'est un premier cadavre froid sur une table d'un institut médico-légal ou encore sur une scène de crime qui peut s'apparenter à un bizutage. Dans une ferme au fin fond de la Sarthe, un fils a tué son père de plusieurs coups de fusil. Christophe Régnard, alors substitut, se rend sur place. Le légiste est déjà à pied d'œuvre. Dans sa main, une sonde. Il s'agit pour le médecin de prendre la température du cadavre. Une manière de définir à quand remonte le décès. « Il l'a enfoncée dans le ventre du fermier, puis me l'a tendue. J'avais

25 ans. Les enquêteurs étaient autour de moi. Il l'a fait volontairement pour me mettre à l'épreuve. »

« Ce qui était difficile à l'ENM, c'étaient les autopsies, se souvient Renaud van Ruymbeke. C'est un moment d'épouvante totale. Je m'en souviens encore. Il vaut mieux le découvrir à l'école qu'en fonction. On se prenait une petite bouteille de rhum ou d'autre chose. Je revois la scène, comme si c'était hier. Le professeur qui amenait le corps, discutait un long moment avant de sortir son bistouri. Quand j'étais jeune juge d'instruction, les policiers nous testaient toujours. “Monsieur le juge, vous venez à l'autopsie, bien sûr !” Quand je suis passé aux affaires financières, quelque part, j'ai poussé un “ouf” de soulagement. Je n'ai plus cela à gérer. »

À moins, comme Rémi Crosson du Cormier, également étudiant à l'époque, d'avoir effectué un stage d'été comme brancardier à l'hôpital de Bonneville. « J'avais 22 ans. Ce fut un sas extraordinaire. Une femme est arrivée aux urgences. Son mari était mort dans un accident de la circulation. J'ai été impressionné par le travail d'équipe. Chacun avait son utilité. Quand, futur magistrat, je me suis retrouvé en stage dans un commissariat de police à Marseille, il y a eu une rixe entre deux individus qui se sont entre-tués. J'ai assisté à l'autopsie. Sans aucune appréhension. Sans aucun malaise. J'avais été préparé. »

Quand le mort est un squelette

Juge d'instruction fraîchement nommé à Saint-Quentin, Jean-Yves Lourgouilloux se retrouve dans le bureau de son chef de juridiction. Le magistrat se souvient d'avoir été surpris par la teneur du discours de son supérieur hiérarchique. « Il me soutenait que l'affaire que je venais de clore allait me marquer. J'étais au contraire dans un état d'esprit détaché. Je me suis dit : “Pour qui il me prend ? Je ne suis pas influençable”. »

Le dossier commence par une plainte pour agression sexuelle. Plusieurs enfants désignent comme agresseur un ancien compagnon de leur mère. L'homme, placé en garde à vue par les gendarmes, conteste fermement les accusations portées contre lui. Les enquêteurs se retournent vers les enfants qui changent alors de version. Ils accusent désormais le nouveau compagnon de leur mère. Échaudés par le premier revirement des plaignants, le juge et les gendarmes s'attendent à une nouvelle déconvenue. En un mot, un non-lieu. Le second suspect est à son tour placé en garde à vue. Surprise! Non seulement, il ne conteste pas les faits, mais il les avoue sans rechigner. Il est mis en examen et placé en détention provisoire. Au cours de leur enquête, les gendarmes entendent un certain nombre de voisins du petit village de Picardie où réside le suspect. On leur parle alors d'une vieille histoire. Une disparition, jamais élucidée. En partie parce que jamais véritablement instruite. Deux procès-verbaux sont retrouvés dans les archives du palais. L'affaire a été classée. Les enquêteurs ont conclu que la personne était majeure, donc qu'il s'agissait d'une disparition volontaire. Alors que les faits remontent à presque dix ans et qu'ils seront bientôt prescrits, la justice décide de rouvrir le dossier. Une information judiciaire est ouverte et confiée à notre juge qui demande aux gendarmes d'entendre l'individu sur cette disparition non élucidée. Extrait de sa cellule, il est à nouveau placé en garde à vue. Calme, serein, il demande une cigarette. Elle lui est accordée. Et, très posément, il avoue. Il reconnaît l'avoir tuée. Il reste en revanche plus mystérieux sur le mobile du crime. Pour les enquêteurs, c'est probablement une tentative de viol qui a mal tourné. Mais ils ne pourront jamais le démontrer.

Tout aussi posément, l'homme accepte de dire où se situe le corps de sa victime. Les gendarmes et le juge se déplacent au domicile du suspect. Une maison en deux parties. D'un côté la partie où vit sa mère. De l'autre, son habitation. Il conduit les enquêteurs au sous-sol. Dans la cave, un tas de charbon. En fait, il s'agit d'un leurre. Le meurtrier a construit un tombeau à sa victime. Après avoir retiré le charbon, les gendarmes mettent au jour une dalle de béton en forme de cloche. Celle-ci percée, ils font une macabre découverte. Le juge Lourgouilloux est présent. « Nous est apparu le squelette de cette jeune femme. Il ne lui restait plus que sa montre. C'était impressionnant. J'avais déjà vu des cadavres. C'est la première fois que je me retrouvais face à un squelette. Nous étions saisis par le temps passé. Presque dix ans. L'homme était derrière nous, il assistait à la scène. On lui avait mis une couverture sur les épaules, il avait demandé un café chaud. Un décalage entre la monstruosité de son crime et un personnage lisse, monsieur-tout-le-monde. On avait du mal à lui en vouloir. Cette découverte corroborait étrangement ce que les enfants avaient déclaré pendant leurs auditions. Ils disaient que la nuit, dans cette maison, ils voyaient flotter au-dessous de leur lit le visage d'une femme... »

Agresseur sexuel et meurtrier, l'homme a été condamné à vingt ans de réclusion criminelle par la cour d'assises d'Amiens. « On a élucidé une affaire qui n'avait pas été conclue en son temps », précise aujourd'hui le magistrat.

Vingt ans plus tard, Jean-Yves Lourgouilloux, procureur adjoint au parquet national financier, s'est aperçu que le président avait vu juste. Cette affaire l'a marqué.

Pour Catherine Denis, procureur de la République à Nanterre, la première autopsie doit se faire à l'école. « Je leur dis qu'il vaut mieux qu'ils y aillent à ce moment-là. S'ils doivent s'évanouir, c'est préférable que cela soit durant le stage plutôt qu'en fonction. On essaye de les "déniaiser" pendant la scolarité. Même si cela ne prépare pas à la masse de souffrance que l'on va rencontrer. On ne fait pas dans le carnet rose. »

L'école de l'autopsie

« Au moment d'une autopsie, je ne vois pas un cadavre, se plaît à se rassurer Frédéric Fèvre, procureur général à Nancy. Je vois le trajet de la balle dans le corps de la victime. Par quel organe la balle est passée. Quel est l'orifice d'entrée. Quel est l'orifice de sortie. Cela me donne des éléments d'information sur la position de l'auteur des coups de feu. Ainsi, quand il sera interrogé, il ne va pas pouvoir nous raconter des histoires. »

Une approche, un recul que partage son collègue, Éric Maillaud, procureur de la République à Clermont-Ferrand: « J'ai toujours en mémoire cette phrase d'un ami chirurgien. Il me disait: "Quand j'opère une jolie femme ou un bébé, si je regarde l'enveloppe charnelle, je suis paralysé. Donc je me penche sur le cadavre et après c'est de la tuyauterie. Je retrouve l'humain quand j'ai fini mon acte chirurgical." Il faut rester froid, c'est indispensable. Laisser ensuite venir les émotions et apprendre enfin à les gérer le mieux possible. »

Pour Bruno Cotte, ancien président de chambre à la Cour de cassation, la première autopsie est déterminante « pour aborder les suivantes. Tout dépend de l'attitude des membres de l'Institut de médecine légale. Il n'y avait pas de plaisanterie, d'exhibition, c'était aseptisé. Il s'agissait d'une personne décédée d'une mort violente. Elle était passée sous un train. Je l'ai vécu comme une expérience anatomique ».

Porteur de mauvaises nouvelles

Voir un mort est une chose. Annoncer la mort d'un enfant à ses parents en est une autre. « J'avais vu cela à l'hôpital, mais je n'avais été que témoin de cette scène, poursuit l'avocat général Crosson du Cormier. Devenu magistrat du parquet, il m'est revenu cette tâche délicate. Cela ne s'apprend pas, ni à l'école, ni à l'université. »

Pour Rémy Heitz, le plus dur n'est pas le contact avec la mort. Avec le mort. « Le plus douloureux, confesse-t-il, c'est l'annonce à la famille, aux proches. Je me souviens de la mort, dans un accident de voiture, d'un gamin de 16 ans. En tant que substitut du procureur, j'ai été chargé d'annoncer la nouvelle aux parents. Plus de trente ans après, je n'ai pas oublié l'image de cette mère descendant l'escalier de sa maison, à qui il a fallu apprendre la mort accidentelle de son fils. Ce ne furent que cris et hurlements de douleur. Cette femme a fait une crise de nerfs, de telle sorte qu'il a fallu appeler le SAMU. Une autre fois, de permanence, il a fallu, en pleine nuit, me rendre sur les lieux d'un autre drame de la route. Trois jeunes avaient trouvé la mort en scooter. Il a d'abord fallu se rendre sur place pour les constatations d'usage. Il y a alors un sentiment de peur qui nous envahit, parce que l'on ne sait pas face à quoi on va se retrouver. D'abord se confronter à la mort de jeunes adolescents, avant ensuite de faire face à la difficulté à trouver les mots que l'on va adresser aux parents. »

Être le porteur d'une mauvaise nouvelle est un fardeau. Nous sommes en 1974. Bruno Cotte a 28 ans. Il est substitut à Lyon. Coup de fil d'un officier de police judiciaire (OPJ). Un mineur est en garde à vue. Un acte de petite délinquance qui a tourné au drame. Le jeune homme siphonne le réservoir d'essence d'un véhicule. Derrière les vitres de son appartement, le propriétaire est témoin de la scène. Il descend pour interpeller le jeune homme. Une altercation qui dégénère. Les deux hommes se bagarrent. Pour se dégager, le plus jeune se saisit d'un tournevis et donne plusieurs coups au propriétaire du véhicule, qui s'effondre. Alertée par des voisins, la police arrive et arrête le mineur.

Le lendemain, le propriétaire décède des suites de ses blessures.

« Le procureur de la République est venu me voir. "Est-ce que cela vous ennuie de l'annoncer au mineur ?" J'y suis allé, raconte Bruno Cotte. Je me souviens du regard de ce jeune homme quand je lui ai annoncé la nouvelle. Il comprenait qu'il passait du statut de voleur à celui de criminel. Il a été condamné pour coups et blessures ayant entraîné la mort sans intention de la donner. C'est une démarche qui ne laisse pas indemne. »

Une odeur de dentifrice

Un divorce qui se passe mal et qui s'achève en scène horrible. Un père de famille va chercher ses deux enfants à l'école. Aussitôt arrivé chez lui, il les tue. Et de surcroît, il tue le chien. Jean-Marie Beney est alors premier substitut à Pontoise. Il a une dizaine d'années d'expérience derrière lui. « Le chien, un boxer, était étendu devant la porte. Il a fallu que je l'enjambe pour accéder à la scène de crime. C'est la nuit. Les grands-parents des enfants, les parents de l'auteur, arrivent. Vous vous dites : "Mais qu'est-ce que je vais pouvoir leur raconter ?" Le père du meurtrier est venu vers moi et m'est tombé dans mes bras. Je lui ai dit : "Monsieur je ne vous dis rien." Il m'a répondu : "Non, mais vous êtes là, merci." » À l'évocation de cette anecdote, le magistrat est encore troublé. « Quand je vous en parle, je revois encore la scène. Avec un détail ridicule qui m'a marqué. L'homme s'est brossé les dents avant de venir. Il sent le dentifrice. C'était une situation un peu compliquée. La famille des victimes était aussi la famille de l'auteur. Il fallait trouver les mots. »

Face à la mort, chacun réagit à sa manière. Les médecins légistes ne sont pas épargnés. L'un d'entre eux, forcément insensible aux nombreux cadavres qui défilent dans son laboratoire, s'est effondré devant un magistrat alors qu'il évoquait sa mère qui venait de mourir. Un autre, exerçant à Évry, se refusait à pratiquer les autopsies sur les enfants, préférant laisser faire son équipe.

Preuve en est qu'au pénal, on ne peut pas être blasé.

4

On ne compte plus les morts

« Le droit pénal, c'est le droit sale », la phrase prononcée par Éric Vaillant résume parfaitement la situation. Au sens propre comme au sens figuré. Plusieurs magistrats en ont fait la triste expérience.

Alors qu'il est auditeur de justice à Angers en 1977, Laurent Le Mesle se souvient de sa première scène de crime. C'est d'ailleurs le premier souvenir qu'il évoque lors de notre entretien dans son bureau à la Cour de cassation. « Au milieu de la nuit, je suis réveillé par le substitut auprès de qui j'effectuais mon stage. Il me dit : "Il y a un meurtre dans un bâtiment abandonné en centre-ville, est-ce que tu peux me rejoindre ?" C'était un immeuble en démolition, squatté par des marginaux. Il s'agisait d'un violent différend entre deux clochards. L'un avait tué l'autre à coups de hache. La tête de la victime était littéralement éclatée. C'était ma première scène de crime et elle m'a marqué. À l'époque, nous prenions moins de précautions dans le périmètre de sécurité. À moment donné, un policier m'a dit : "Faites attention, vous êtes en train de marcher sur des bouts de cervelle." Je dois dire que j'en ai été malade toute la nuit. Par la suite, comme juge d'instruction ou comme substitut, j'allais systématiquement à toutes les autopsies que j'ordonnais. Pour m'endurcir et m'habituer aux cadavres. »

Si la nuit porte conseil, elle libère, chez certains, des pulsions criminelles.

C'est toujours dans un profond sommeil que le magistrat de permanence est réveillé par un policier ou un gendarme. C'est d'abord un portable qui vibre sur la table de nuit, puis, plus ou moins rapidement, une sonnerie qui se déclenche. Une alarme qui est non seulement signe qu'il faut se lever, mais aussi que quelque part dans la ville, ou dans la circonscription, un drame est arrivé. On ne réveille pas un parquetier pour un feu rouge grillé.

Quel que soit le tribunal, la règle est la même. Une permanence dure une semaine. Une semaine où tout peut arriver. Une semaine rarement calme.

« Vous êtes au cœur de l'actualité, c'est valorisant. Vous êtes aux manettes. » Assis confortablement dans un canapé dans son appartement parisien, Laurent Davenas évoque cette période heureuse où, à la 8e section de Paris, il avait connaissance en temps réel de tous les faits divers qui se produisaient dans la capitale. « Alors que je sais que certains aujourd'hui vivent la permanence comme une souffrance, nous, on le vivait comme un bonheur. On était dans le cockpit de l'avion et on pilotait. On se faisait plaisir professionnellement. C'est un peu comme une équipe de SAMU. Je ressentais la fraternité des professionnels de l'urgence. S'il n'y a pas de déplacement, si on n'a pas de cadavre, on a un manque. Un sentiment d'inutilité. On rentre chez soi à 2 heures du matin, on est un peu fatigué, mais on se couche avec le sentiment que l'on a fait son travail, avec une pensée pour la famille de la victime. C'est toujours violent parce que la première démarche dans une affaire judiciaire c'est d'aller perquisitionner chez la victime et de tout retourner. »

Une vigilance. Une disposition de tous les instants. Facile à vivre le jour. Plus compliquée la nuit. Certains magistrats ont dû parfois organiser leur vie de couple en conséquence. Faire chambre à part. L'époux ou l'épouse ne sont pas de permanence.

Une scène de crime, c'est une vie qui bascule. « Quand vous arrivez devant un cadavre, vous vous dites, il y a une famille, une femme, des enfants qui vont basculer dans le drame. Ils ne le savent pas encore. Vous, vous le savez. Ce qui m'avait frappé à l'époque, c'est qu'assez lâchement, les services de police déléguaient cela au fonctionnaire le moins formé, qui était le gardien de la paix de base. Et je pense qu'on allait informer ces malheureuses personnes assez brutalement, ou avec un coup de téléphone bref du style : "Présentez-vous au commissariat." Il n'y avait pas beaucoup d'humanité. »

Et pour Laurent Davenas, le souvenir d'une scène de crime à la mi-décembre. Une femme tuée par son mari à qui les menottes ont été passées. Quant aux deux jeunes enfants, ils sont confinés dans une autre pièce. « Le père allait partir en prison. La mère allait partir pour l'institut médico-légal. Et dans l'armoire de la chambre à coucher, on voyait les cadeaux de Noël qui avaient été achetés. »

Des lieux qui marquent. Pierre-Yves Couilleau, procureur de la République, a été en poste à Nancy, Angoulême, Bordeaux et Toulouse. Il avoue se repérer dans une ville, non pas « aux noms des rues, mais aux cadavres et aux scènes de crime que j'ai eu à connaître dans ma carrière ».

Des lieux et des images. Une brutalité de l'image. Parmi les nombreux magistrats rencontrés au cours de cette enquête, plusieurs ont quasiment revécu leurs scènes de crime. Ancrées dans leur mémoire. Une fillette de 3 ans tuée de plusieurs coups de couteau par sa mère dans une crise de bouffées délirantes. « Elle lui avait préalablement enfoncé dans la bouche son pyjama et pour se prémunir de son regard, elle lui avait collé *post mortem* les yeux avec de la super glu. En termes de scènes de crime, c'est la plus épouvantable que j'ai vue, se souvient Jean-Christophe Muller, procureur de la République à Pau. Tous les policiers qui sont intervenus ont eu, dans la semaine qui suivait, un entretien avec un psychologue. Le seul qui soit reparti avec son cartable sous le bras, c'est moi. On ne me l'a pas proposé. Sans hanter mes nuits, c'est une scène que je revois. »

Pour un autre haut magistrat, c'est le cadavre d'un patron de boîte de nuit à Andilly (Val-d'Oise) assassiné par Jacques Hyvert. « Les tripes à l'air. Les boyaux qui s'étalent sur le macadam. » Franck Rastoul, procureur général à Bastia, me livre un authentique inventaire à la Prévert. « Des dossiers remplis d'une horreur absolue : deux bébés morts dans un coffre, trente-cinq coups de couteau dans le corps d'un homme tué par un psychopathe, un accident de voiture où la jambe de la passagère d'une moto s'est retrouvée sur le conducteur d'une voiture, un corps déchiqueté dans une baignoire et dont le cadavre a été dévoré par des chiens. Ce serait trop long si je devais évoquer les dossiers qui ont marqué, déstabilisé. Il faut être costaud», conclut-il.

Du temps où il était procureur de la République à Marseille, Jacques Dallet est allé sur quarante-quatre meurtres dont deux tiers étaient des règlements de comptes. «On s'endurcit. Au bout d'un moment, on prend de la distance. Même si je n'ai jamais vu deux affaires identiques. Des cadavres déchiquetés dans une voiture, il n'y en a jamais deux pareils. Un jour en pleine rue. La fois d'après dans un coin désert. Souvent dans des endroits incroyables. En général on ne va pas dans des appartements bourgeois, mais dans des lieux assez glauques. Une cave. Un sous-bois. Vous êtes dans un univers particulier. Presque une mise en scène, avec des éclairages, des ombres, souvent la nuit. La découverte du cadavre c'est rarement à 9 heures du matin. J'aimais bien ne pas être seul quand j'allais sur place. On partage l'émotion, on partage le poids et on se répartit les tâches sur le terrain. J'ai utilisé le concept de parquet en bande organisée. J'y crois assez.»

Pour Jacques Dallet, le jeune magistrat ne doit pas rechigner à aller sur le terrain. De sortir de sa tour d'ivoire. Accompagner les différentes brigades de police ou de gendarmerie. «Passer une nuit avec la BAC, cela vaut tous les cours de procédure pénale. Cela décoiffe.»

«Aujourd'hui si un procureur ne se rend pas sur les lieux, on se pose des questions. Je leur dis: “Allez-y, vous allez mouiller la chemise, percevoir la réalité humaine. Vous allez voir que vos connaissances théoriques ou académiques vont être bousculées face à la réalité d'un cadavre, d'un accident grave et vous allez tout de suite voir une effervescence très formatrice, avec les familles de victimes, les politiques qui cherchent très vite des coupables, le maire, les médias. Vous prenez de plein fouet des cris, des hurlements. Il faut les vivre et ne pas rester au chaud." Je n'accepte pas qu'un procureur ne se rende pas sur place pour des questions de confort. »

L'important était de faire bonne figure. De ne pas craquer devant les collègues ou les policiers. Catherine Denis se souvient encore du premier crime sur lequel elle s'est rendue. « J'avais à peine 25 ans et j'étais la seule femme au parquet. J'avais ma place à faire. Mon souci premier était de ne pas me sentir mal devant les policiers. »

Et toi, qu'aurais-tu fait ?

Week-end de Toussaint, fin des années quatre-vingt. Au volant d'une grosse berline, un médecin. Sur la banquette arrière, ses deux filles. Divorcé, il raccompagne ses enfants à son ex-épouse. Il roule vite. Trop vite. Sur la bretelle d'accès de l'A 4 à Meaux, la voiture sort de la route et finit dans le talus. Le père de famille est mort sur le coup. Les deux petites, en revanche, sont indemnes. Croyant juste que son père s'est endormi, la plus grande des deux fillettes fait sortir sa sœur du véhicule et l'assoit à côté de la voiture. Il commence à faire nuit. L'aînée se dirige vers la route pour essayer d'arrêter des voitures. Dans la pénombre, elle est renversée.

Dominique Ferrière a été chargé de l'instruction. Cette scène de crime est restée intacte dans sa mémoire. « Un nombre conséquent de voitures passe à grande vitesse sur le corps de la fillette. Un automobiliste roulant dans la limite de la vitesse autorisée au volant de son Ami 8 découvre l'horreur de la scène. Il prévient les gendarmes. Il n'y a pas de portable à l'époque. Puis, il découvre la petite sœur qui est toujours assise, qui croit que son père dort et que sa grande sœur arrête des voitures. La scène est horrible, on a littéralement ramassé des morceaux de corps sur l'autoroute. Ce n'était pas beau à voir. »

Sans l'intervention citoyenne de cet automobiliste, il est à craindre qu'à un moment donné, la plus jeune des fillettes se serait, à son tour, avancée vers les voies de circulation et aurait subi le même sort que sa sœur.

Le juge Dominique Ferrière commet un expert automobile et décide d'une reconstitution dans les mêmes conditions de luminosité que le soir des faits. Il veut évaluer ce que les automobilistes ont pu voir. Un mannequin symbolise la victime. Un hebdomadaire a affrété un hélicoptère pour prendre des photos de cet acte de procédure. Dans le même temps, les enquêteurs vont parvenir à identifier un certain nombre d'automobilistes qui sont passés sur le corps de la fillette. « Tous vont donner des raisons différentes. Dire qu'ils n'ont pas vu. Ou ceux qui ont vu la petite fille faire des signes, dire qu'ils craignaient une agression. Tout le monde va trouver des bonnes raisons. Honnêtement, il y avait quelques automobilistes qui tenaient des propos insoutenables de mauvaise foi. D'autres étaient dans une très grande culpabilité. Je ne sais pas comment ils ont géré cela par la suite. Ce n'est pas l'action judiciaire qui les a mis dans cet état. Ils savaient très bien ce qu'ils avaient fait. Je pense notamment à quelqu'un qui a nettoyé sa voiture au jet parce qu'il y avait des débris de chair et de sang sur la carrosserie. On a su par son entourage qu'il était dévasté par ce qu'il avait fait. Il était presque apaisé d'être poursuivi. C'est un des seuls qui n'a jamais contesté sa mise en accusation. Elle le libérait de cette culpabilité. »

Plusieurs de ces automobilistes furent renvoyés devant le tribunal correctionnel de Créteil pour homicide involontaire et non-assistance à personne en danger. Le tribunal les a tous relaxés. Le parquet n'a pas fait appel.

« J'ai fait toute cette instruction en me disant : si tu étais passé ce jour-là, qu'aurais-tu fait ? Ce moment où l'on est en train de poursuivre, de mettre en examen des personnes parmi lesquelles tu aurais pu être. Une impression nouvelle. Je ne m'étais jamais, jusqu'à présent, identifié à un prévenu. »

L'émotion boomerang

Sur la scène de crime, outre qu'il faut gérer sa propre émotion, il faut également gérer celle des proches de la victime. Et faire qu'elle ne revienne pas à soi. Comme un boomerang.

Substitut de permanence, Nathalie Bécache se rend au cabinet d'un ophtalmo dans une rue paisible de Neuilly-sur-Seine. Le praticien a été assassiné dans son cabinet situé à l'étage. Des patients sont encore dans la salle d'attente. Les enquêteurs les prennent en charge et les interrogent sur ce qu'ils ont vu, entendu. La scène de crime est isolée. Toutes les empreintes sont relevées. L'enquête commence. Alors que la substitut s'entretient avec les policiers, un jeune homme d'une vingtaine d'années arrive en courant. « Qu'est ce qui se passe ? C'est mon père. » Le fils s'effondre en apercevant le corps de son père étendu par terre à côté de son bureau. Grâce à son témoignage, l'affaire a été résolue rapidement. Le médecin avait évoqué auprès de ses proches qu'un de ses anciens patients faisait « une fixation ». Le pire était arrivé. Plusieurs années après, Nathalie Bécache confie que l'arrivée, sur les lieux du crime, du fils de la victime l'a marquée. Ce moment où le professionnel est pris par l'émotion. « Je me suis réfugiée derrière les policiers pour cacher mon trouble. »

Franck Charon est substitut à Cambrai, son premier poste. Une ville de 50 000 habitants, une population à majorité rurale. Un passé industriel, une belle architecture qui ne cache pas une certaine misère sociale. Depuis plusieurs générations, des familles vivent dans un relatif isolement social et économique.

Le 3 mars 2004, alors qu'il se rend au tribunal, à la hauteur de la commune d'Escaudœuvres, il aperçoit une importante fumée. Il se détourne de son chemin et se rend sur place. Une maison est en feu. Réflexe de magistrat et de citoyen, il appelle les pompiers qui l'informent qu'ils sont déjà prévenus et qu'ils arrivent. Les sauveteurs découvrent à l'intérieur du bâtiment trois corps inanimés. Une mère et ses deux enfants de 2 et 5 ans. Le substitut Charon reste sur les lieux. Le travail du technicien du droit débute. Il appelle son procureur pour l'informer qu'il est déjà sur place. Ce dernier lui donne pour mission de gérer la situation, de donner aux enquêteurs les directives pour ouvrir une enquête sur les causes exactes de la mort. « Très rapidement arrive sur les lieux le père de famille qui était parti travailler. Il fait une syncope. Il faut le prendre en charge. Dans le même temps, une femme policière s'effondre en larmes. Choquée par ce qu'elle vient de voir. Dès que cela touche à l'enfance, c'est le plus difficile. On a du mal à s'en ouvrir à ses collègues qui ne sont pas là pour ça. J'en ai parlé un peu en rentrant à mon procureur, mais cela reste formel », note Franck Charon.

L'enquête démontrera qu'il s'agissait d'un chauffage défectueux. Les trois victimes sont mortes asphyxiées par le monoxyde de carbone émis par le poêle à charbon avant que la maison prenne feu.

Tuée par un mineur récidiviste

Agnès n'a d'abord été qu'une photo. Celle fournie par ses parents lorsque leur fille a disparu dans l'après-midi du mercredi 16 novembre 2011. À 17 heures 30, elle n'a pas réintégré le collège-lycée Le Cévenol situé sur la commune du Chambon-sur-Lignon (Haute-Loire). Agnès n'étant pas coutumière de fugues, ses parents, qui vivent dans la région parisienne, ne s'expliquent pas cette absence. Sa famille avait décidé de la placer à la rentrée dernière dans cet internat, afin d'endiguer ses mauvais résultats scolaires au lycée Charlemagne à Paris.

Le chef d'établissement est aux abonnés absents. C'est un pion qui lance la première battue dans les bois qui entourent le lycée. À la nuit tombée, les gendarmes de Tence mènent, aux alentours du collège, les premières recherches. Sans succès. Recherches qui sont reprises le lendemain. Dans les premières heures du jeudi 17 novembre, plusieurs élèves de l'établissement sont entendus. La chambre de la jeune fille n'apporte aucun élément probant sur cette disparition. Mais au fil des heures, une piste se dessine. Des camarades d'Agnès évoquent aux enquêteurs le projet d'une balade en vue de trouver des champignons hallucinogènes, en compagnie d'un dénommé Matthieu, 17 ans. Plusieurs élèves ont été troublés par son comportement la veille au soir alors que l'annonce de la disparition d'Agnès se répandait dans le lycée. Matthieu porte, selon les témoins, des traces de griffures sur le visage. Des écorchures qu'il dissimule, avançant à ses camarades des explications plutôt confuses. Des griffures qui vont le perdre. En fin de matinée, Matthieu est entendu en qualité de témoin.

L'affaire est suivie depuis la veille au soir par le procureur de la République du Puy-en-Velay, territorialement compétent. Mais la disparition d'Agnès risquant de prendre une tournure criminelle, le procureur de la République de Clermont-Ferrand, Jean-Yves Coquillat, est à son tour informé de l'évolution de la situation.

La photo d'Agnès lui est communiquée. Celle que ses parents ont diffusée. Celle qui figure sur l'avis de recherche.

Sur place, l'enquête avance. L'étude de la téléphonie confirme une courte conversation de vingt-quatre secondes entre les adolescents *via* leur portable le 16 novembre à 12 heures 49.

À 16 heures 30, Matthieu est placé en garde à vue. Ses griffures sur le visage sont bien le fruit de coups d'ongle. Enfin des traces rougeâtres sont relevées sur un de ses pantalons retrouvés dans sa chambre. Mais le passé judiciaire du jeune homme intéresse aussi les gendarmes. Matthieu fait l'objet d'un contrôle judiciaire pour être suspecté d'avoir commis, le 1er août 2010, un viol sous la menace d'une arme blanche sur une autre jeune fille, Salomé. Faits pour lesquels il a effectué quatre mois de détention provisoire.

Salomé confiera aux grands-parents de la jeune fille : « Si j'étais morte ce jour-là, Agnès serait encore vivante. »

À 16 heures 40, Matthieu avoue avoir poussé Agnès dans un ravin après une dispute. Et donne quelques indications sur l'endroit où les recherches doivent être concentrées. Un lieu-dit appelé Beaujeu. À trois kilomètres du lycée.

À 20 heures 17, un corps en grande partie calciné est découvert, recouvert de branchages, sur un lit de cendres et de bois. Un briquet, une recharge d'essence et de la ficelle sont également repérés par les gendarmes. Un périmètre de sécurité est organisé. Il est trop tard pour débuter toutes les investigations scientifiques, et surtout les moyens nécessaires pour un tel travail ne sont pas encore arrivés. Les hommes de la gendarmerie scientifique de Rosny-sous-Bois viennent juste de partir. En conséquence, des gendarmes de la brigade de Tence restent toute la nuit pour empêcher que quelqu'un ou qu'un animal pénètre sur la scène de crime.

De disparition, nous sommes passés à crime. Le procureur Coquillat est aussitôt prévenu de la découverte macabre du corps d'Agnès. Le lendemain, à 5 heures du matin, il prend la route avec un collègue du parquet afin d'arriver sur place dès le lever du soleil.

« J'y vais avec, à l'esprit, la photo de l'adolescente. Une adolescente jolie, souriante. Le terrain est escarpé, il y a de la neige, il fait froid. L'endroit a été balisé par les gendarmes. Je revêts la tenue de la police scientifique. Au lieu de trouver un corps, on trouve des restes. La carbonisation est importante. Il reste des viscères, une main. Un corps extrêmement dégradé. Ce à quoi je ne m'attendais pas. L'émotion est forte. »

Le scénario se précise. Matthieu a une nouvelle fois violé une adolescente. Agnès s'est défendue. D'où les griffures au visage. Il lui porte à la hauteur du cou dix-sept coups de couteau. On devine la suite.

De retour à Clermont-Ferrand, le procureur reçoit les parents d'Agnès. Ils sont anéantis. L'entretien va durer plus de trois heures. « Là encore, il y a un phénomène d'identification et la question de son impuissance. »

Impuissance d'un magistrat face à des possibles dysfonctionnements de la justice. Matthieu, on l'a dit, a déjà été mis en examen pour viol, incarcéré puis remis en liberté par un juge de Nîmes. Une décision basée en partie sur le diagnostic d'un psychiatre qui a écrit dans son rapport d'expertise : « Nous considérons que cette personne n'est pas dangereuse. »

En juin 2013, lors d'un long entretien que les grands-parents d'Agnès m'accordent, Armel, le grand-père, aura ces mots : « Quand la justice fonctionne mal, elle tue. Ce sont les juges qui doivent juger. Pas les experts. Ils n'y connaissent rien. C'est de la médecine de bavardage. »

Face au magistrat, les parents d'Agnès lui posent un certain nombre de questions. Les détails de la mort de leur fille ne leur ont pas été donnés. « Comment notre fille est-elle morte, est-ce qu'elle a souffert, j'ai répondu non. Elle est morte très rapidement. Le reste est *post mortem*. Pourquoi ce garçon était-il dans cet établissement ? Pourquoi, alors qu'il représentait un danger, on a laissé un loup au milieu de la bergerie ? »

Le magistrat leur explique la suite de la procédure, que « la décision de justice ne leur rendra pas leur fille. Je ne dois pas aller au-delà du rôle de procureur, mais on leur doit en même temps de l'égard. Je leur ai donné mon numéro de portable ».

« Je n'ai pas craqué parce que j'ai réussi à rester professionnel. Mais quand vous sortez de là vous êtes rincé. Vous vous dites surtout : à quoi je sers, à quoi sert la justice ? La mutilation du corps rajoute à cette douleur. Je m'attendais à trouver un corps intact. Je n'ai pas voulu que la famille le voie. Ce n'est pas possible. Ce n'était pas possible », répète-t-il deux fois en repensant sûrement à la photo d'Agnès.

En octobre 2014, la cour d'assises de Riom (Puy-de-Dôme) a condamné en appel Matthieu à la réclusion criminelle à perpétuité pour viol et assassinat. Une peine rarement prononcée à l'égard d'un mineur.

Agnès a été enterrée le jour de ses 14 ans.

Une tête sur la télé

Auditeur de justice à Bayonne, Érick Maurel se retrouve sur sa première scène de crime une semaine plus tard. Un attentat perpétré par le groupe GAL dans sa guerre contre les indépendantistes basques. Quatre morts. « Du sang partout. On ne m'a pas demandé si j'étais prêt à aller voir une scène pareille. Tu viens. Point. » Un an plus tard, arrivée à Ajaccio pour son premier poste comme substitut. « Des attentats. Des morts. On ne m'a pas demandé si j'étais prêt. Après la scène de crime, à 7 heures du matin, on m'a dit : bien entendu le rapport sera fait pour monsieur le procureur général. Pas question d'avoir des états d'âme. »

Pas préparé, mais pas épargné. Érick Maurel a cumulé les scènes de crime les plus « gores », dignes des polars les plus noirs. D'abord une tête de femme dans une cocotte-minute. « J'ai vu ce visage flotter à la surface. Mais ma préoccupation, pendant neuf heures, a été de maintenir le dialogue avec son mari barricadé dans son appartement avec ses trois enfants et qui voulait tout faire sauter. Je me souviens encore de son prénom. Ma préoccupation, ne pas perdre le contact avec lui. J'étais dans une cabine téléphonique. À l'époque, il n'y avait pas de portable. »

L'homme lui avoue avoir tué sa femme trois semaines plus tôt, l'avoir découpée avant de faire disparaître les morceaux dans des sacs poubelles. Et de faire bouillir sa tête. L'assassin s'est suicidé lors de l'assaut du GIGN. Les enfants sont sains et saufs, mais traumatisés à vie.

« Un drame chasse l'autre. Parfois, entre collègues, on se raconte nos guerres. Nous n'avons pas franchement le temps de regarder par-dessus notre épaule. Nous sommes dans un présent permanent », insiste Érick Maurel procureur adjoint à Pontoise.

Mais après la tête dans la cocotte-minute, le pire est à venir. À peine arrivé à la tête du parquet de Pau, en décembre 2004, Érick Maurel doit intervenir sur le meurtre de deux membres du personnel de l'hôpital psychiatrique de la ville. Les deux femmes ont été massacrées à l'arme blanche par leur agresseur. La vision qu'ont les enquêteurs et le magistrat est horrible. Cauchemardesque. L'une a été décapitée et sa tête est posée sur un téléviseur. L'autre a été égorgée, mais le meurtrier n'a pas pu achever la décapitation. Les enquêteurs présents marchent dans une immense mare de sang.

« La facilité aurait été de vous dire : la tête de cette pauvre infirmière sur la télévision, c'était une horreur, me répond Érick Maurel. Les convenances sociales veulent que je dise que c'est une horreur. Mais moi ce que je voyais à ce moment-là, c'est que les policiers étaient en train de me « saloper » la scène de crime. Ma préoccupation était de la sauvegarder. Je n'étais pas préoccupé par les deux cadavres, ce qui me préoccupait c'est qu'il y avait beaucoup trop de monde, et que je ne savais pas comment allait partir mon enquête, sachant pertinemment qu'il y avait aussi un ministre de la Santé qui allait arriver sur les lieux. J'avais d'autres préoccupations. »

Alors qu'Érick Maurel quitte la scène de crime, il voit arriver vers lui l'époux et le compagnon des deux victimes. Ils ne savent rien encore des circonstances du décès de l'infirmière et de l'aide-soignante. Pour eux, elles ont été violées puis tuées. Tous deux demandent au magistrat de pouvoir voir leurs épouses. « Difficile de leur faire entendre que non. D'abord parce que c'est une scène de crime. Ensuite c'est tellement horrible, il n'est pas question qu'ils aillent voir cela. Le premier entend ce que je lui dis et fait demi-tour. L'autre veut passer. Il a fallu que je fasse barrage de mon corps. Il y a eu contact physique. Une photo a été prise à ce moment-là et est parue dans *Sud-Ouest* le lendemain. Nous sommes épaule contre épaule. Je lui prends la main. Tout le monde a perçu mon geste comme un geste de compassion et d'humanité. Non, c'est un procureur qui ne veut pas que ce pauvre homme voie l'horreur dans laquelle se trouve sa femme. S'il voit cela, toute sa vie il va vivre avec cette image. J'étais simplement un professionnel qui se disait : *primo*, il faut préserver la scène de crime, *secundo*, pas question qu'il soit traumatisé par une scène qui est abominable. »

Un mois plus tard, un jeune homme tente de tirer sur trois policiers lors d'un contrôle de police. Un rapprochement est fait avec le double meurtre de l'hôpital de Pau. Le suspect s'appelle Romain Dupuy.

Il souffre de graves troubles psychiatriques. De schizophrénie. Aux experts, et il le répétera lors d'une audience publique devant la chambre de l'instruction, il dit avoir vu ces jours-là « des serpents, des monstres le guidant dans ses actes ». Tous les magistrats sont d'accord pour dire que le mis en examen n'est pas pénalement responsable. Un non-lieu est rendu. Au grand dam des familles des victimes et des politiques qui se sont emparés de l'affaire, à commencer par Nicolas Sarkozy, président de la République, et de Rachida Dati, ministre de la Justice.

Romain Dupuy a quitté la prison pour être interné en psychiatrie.

Une seule chaussette

On découvre dans une pépinière dans la campagne du Vexin, non loin de Pontoise, une très jeune fille dénudée. Elle a été violée. Les gendarmes disent : « Elle n'a pas été violée là, elle a été transportée et jetée là. » C'est un petit matin de printemps, c'est boueux, c'est gris. Il y a du brouillard, c'est presque une image de film noir. Jean-Claude Marin vient tout juste d'arriver en poste à Pontoise. C'est sa première permanence. « Une fois sur place, je me rends compte que j'ai été précédé par un journaliste d'un organe de presse aujourd'hui disparu. Autour de ce corps, des vêtements éparpillés, visiblement jetés après le dépôt du cadavre. Dans le décompte qui est fait des vêtements, il manque une chaussette. Le lendemain le quotidien en question titre : "La chaussette qui accablera le meurtrier. » On n'a jamais retrouvé la chaussette, ni le meurtrier. Cette chaussette aurait pu être retrouvée dans la voiture du criminel et cela l'aurait accablé. Le fait de publier cet élément a pu attirer l'attention du criminel sur cet indice et le faire disparaître. Les gendarmes vont entendre tous les habitants pour savoir si cette jeune fille a été vue à telle heure, à tel endroit, quelles étaient ses habitudes. Ces auditions ont surtout révélé le comportement d'une communauté villageoise. Avec des dénonciations, des appréciations sur le comportement des uns et des autres. Des jugements de valeur. Un monde qui n'est pas fait de bonnes manières et de solidarité. Le fait divers est au contraire le révélateur de ressentiments, de jalousies », note avec une certaine amertume le procureur général près la Cour de cassation.

« Que faire des enfants ? »

Un simple courrier peut parfois finir en drame. En Seine-et-Marne aux débuts des années quatre-vingt-dix, un mari reçoit une convocation. Il doit se présenter à un juge. Sa femme demande le divorce. Elle ne lui en a rien dit. Il n'y aura aucune explication de texte entre les deux époux. Alors que la femme s'affaire à préparer le repas du soir, le mari révolté la tue d'un coup de poignard dans le dos. Pas de divorce. Mais un crime.

Christian Raysseguier, alors procureur à Melun, arrive sur les lieux. Rien n'a bougé dans l'appartement. Dans la cuisine, la victime est toujours affalée sur le plan de travail. Le meurtrier est effondré sur le carrelage. Une scène banale que le magistrat aurait occultée, si une image n'était pas ancrée dans sa mémoire. « Je l'ai en tête en permanence », me confie-t-il lors de notre rencontre. Une image. Une présence. Celles des deux enfants du couple. Âgés de 7 et 8 ans. « Que faire des enfants ? Je n'ai pas eu le cœur de les placer le soir même dans un foyer. Des voisins qui s'occupaient d'eux régulièrement ont proposé de les prendre en charge et de les conduire à l'école le lendemain matin. Nous sommes allés dans la chambre et nous avons préparé leurs affaires, leurs cartables. Ce n'était pas procédural », reconnaît aujourd'hui Christian Raysseguier.

Les enfants ont été placés dans une famille d'accueil quelque temps plus tard.

Le mari est bien allé chez le juge. Pas celui des affaires familiales, mais celui de l'instruction.

Plusieurs fois au cours de ces entretiens pour ce chapitre, la phrase de Charles Péguy m'est revenue en mémoire : « Un juge habitué est un juge mort pour la justice. »

5

Des affaires criminelles dont ils ne sont pas sortis indemnes

Ce sont des dossiers que l'on n'arrive pas à refermer, même lorsque la procédure est close et que tous les recours sont purgés. Des crimes qui nous habitent, qui nous hantent. Le visage des condamnés est ancré à jamais dans notre disque dur. Comme celui de leurs victimes. Leurs procès appartiennent à la fois aux pages sombres de notre société et aux plus belles pages de la chronique judiciaire. De ces procès j'en suis sorti bouleversé, marqué, chaviré. Plusieurs magistrats qui ont suivi ces affaires à un moment de la procédure ont accepté de me confier en quoi elles les avaient aussi touchés.

Jean-Claude Romand ou une vie de mensonges

L'homme porte bien son nom. Sa vie est un roman qu'il s'est inventé. Une vie de mensonges.

Janvier 2003. Un incendie s'est déclaré au petit matin dans une maison au bord de la route dans le petit village de Prévessin-Moëns (Ain). À quelques encablures de la frontière suisse. Les pompiers sont sur place. Ainsi que les gendarmes.

Jean-Yves Coquillat, substitut à Bourg-en-Bresse, est également alerté.

« On me dit qu'il y a trois morts, une femme et deux enfants. »

Quant au père, un dénommé Jean-Claude Romand, il semble avoir réchappé miraculeusement aux flammes, mais son état est critique. Il a été emmené à l'hôpital de Saint-Julien-en-Genevois. Pas question d'entendre le rescapé. L'homme est aux mains des médecins. Le temps de la justice attendra. Un détail intrigue pourtant les enquêteurs arrivés sur place. Selon les dires des pompiers, une grande partie de la maison a brûlé sauf la pièce où était le père.

Jean-Yves Coquillat arrive sur place. Le magistrat fait le rapprochement entre cet incendie et celui, quelques jours auparavant, d'une caravane sur un terrain voisin. D'autant plus que l'occupant de la caravane loue le terrain aux habitants de la maison qui vient de brûler.

« Personne n'avait encore pénétré dans la maison, précise aujourd'hui le magistrat. Pour éteindre le sinistre, les pompiers avaient versé une quantité d'eau impressionnante. D'où des gros dégâts provoqués autant par l'eau que par l'incendie. »

Le magistrat et les gendarmes progressent dans la maison qui fume encore. À aucun moment, ils n'imaginent ce qu'ils vont découvrir. « Le corps des enfants, chacun dans une pièce. Ils étaient dans leur lit. Dans une autre chambre, la femme également allongée sur son lit. Je m'aperçois que les enfants présentent des traces de projectiles. Cela change la nature des choses. Dans la cuisine qui n'a pas été détruite, les dessins avec "papa je t'aime". »

Les corps des trois victimes sont emmenés à l'Institut médico-légal pour les autopsies auxquelles le substitut Coquillat assiste. « Les enfants et la femme étaient jolis. »

Un membre du parquet de Lons-le-Saulnier (Jura) cherche à joindre son homologue de Bourg-en-Bresse. Il l'informe que les parents de Jean-Claude Romand, ainsi que leur chien, ont été retrouvés morts dans leur pavillon. Tués par les balles d'une carabine 22 long rifle. La même arme qui a servi à abattre les deux enfants.

« On comprend évidemment qu'il avait tout prévu. » De vrais crimes et un faux suicide.

Un soir du 9 janvier 1993, Jean-Claude Romand installe ses deux enfants au salon devant un dessin animé. Le temps de monter à l'étage tuer sa femme Florence en la frappant violemment avec un rouleau à pâtisserie. Redescendu au rez-de-chaussée, il envoie ses enfants se coucher. Dans la soirée, il se rend dans la chambre de sa fille Caroline âgée de 7 ans. Elle est endormie. Il recouvre sa tête d'un épais oreiller et tire avec sa carabine, équipée d'un silencieux. Même scénario dans la chambre mitoyenne où se trouve son fils, Antoine, 5 ans. Jean-Claude Romand retourne dans le salon. Branche le magnétoscope et la télévision. Plus question cette fois de dessins animés, mais des films pornos qu'il va regarder une bonne partie de la nuit. Alors que trois cadavres reposent dans la maison.

« Les deux enfants avaient le même âge que les miens. Un garçon et une fille, me confie Jean Yves Coquillat. Après avoir vu cette scène de crime et ce dessin, je reconnais que l'on a des sentiments peu professionnels à l'endroit de l'auteur présumé. Il faut se contrôler. Une émotion qui peut être source de colère ou de déraison ou de haine. On ne peut pas se laisser aller. »

Le lendemain, Romand sort de sa maison, va chercher son journal. Avant de prendre sa voiture, direction le Jura. Il s'invite à déjeuner chez ses parents. Le repas terminé, il va récupérer son arme dans son véhicule et il abat froidement son père et sa mère, puis leur chien. Départ pour Paris. Il a rendez-vous avec sa maîtresse Chantal. Il lui a promis de l'emmener dîner chez son ami Bernard Kouchner à Fontainebleau. Seulement, l'ancien ministre n'habite pas Fontainebleau et il ne connaît pas Jean-Claude Romand. Dans la forêt, ce dernier arrête sa voiture, sort à nouveau son arme, la pointe vers sa maîtresse avant de renoncer à tuer une sixième personne. Dans la nuit, il retourne dans sa maison de Prévessin-Moëns. Il y retrouve sa femme et ses deux enfants, ses trois premières victimes.

Après une nouvelle nuit passée dans cette ambiance macabre, Romand termine son plan machiavélique. Jean-Yves Coquillat n'a oublié aucun détail.

« Au petit matin, peu de temps avant le passage du postier, il met le feu en prenant soin de mettre des serpillières humides contre la porte de la pièce où il se réfugie. Il attend en fait que le facteur passe et prévienne les pompiers. À leur arrivée, il fait mine d'être intoxiqué. Il est *groggy*, dans les « vapes ». Il est évacué par les pompiers. À l'hôpital de Saint-Julien-en-Genevois, à la suite d'une mauvaise intervention médicale, l'état de Jean-Claude Romand s'aggrave. Il est plongé dans un coma artificiel et transféré en urgence vers l'hôpital cantonal de Genève où il est placé dans un caisson hyperbare. Il est sauvé de l'erreur médicale dont il a failli être victime. Mais nous ne pouvons pas l'entendre pour deux raisons : son état de santé et il est en Suisse. » Le magistrat n'est donc pas territorialement compétent.

Jean-Claude Romand n'est pas seulement un assassin. Il est aussi un menteur. Une vie de mensonges. Il n'est pas médecin. D'ailleurs il n'a jamais obtenu un seul diplôme. Et pour cause, il ne s'est jamais présenté aux examens. Il ne travaille donc pas à l'OMS (Organisation mondiale de la santé) comme il l'a fait croire à sa famille. Montrant à sa femme et à ses enfants la fenêtre de son bureau. Sans jamais leur proposer de l'y accompagner. Romand a passé sa vie à mentir, à rester dans sa voiture, à consulter des ouvrages médicaux. À faire illusion. À escroquer ses proches pour combler un revenu qui n'existait pas. Un mensonge d'un côté. Et un manque de curiosité de l'autre. Jamais ses proches n'ont posé de questions pièges. Jamais de suspicions. Jusqu'à ce jour où Florence a probablement découvert les prémices d'une vie cachée. Ce fut la perte de la famille.

Au tribunal de grande instance de Bourg-en-Bresse, on a conscience de se retrouver devant une affaire hors du commun. Une information judiciaire est ouverte. Confiée à un jeune juge. Christophe Barret. De son côté, Jean-Yves Coquillat préfère passer le relais à un collègue. « J'ai fait des actes de procédure, mais je n'ai pas voulu garder le dossier parce que trop impliqué dans cette affaire. Je n'étais pas trop objectif. Même si nous sommes une partie poursuivante, l'accusation, on nous demande d'être objectifs sinon il peut en résulter des erreurs de jugement. Si c'est vous qui devez prendre des réquisitions dans cet état d'esprit, vous n'avez plus le recul nécessaire. »

Christophe Barret est procureur de la République à Montpellier. Nous nous retrouvons dans un restaurant de la place Victor Hugo à Paris. Bourg-en-Bresse était son premier poste de magistrat. Il dépeint un Jean-Claude Romand, manipulateur, à la forte personnalité, ayant un autre visage que celui que l'accusé a présenté à son procès en 1996. Il y apparaissait comme victime et fragile. Sans charisme. Le contraire de ce qu'il était devant le juge.

À Genève, l'état de santé de Romand s'est amélioré. En conséquence, il peut être transféré en France. Non plus dans un hôpital, mais dans le bureau du magistrat instructeur qui le met en examen.

Le juge décide de se rendre sur les lieux du drame pour une reconstitution. Les scellés y sont posés, mais la maison est à ciel ouvert. Elle n'a plus de toit. Le juge, sa greffière, Jean-Claude Romand, l'escorte montent au premier. Dans les chambres où ont été tués les deux enfants, et l'épouse.

L'image est encore à l'esprit du magistrat assis face à moi. « Dans la cuisine, le petit-déjeuner est encore servi. Sur un meuble, on retrouve un post-it. Y est écrit : "Papa, je t'aime". »

Le même dessin qu'a vu quelques semaines plus tôt Jean-Yves Coquillat. Le même dessin qui a ému son collègue du parquet.

Le juge montre le post-it à Romand. Un homme s'évanouit, tombe comme une masse dans la cuisine. Pas le mis en examen, mais un gendarme de l'escorte. Non seulement Romand n'éprouve aucune émotion, mais il trouve la force de lancer une pique que le juge me restitue. « Vous ne trouvez pas que Caroline aurait pu soigner son écriture. »

Pendant la reconstitution, les barbituriques qu'avait avalés Romand avant son arrestation sont retrouvés dans une cache dans les toilettes. « Romand a toujours avancé qu'il voulait se suicider après les six assassinats qu'il avait commis. Pour les experts, sa tentative de suicide n'est pas avérée. »

Lors de ses nombreuses comparutions chez le juge Barret, Romand se montre très disert. Un authentique dialogue s'instaure entre les deux hommes. Que Christophe Barret n'a pas effacé de sa mémoire.

« Chaque fois que j'énonçais les assassinats pour lesquels il était poursuivi, Romand laissait tomber un énigmatique "ce n'est pas vrai". Le jour de la dernière comparution où je lui ai signifié la fin de l'instruction, Romand est sorti de mon cabinet en me remerciant.

– Vous n'avez pas à me remercier, lui ai-je répondu.

– Si, si, réplique Romand.

– Vous savez, je me comporte ainsi avec tout le monde.

– Je ne suis pas comme tout le monde.

– Pour moi, si, lui répond le magistrat.

Romand se met à pleurer et quitte le cabinet d'instruction. Un *ego* surdimensionné. »

Pierre Chanal ou les disparus de Mourmelon

Un triangle des Bermudes dans la Marne. Mailly-le-Camp-Mourmelon-Suippes. Au début des années quatre-vingt, plusieurs soldats, principalement des appelés du contingent, disparaissent. Plus d'une demi-dizaine de militaires attachés au 4e régiment de dragons. Ils se volatilisent à l'extérieur du camp de Mourmelon alors qu'ils font du stop à la sortie de la caserne. Des déserteurs ? On y a cru un moment. Du moins du côté de l'armée. Du côté de la gendarmerie, on prend ces disparitions au sérieux.

Quatre magistrats qui ont connu cette affaire vont me confier spontanément comment celle-ci les a impactés.

« C'est un hasard extraordinaire. » Jean-Yves Coquillat n'a pas oublié un seul détail de cette journée du 9 août 1988. Deux gendarmes de Saône-et-Loire patrouillent entre Charolles et Mâcon. Leur véhicule est alors un des premiers à être équipés de moyens de communication portatifs. « Sauf qu'à un endroit, cela ne passe pas. La femme gendarme demande à son collègue de s'arrêter. » Il aurait suffi d'un rien pour que la patrouille continue et que le mystère de Mourmelon demeure à jamais.

Dans un chemin en forme de cul-de-sac, bloqué par le chantier du TGV en construction, les deux gendarmes aperçoivent un Combi VW de couleur verte. Un détail les intrigue. Des rideaux obstruent les vitres. Les deux gendarmes décident de faire le tour du véhicule suspect. Chacun passe d'un côté du Combi. L'un d'eux remarque qu'un rideau est légèrement écarté. Il approche son visage de la vitre. « Il voit un homme allongé, attaché. » Les sommations sont faites. À l'intérieur de la camionnette, cela s'agite. Le conducteur tente de redémarrer. Le gendarme pointe son arme et l'arrête. De son côté, la femme gendarme libère l'otage. L'homme est apeuré. Il ne parle pas français. C'est un hongrois âgé de 20 ans, prénommé Palazs. Il a été pris en stop la veille au soir à un péage de l'autoroute du Sud. Le conducteur est un militaire de 42 ans, attaché encore récemment au camp de Mourmelon où il est resté sept ans en poste : l'adjudant-chef Pierre Chanal.

En dehors des liens de fortune, d'une simili couchette, les gendarmes découvrent à l'arrière du véhicule une caméra vidéo et une pelle. Chanal s'est arrêté à cet endroit assez paisible, retiré de la route principale pour le violer. Devant la caméra, il lui demande de se masturber. Des vidéos que Chanal se repasse ensuite dans sa chambre. Pour les enquêteurs, il est évident que Chanal attendait la nuit pour tuer le hongrois et l'enterrer. « Toujours à contre-pente, sur un talus, précise le magistrat. Cela lui évite du travail. Il ne fait jamais de trou. »

Le lendemain, le procureur Coquillat va voir Chanal en garde à vue à la gendarmerie. « Ils l'avaient menotté, les bras en l'air accrochés à un tuyau. Cela l'a braqué. Il n'a rien dit aux gendarmes. Il s'est exprimé plus librement dans mon bureau. » Chanal devient bavard. Il parle de ses parents, de ses frères et sœurs. Mais pas des faits et de ses déviances sexuelles. « Le blocage, c'était son homosexualité. »

Très rapidement, les enquêteurs font le rapprochement avec l'autre affaire, les autres affaires, car les disparitions de Mourmelon sont réparties dans trois tribunaux différents. Châlons-sur-Marne, Saint-Quentin et Troyes. Donc trois juges, trois femmes. Même si l'utilisation de la biologie moléculaire n'est pas encore monnaie courante, même si les analyses ADN en sont à leur balbutiement, de nombreuses traces, des cheveux sont retrouvés dans le Combi de Chanal. Jean-Yves Coquillat propose un marché à ses trois collègues : « Je mets le Combi à votre disposition, mais à moyen terme, on regroupera les dossiers. Elles n'ont pas voulu », regrette-t-il amèrement. « Tu veux la gloire. On a tout compris. On ne te donnera pas les dossiers », lui rétorquent-elles en chœur.

« J'avais avec Chanal des rapports qui me le faisait voir comme une victime, alors qu'il était suspecté pour les disparus de Mourmelon. Un dossier dont je lui ai parlé. Même si je n'en avais pas le droit. Il parlait de sa haine des officiers. Il n'aimait que les sous-officiers. Il nettoyait lui-même les toilettes à la javel ou à l'acide. Il avait horreur de la saleté. Je l'ai fait pleurer le jour où je lui ai parlé de sa mère. Il ne lui avait pas écrit depuis vingt-cinq ans. Il l'a fait et elle lui a répondu. Je voulais que l'on convoque sa mère et qu'en sa présence on lui projette le film sur le Hongrois. Pour déclencher sa parole. Mes collègues me l'ont également refusé. »

Chanal, lorsqu'il décide de passer à l'action, a un plan de bataille bien préparé. Aucune improvisation. Tout est organisé. Planifié. L'adjudant-chef se fabrique des alibis et brouille les pistes. Le vendredi soir, il retire de l'argent à un distributeur de billets. De façon à payer en espèces. Pas de chèque. Pas de carte bleue. Pas de trace. « On savait combien il faisait de kilomètres le week-end. Jusqu'à mille. Il notait sa consommation d'essence. » Régulièrement il se rend sur les mêmes terrains. Verdun et les plages du Débarquement. Caméra au poing, il tourne des petits films. En modifiant la date lors de l'enregistrement. Ainsi on voit des bidasses nettoyer l'ossuaire de Douaumont. « On les a identifiés. Le film avait été tourné huit jours plus tôt », s'amuse à raconter Jean-Yves Coquillat.

En octobre 1980, Pierre Chanal comparaît devant les assises de Saône-et-Loire pour le viol du hongrois. Il provoque en nous un sentiment de malaise. L'homme est grand, mince, le regard fuyant. L'image opposée à celle d'un militaire de carrière. Un homme mal dans sa peau. Limite malsain. À la demande du président des assises nous visionnerons le film du Hongrois. Magistrats, avocats, jurés, journalistes, public sont conviés dans la salle des délibérations. C'est la bousculade. On ne manquerait cela sous aucun prétexte. Pour nous les journalistes, manquer cette projection est une faute professionnelle. Pour le public, c'est l'occasion rêvée de voir un film classé X avec la bénédiction de la justice.

Un malaise, une gêne manifeste prend l'ensemble de la cour à la vue de ce que ce jeune Hongrois a subi. Malaise d'autant plus grand que l'accusé et sa victime sont au milieu de nous. Tout le monde regarde l'écran du téléviseur. Sauf un. Pierre Chanal qui a les yeux rivés sur ses chaussures en se dandinant.

Le 23 octobre 1988, Pierre Chanal est reconnu coupable de viol et de séquestration. Il est condamné à dix ans de réclusion criminelle.

Le dossier du jeune Hongrois refermé, il reste celui des disparus de Mourmelon, sept militaires et un civil. Parallèlement, un corps retrouvé enterré proche du camp militaire intrigue les enquêteurs. Celui d'un touriste irlandais.

Aujourd'hui à la tête du TGI de Paris, Jean-Michel Hayat est alors juge d'instruction au tribunal de grande instance de Troyes. C'est son premier poste. Il est chargé du dossier d'un jeune homme, Olivier D., disparu entre Troyes et Châlons-sur-Marne le 30 septembre 1982. Un mois plus tard, son corps est retrouvé. Il est le cinquième à disparaître dans les environs du camp. « Nous avons eu la certitude que cette disparition était liée aux précédentes. Nous avons essayé de rapprocher les enquêtes, ce qui n'était pas facile à l'époque. »

Plus de trente ans après, l'actuel président du tribunal de grande instance de Paris, ne cache pas ses regrets. Ses remords. S'il confie avoir sensibilisé les autorités militaires du régiment sur ces multiples disparitions d'appelés, il reconnaît qu'il a fallu attendre la fin des années quatre-vingt pour mettre un nom et un visage sur l'auteur de ces crimes.

L'homme est jovial, accueillant. Jean-Michel Hayat a le sourire facile. La poignée de main franche. Il parle d'une voix légèrement chantante. Il a quitté son bureau pour s'installer en face de moi. Il entre tout de suite dans le vif du sujet. Sans détour.

« Il y a des dossiers qui m'ont marqué à tous les stades de ma carrière, soit parce qu'ils sont très lourds, soit parce qu'ils vous hantent, soit parce qu'ils vous heurtent et que malgré tout il va falloir les mener à bien. »

« Je suis passé à côté de Chanal. Sans le savoir. C'est une affaire qui m'a marqué parce qu'après avoir fait faire toutes les expertises nécessaires, j'ai donné le permis d'inhumer. Le jeune homme le fut dans la fosse commune du cimetière de Troyes. J'ai appris plus tard que son père en était le fossoyeur. »

Une sépulture, mais pas de certitude. Sur les huit disparitions recensées, seules trois vont lui être imputées à la fin de l'instruction. Ainsi un non-lieu est accordé à Pierre Chanal pour la mort d'Olivier D..

Après avoir jugé Chanal pour le dossier du Hongrois, la justice doit désormais tenir ses promesses. C'est l'espoir clairement exprimé des familles des victimes. Un procès de l'adjudant-chef Chanal pour les disparus de Mourmelon.

Le 30 juin 1993, sur réquisition de Patrick Poirret, alors substitut au parquet de Châlons-sur-Marne, Pierre Chanal est inculpé pour enlèvements, séquestrations et assassinats. Dans le cabinet du juge d'instruction, le militaire est resté muet, comme il le fut lors de son précédent procès. L'audition tourne court. Les gendarmes lui repassent les menottes. Direction la prison. Chanal part sous escorte. Pas question qu'il s'évade. La justice a tellement eu de mal à identifier un suspect potentiel, que le moindre faux pas serait impardonnable. Dans le couloir du palais, le substitut regarde partir l'inculpé. Leurs regards se croisent. Peu bavard, Chanal lâche alors une phrase que le magistrat n'a pas oubliée. Il me la restitue avec la même stupéfaction que lorsqu'il l'a entendue : « Il n'y aura pas de procès. »

Le 5 juillet 2003, la chambre de l'instruction de la cour d'appel de la Marne renvoie Chanal devant les assises. Comme on l'a déjà dit, pour trois cas seulement. Le procès aura lieu à Reims. Yves Charpenel, procureur général, est chargé de l'organisation de ces audiences tant attendues. Régulièrement, il a reçu les familles des victimes pour les tenir informées de l'évolution de la procédure. Nombreuses sont celles qui ne comprennent pas pourquoi on ne retrouve pas les corps de leurs enfants alors que quelques kilomètres plus loin, des dépouilles de soldats de la première guerre ont été mises au jour. « Question de salinité des terres de Mourmelon », leur explique le magistrat.

Ainsi, il reçoit la mère de Trevor O'Keefe, le touriste irlandais, l'un des rares à avoir été retrouvé. Il a été étranglé par l'adjudant-chef avec une corde. Chanal a été confondu grâce à l'expertise de la pelle avec laquelle il a enterré le corps. « Je me retrouve avec cette petite dame qui a perdu son fils de 18 ans. Je lui annonce le procès. Elle me dit deux choses. En anglais : "Vous êtes le premier magistrat français qui accepte de me recevoir." Alors que son fils a disparu, il y a seize ans. À la fin de l'entretien, elle me dit : "Je vous remercie de m'avoir reçue, mais j'aurai quand même du mal à faire confiance à la justice française." Je n'ai rien répondu. D'ailleurs il n'y avait rien à dire. »

Le 13 mai 2003, le procès de Chanal, le second, s'ouvre devant les assises de la Haute-Marne. Le box est vide. La veille, l'accusé a fait une tentative de suicide. Il est hospitalisé. L'audience est suspendue jusqu'au 19 mai. Mais là encore, Chanal est absent. Il a eu une embolie pulmonaire dans la nuit. Alors que toutes les parties au procès l'attendent, il est en réanimation. Cette fois-ci son procès n'est plus ajourné, mais renvoyé à l'automne. La justice n'a pas d'autres solutions. Familles de disparus, magistrats, avocats, journalistes reviennent en octobre en espérant cette fois que le procès ira à son terme. Nouveau coup de tonnerre dans la cour d'assises. Le 14 octobre, la présidente confirme en audience l'information qui circule depuis le début de la matinée. Pierre Chanal s'est coupé l'artère fémorale gauche.

Il a utilisé pour cela une des deux lames de rasoir qu'il avait réussi à dissimuler sous l'étiquette de son survêtement. L'accusé a succombé à sa blessure. La justice est obligée de constater que, selon la formule consacrée, l'action est éteinte. Les familles des disparus sont effondrées. Leur espoir de connaître la vérité s'envole. L'adjudant-chef, en rendant les armes et son âme, a emporté avec lui son secret. Patrick Poirret n'était pas présent au procès de Reims. Mais il a aussitôt repensé à la phrase qu'avait lâchée l'accusé quelques années plus tôt à Châlons. « Il avait de la suite dans les idées. »

Le procureur Yves Charpenel a en revanche suivi les derniers rebondissements de ce dossier. D'abord l'hospitalisation d'office de Chanal en psychiatrie à Villejuif le 11 juin 2003. Puis son transfèrement à la prison de Fresnes. Enfin sa grève de la faim début juillet. À trois mois du grand rendez-vous judiciaire. Quand, à minuit passé le 15 octobre, le magistrat apprend le suicide de l'accusé, son premier réflexe est de prévenir les avocats des parties civiles. Il organise une réunion avec les familles à 8 heures. Une heure avant de recevoir la presse. Il leur annonce le résultat de l'enquête administrative qui s'est déroulée entre 1 heure et 7 heures du matin. « Ils n'étaient pas contents, mais ils m'ont écouté. Ils ont compris. Je leur ai dit que c'était dramatique que l'on ne puisse pas avoir ce procès, parce que Chanal méritait de terminer sa vie en prison. Il l'a terminée dans une salle d'hôpital sécurisée avec deux policiers à côté de lui qui n'ont rien pu faire. Il avait dissimulé dans des conditions extraordinaires une lame de rasoir dans son dentier et dans son cathéter. C'est dire la motivation du type. Il s'est coupé l'artère fémorale et là, la mort intervient en une minute trente. Le temps que les policiers voient un soubresaut, il était mort. Il venait de se vider de son sang. Dans une grande salle avec un lit au milieu, une lampe, une ambiance de film noir. C'était un spectacle assez fort. »

L'autopsie pratiquée les jours suivants révèle que Chanal souffrait d'une péritonite aiguë et était en phase terminale d'un cancer du rein.

Aujourd'hui, Yves Charpenel avoue ressentir un grand sentiment d'insatisfaction. « J'ai rarement vu un tel ratage généralisé. J'avais pris la précaution d'écrire à l'hôpital-prison de Fresnes qu'il était suicidaire. L'enquête administrative a démontré que cela était inévitable. Ce n'est quand même pas brillant de terminer comme ça. »

Et l'avocat général près la Cour de cassation qu'il est devenu, de saluer le travail et la conscience professionnelle du dernier juge d'instruction chargé du dossier, enfin rassemblé dans son cabinet. « Il disait qu'il ne demanderait sa mutation que lorsqu'il aurait clos l'affaire. Sans lui, il n'y aurait pas eu de procès du tout. »

Loin, pour Yves Charpenel, l'idée de se cacher derrière son petit doigt et d'avancer qu'il n'y a pas eu de fautes. Sans détour, il énumère les innombrables couacs de cette procédure tentaculaire. « Un juge obligé de perquisitionner chez un autre juge qui ne veut pas donner les pièces à conviction. Un juge qui croit en l'innocence de Chanal et qui s'oppose à toutes les investigations de ses collègues. Des pièces à conviction qui disparaissent par pure impéritie. Un expert qui se révèle être un escroc et qui invalide une expertise sans doute excellente en espèce. Tout cela m'a servi, après, dans la gestion des dossiers Fourniret quand il s'est agi de réunir les procédures et d'éviter que nous ayons une multitude de procès. »

Échec d'une justice incapable de mettre un point final à une affaire retentissante dans un délai raisonnable. Fuite d'un individu qui ne voulait pas qu'une seconde fois ses mœurs sexuelles soient étalées au grand jour.

Dès 2002, Maître Éric Dupond-Moretti, au nom de madame O'Keefe, attaque l'État pour faute lourde. Dans cette requête, il a été rejoint par d'autres familles d'autres disparus. Eux aussi appelés du contingent, du camp de Valdahon (Doubs). En janvier 2005, le tribunal de Paris condamne l'État à verser aux trete-six membres des familles la somme de 25 000 euros en guise de dédommagement pour dysfonctionnement de la justice.

Jean-Yves Coquillat s'est un moment penché sur ces dossiers de disparitions d'autres militaires que Chanal a punis et qui n'ont pas pu prendre le bus pour attraper leur train. « Pierre Chanal disait aux appelés de ne jamais monter en stop avec un inconnu. On n'a jamais retrouvé les corps. Probablement les premiers qu'il a tués. » C'est en tout cas l'intime conviction du magistrat.

Michel Fourniret ou le pervers pépère

On se fait toujours une idée fausse d'un *serial killer.* Plus proche du docteur Hannibal Lecter dans *Le Silence des agneaux* que de Fernandel dans *L'Auberge rouge* de Claude Autant-Lara. La réalité est entre les deux.

Quand le 27 mars 2008 Michel Fourniret pénètre dans le box des accusés à la cour d'assises des Ardennes, nous sommes frappés par son apparence « monsieur tout-le-monde ». Il pourrait être notre voisin, si ce n'est notre grand-père.

Pour accueillir la totalité des proches de ses victimes, pour permettre à plus de deux cents journalistes de suivre le procès, le tribunal de Charleville-Mézières a vu les choses en grand. La salle d'assises, mais aussi sur l'esplanade un chapiteau a été dressé avec un écran vidéo qui retransmet les débats.

Aux côtés de son épouse, Monique Olivier, il comparaît pour enlèvement, séquestration, viol et meurtre de sept jeunes filles, et pour une tentative d'enlèvement sur une mineure. Une fillette sans qui l'affaire n'aurait peut-être pas été résolue.

Élisabeth, 12 ans. Natacha, 13 ans. Mananya, 13 ans. Isabelle, 17 ans. Céline, 18 ans. Fabienne, 20 ans. Jeanne-Marie, 21 ans. Un triste record. Seule Marie-Ascension, 13 ans, est parvenue à s'échapper des griffes de ce prédateur.

Des victimes aussi bien sur le sol français que sur le sol belge. Mais sommes-nous sûrs que la liste s'arrête là. Son nom est apparu dans d'autres procédures sans que l'on ne puisse aller plus loin que des soupçons.

Le 22 mai, l'avocat général Francis Nachbar rend ses réquisitions. Sans surprise, il demande la peine maximum, la perpétuité avec une peine de sûreté incompressible, contre Michel Fourniret, et la perpétuité avec trente ans de sûreté contre Monique Olivier. Plus surprenants en revanche les mots qu'il emploie : « À gerber, Michel Fourniret. À gerber, Monique Olivier. » Des mots qui lui seront reprochés par la presse, par ses collègues.

Huit ans plus tard, Francis Nachbar accepte de me rencontrer. Depuis l'affaire Fourniret, il évite les journalistes.

Pendant plus d'une heure, il accepte de me confier en quoi cette affaire l'a empêché de dormir, incontestablement traumatisé. « Je n'ai pas besoin, dit-il, de lire le dossier qui est particulièrement volumineux pour me souvenir de tout. »

« À gerber, c'est Michel Fourniret qui l'a dit en fin d'audience en s'adressant à Monique Olivier, se justifie-t-il. Je n'aurais pas dû reprendre son expression. Il y a eu un effet cathartique alors qu'il faut prendre de la hauteur, de la distance. J'ai requis quatre heures parce qu'il y avait dix affaires, avec des mots forts qui m'ont été reprochés d'une manière extrêmement malhonnête. C'est aussi un motif de traumatisme, évidemment sans commune mesure avec celui vécu par les familles. Je l'ai vécu comme une injustice profonde, parce que j'ai également cité les mots : clown, grosse araignée gluante, qui ne sont pas les miens non plus. Ce sont des mots que les accusés ont dits à l'audience. »

« J'ai requis pour les familles qui étaient derrière moi, je sentais tout le poids de leur souffrance, c'est peut-être là où j'ai trop versé du côté des parties civiles et pour les jurés qui se prennent cette affaire de plein fouet. »

Alors que les jurés sont partis délibérer, Francis Nachbar, en accord avec sa hiérarchie, improvise une conférence de presse pour tenter de rectifier le tir de ses propos tenus lors de son réquisitoire. « C'était trop tard. La presse est un pouvoir au même titre que le pouvoir judiciaire, avec une influence supérieure. »

« Je savais en prenant ce dossier que j'avais plus de coups à prendre que de lauriers à gagner. Mais je craignais plus une erreur de procédure. »

Flash Back. Remontons le temps pour essayer de comprendre comment l'ancien juge d'instruction pendant six ans à Metz, devenu ensuite procureur de la République à Charleville-Mézières, a été vampirisé par la procédure Fourniret.

Quand il arrive dans les Ardennes, l'enquête sur la disparition de Céline en mai 2000 et de Mananya en mai 2001 est en cours. Plusieurs pistes sont envisagées. Le 26 juin 2003, à Ciney en Belgique, Marie-Ascension fait à son tour l'objet d'une tentative d'enlèvement. Un dénommé Fourniret est interpellé. Des deux côtés de la frontière, on s'interroge. Est-il responsable des autres disparitions ?

Mis en examen en Belgique, Fourniret avoue aux enquêteurs belges que, dans le parc du château de Sautou dans les Ardennes, deux corps sont enterrés. Celui de Jeanne-Marie, disparue en mars 1989. Celui d'Élisabeth, disparue à Namur (Belgique) en décembre 1989.

« Nous n'avions pas besoin, juridiquement parlant, de trouver les corps pour faire tenir l'accusation. Nous avions des aveux précis, corroborés, mais pour les familles, c'était important. »

Le 3 juillet 2004, sous très haute protection policière, Michel Fourniret est transféré de Belgique en France, dans le vaste domaine du parc du château de Sautou. Toutes les précautions sont prises pour que personne n'attente à la vie de l'accusé. Un cordon de sécurité est installé. Ne sont autorisés à le franchir que les magistrats, les fonctionnaires de police, les enquêteurs. En aucun cas les parties civiles. La mère et le frère d'Élisabeth souhaitent assister aux fouilles. L'accès leur sera refusé. D'abord pour les protéger d'un spectacle assez morbide. Le travail d'une pelleteuse. La presse est maintenue à distance, derrière des bâches, pour éviter toutes prises de vues des télévisions ou des photographes. Un photographe habillé en militaire, muni d'un super objectif, réussit à se percher dans un arbre. Des clichés montreront l'homme vêtu d'un gilet pare-balles et portant de grosses lunettes de montagne.

Sont présents le juge d'instruction belge chargé de l'affaire de la petite Élisabeth, et Francis Nachbar en qualité de procureur de la République. L'information judiciaire n'a pas encore été ouverte. Il est par conséquent le directeur d'enquête pour le volet concernant Jeanne-Marie.

« C'est au château de Sautou que je le vois pour la première fois. Je savais que c'était un personnage un peu compliqué. Je me présente. Il me dit : "Personne n'en sortira indemne. Même pas vous, monsieur le procureur." Sur le moment, cela ne m'a pas marqué outre mesure. Cela faisait partie de son côté mégalo. On a commencé les fouilles. Sur le plan humain c'était épouvantable à vivre. »

Sur une carte d'état-major, les enquêteurs demandent à Fourniret de leur signaler l'emplacement des deux corps. L'homme a des exigences. Il demande un crayon bien précis. Un H2B, mine grasse. « Bien que la végétation ait changé au bout de dix-neuf ans, il signale un premier endroit puis un deuxième à trente mètres plus à gauche, puis un troisième. Il nous indique une profondeur parce qu'il en était certain. On commence les fouilles. »

À midi, trois trous ont été creusés. Aucun squelette n'est mis au jour. Francis Nachbar s'entretient le plus souvent possible avec Fourniret. Afin de le cerner psychologiquement. « J'avais le sentiment qu'il avait l'air sincère dans sa recherche. Il avait avoué, donné tous les détails. J'ai lui ai dit : "Soit vous vous trompez, soit c'est une question de profondeur". » « Vous avez peut-être raison », lui répond Fourniret, proposant de reprendre le premier trou, mais en creusant plus profondément.

« Je m'en souviendrai toute ma vie. Je revois le godet de la pelleteuse qui se relève avec un semblant de corps humain qui pend dans le vide. Le pelleteur était blanc comme un linge. C'était le corps de la petite Jeanne-Marie D. Fourniret a blêmi, comme nous tous. Il y avait une émotion terrible de voir ce corps, dix-neuf ans après. Il était à moitié conservé comme si c'était de l'argile. Je me rapproche de Michel Fourniret et je me force un peu en lui disant "merci". Alors que j'avais envie de lui dire tout, sauf cela. "Grâce à vos indications, le père de Jeanne-Marie pourra offrir une sépulture normale à sa fille." »

Mais ces amabilités n'ont qu'un temps. Fourniret change de registre. Alors que le cadavre de la jeune Française vient d'être retrouvé, l'homme se tourne vers le magistrat et le regarde droit dans les yeux. « Celle-là, elle avait à peu près le même âge que votre fille, monsieur le procureur. » « Comment le savait-il ? s'interroge le magistrat. Il pensait que j'allais lui mettre un coup de tête, ce qui n'était pas possible. Il n'a vu aucun sentiment de ma part, mais il y a eu des moments comme cela un peu paroxystiques. »

À quelques mètres de l'endroit où le cadavre de Jeanne-Marie vient d'être mis au jour, la pelleteuse s'attaque à un autre trou. Yves Charpenel, procureur général, assiste également à ces investigations. Un second corps est mis au jour. Celui d'Élisabeth, la petite Belge. « Vous voyez les policiers belges qui pleurent. Pour eux, ce sont quinze ans de recherches qui viennent de se terminer. Vous avez d'un côté une charge émotionnelle, et de l'autre la froideur du type qui vous dit : vous devriez creuser un peu plus à droite, un peu plus à gauche. Vous avez envie de lui mettre des claques. C'est plus facile à dire qu'à faire. »

Une journée d'une intensité particulière. Lorsque Yves Charpenel rentre chez lui dans la nuit, il sent le besoin de parler. « Je n'ai pas pu m'empêcher de raconter ce que je venais de vivre. »

Alors que ce 3 juillet 2004 les fouilles s'achèvent, Francis Nachbar préfère passer à autre chose. Il en profite pour inviter Fourniret à avouer d'autres crimes. Perpétuité plus perpétuité égale toujours perpétuité. Celui que l'on appelle déjà « l'ogre des Ardennes » le regarde. « Monsieur le procureur, je vais vous dire ce que j'ai dit aux Belges. Si vous êtes au moins aussi intelligent que moi, que vous avez des éléments, je vous les confirmerai ou pas. Mais si vous ne m'apportez rien, c'est que vous n'êtes pas assez intelligent pour que je vous aide. »

Fourniret s'exprime très calmement comme à son habitude. Le magistrat se dirige vers Monique Olivier, également présente dans le parc du château. Il lui tient le même discours. « Elle est blême. Je vois des larmes couler. C'est la seule fois que j'ai vu Monique Olivier pleurer. Elle me montre ses mains menottées et elle me dit : "Et pour moi vous croyez que ce n'est pas dur." J'ai compris que ce n'était pas gagné pour la suite. »

La suite, c'est la recherche du cadavre d'Isabelle disparue en décembre 1987 à Auxerre. Michel Fourniret avoue avoir jeté le corps dans un puits. « Il nous a fait le croquis du puits avec un transformateur en briques rouges à côté. C'était presque un plan d'architecte. On l'a amené quatre fois sur les lieux sans succès. L'accusé nous indiquait plusieurs endroits. Mais on se méfait de ses indications. »

Las, le procureur lance un appel à témoins. Non pour rechercher un individu, mais un puits près d'un transformateur. L'ancien maire de Bussy-en-Othe se manifeste. « C'était le bon. Comme par hasard, Fourniret ne nous l'avait pas signalé comme possible. Ce fut une grande satisfaction. J'étais content d'avoir insisté auprès du juge d'instruction pour qu'on continue les recherches. »

Même si le dossier est confié à deux juges d'instruction, le procureur continue de chercher l'existence d'autres victimes, de suivre l'évolution de l'enquête. Durant quatre longues et éprouvantes années. Car derrière le personnage cynique, se dessine également un être pervers, machiavélique, manipulateur. Ainsi, un jour, il lui confie, hors procédure, qu'il creusait toujours un trou avant de savoir quelle fillette il allait enlever. Ajoutant : « Quand je pars à la chasse, je ne reviens jamais bredouille, monsieur le procureur. »

« C'est l'accumulation de tous ces détails horribles qui fait qu'à la fin ce n'est pas forcément évident de le supporter. La façon qu'il avait de vous raconter comment il les enlevait, un jeu du chat et de la souris. Comment il les séquestrait. Comment Monique Olivier les préparait pour qu'il puisse les violer. Comment il les violait. Comment il les tuait. C'est presque surhumain. Je me souviens des détails. Il les étouffait dans un sac plastique transparent pour qu'il puisse les voir et qu'elles puissent le voir. Tout cela expliqué sur un ton très froid, très clinique. C'est absolument épouvantable à vivre. Je rentrais le soir très tard et j'en discutais avec mon épouse. J'avais besoin de vider mon sac. Cela me faisait du bien, mais je n'imaginais pas que cela puisse la toucher également d'une manière aussi forte. »

Pendant cinq ans, le procureur Nachbar a consacré la moitié de son temps à l'affaire Fourniret. Il est celui qui a une connaissance complète du dossier. Dix affaires dont neuf crimes. Cent quarante tomes de procédure. Pourtant, lorsque le moment du procès arrive, le magistrat s'interroge.

« Quand on a porté une enquête à bout de bras, un peu contre tout le monde, parce qu'il a fallu se bagarrer, quand on a assisté, entendu de telles horreurs, sommes-nous les mieux qualifiés pour porter l'accusation en cours d'assises ? Je me suis longtemps posé la question. À l'époque, je le pensais. Aujourd'hui je pense le contraire. Il n'y avait peut-être pas suffisamment de distance par rapport à ce que j'avais vécu. L'erreur principale que j'ai faite, c'est d'avoir accepté de soutenir l'accusation aux assises. »

Quatre mois après le prononcé du verdict, conforme aux réquisitions, Francis Nachbar quitte Charleville-Mézières pour Le Havre. Malgré ce déplacement géographique, il est obligé d'admettre qu'il n'est pas débarrassé de cette affaire.

« Je ne suis plus retourné aux assises, alors que c'était l'une des fonctions qui m'intéressait le plus. Maintenant je me suis mis en retrait. Je ne me rendais pas compte à quel point j'avais pris sur moi. Un peu comme une cocotte-minute. J'ai encore des images dont je n'arrive pas à me débarrasser. Parfois, je repense à certaines scènes, cela me picote les yeux. Je revois des images de parents. Il y a des visages qui sont déchirants. Cela vous pince le cœur, cela vous retourne. Ces images-là, je les aurai toujours. Je ne peux pas dire que huit ans après je suis complètement indemne. Cela n'a pas eu de conséquence sur mon équilibre psychique, mais j'ai dû vieillir de dix ans. Tout cela participe au fait que je n'en suis pas sorti indemne. »

Restent une satisfaction et une insatisfaction pour l'ancien procureur de Charleville-Mézières. Satisfaction d'avoir pu offrir une sépulture aux victimes dont les corps ont été retrouvés. Insatisfaction de n'avoir pu élucider d'autres disparitions. « Il y a une période de dix ans, entre 1990 et 2000, où il ne s'est rien passé et ce n'est pas possible. Il ne me l'a pas dit, mais il me l'a fait comprendre. »

Face à moi, Francis Nachbar n'a évoqué que cette affaire. Un poids qu'il traîne depuis plus de douze ans. Michel Fourniret avait vu juste. Au moins sur ce point, « l'ogre des Ardennes » avait raison : « Personne n'en sortira indemne. Même pas vous, monsieur le procureur. »

Devenu avocat général près la cour d'appel de Rennes, il conclut notre long entretien d'un : « Cette affaire, je ne la souhaite à personne. »

Francis Nachbar n'est pas le seul magistrat à avoir été impacté par le cas Fourniret. Quand ce dernier est interpellé en Belgique, en juillet 2003, Anne Devigne est juge d'instruction à Charleville-Mézières. Le nom de Fourniret ne lui dit alors rien. Il n'apparaît pas dans les procédures dont elle a la charge. En revanche, parmi les dossiers qu'elle instruit et qui sont au point mort, figure celui de Mananya T., 13 ans, disparue depuis 2001 à Sedan. Dans un bureau qui fait face au sien, travaille son collègue Pascal Préaubert. Lui aussi instruit un enlèvement inexpliqué. Celui de Céline S., 18 ans, disparue en mai 2000 à Charleville-Mézières. À l'époque, si les enquêteurs notent quelques similitudes sur le mode opératoire, sur le profil des victimes, les lieux des disparitions, personne n'imagine qu'ils sont face à un unique auteur.

12 juillet 2016. Deuxième étage de ce Palais de Justice dont l'architecture fait tache par rapport aux bâtiments officiels de cette préfecture ardennaise. Anne Devigne a longtemps hésité à me recevoir pour m'évoquer les « trois années intenses » qu'elle a vécues durant l'affaire Fourniret. Elle m'accueille à la porte de son cabinet. Après plusieurs années en poste à Reims, elle est revenue dans ce tribunal où elle a fait ses débuts en 1998 comme

juge d'instance. Aujourd'hui plus question d'instruction, elle est juge des enfants.

Comme si ses pas la ramenaient constamment vers son passé, nous descendons d'un étage. Ainsi elle me montre son ancien bureau et celui de son collègue, désormais en poste à Reims. C'est ici que, tous deux chargés de ce volumineux dossier, ils ont entendu les parents des fillettes disparues. C'est ici qu'ont comparu plusieurs fois Michel Fourniret et son épouse Monique Olivier. À chacune de ces auditions, le même dispositif de sécurité était mis en place. Pas question qu'un justiciable croise le couple maudit. Pas question qu'un photographe ne réalise un cliché tant recherché.

Nos pas nous conduisent dans une salle de réunion. Anne Devigne s'assied en face de moi. Dos à la fenêtre. Comme Pascal Préaubert, Anne Devigne a fait le choix de rester dans l'ombre tout au long de l'instruction. Aucune photo n'a été prise de ces deux magistrats. Ils sont volontairement restés en retrait. Même après le procès. Malgré la personnalité hors norme de l'accusé, malgré l'impact médiatique, elle s'est bien gardée de céder aux sirènes des médias. Près de dix après avoir refermé le dossier judiciaire de Fourniret, elle accepte de se livrer. Le regard est fixe, déterminé. Les mots sont pesés, mais parfois la voix devient tremblante, empreinte d'émotion. Elle reconnaît avoir été un peu « cabossée » par l'affaire.

« La naissance de mes deux enfants a eu lieu parallèlement à ce dossier incroyable. Sur le coup je ne me suis pas rendu compte des dégâts que cela a provoqué. On est dedans. Les émotions ne remontent pas tout de suite. »

Juin 2004. Le dossier bascule. Alors que Fourniret balade les enquêteurs, Monique Olivier passe aux aveux et révèle que son mari est impliqué dans plusieurs disparitions, dont celles instruites par les deux magistrats français. « Ce jour-là, j'avais mis en examen huit Lithuaniens dans une affaire de faux monnayage. J'ai reçu un appel téléphonique du SRPJ m'annonçant la nouvelle. Le soir même, je partais en congé de maternité. Je suis revenue en novembre, le jour même de la reconstitution de l'enlèvement et de l'assassinat d'Élisabeth B., menée par Pascal Préaubert. »

Les six dossiers français ont été répartis entre les deux juges. Chacun interrogera le mis en examen et préparera les reconstitutions dans le dossier qui le concerne. Plus tard, leurs dossiers s'alourdiront des procédures ouvertes en Belgique. Un accord est intervenu pour qu'un seul procès se déroule. C'est la France qui a cet honneur. « Un signe de reconnaissance et de confiance. Je n'étais pas préparée, mais partante. Je n'ai pas eu peur de le mener à son terme. Au contraire, j'étais motivée », note aujourd'hui la magistrate.

La première rencontre avec Fourniret se fait en Belgique. Février 2005, Anne Devigne abandonne son bébé de 6 mois quelques jours. Avec son collègue, elle se rend de l'autre côté de la frontière. Les deux juges découvrent le *serial killer* dans le cabinet du juge Claude chargé des dossiers belges. Devigne et Préaubert sont simples spectateurs de la procédure. C'est leur collègue qui met en examen Fourniret pour les dossiers français.

Il faudra attendre début 2006 pour que la Belgique remette définitivement le couple Fourniret-Olivier à la justice française. Anne Devigne se souvient très bien du jour où « l'ogre des Ardennes » a pénétré dans son cabinet. Un souvenir qui se mue en portrait : « Je le jauge. Je ne suis pas très à l'aise. C'est quelqu'un de sec, de hautain, imbu de sa personne, un regard froid. Il va falloir comprendre quelle est sa faille, son point de faiblesse. Il peut être capricieux, avoir des exigences. Il manipule. Il refuse aux victimes leur statut de victimes, il essaye en permanence d'inverser les rôles, de négocier. Il a eu cette tendance fâcheuse d'essayer d'avoir le dessus, de reprendre la main. Il essayait toujours d'avoir gain de cause. C'était le bras de fer permanent. Il ne connaissait que le rapport dominant-dominé. Il fallait constamment le remettre à sa place. À la longue, on a fini par apprendre à le contrarier parce que l'on a vu que c'était comme cela que l'on pouvait avancer. Il fallait sans arrêt lui rappeler qu'il était mis en examen. Un rapport de force permanent, et épuisant. »

Dans le cabinet des juges, l'accusé assume ce qu'il est : « Je ne vais pas dire que j'ai une chemise blanche alors qu'elle est tachée de sang, je suis un monstre, je l'assume », déclarera-t-il en substance. Dans certains interrogatoires, il reproche aux parents de ne pas avoir suffisamment mis en garde leurs filles. Il reconnaît qu'il se servait de Monique Olivier, enceinte ou avec le bébé, pour appâter les filles. « C'est ce qui m'a le plus heurté par rapport aux familles de victimes », confie aujourd'hui la magistrate. « J'étais concentrée sur ce que je voulais obtenir de lui. C'est-à-dire la vérité, savoir ce qui s'était passé. Les parents avaient le droit de connaître cette vérité. »

Durant ces nombreuses comparutions, la magistrate ne va pas quitter cet objectif. Obtenir des aveux de Fourniret pour que les corps des fillettes soient retrouvés. Offrir ensuite aux familles un procès le plus complet possible. Se réfugier derrière la procédure, rester institutionnel pour éviter tout rapport personnel ou émotionnel avec le mis en examen. « C'est une mission énorme dans une carrière de mener jusqu'à une cour d'assises un bourreau d'enfants afin que plus jamais il ne ressorte et ne nuise. J'étais mue par cette mission-là. »

Selon son humeur, Fourniret collabore ou se tait. Parfois, pour décoincer la situation, la juge change de sujet et emmène la discussion sur un thème qu'affectionne le mis en examen, comme l'architecture. Avec Monique Olivier, les choses sont encore plus difficiles. Son air de femme effarouchée va exaspérer les enquêteurs aussi bien français que belges. Pas de caprices, mais de la lenteur. Il faut être patient. Attendre longtemps avant qu'elle concède à lâcher deux mots. « Tout glisse sur elle comme l'eau sur les plumes d'un canard. C'est étonnant. On n'avait pas de levier. Lui, il a un *ego*. Il est sûr de lui, il refusait de nous indiquer l'endroit où il avait enterré le corps d'Isabelle L. Il savait très bien où c'était. On a décidé de travailler avec Monique Olivier. Il a été agacé à l'idée qu'on faisait plus confiance à sa femme. Cela a été payant. »

Mère de famille, Anne Devigne a la lourde tâche de pousser un homme secret à donner le plus de détails possible sur les enlèvements, séquestrations et assassinats de jeunes filles. Des victimes, qui pour certaines sont de la même génération que la magistrate. « Je fréquentais les mêmes quais de gare que Jeanne-Marie D., le même village. Compliqué de se retrouver jeune dans ce genre de dossier sans se dire que cela aurait pu m'arriver aussi. Je ne me suis pas méfiée de l'empathie que je pouvais avoir pour les victimes et leurs parents. Ce sont des gens qui ont un courage, une dignité hors norme. Qui souffrent ce qu'il y a de pire pour un parent. Perdre son enfant avec des mois, des années d'incertitude. C'est la plus grande souffrance qui puisse être infligée à un être humain. Ils continuaient à se battre tandis que, de l'autre côté, Fourniret avait un comportement cruel, pervers. Le père de Jeanne-Marie, qui avait plus de 90 ans, appelait tous les jours au tribunal, il pleurait tous les jours au téléphone. Il s'inquiétait de savoir s'il serait encore en vie au moment du procès. »

Anne Devigne dit ne jamais avoir craqué, même le jour où le corps d'Isabelle L. a été découvert. La tête enveloppée dans un linge. Les petites chaussures blanches tenant au squelette. Le petit collier qu'une copine lui avait tressé. La juge d'instruction était alors enceinte de quatre mois de son second enfant. « Je n'ai pas craqué parce que les familles ne craquaient pas. »

« On a su conserver notre sang-froid et faire preuve d'une grande patience. » Pendant trois ans, Anne Devigne va garder pour elle ce que lui inspire le couple Fourniret-Olivier. Dégoût, écœurement, colère, tout ce qu'ont ressenti ceux et celles qui ont suivi le dossier et couvert le procès en 2008. Face à face, la magistrate et l'accusé savent ce que l'un pense de l'autre. Au cours d'un interrogatoire, Anne Devigne éternue. « À vos souhaits », enchaîne naturellement Fourniret avant de se raviser : « Ah ! Non, il ne faut pas que je dise cela, sinon je suis mort. »

Elle garde pour elle les mimiques de Fourniret, sa gêne manifeste alors que celle qui l'interroge est enceinte. « Il était en état de faiblesse. Ma maternité visiblement l'indisposait. » Elle garde aussi l'image de Monique Olivier avachie sur sa chaise.

Peu avant l'été 2007, Anne Devigne signe, avec son collègue, l'ordonnance de renvoi qui ouvre la porte à un procès gigantesque à Charleville-Mézières. Alors que la magistrate n'a ressenti aucune souffrance, aucun mal-être, totalement absorbée par ce dossier effroyable et passionnant à la fois, elle va être confrontée à une période beaucoup plus délicate.

« À la fin du dossier quand toute cette pression, cette énergie que vous avez développée, le contact permanent avec les avocats s'arrêtent, vous avez un vide abyssal. Il n'y a pas une seule matinée où je ne me levais pas sans penser à Isabelle, à Fabienne, aux autres victimes, à leurs proches. Il ne fallait pas que ces pensées empiètent sur mon travail. Aujourd'hui, je les ai toujours en haute estime, mais je n'ai pas gardé de contacts avec eux. Ce qui est très compliqué c'est l'après-dossier. C'est très difficile à gérer. Vous ne trouvez plus rien de grave, plus rien n'a de sens, vous êtes un peu perdu, vous devez continuer à travailler sur des dossiers difficiles et douloureux, mais cela vous paraît anodin. »

Le vide. Une dépression qui ne veut pas dire son nom. Une sorte de *baby blues* judiciaire.

Un malaise accru par deux décisions venues de Paris. Du ministère de la Justice. Dans un premier temps, Rachida Dati, alors garde des Sceaux, redessine la carte judiciaire. Charleville-Mézières garde son tribunal, mais perd son pôle d'instruction. Les dossiers criminels sont transférés à Reims. « Je l'ai pris comme un désaveu, un camouflet. Je l'ai mal vécu. J'ai pris cela pour une injustice extrême. Nous avions fait un bon travail, instruit le dossier dans les délais. Craignant que l'accusé reste muet lors de son procès, nous avions rendu une ordonnance très argumentée. »

Le procès, autre sujet de crispation pour la magistrate. Quelques jours après le verdict qui a vu la condamnation du couple, le président des assises, Gilles Latapie, les assesseurs, les greffiers, l'avocat général sont conviés par la Chancellerie à un cocktail.

« Il y a eu un manque de considération énorme. Les juges d'instruction n'ont jamais reçu un mot de gratitude de la part de la hiérarchie alors que nous avons porté le dossier sur nos épaules pendant des mois, des années. Cela m'a heurtée », ne décolère pas mon interlocutrice.

Aucun arrêt maladie, mais une somme de questions métaphysiques, existentielles.

« Je suis plutôt de nature optimiste. Tout d'un coup, j'ai perdu la foi en l'être humain. Pourquoi des liens d'amour sont mis à mal par des fous furieux qui tuent votre enfant, qui s'approprient des vies ? J'ai eu besoin d'une aide. Une démarche personnelle et non au niveau institutionnel. Je suis allée voir mon médecin, parce que je m'interrogeais sur le sens de la vie. »

Si le procureur Francis Nachbar concède ne pas être sorti indemne de l'affaire, Anne Devigne se déclare différente. « Je suis plus forte. J'ai dépassé l'épreuve. Je sais ce que je veux faire de ma vie. Cela m'a permis de me libérer d'un certain côté scolaire que je pouvais avoir envers l'institution, d'être prête à tout à l'égard de l'institution. Je sais aujourd'hui préserver ma personne, j'ai progressé, j'ai dû me remettre en question. Je suis revenue à ma nature optimiste d'avant, mais je ne travaillerai plus à 200 %. S'il y a des retards, je les assumerai. Les efforts que l'on peut faire dans une carrière ne sont pas forcément récompensés à leur juste valeur. L'un des enseignements salutaires de ce dossier c'est que nous ne sommes pas des tâcherons. Je veux que mes enfants aient une existence stable. Cela m'a appris à me préserver, à ne pas mettre ma santé en l'air. L'essentiel est d'être présent pour ses enfants. Et je ne dérogerai jamais à ce principe que je me suis posé. »

Autrement dit, éviter que la vie professionnelle se déroule au détriment de la vie de famille. Une ligne de conduite que la magistrate a clairement explicitée à ses supérieurs hiérarchiques. À Reims où Anne Devigne fut pendant six ans chargée des affaires familiales. À Charleville-Mézières où, après deux ans comme juge des enfants, elle compte demander à redevenir juge des divorces.

Michel Fourniret et Monique Olivier ont divorcé alors qu'Anne Devigne était juge aux affaires familiales à Reims. Sa crainte, me confie-t-elle dans un éclat de rire, était que le couple comparaisse une nouvelle fois devant elle. Pour sceller officiellement leur rupture.

Le temps a passé. Le tribunal s'est vidé de ses justiciables. Plus aucune robe noire ne circule dans les couloirs. Seuls, à l'extérieur, des cris d'enfants de la cité toute proche se font entendre. Le palais a déjà fermé ses portes. Anne Devigne me raccompagne jusqu'à l'entrée du parking situé derrière le bâtiment. Là même où les fourgons de police ou de gendarmerie conduisaient les deux accusés lors de leurs auditions et de leur procès. Pendant qu'elle rejoint son bureau afin de préparer ses audiences du tribunal des enfants du lendemain, je pense aux nombreux dégâts que Fourniret et son ex-épouse ont provoqués durant ces nombreuses années. Les sept fillettes pour lesquelles Michel Fourniret a été condamné pour meurtre. Les autres jeunes filles, victimes d'agressions sexuelles. Leurs proches. Mais aussi tous ceux qui ont eu à s'investir sur ce dossier volumineux. Les magistrats, comme on vient de le voir. Mais aussi sans doute les policiers, les gendarmes, aussi bien français que belges. Les jurés. Les experts. Les avocats. Les greffiers. Et dans une moindre mesure les journalistes, les chroniqueurs judiciaires. Avec une inconnue de taille. Dont les magistrats rencontrés se sont fait l'écho. La liste noire de Fourniret s'arrête-t-elle à celle établie par les enquêtes ? Combien d'autres victimes directes ou collatérales ? Combien de personnes ne sont pas sorties indemnes de cette page noire de la criminalité ?

6

LE POIDS D'UNE AFFAIRE

Le mystère de la troisième rotule

Sans être un poids, une charge, un dossier criminel peut parfois vous accompagner le temps de votre prise de fonction. Écarté du ministère de la Justice par la volonté d'Élisabeth Guigou, Laurent Le Mesle se retrouve en 1999 procureur de la République de Nancy. Pas vraiment une promotion. Mais pas l'exode non plus.

À peine installé dans son bureau, le procureur est alerté de la découverte récurrente de morceaux de cadavres. Dans un lieu précis. Le canal de la Marne au Rhin qui traverse la ville. Ce sont les mariniers qui repêchent accidentellement ces parties humaines. Dans un premier temps, les enquêteurs pensent qu'il s'agit d'un seul et même corps et penchent plutôt pour la thèse de l'accident. Un corps déchiqueté par une hélice de péniche. « Un jour, alors que l'on avait déjà trouvé deux rotules, on en a trouvé une troisième. Le mystère de la troisième rotule », note le magistrat.

Qui dit trois rotules dit au moins deux morts. L'enquête prend une autre tournure. Un puzzle macabre. Non seulement il faut reconstituer les cadavres pour les identifier, mais il faut également élucider leur mort.

Les premières investigations révèlent qu'il s'agit de deux anciens détenus, un peu marginaux, en rupture de ban avec leur famille. Des gens isolés. Mais ils ont un point commun. Sans le savoir. « Ils ont fini de purger leur peine et ont croisé, à un moment donné de leur détention, un dénommé Nadir Sedrati, lequel était domicilié dans la banlieue de Nancy. »

Il n'est pas inconnu de la justice. Son casier judiciaire est rempli de condamnations pour escroqueries. Visiblement Nadir Sedrati a récidivé. En montant d'un cran dans la tragédie. Il ne se contente plus d'escroquer. Il tue. Par trois fois au moins. Les deux du canal et un troisième homme, lui aussi ancien détenu, mais dont le corps n'a jamais été retrouvé.

Nadir Sedrati est désormais surnommé le « dépeceur du canal ».

« Il s'est avéré que ce personnage, pour s'approprier leurs petites économies, rentrait en contact avec eux alors qu'ils étaient encore en détention, raconte Laurent Le Mesle. Il leur proposait un emploi à leur sortie de prison. Pour cela, il a créé une soi-disant structure sociale dans la banlieue de Nancy, dans un appartement HLM. Alors qu'il a acheté une machine à découper le bois, après être allé les chercher à la sortie de prison, il les tue dans son appartement, puis jette les cadavres pour partie dans le canal de la Marne au Rhin et pour partie dans d'anciennes mines de fer autour de Nancy. Dans des galeries. La totalité des corps n'a pas été retrouvée d'ailleurs. »

Laurent Le Mesle suivra le dossier du début de l'instruction au procès. Dans la salle des assises à Nancy, à une encablure de la place Stanislas, il occupera le fauteuil de l'avocat général. « C'est un dossier dont je ne dirais pas qu'il m'a habité, mais qu'il m'a énormément impressionné. D'abord par le sort de ces gens qui étaient déjà seuls, abandonnés, isolés. J'ai toujours un peu dans le cœur ces pauvres vieux détenus qui ont eu des vies terribles qui se sont terminées avec cette cruauté. Ensuite par la personnalité très particulière de Nadir Sedrati, tout à fait atypique. Assez étonnant. Pas antipathique en réalité, mais l'escroc type. Cela m'a marqué à cause de la relation qu'un procureur peut avoir avec un détenu. Quand j'allais aux reconstitutions, je discutais avec lui. Il m'avait quasiment pris en affection. À l'audience, il était tout le temps en train de guetter ma réaction sur ce qu'il disait. Alors qu'il niait les faits, il testait le poids de ce qu'il pouvait affirmer sur mon attitude. C'était très particulier. »

Laurent Le Mesle requiert la perpétuité assortie d'une période de sûreté. Le « dépeceur du canal » est condamné à la perpétuité avec une période de sûreté de vingt ans.

Quelques jours plus tard, Laurent Le Mesle quitte Nancy. Pour être aux côtés de Chirac à la présidence de la République. Cette fois-ci, nous pouvons parler de promotion.

Une tuerie sur fond de neige

L'affaire Flactif est à la montagne ce que l'affaire du docteur Godard est à la mer. En avril 2003, toute une famille disparaît de son chalet situé au Grand-Bornand. Un couple et leurs trois enfants. Deux filles et un garçon. Une famille sans histoire. Partie sans prévenir. Sans avoir pris de bagages pour un long voyage. Une quinzaine de jours plus tard, toujours sans nouvelles des Flactif, alertée par un proche, la justice ouvre une information pour enlèvements et séquestrations.

Jérôme Lazard est le premier juge d'instruction en chargedu dossier.

« Dans ce dossier, les trois enfants avaient 10, 9 et 7 ans. Pour deux d'entre eux, c'était l'âge de mes enfants. On a d'abord pensé à une disparition puis l'on s'est dirigé vers la thèse criminelle. » Première piste envisagée : la femme et les enfants ont été tués par le père. Du sang est retrouvé dans le chalet, mais aussi dans le 4x4 de la famille que les enquêteurs ont fini par retrouver sur un parking de l'aéroport de Genève.

Jérôme Lazard se rend au chalet des Flactif. La réponse à l'énigme est certainement là. Une trace de sang relevée n'appartient pas aux locataires habituels.

Lorsqu'il pénètre dans la chambre de Laetitia, la plus jeune des filles, âgée de 9 ans, le magistrat relève un détail. Un détail. « Sur la table de nuit étaient posés des verres correcteurs. On ne savait rien encore sur ce qui s'était passé dans le chalet. Mais ma fille avait également des lunettes de vue. Je me suis dit : "On ne part pas de sa maison sans ses lunettes.” C’était une sensation forte. Le soir, quand on rentre chez soi, on a envie de serrer ses enfants dans ses bras. C’est un sentiment banal, mais fort. »

L’ADN retrouvé sur la scène de crime conduit à l’arrestation, en septembre, d’un homme, David Hotyat. Il est arrêté en compagnie de sa compagne et de deux connaissances. Très rapidement, David Hotyat avoue et révèle l’endroit où il a calciné les corps dans la montagne. Une explication musclée entre Flactif, promoteur immobilier, et Hotyat, son locataire, a mal tourné. Un tir accidentel maquillé par la suite en carnage. C’est toute une famille qui a été exécutée.

Durant l’instruction, le juge va déterminer l’implication de chacun. Autant que le fait divers lui-même, le magistrat garde en mémoire les conditions de son instruction.

« Le plus dur fut la pression médiatique dès le début de l’affaire, et la relation tendue avec les avocats principalement parce que l’un d’entre eux a fait contre moi, une requête en suspicion légitime sous le prétexte que je ne travaillais pas ce dossier. Cela fait souffrir. On me posait des questions. Sous forme de mises en cause. Pourquoi ces chefs d’inculpation et pas d’autres ? Pourquoi avoir remis en liberté les femmes ? »

Aujourd’hui, face à moi, il reconnaît avoir souffert de ces grands moments de solitude, même s’il débriefait régulièrement avec le directeur d’enquête de la gendarmerie, Thierry Bourret.

« Cela perturbe, il n’y a aucun accompagnement, il faut un équilibre dans la vie personnelle. Qui s’intéresse à nous ? Personne. À l’époque, on n’avait pas le réflexe de la co-saisine. Je le regrette. Je n’ai pas envie de revivre cela. »

Jérôme Lazard n’a pas fini l’instruction du dossier. Il a été nommé entre-temps vice-président au TGI de Thonon. Au moment de notre rencontre, il dirige le TGI d’Albertville.

En 2006, David Hotyat est condamné à la perpétuité assortie d’une période de sûreté de vingt-deux ans. Ses complices écopent de peines allant de quinze à sept ans de prison.

Un mensonge criminel

Le mensonge est un sentiment qui peut conduire à l'erreur judiciaire ou du moins à l'erreur de jugement. L'affaire Cottrez, que notre magistrat a connue de A à Z, en est une bonne illustration. « Il n'y a pas de détecteur de mensonge efficace. »

Le 25 juin 2015, Dominique Cottrez fait son entrée dans la cour d'assises du Nord. Elle ne se cache pas. Pour une fois. Elle qui a caché à son mari et à ses deux premières filles huit grossesses. Personne n'a rien vu, rien pressenti dans son entourage. Huit grossesses passées inaperçues grâce à une surcharge pondérale dont cette aide-soignante de 51 ans souffre depuis de nombreuses années. « Elle s'en est débarrassée, comme des bouts d'elle-même », me dira, avant l'audience, son avocat maître Frank Berton.

Huit infanticides. Huit assassinats perpétrés entre 1994 et 2007. Ce n'est que trois ans plus tard, en juillet 2010, que deux cadavres de nourrissons sont retrouvés dans son précédent logement. Les six autres sont découverts dans des sacs-poubelles conservés dans le garage de son habitation. Des crimes passibles de la prison à vie.

« J'ai vécu avec cette affaire pendant cinq ans, mais elle ne m'a pas habité. Quand j'ai vu les sacs dans lesquels on a retrouvé les bébés, j'ai d'abord voulu avoir un regard distancié, de professionnel. Je me suis refusé à tomber dans l'émotionnel. J'ai suivi toutes les étapes de la procédure. Depuis les nombreuses auditions lors de la mise en examen au procès en passant par le débat sur la prescription[16]. Je voulais une peine juste, basée sur des éléments fiables d'où mon insistance pendant l'audience sur la question de l'inceste. »

16. Les faits sont prescrits au bout de dix ans. Mais en novembre 2014, la chambre criminelle de la Cour de cassation a considéré que la prescription pouvait être suspendue quand « un obstacle insurmontable rend les poursuites impossibles ».

Au cours de l'instruction, Dominique Cottrez a tenté de justifier ses huit infanticides en disant avoir été abusée par son père, et craindre que les premiers enfants tués soient le fruit de sa relation avec son père.

« Ma collègue qui a travaillé avec moi pour le procès ne croyait pas à cette version. Moi-même, constatant que madame Cottrez était très influençable durant les interrogatoires, je me demandais si on ne l'avait pas conduite à dire ce que l'on avait envie d'entendre. Dans notre volonté d'avoir une explication rationnelle. Nous avions une grosse dose de doute. »

Dans la dernière semaine du procès, face aux questions de l'avocat général et de son avocat, l'accusée finit par reconnaître qu'elle avait menti. Publiquement, elle s'est libérée. Elle n'a jamais été abusée par son père. Un tournant qui ne change pas grand-chose pour le verdict. Mais un aveu qui clarifie les choses. Pour son mari, qui est donc bien le père de ces huit enfants tués à la naissance. Pour les deux premières filles de Dominique Cottrez, pour qui leur grand-père n'était plus un monstre. Après le verdict, elles ont pu aller s'incliner sur sa tombe. En toute sérénité.

Éric Vaillant a requis une peine de dix-huit ans de réclusion criminelle. Les jurés se sont montrés nettement plus cléments : Dominique Cottrez, trois fois grand-mère, a écopé de neuf ans de prison.

« Toutes ces affaires ont changé mon regard vis-à-vis des victimes. Au début de ma carrière, quand elles étaient face à moi, je considérais, tout en me gardant bien de le leur dire, que leur vie était foutue, compromise. Je n'arrivais pas à leur communiquer quelque chose de positif, d'encourageant pour leur avenir. Et puis, ma réflexion a évolué. Marqué par le travail et par l'approche de Boris Cyrulnik sur la résilience. À partir de là, j'ai admis que la victime pouvait s'en sortir, être différente, plus forte dans certains cas. Ce fut une révélation pour moi. Je leur dis désormais que je vais m'occuper de leur dossier, mais je leur dis aussi, et leur démontre, qu'il y a un avenir pour elle. Que tout n'est pas fini. Que tout ne s'effondre pas. »

Un regard qui a changé vis-à-vis des victimes, mais aussi à l'égard des avocats. «Au départ, je me disais qu'ils étaient un peu des gêneurs. Aujourd'hui, l'avocat, c'est celui qui vous permet de vous remettre en question.»

Des morts sur ordonnance

Le 11 août 2011, lorsque le procureur adjoint Marc Mariée reçoit un appel téléphonique de la police judiciaire de Bayonne, il comprend très vite qu'il vient d'entrer dans une affaire d'un autre type, par rapport à celles qu'il suit habituellement. Son interlocuteur l'informe qu'un médecin anesthésiste du Centre hospitalier de la côte basque vient d'être placé en garde à vue. Le praticien, Nicolas Bonnemaison, a été dénoncé par des membres du personnel médical. Il est accusé d'avoir injecté des produits létaux à des patients âgés. Étaient-ils en phase terminale, en fin de vie? Il est trop tôt pour le dire. En tout cas, quatre décès, dans un premier temps, semblent litigieux. «J'ai senti rapidement que j'étais face à une affaire qui allait dépasser le simple cadre du débat judiciaire et juridique. De retour à mon bureau, il a fallu que je me demande très rapidement quelle devait être la réponse judiciaire au début de cette affaire? Quel chef d'inculpation? Fallait-il requérir un mandat de dépôt?» Pour le magistrat, la question soulevée de la fin de vie, de l'euthanasie, des soins palliatifs, renvoie forcément au parcours personnel de tout individu. «Dans une affaire de grand banditisme ou de stups, nous ne sommes pas concernés au premier chef. Ce n'est pas notre monde. En revanche, on a été confronté ou on sera confronté à la problématique de la fin de vie. Ce fut d'ailleurs le cas pour moi après le procès. Je savais que cela allait m'arriver.»

Après plus de deux ans d'instruction, Nicolas Bonnemaison comparaît devant la cour d'assises des Pyrénées-Atlantiques à Pau. Ce sont en définitive sept euthanasies, sept assassinats qui lui sont imputés. Deux autres cas ont été abandonnés par l'accusation. L'ex-anesthésiste encourt la réclusion criminelle à perpétuité. Entre-temps, même si de nombreux médecins, personnels hospitaliers et des familles de victimes le soutiennent, le praticien a été radié par le Conseil national de l'Ordre des médecins.

Le 11 juin 2014, à l'ouverture de son procès, Nicolas Bonnemaison comparaît libre. Il arrive accompagné de son épouse et de ses avocats. Après plusieurs jours d'audience durant lesquels se sont succédé à la barre les familles des victimes, le procès se mue, comme chaque fois dans ce genre d'affaire, en colloque qui ne veut pas dire son nom. Les jurés entendent donc les dépositions de plusieurs spécialistes de la fin de vie, le professeur Sicard, ancien président du Comité consultatif national d'éthique, mais aussi Jean Leonetti, auteur de la loi éponyme. Le 24 juin, Marc Mariée, qui a suivi toute l'enquête, se lève pour prononcer ses réquisitions. « Vous n'êtes pas un assassin. Vous avez agi en médecin, mais en médecin qui s'est trompé », déclare-t-il à l'intention de l'accusé.

Deux ans plus tard, le magistrat s'en souvient comme d'un moment lourd, de grande solitude. « Ce procès était l'aboutissement. J'y ai laissé des plumes. À ce moment-là, la tension nerveuse est forte. C'est un investissement énorme. Le domaine médical n'est pas le nôtre. Il a fallu que pendant des jours je consulte des ouvrages, des documents, des articles sur cette question. On se doit d'être à la hauteur, de ne pas être ridicule. Lorsque l'on se lève pour prendre ses réquisitions, on descend dans l'arène, on est seul. J'avais le sentiment d'être à contre-courant de tout le monde, par rapport à ce qui était véhiculé par les médias, les politiques. Seul à reprocher à un médecin ce qu'il avait fait. Seul à dire des choses qui n'étaient pas dans l'air du temps. Seul face aux lettres anonymes qui me promettaient une fin de vie épouvantable et une vieillesse difficile. Seul face aux critiques développées dans les blogs ou articles de presse. »

L'avocat général requiert contre Nicolas Bonnemaison cinq ans de prison avec sursis. Il ne sera pas suivi. Le lendemain, après un délibéré relativement court dans une affaire aussi complexe, les jurés acquittent l'ex-urgentiste. Ce dernier sort quelques minutes plus tard soutenu par les siens et ses avocats, applaudi par quelques familles de victimes et le public. Il est sonné, mais innocenté. « Ce verdict, je l'ai plutôt bien digéré, reconnaît aujourd'hui l'avocat général. C'est le peuple qui a décidé. C'est le jeu des institutions. Ce n'était pas conforme à ma lecture du dossier, mais je ne l'ai pas ressenti de manière violente. Ce qui est violent, c'est le vide après ce choc émotionnel très fort. On reprend sa voiture et on rentre chez soi. Seul. Il y a un petit moment de déprime. On retrouve des dossiers de moindre envergure. Il faut que l'éponge que l'on a été pendant des mois, des années, s'assèche, se vide. On est seul avant, pendant, après. »

Une semaine plus tard, le parquet général a fait appel de cet acquittement. Nicolas Bonnemaison a été rejugé un an et demi plus tard devant la cour d'assises de Maine-et-Loire. Un autre avocat général a requis la même peine qu'à Pau : cinq ans avec sursis. Le 24 octobre 2015, l'ex-praticien a été acquitté pour six des patients. Et reconnu coupable d'avoir donné la mort par empoisonnement à une patiente de 86 ans. Verdict des jurés à Angers : deux ans de prison avec sursis.

Aujourd'hui Marc Mariée est toujours en poste à Bayonne. Avant d'être magistrat, il a été de l'autre côté de la barre, avocat. « Le ressenti n'est pas le même, dit-il. Face à un dossier plein de souffrance, l'avocat ne va pas intérioriser. Il va se dire que les faits sont abominables, mais il va d'abord penser à défendre son client. Le magistrat, lui au contraire, va intérioriser. Il va absorber le choc du dossier pour le groupe, la société. En s'interrogeant. Quelle réponse judiciaire dois-je apporter ? »

Le premier crime de SK1

Janvier 1991, Pascale Escarfail, jeune étudiante en lettres à la Sorbonne, âgée de 19 ans, ne donne plus signe de vie depuis plusieurs jours. Un ami, inquiet de ce silence, appelle d'abord les parents de la jeune fille qui habitent en province puis prévient la police. La jeune fille est retrouvée dans son petit appartement au dernier étage de la rue Delambre (Paris XIVe). Elle gît sur son lit. Dénudée. Probablement étranglée. Les enquêteurs de la brigade criminelle relèvent deux traces de sperme. L'une sur la jupe de la victime. L'autre sur le sol. La mort remonte au 24 janvier 1991 en fin de soirée. Le meurtrier l'a suivie jusqu'à son domicile et a pénétré en même temps qu'elle dans le hall, après qu'elle a composé le code d'entrée de l'immeuble. Une première personne sera suspectée, avant d'être innocentée. Pendant de nombreuses années, le dossier va sommeiller. Il passe dans les mains de Nathalie Bécache, alors au parquet de Paris. « Je n'avais vu que les photos de la scène de crime. Marquée par la vision de cette jeune fille qui apparaissait sur les clichés, les yeux terrorisés par la peur pendant l'agression dont elle était victime. On visualise la scène. On visualise l'horreur. Quelques années plus tard, alors que je suis à la buvette au TGI de Nanterre, je croise des policiers de la Crim'. Dans la discussion, ils me parlent d'un dénommé Guy Georges à qui l'on impute alors un certain nombre de victimes. Les détails qu'ils me donnent me font repenser au dossier de la jeune Pascale. Le mode opératoire semblait correspondre. J'ai été heureuse et soulagée qu'après coup on fasse le rapprochement entre ces deux affaires. Et que la mort de cette jeune fille soit élucidée. Il y a beaucoup de non-lieux qui restent en travers de la gorge. Voilà un dossier qui m'a marquée alors que je n'ai jamais vu ni la victime, ni les parents. »

L'assassinat de Pascale fut le premier d'une longue série imputée au « tueur de l'Est parisien ». La mort d'Estelle M. en novembre 1997 permet aux enquêteurs de reprendre le dossier Escarfail. Guy Georges est arrêté le 26 mars 1998. Il purge une perpétuité assortie d'une période de sûreté de vingt-deux ans après sa condamnation pour sept assassinats devant la cour d'assises de Paris le 5 avril 2001.

Quant au père de Pascale, Jean-Pierre Escarfail, il s'est investi dans une association d'aide aux victimes. Il est président de l'association pour la protection contre les agressions et les crimes sexuels.

L'affaire a été portée au cinéma, sous le titre *L'Affaire SK1*. Autrement dit *Serial Killer 1*.

Le combat d'un père

S'il y a bien un homme qui incarne l'acharnement d'un parent à forcer la justice à juger l'assassin de son enfant, c'est bien André Bamberski.

Il suffit de se rendre chez lui dans les environs de Toulouse pour appréhender le personnage. Un combat de trente ans qui frôle l'obsession. Un mot qu'il récuse, préférant celui de « tenace ». Dans son pavillon, au fond d'un couloir, trois pièces sont consacrées à sa fille. André Bamberski y passe la plupart de ses journées. L'ancienne chambre de l'adolescente est devenue le bureau de son père. « Ma documentation juridique », me confie-t-il. Pas de photos, aucun souvenir. Que de la paperasserie. La pièce est inondée de dossiers, d'ouvrages. Tout ce qui a trait au docteur Krombach, il l'a gardé, conservé. Une autre pièce de la maison est consacrée aux archives du dossier. Je suis persuadé qu'il le connaît mieux que les juges qui se sont succédé dans cette affaire. Au cours des procès, il a plusieurs fois irrité ses avocats parce que, connaissant chaque procès-verbal et chaque cote de la procédure, il répondait à leur place aux magistrats. Énervant et attendrissant à la fois.

Avec lui, je me suis rendu sur la tombe de sa fille, enterrée dans le cimetière du petit village. Il s'y rend régulièrement. Et chaque fois, ceux qui sont présents au milieu des tombes, peuvent assister au même rituel. Devant la tombe, André Bamberski lui lit des pages du livre qu'il emporte, lui parle.

À l'été 1982, Kalinka quitte son père pour rejoindre, pendant les vacances, sa mère en Allemagne. Cette dernière a refait sa vie avec un cardiologue allemand, Dieter Krombach. Le 10 juillet, l'adolescente décède chez son beau-père. Après que celui-ci lui a fait une piqûre. Prétendument pour favoriser son bronzage.

Un mois plus tard, la justice allemande a déjà refermé le dossier. André Bamberski compte sur la justice française pour condamner le beau-père de Kalinka.

En 1992, Nathalie Bécache, alors en poste à Paris, fait partie des nombreux magistrats qui verront passer entre leurs mains cette procédure.

« Le dossier arrive sur mon bureau pour règlement. Autrement dit, nous devons dire ce qu'il en advient. C'est une affaire que je ne connaissais pas. Au dernier étage du 36, quai des Orfèvres, j'ai reçu le père pour l'informer de ce qui allait se passer à l'issue de ces mois d'enquêtes. Je n'ai jamais vu une partie civile aussi combative, aussi tonique. Prendre ainsi à bras-le-corps son dossier. Depuis le début, il se battait. Il avait déposé plainte avec constitution de partie civile, avait obtenu l'exhumation du corps de sa fille Kalinka. Nous étions confrontés à la détresse d'un père, à l'horreur du dossier, et face à l'investissement sans limite d'André Bamberski. Le docteur Krombach était résident en Allemagne. Nos pouvoirs étaient limités. Nous l'avons, avec le juge d'instruction, renvoyé par contumace devant les assises. Je l'ai fait avec cœur. »

Après le départ de sa femme, la mort de sa fille est un second cataclysme pour André Bamberski. Il n'a de cesse de poursuivre le docteur germanique, convaincu qu'il est coupable du décès de sa fille. « Je n'ai fait que pallier les lâchetés successives de la justice française », affirme-t-il avec un accent polonais prononcé, pour justifier sa persévérance. Persévérance qui ira jusqu'à lui faire organiser, en 2009, l'enlèvement du docteur Krombach à Lindenau (Allemagne) et le faire menotter à une grille proche du Palais de Justice de Mulhouse. « Cet acte, je l'assume. J'ai même honte de ne pas l'avoir commis moi-même. Si je n'avais rien fait, je me serais considéré comme un lâche », m'avait-il déclaré avant le procès du docteur Krombach. Entre-temps la justice allemande avait classé le dossier et refusé l'extradition. Quant à la justice française, elle s'était contentée de condamner le médecin allemand, en 1995, par contumace. Ce n'est plus du dysfonctionnement, c'est de l'inertie.

Une fois sur le sol français, le docteur peut enfin être jugé. Il est condamné à quinze ans de réclusion criminelle en 2012. Jugé également à Mulhouse, André Bamberski écope, en 2014, d'un an de prison pour enlèvement.

En 2016, un film intitulé *Au nom de ma fille* avec Daniel Auteuil a popularisé cette affaire encore plus que la justice. Trente ans de combat résumés en une heure trente. André Bamberski est, pour la circonstance, retourné au cinéma. Il n'y était pas allé depuis la mort de sa fille.

Silence

Un poids qui peut s'apparenter à un boulet. À tel point que le magistrat a enfoui cette blessure au plus profond de lui. Non pour l'oublier. Mais pour qu'on l'oublie. Jean-Michel Hayat, après avoir eu son premier poste de juge d'instruction à Troyes, est nommé à Nanterre de 1983 à 1989. Nanterre où il fit parler de lui dans une affaire très médiatisée au milieu des années quatre-vongts. Chargé d'un dossier de proxénétisme, il inculpe et place en détention en juin 1988 le commissaire Yves Jobic. Une décision qui provoque les foudres des policiers. En avril 1989, le commissaire Jobic est relaxé.

Pour plusieurs jours de détention provisoire abusive, le policier reçoit à l'époque 150 000 francs d'indemnisation.

Quand je demande, dans son bureau, au président du TGI de Paris Jean-Michel Hayat si cette affaire est une blessure, il me répond qu'il a décidé « de ne jamais évoquer ce dossier et de s'y tenir ».

Un incident de parcours qui n'a pas freiné sa carrière. Après avoir quitté la vice-présidence du TGI de Versailles, il devient en juin 1997 le conseiller technique de Ségolène Royal, ministre déléguée chargée de l'Enseignement scolaire.

Obligation d'impartialité, de neutralité de la part du magistrat, mais aussi obligation de réserve. Si le magistrat du parquet a une relative liberté de parole, il n'en est pas de même pour celui du siège. « Des attaques, des mises en cause auxquelles nous ne pouvons pas répondre », constate amèrement Bruno Cotte. Président de la chambre criminelle de la Cour de cassation, il présidait également la cour de révision. Parmi les dossiers emblématiques sur lesquels il a eu à se pencher, figure celui de Guillaume Seznec, condamné pour l'assassinat, dans les années vingt, du conseiller Pierre Quémeneur. Plusieurs requêtes en révision ont été déposées, tant pas la famille de Seznec que par la garde des Sceaux, Marylise Lebranchu, originaire de Morlaix. Toutes ont été rejetées. Y compris celle étudiée par la juridiction présidée par Bruno Cotte. Une décision critiquée par de nombreux médias et par une partie de l'opinion publique. Jean-Louis Castagnède, le rapporteur devant la cour, a très mal vécu ces mises en cause. « Il ne s'en est jamais remis », confie son ancien collègue de la Cour de cassation.

Le magistrat est décédé d'une rupture d'anévrisme dans la nuit du 17 au 18 février 2007. Ironie de l'histoire : il est mort quelques heures après Maurice Papon, dont il avait présidé le procès devant la cour d'assises de Bordeaux d'octobre 1997 à avril 1998. Une présidence qui lui avait valu les honneurs de la presse judiciaire, mais les foudres d'un avocat des parties civiles. Au troisième mois du procès de l'ancien secrétaire général de la préfecture de Gironde, maître Arno Klarsfeld avait révélé un lien de parenté plus que lointain entre le président Castagnède et une victime des convois partis de Bordeaux. Le magistrat qui avait découvert cette inattendue parenté n'a pas caché à l'époque avoir été légèrement déstabilisé par les sous-entendus du fils du couple Klarsfeld. L'attaque étant venue du côté des victimes et non de la défense de Papon. Évidemment le magistrat n'a pas pu se défendre publiquement et personne dans l'institution n'a pris sa défense.

Rencontre avec Laurence Vichnievsky, ancien juge d'instruction

Le nom d'un juge est parfois attaché à jamais à « son » affaire. Jean-Michel Lambert et Grégory. Henri Pascal et l'affaire Brigitte Dewèvre. Il en est de même pour certains dossiers politico-financiers. Exemple, l'affaire Elf qui a inspiré à Chabrol le film *L'Ivresse du pouvoir*. Nous parlerons ici de l'ivresse d'une affaire.

Assis face à Laurence Vichnievsky, on se plaît à se projeter à la place de nombreuses VIP qui ont défilé dans son bureau : Loïk Le Floch-Prigent, l'ex-PDG d'Elf, dont elle dit simplement : « Ce n'était pas le pire », Roland Dumas, Alfred Sirven, Robert Hue, l'ancien secrétaire national du PCF. Ils incarnaient la puissance politique et économique. Elle représentait la loi, la morale judiciaire. Avec sa consœur Eva Joly, elle les a perquisitionnés, mis en examen, fait incarcérer, renvoyés devant un tribunal correctionnel. Le choc fut frontal, violent, dévastateur.

À elles deux, elles incarnent le dossier Elf. Un dossier lourd s'il en est. Ont-elles redoré le blason de la justice par leur instruction, c'est une autre question qui divise autant les journalistes que les magistrats et les avocats.

Laurence Vichnievsky a quitté l'instruction. On la sent plus apaisée, plus sereine. Plus souriante aussi. Elle le reconnaît elle-même. Je retrouve la même chaleur, le même enthousiasme, la même volonté de séduire, de convaincre que lors de notre première rencontre dans un autre café tout aussi *cosy* que celui où nous sommes installés. C'était en 1990. Elle fut très peu de temps chargée de la communication auprès du garde des Sceaux, Pierre Arpaillange. En 1981, elle avait appartenu au cabinet de Robert Badinter, deuxième ministre de la Justice de Mitterrand. « C'était une époque faste de la magistrature, confie-t-elle, avec des personnalités hors du commun. J'ai été imprégné par Badinter et élevée par Éric de Mongolfier[17] qui était mon chef de bureau. »

---

17. Aujourd'hui à la retraite, après avoir été procureur général près la cour d'appel de Bourges, Éric de Mongolfier s'est fait connaître comme procureur lors du procès OM-VA à l'issue duquel a été condamné Bernard Tapie. Il a ensuite quitté Valenciennes pour le parquet de Nice où il fera des vagues dans les milieux maçonniques de la justice.

Laurence Vichnievsky eut donc une autre vie avant les affaires politico-financières qui l'ont portée sur le devant de la scène médiatique. Entrée dans la magistrature en 1979, son premier poste après sa sortie de l'ENM fut celui de juge d'instance à Colombes dans la région parisienne. « Si aucun dossier particulier ne me revient en mémoire, c'est la fonction qui m'a le plus marquée. Il y a une relation privilégiée, une motivation, une satisfaction dans le contact avec le justiciable. Principalement si l'on aboutit à la résolution du conflit que l'on a eu à connaître. Je fais toujours un parallèle avec le juge d'instance et les conseillers municipaux et le maire. Il y a une relation directe. Quel que soit le dossier que j'avais à traiter, j'avais l'impression d'avoir une utilité, de remettre du lien social. Une relation directe avec le justiciable. La satisfaction d'avoir un impact, une influence positive dans son existence. C'était porteur. Je contribuais, modestement, à une paix sociale. J'étais un juge de paix. »

Avec les chefs d'entreprise, les politiques, à partir de 1991, ce fut plutôt la guerre. « C'est la période la plus forte parce que l'enjeu, immense, a influencé une génération de magistrats, ceux qui ont 40 ans aujourd'hui. Ces affaires les ont marqués, initiés, sensibilisés. Par le traitement judiciaire, médiatique, par le fonctionnement des institutions, par les répercussions politiques. Elf est l'une des affaires qui restera dans l'histoire. Il y en a dix par siècles. Pas plus. Celle-ci réunissait tout : le pouvoir, l'argent et le sexe[18] ! »

Laurence Vichnievsky affirme haut et fort que lors de ces instructions d'affaires dites sensibles et forcément suivies de près

---

18. Dans un premier volet, en 2003, Roland Dumas qui avait été condamné en première instance à six mois de prison ferme pour recel d'abus de biens sociaux, est relaxé en appel. Sa maîtresse, Christine Deviers-Joncour écope de trente mois dont dix-huit fermes. Le Floch-Prigent et Sirven sont condamnés respectivement à trente mois fermes et trois ans fermes. Dans le volet principal, ils ont été condamnés à cinq ans de prison ferme par le tribunal correctionnel. Sirven est décédé en février 2005 pendant le délibéré de la cour d'appel.

en haut lieu, elle et sa collègue n'ont jamais subi de pressions. Ni de leur hiérarchie, ni directement de la sphère politique ou financière. « Jamais reçu un coup de fil. Mais l'ambiance était terriblement étouffante, nous étions sous pression. Principalement celle provoquée par les nombreux avocats de la défense. Ils n'ont fait que multiplier les procédures en récusation, en contestation, en annulation. Ils saisissaient à cet effet en continu la chambre de l'instruction[19]. »

Nous avons tous en mémoire les images tournées devant le cabinet de Roland Dumas, quai de Bourbon sur l'île de la Cité à Paris. Alors président du Conseil constitutionnel, l'ancien ministre des Affaires étrangères voit son bureau et ses domiciles à Paris et en Dordogne perquisitionnés. La scène a été diffusée en boucle dans les journaux télévisés en janvier 1998. Laurence Vichnievsky est la première à sortir par la porte cochère. Son visage est fermé. Elle précède de quelques pas le futur mis en examen, étonnamment souriant, et qui ne cherche pas à se dissimuler face aux nombreux photographes et cameramans. Eva Joly ferme la marche et s'engouffre assez vite dans la voiture. « Cela n'était nullement prémédité de notre part. D'ailleurs, en ce qui me concerne, j'étais plutôt contrariée par la présence de ces nombreux médias. Une fois dans le véhicule, j'ai cherché à me cacher le visage à l'aide de mon porte-documents. Ce n'était pas le Festival de Cannes. On n'a pas cherché à instrumentaliser les médias. Mais ni Eva ni moi n'avons mesuré l'impact de cette image. Nous étions dans notre dossier. C'est tout. »

Si les images ne sont pas restées trop ancrées dans sa mémoire, elle n'a pas oublié quelques répliques ou reparties des prévenus qui lui ont fait face. En tête, celle d'Alfred Sirven, alors numéro deux d'Elf. L'homme, âgé de 74 ans, était en cavale depuis trois ans. Réclamé par les juges suisses et français, il a fini par être arrêté aux Philippines le 2 février 2001. Cinq jours plus tard, il comparaît au procès de Roland Dumas poursuivi pour complicité et recel d'abus de biens sociaux.

19. Plus d'une cinquantaine de robes noires dans ce dossier.

Alors qu'il est emprisonné dans le quartier VIP de la prison de la Santé, il est conduit dans le cabinet d'instruction de Laurence Vichnievsky et Eva Joly pour un premier interrogatoire de fond sur le dossier principal d'Elf.

« À la fin de l'audition, alors qu'il avait fini pas détailler les mécanismes pour lesquels il était poursuivi dans cette affaire, je lui ai demandé : "Comment croyez-vous que cela fonctionne dans la vraie vie ?" Il m'a rétorqué : "La vôtre ou la mienne ?" Je trouve que cela résume parfaitement la psychologie du personnage et le fond de l'affaire. »

Quant à Roland Dumas, également entendu dans son bureau, alors qu'il évoque, au détour de la conversation, Herbert von Karajan, il lui épelle ostensiblement l'orthographe du chef d'orchestre autrichien. Avec une once de suffisance.

L'affaire Elf, et son volet Dumas-Christine Deviers-Joncour, les frégates de Taïwan, le financement du parti communiste français, la procédure contre Michel Charasse ne sont pas des fantômes qui hantent quotidiennement l'ancien juge du pôle financier. « Ces dossiers sont intégrés dans mon mode d'analyse, c'est une clé, une contribution pour la compréhension des dossiers à venir. Ce sont les mécanismes de ces malversations financières qui restent ancrées. Mais encore une fois, comme à l'époque où j'étais jeune juge d'instance, ce sont les parcours des hommes que je trouve le plus captivants, intéressants. L'humain, c'est cela qui est intéressant, stimulant, enrichissant. »

Aujourd'hui, malgré les attaques dont elle et Eva Joly ont pu faire l'objet, elle ne cache pas sa fierté devant le travail accompli. « Même si on n'a tiré que quelques fils sur l'ensemble de ces affaires, nous avons été au terme de nos dossiers. C'est la fonction et le rôle du juge d'instruction. L'affaire Elf et l'affaire Dumas ont été jugées. Ce n'est pas le cas de beaucoup de procédures qui ont fini en eau de boudin. »

« Je viens d'un milieu plutôt favorisé. J'ai fait mes études dans la très sérieuse, mais ferme École alsacienne à Paris. L'approche de ces affaires politico-financières m'a ouvert les yeux. Même si je suis un peu fleur bleue, je ne pense pas être naïve, j'estime qu'on doit se comporter d'une façon irréprochable, correctement. Être fidèle à une ligne de conduite. Le point commun de toutes ces personnalités que j'ai eu à rencontrer dans mon cabinet d'instruction, c'est qu'elles ne se sentaient pas concernées par le dossier que nous évoquions. En un mot, la loi n'est pas pour eux. » Les délinquants en col blanc ne passent jamais aux aveux. Ce n'est pas dans leurs gènes.

Alors comment se préserver et s'aguerrir lorsque l'on est ainsi confronté à de telles affaires aussi sensibles et que l'on sait être dans la ligne de mire des politiques, des avocats, des journalistes et de tous les détracteurs professionnels ?

« Avec Eva Joly, nous avons d'abord su dépasser nos différences et mutualiser nos avantages et nos qualités. Nous avons été les premières à jouer à fond la collégialité. Cela nous a renforcées et protégées. Nous avons également prôné le travail en équipe. Sans les policiers, nous n'existons pas. Et nos dossiers ne seraient pas allés à terme. Il y a entre nous et les enquêteurs une solidarité, un partage. Nous avions demandé à la présidence du tribunal de grande instance de Paris, et obtenu, de disposer d'une salle de travail commune qui communiquait directement avec nos deux cabinets d'instruction qui étaient mitoyens. C'était une première. Cela nous a été très utile. » Ainsi, elles ont incarné pendant de nombreuses années la justice, les juges, une image féminine, plus positive que celle que les juges Pascal ou Lambert avaient fini par ternir… Un duo de choc. Un tandem inséparable.

« Pour ne pas être trop touchée, mais on l'est forcément un peu, le moins affectée possible, il est primordial de maintenir un équilibre psychologique très fort. Ce qui m'a permis de garder le recul nécessaire, ce sont les miens. Mais bizarrement, nous avions aussi un autre filtre : nos gardes du corps. Leur présence, leur aide allait au-delà de la protection physique. D'ailleurs, je suis parvenue une fois à faire remplacer l'un d'eux parce que nous n'étions pas en osmose. Je suis restée également très liée avec un de nos trois anciens enquêteurs. Nous nous voyons régulièrement. Nous sommes devenus amis. »

Les deux juges devaient également se protéger des journalistes. D'une presse omniprésente. L'affaire Elf a probablement été celle qui a eu la couverture médiatique la plus intense. Une instruction « à presse ouverte ». « Le quotidien *Le Monde* couchait quasiment sur notre paillasson, déclare amusée Laurence Vichnievsky. Je ne lisais pas trop la presse afin de garder ma bonne humeur. Un jour, elle vous encense. Le lendemain, elle vous descend en flammes. Il fallait se préserver. »

Toujours dans le but de garder les pieds sur terre et la tête froide, notre interlocutrice a également tenu à donner régulièrement des cours à Sciences Po. « J'ai toujours voulu maintenir des périodes d'enseignement et de recherche. Pour éviter la routine. »

Pour Laurence Vichnievsky, la question était plus de savoir comment se sortir de ces affaires que d'apprendre à les gérer. « Au bout de dix ans d'instruction, il me fallait un sas de décompression. J'ai donc été nommée présidente du tribunal de grande instance de Chartres (Eure et Loir). Être chef de juridiction est l'une des fonctions les plus motivantes. J'ai aimé la gestion, l'organisation, animer une équipe. Mais je voulais tout faire. Tout gérer. J'ai explosé en plein vol. J'ai fait deux infarctus, deux infarctus de stress. J'ai payé mon investissement dans cette nouvelle fonction après m'être investie corps et âme dans l'instruction de nombreux dossiers. La magistrature ne nous accompagne pas vraiment dans le passage d'une fonction à une autre. L'institution ne m'a pas toujours traitée de façon bienveillante. J'ai beaucoup donné et je n'ai pas toujours reçu en échange. Mais je n'ai aucune amertume, aucun regret. »

Aujourd'hui, Laurence Vichnievsky est passée du siège au parquet. Elle est depuis 2008 avocat général à la cour d'appel de Paris. « J'adore l'audience publique, j'adore prendre des réquisitions. Je suis redescendue en soute. Mais cela me va très bien. »

Laurent Le Mesle, alors procureur général près la cour d'appel de Paris, lui confie le dossier Erika. Après sept années d'instruction, depuis le 12 décembre 1999, ce dossier de catastrophe maritime et écologique est arrivé au stade du jugement devant le tribunal correctionnel de Paris en février 2007. Parmi la quinzaine de prévenus, si certains ont été relaxés comme le capitaine du pétrolier, d'autres sont condamnés et font appel. Les quatre mois du premier procès sont à refaire en grande partie. Laurence Vichnievsky est donc désignée pour tenir l'accusation lors du second procès qui aura lieu en 2010. « Il ne s'agissait plus pour moi d'instruire, mais de requérir des peines », contre plusieurs prévenus, personnes physiques comme l'armateur et son gestionnaire, personnes morales comme la société de classification RINA ou Total[20]. « J'ai quand même fait une grande partie de ma carrière avec Elf et Total, note-t-elle amusée. C'était un dossier éminemment technique, complexe. On n'est pas du tout formé à ce genre de dossier. »

Un dossier qui va légèrement modifier le cours de sa vie. « C'est tombé à une période où j'étais sensibilisé à la cause environnementale, et où j'ai rencontré Daniel Cohn-Bendit. » Résultat, sous l'impulsion de sa collègue Eva Joly, la dame en robe rouge du parquet général se rapproche plus précisément des Verts, de EELV (Europe Écologie Les Verts, dont elle devient plus tard la porte-parole).

Riche de ses expériences judiciaires et politiques, Laurence Vichnievsky dresse un bilan lucide, mais circonspect : « Notre société réduit les possibilités des différentes populations de se rencontrer alors qu'elles vivent sur le même territoire. Résultat, elles ne se parlent pas, ne se comprennent pas. La

20. La société Total a été condamnée en appel à verser plus de 171 millions d'euros de dommages et intérêts. En 2012, la Cour de cassation a validé la notion de préjudice écologique.

justice est la seule institution à rencontrer toutes les couches de la société. Le juge est sans doute celui qui est en position de faire le meilleur constat, d'analyser la situation, de réduire les inégalités. Mais force est de constater que cette réponse est marginale. »

La discussion aurait pu se prolonger, mais Laurence Vichnievsky doit rejoindre son bureau, mettre la dernière main aux réquisitions qu'elle doit prononcer dans quelques heures dans des dossiers civils. « Je suis une active pessimiste », lâche-t-elle en forme de devise et de point d'orgue.

7

Un goût d'inachevé

« Un dossier qu'on ne ferme pas est un dossier qui continue à vous habiter. » Cette phrase que prononce Bruno Cotte, ancien président de la chambre criminelle de la Cour de cassation, résume parfaitement la thématique.

L'énigme Chevaline

L'endroit est champêtre, bucolique. Le coin idéal pour se promener, s'aérer, profiter de la vue sur les contreforts des Alpes. Le sommet est encore loin. En contrebas, le lac d'Annecy. À cet endroit, ce n'est encore que verdure. Une forêt de sapins. Pas de neige. Elle viendra plus tard. Peut-être. Nous ne sommes qu'en septembre. Un petit peu plus bas dans la vallée, un village qui porte un drôle de nom. Chevaline. Un nom qui peut inspirer l'équitation. Mais qui dans le cas présent résonne plutôt comme une boucherie.

Nous sommes le 5 septembre 2012. Le temps est clair. Propice à une balade en VTT. C'est d'ailleurs un cycliste, William Brett M., ancien pilote de la Royal Air Force, qui fait la macabre découverte. Il est bientôt 16 heures. La scène est hallucinante. Digne d'un film noir. Un cauchemar sur un parking forestier dans le domaine de la Combe d'Ire. Une fillette couverte de sang qui titube avant de s'effondrer sur le sol. Un cycliste qui gît par terre. Mort. Tué de plusieurs balles. William Brett M. se souvient que ce dernier l'a dépassé quelques minutes auparavant dans la montée. Enfin, une voiture immobilisée. Pas vraiment en stationnement. Le moteur tourne encore. Une BMW break de couleur rouge foncé, immatriculée en Grande-Bretagne. La carrosserie est criblée d'impacts. À l'intérieur, trois adultes. Tués. Des balles en pleine tête. Une exécution.

Le cycliste arrivé sur les lieux, probablement quelques minutes après les faits, bien que bouleversé par la vue de cette scène, s'efforce de prévenir les gendarmes. À 16 heures 45, Éric Maillaud, le procureur de la République d'Annecy arrive sur place. Premier bilan : quatre morts et une survivante. La fillette, Zainab, âgée de sept ans, est sérieusement blessée à la tête et à l'épaule. « Au risque de paraître froid, les cadavres, au fond, c'est un peu comme à la télé. À partir du moment où ils ne sont pas mutilés. Les temps ont changé. Avant, on allait tout de suite sur la scène de crime, en prenant des précautions minimales. Aujourd'hui, avec le gel des lieux, il s'écoule un certain temps. On est à distance, on devine, on a le temps d'assimiler. »

Les victimes sont un couple : Saad Al-Hilli, un ingénieur britannique d'origine irakienne, son épouse, Iqbal, prothésiste dentaire, et sa belle-mère, Suhaila. Tous trois sont en vacances en Haute-Savoie. Et Sylvain M., originaire d'Ugine (Savoie), simple amateur de promenade à vélo.

Alors que les enquêteurs s'affairent autour de la voiture, un événement inattendu arrive. La nuit est tombée et les investigations se poursuivent grâce à quelques projecteurs installés sur le périmètre. Un des gendarmes, vêtu de sa combinaison blanche, revient vers un groupe d'enquêteurs. Le procureur est présent. Dans les bras du technicien, une enfant de 4 ans. Pendant près de huit heures, Zeena est restée recroquevillée sous les corps inertes de sa mère et de sa grand-mère, à l'intérieur du véhicule. Pendant huit heures, elle est restée silencieuse contre la banquette arrière. La jeune enfant est profondément choquée, prostrée, mais vivante.

« L'extraction de la petite fille en pleine nuit, c'est fort. C'est un moment d'émotion collective. Nous ne sommes plus des magistrats ou des enquêteurs. Mais des parents face à un enfant survivant, précise Éric Maillaud. Cette affaire est partie à une telle vitesse que je n'ai reçu la famille du cycliste français que cinq-six jours plus tard. J'aurais dû le faire plus tôt. Je n'ai pas beaucoup dormi ces premiers jours. Je m'en suis voulu et ils en ont voulu à l'institution. »

L'enquête, mais aussi la couverture médiatique de cette tuerie se sont effectivement focalisées sur les victimes de la BMW. Pourquoi un tel massacre dans cet endroit si tranquille ? Pourquoi cette famille ? Le mystère est entier. Résultat, la victime française est l'oubliée du dossier. « Les familles ont été reçues régulièrement tous les trois-quatre mois pendant deux ans, précise Éric Maillaud lors de notre rencontre à Paris. Aujourd'hui elles ont compris que le maximum était fait et qu'on les convoquerait lorsqu'on aurait un élément à leur donner. Si l'on a quelque chose de nature à leur permettre d'espérer une mise en examen ou un procès futur. »

À 19 heures 30, Éric Maillaud descend une première fois vers Chevaline. La presse, en nombre, l'attend. Il n'en est pas surpris. Des médias ont même été jusqu'à louer des hélicoptères pour survoler le lieu des crimes. Il improvise une conférence de presse. « La communication peut être mal vécue par les victimes. Elles peuvent avoir le sentiment qu'on a davantage le souci d'informer le public qu'eux. Beaucoup de personnes concernées par une affaire criminelle l'apprennent par la presse. »

Dans les jours qui suivent, le procureur de la République n'est pas avare en déclarations à la presse. Il accepte volontiers d'intervenir en direct dans les journaux télévisés. Une surexposition médiatique que le magistrat regrette aujourd'hui. Il avoue que, depuis, il communique avec prudence. D'abord pour se protéger.

« Au bout de trois-quatre mois j'ai senti venir le *burn-out*. J'étais épuisé. C'était l'accumulation de l'affaire de Chevaline et des autres dossiers. Pendant presque quatre mois, Chevaline m'a occupé tous les jours de 9 heures à 19 heures 30. Il me restait la nuit et les week-ends pour faire le reste, même si les collègues m'ont aidé. »

Ensuite parce que c'est un dossier qui est aujourd'hui au point mort. « On ne trouve pas. C'est bien une des rares affaires où les enquêteurs n'ont plus d'idées. Le sentiment d'avoir tout exploité. On en revient à l'hypothèse d'un tireur isolé. Il y a encore un certain nombre d'éléments en cours de vérification. J'espère que cette affaire sera élucidée. Surtout pour les victimes. »

Le discours est las. Une affaire vécue comme un échec. Une blessure. « Si procès il y a un jour, je ne serai pas à la place de l'avocat général. Alors que c'est un dossier qu'on aimerait soutenir soi-même. »

De quel côté faut-il chercher ? France ? Suisse si proche du lieu du crime et d'où est originaire le pistolet automatique Luger P 06 qui aurait été utilisé ? L' Angleterre où habitaient trois victimes ? L'Irak d'où elles étaient originaires ?

Quand je rencontre Éric Maillaud, il est encore en poste à Annecy. Chevaline est toujours un de ses dossiers, même s'il le regarde aujourd'hui avec recul et circonspection. Depuis le 1er septembre 2016, il a rejoint un autre tribunal. Celui de Clermont-Ferrand. Il parle aujourd'hui avec une certaine lassitude. Comme usé par l'énergie qu'il a déployée dans cette affaire. En vain. Profondément marqué. Autant par l'échec d'un dossier non ficelé que par le souvenir de cette nuit d'horreur sur une route forestière. Même s'il s'en défend, il reste imprégné par l'image de ces deux fillettes. Celle qui fut retrouvée blessée sur le parking. Et surtout sa petite sœur, sortie en pleine nuit du véhicule devenu pendant quelques heures le cercueil de ses parents. Plusieurs années après, ce quadruple crime est toujours une énigme.

Le secret de la Vologne

S'il existe un dossier qui incarne l'échec de la justice et ce bien avant le dossier Outreau, c'est évidemment celui de la mort du petit Grégory. Depuis le 16 octobre 1984, la justice n'a toujours pas répondu à la question simple. Qui a tué l'enfant de

Christine et Jean-Marie Villemin ? Échec sur toute la ligne. Des gendarmes saisis dans un premier temps. Des policiers dans un second temps. Échec d'un juge d'instruction resté dans les mémoires comme le « petit juge » Jean-Michel Lambert. Mais aussi d'un procureur, Jean-Jacques Leconte, qui a brillé par son absence. Sans oublier la presse qui n'a rien trouvé de mieux que de choisir son camp. Soit côté Villemin. Soit côté Laroche, le suspect numéro un de l'affaire. Bernard Laroche, un cousin, arrêté devant les caméras sur son lieu de travail, mis en examen, incarcéré, puis relâché avant d'être abattu par le père du petit Grégory.

Quant à Christine Villemin, elle passe de statut de victime à celui d'infanticide présumée. Mise en examen, elle aussi est incarcérée avant d'être relâchée puis innocentée par un non-lieu délivré par la chambre de l'instruction de Dijon en 1993. Onze jours de prison qui lui vaudront, pendant un temps, le record d'indemnisation pour détention abusive.

Trente-deux ans plus tard, les questions sont toujours aussi nombreuses. Qui est le meurtrier ? Mais aussi où, quand et comment est mort le petit garçon de 4 ans ? À Lépanges, village des Villemin ? À Aumontzey, village des Laroche ? Ou dans la Vologne où Grégory a été retrouvé pieds et mains liés ? Impossible de le savoir. L'autopsie a été bâclée. On ne sait donc pas si l'enfant est mort noyé, si le meurtrier lui a fait une piqûre d'insuline, comme le laisse penser une ampoule retrouvée par un garde champêtre au bord de la rivière en novembre 1984.

Pendant sept semaines en novembre-décembre 1993, Christine et Jean-Marie Villemin viennent quotidiennement au Palais de Justice de Dijon. Le second est dans le box pour y répondre du meurtre de son cousin, Bernard Laroche. La première pour témoigner, mais aussi pour essuyer le flot de questions des magistrats et des avocats. Pendant sept semaines, les policiers assurant la sécurité dans ce vieux palais de Bourgogne ont une lourde tâche. Éviter que les familles Villemin et Laroche se croisent dans les couloirs. Tous les protagonistes de l'affaire défilent à la barre. Le président des assises, Olivier Ruyssen, tente de crever l'abcès de cette affaire de famille. En vain. Le 16 décembre, le père du petit Grégory est condamné à cinq ans de prison dont quatre fermes.

Depuis tout a été essayé. La science a été appelée à la rescousse. Sans succès. Timbre, enveloppes, vêtements, cordelettes. L'ADN n'a pas parlé. Pas plus que les lettres du corbeau. Pas plus que les expertises phoniques. Pas plus que les expertises graphologiques.

Pourtant deux hommes ont tout fait pour résoudre cette énigme. Après le juge Lambert, les juges Simon et Martin ont repris le dossier. Consciencieusement. Mais sans parvenir à mettre un point final.

Unis comme au premier jour, Christine et Jean-Marie Villemin reprennent en 2007 le chemin du Palais de Justice de Dijon. Cette fois-ci, il s'agit d'aller plaider leur cause devant le procureur général.

En mai, Jean-Marie Beney arrive à Dijon. Un retour aux sources. Dijon est sa ville natale. Il vient de quitter le poste de directeur de cabinet de Pascal Clément au ministère de la Justice. À la tête du parquet général, il récupère le dossier Grégory qui depuis longtemps a quitté les couloirs du tribunal d'Épinal. C'est à lui que s'adressent les parents du petit Grégory, *via* leurs avocats maître Marie-Christine Chastang-Morand et maître Thierry Moser. Jusqu'à son départ de Dijon pour Metz en octobre 2013, il s'efforce de répondre à leurs attentes. Légitimes. Poursuivre les investigations, réaliser toutes les expertises scientifiques possibles sur les scellés qui restent.

« Quand vous vous mettez dans ce dossier, vous vous mettez dedans. Vous pensez Grégory le matin, vous pensez Grégory à midi, vous pensez Grégory le soir. Ce n'est pas le dossier en tant que tel, c'est l'enjeu. Un enjeu institutionnel. Vous êtes face à tout ce qui n'a pas été fait à l'époque. »

Alors que l'enquête a été close en avril 2001, Jean-Marie Beney convoque la presse le 9 juillet 2008. Il annonce solennellement qu'il requiert la réouverture de l'enquête. L'information est d'importance, et fait l'ouverture des « 20 heures ».

Les scellés sont nombreux. D'abord les vêtements du petit Grégory : son anorak, son bonnet, son pull-over, son pantalon, ses chaussettes, ses chaussures. Ensuite les cordelettes qui ont servi à lier ses mains et ses pieds. Les parents ont l'espoir qu'un ADN soit identifiable à l'intérieur des nœuds que le meurtrier a forcément faits. Mais aussi les lettres du corbeau envoyées depuis des mois aux parents Villemin.

« On se dit : attention, on fait bouger un dossier qui est très suivi. Premièrement, il n'y a pas de mystère, il faut connaître le dossier. Deuxièmement, on ne va pas forcément travailler tout seul, mais avec un collègue du parquet de Dijon qui est sur le dossier dès le début. Et puis l'autre aspect dans ce dossier, c'est l'aspect humain. Quand vous recevez les parents du petit Grégory, il faut avoir une expression très claire, il faut dire : "Je suis le procureur général, voilà comment je vois mon rôle dans ce dossier." Et quand il y a des demandes hors sujet, trop larges ou pas adaptées, savoir l'expliquer. Dire : "Je ne vous soutiendrai pas sur ça ou ça pour telle raison." Jamais de promesses. Sauf celle de faire ce que l'on peut au mieux. Cela s'arrête là. D'abord, on ne va pas réentendre la terre entière. On ne fera que du scientifique. Ensuite, pas de faux espoirs. Ce n'est pas parce qu'on relance tout un tas d'analyses que cela va être miraculeux. Je concevais mon rôle comme étant celui qui devait faire mettre en œuvre les techniques de recherche. Pour essayer de faire avancer les choses de manière raisonnable et scientifique. »

Il faut attendre le 3 décembre de la même année pour que la chambre de l'instruction donne droit aux demandes du procureur général et donc aux souhaits des époux Villemin. Nouvelle conférence de presse le 22 octobre 2009. Ce jour-là, il annonce que deux ADN ont été retrouvés sur deux scellés : la lettre du corbeau et le timbre. Un ADN masculin et un ADN féminin.

L'espoir renaît. La presse est aux anges. Comme on dit alors dans les rédactions : « C'est un rebondissement. » Éclaircie de courte durée. Le 5 mai 2010, le même procureur général fait part de l'échec quant aux possibilités d'identifier ces deux ADN.

Le 26 septembre 2012, nouvelle conférence de presse à Dijon. Jean-Marie Beney évoque cette fois de nouvelles recherches à la suite de la découverte d'autres ADN. Sur les vêtements, les cordelettes et une lettre.

Nouvelle déconvenue le 24 avril 2013. Face aux journalistes présents dans son bureau, le magistrat débute son point presse en donnant le ton. « Il n'y a pas de révélations extraordinaires », dit-il. Les différents ADN, masculin ou féminin, sont trop partiels. « Il n'y a pas d'identification possible », laisse tomber gravement le magistrat.

L'ADN n'a pas parlé. Pas plus que les lettres du corbeau. Pas plus que les expertises phoniques. Pas plus que les expertises graphologiques. La science n'a pas sauvé la justice.

Plusieurs fois le couple et le haut magistrat se sont retrouvés dans son bureau à la cour d'appel de Dijon. Le rituel est le même chaque fois. Tous les trois et les avocats s'installent autour de la grande table ronde. Des rencontres que le magistrat évoque avec émotion et respect.

Jean-Marie Beney reconnaît avoir été marqué par la dignité du couple, et leur volonté de savoir. « Quand vous les avez à côté de vous, c'est vrai qu'il faut faire abstraction de beaucoup de choses. Ne pas oublier leur parcours et se dire que les propos qu'ils tiennent par rapport à tout ce qu'ils ont vécu durant les trente ans de procédure, ce sont des propos sensés, posés et raisonnables. Et donc très convaincants. »

À l'espoir de l'année 2008, succède la déception de l'année 2013. Peu après l'été, Jean-Marie Beney abandonne le dossier Grégory. Il quitte Dijon pour Metz sans être parvenu à résoudre une énigme judiciaire, aujourd'hui considérée comme un cas d'école.

Aujourd'hui, le procureur général près la cour d'appel de Metz doit tenter de mettre fin au dossier de Montigny-lès-Metz. Deux jeunes garçons avaient été tués près des voies de chemin de fer. Frappés à mort par des grosses pierres. Dans un premier temps, Patrick Dils a été condamné par deux fois pour ce double meurtre, avant d'être acquitté en 2002 par la cour d'assises de Lyon, à la suite d'une révision. Désormais, Francis Heaulme, déjà condamné pour des meurtres d'enfants et de femmes, est considéré comme le suspect numéro un. En 2014, son procès devant les assises de Metz avait été reporté *sine die*. Un nouvel individu, Henri Leclaire, est à son tour suspecté. D'abord mis en examen à son tour dans le dossier, il a bénéficié en juillet 2016 d'un non-lieu. Reste Francis Heaulme, seul accusé.

Le dossier Grégory est toujours ouvert. Le juge Lambert est à la retraite. Les parents Villemin ont quitté les Vosges pour l'Essonne. Ils ont eu trois autres enfants. Mais Grégory n'a jamais été oublié. Preuve en est leur acharnement à connaître la vérité. Marie-Ange Laroche est devenue veuve une seconde fois. Muriel Bolle, la belle-sœur de Bernard Laroche, vit toujours dans les Vosges. Le juge Lambert a fini sa carrière au tribunal d'instance du Mans. À la retraite, le « petit juge » continue d'écrire des livres.

Recherche Mathis désespérément

Un divorce qui se mue en affaire criminelle. Le 2 septembre 2011, Sylvain Jouanneau ne ramène pas son fils Mathis au domicile de sa mère dans la région de Caen. C'est pourtant l'accord conclu devant le juge des affaires familiales. Parti avec son fils dans la région de Bayonne, le père de Mathis disparaît. Son véhicule est retrouvé près d'un lac. Vide. L'homme est vu, seul, au Grau-du-Roi avant d'être interpellé trois mois plus tard à Villeneuve-lès-Avignon. Mathis, 8 ans, est en revanche introuvable. Son père dit simplement l'avoir confié à des gens de confiance. Une version qu'il garde tout au long de l'instruction et du procès qui se tient à Caen en juin 2015. Il y apparaît barbu, avec un catogan, levant le poing devant les nombreuses caméras et photographes. Interrogé pendant une semaine par les différentes parties au procès, il ne fera qu'une seule confidence : que son fils a changé d'identité et qu'il réside désormais dans un pays musulman. Sans donner plus de détails pour accréditer cette nouvelle thèse, après avoir fourni plusieurs scénarios invraisemblables durant l'enquête. Des artifices pour brouiller les pistes.

La mère, Nathalie Barré[21], que j'ai rencontrée quelques jours avant l'audience, veut encore croire au retour de son fils. « J'irai jusqu'au bout. Je saurai la vérité, me confie-t-elle chez elle, où une chambre attend le retour de Mathis. De son fils, elle ne garde que quelques photos de ses premières années. Une gourmette et une médaille qu'elle porte autour du cou. « Je lui rendrai quand je le retrouverai. » Une photo de Mathis « vieilli » a été réalisée. Il y apparaît âgé de 12 ans. Elle souhaite qu'elle soit diffusée le plus largement possible. Dans l'espoir qu'un jour quelqu'un le reconnaisse…

Avant de prendre la tête du parquet de Nanterre, Catherine Denis était en poste à Caen. Elle a donc suivi le dossier Mathis dès le début de la procédure. Mais le jour de notre rencontre, elle ne cache pas sa frustration. Celle d'avoir abandonné la procédure avant son terme. Et celle d'une vérité judiciaire incomplète.

« Mon regret c'est de ne pas être allée aux assises et d'être partie juste avant le procès. Avec le juge, nous avons reçu la mère chaque fois qu'elle en faisait la demande pour essayer de lui faire comprendre qu'on ne banalisait pas l'affaire, que nous faisons tout notre possible pour retrouver son fils. En l'espèce, nous nous sommes assez vite rendu compte que nous étions face à un dossier qui sortait de l'ordinaire. Ce n'est pas simplement une non-représentation d'enfant. On a été à l'écoute de madame Barré pour la recevoir, l'associer aux appels à témoin. C'est un dossier qui a été lourd, un dossier dans lequel je pensais vraiment qu'on allait pouvoir retrouver l'enfant. Avant de se rendre à l'évidence. L'enfant est très vraisemblablement mort. Ce type de dossier, c'est extrêmement frustrant, parce que la justice se montre impuissante. L'auteur est identifié, mais cela

21. Nathalie Barré, *Il m'a pris mon fils*, éd. City, 2015.

n'apporte pas les réponses à la mère. C'est une souffrance terrible de ne pas savoir et de se heurter à ce refus et à cette impuissance. Tout au long de l'information, le père a soufflé le chaud et le froid. À plusieurs reprises, il a indiqué qu'il allait parler. Le juge d'instruction le convoquait de toute urgence. On se pliait à ses exigences. Il demandait des confrontations avec Nathalie Barré. Et au dernier moment, il disait: "Non, je ne peux pas dire." Il en jouait, il avait cette dimension perverse de jouer avec la souffrance de son ex-femme. Il savait très bien qu'il nous tenait tous en haleine. Malgré les investigations invraisemblables qui ont été effectuées, on n'a rien trouvé. Il savait très bien que la manifestation de la vérité ne dépendait que de lui.

À l'issue d'une semaine de procès, il est condamné à vingt ans de réclusion criminelle pour enlèvement et séquestration. Le corps n'ayant pas été retrouvé, la justice ne pouvait pas le juger pour meurtre ou assassinat. Il n'a pas fait appel de sa condamnation.

Des échecs qui matent la mort au bord de la route

N 118. À la hauteur de Vauhallan, sur le plateau de Saclay. Le corps dénudé d'une fillette est retrouvé. Son identification est assez rapide. Les constatations des enquêteurs correspondent au signalement d'une enfant de 9 ans disparue depuis la veille près de son domicile à Bièvres (Essonne). Elle a subi des violences sexuelles. Son agresseur l'a étranglée. La fillette s'était volatilisée dans l'après-midi alors qu'elle était partie chercher de la gouache pour finir un dessin. Nous sommes le 28 juin 1987. Vingt-neuf ans plus tard, la justice n'a toujours pas identifié l'auteur de ce crime. Des rapprochements ont été faits avec d'autres disparitions, d'autres meurtres d'enfants dans la région parisienne. Sans succès. Un dossier dans lequel de nombreux juges se sont succédé. Avec la même amertume en fin de parcours. L'échec de ne pas avoir mis le nom d'un suspect en tête de la procédure.

«J'ai été saisi trois jours après la découverte du corps, nous raconte le premier magistrat instructeur chargé de l'affaire.

L'enquête a été confiée au SRPJ de Versailles. C'était malheureusement à une époque où les tests et prélèvements ADN n'existaient pas encore. J'habitais dans la région et pour me rendre au Palais de Justice d'Évry, je passais non seulement pas loin du lieu du crime, mais aussi de l'appartement où résidaient les parents de la victime. Aujourd'hui encore, j'y pense souvent. J'entends encore la mère poussant des hurlements dans le couloir du palais le jour où je les avais reçus. Je suis ensuite parti dans un autre tribunal. Une autre juge m'a succédé. Elle a repris le dossier. Un jour, elle m'a dit : « Les parents t'en veulent beaucoup que tu ne leur aies pas dit que tu partais d'Évry. » Cela ne m'est pas venu à l'idée. Je ne les avais vus qu'une fois. J'aurais dû les recevoir et leur dire aussi qu'on ne trouverait sans doute pas le meurtrier de leur fille. Maintenant, dans le même cas de figure, je préviendrai les parties. »

La jeune fille de la Croix-Rousse

En avril 1993, une jeune fille de 17 ans descend de la Croix-Rousse pour rejoindre les quais de la Saône à Lyon où elle poursuit ses études. Élève en terminale, elle n'a pas suivi les conseils de sa grand-mère qu'elle vient de quitter, qui lui recommandait de ne pas prendre le chemin habituel. Trop dangereux. Mal fréquenté. On y croise des drogués, des clochards éméchés. En fin de journée, son corps est retrouvé. En partie dénudé. Sans vie. Elle a été violée et étranglée avec son propre foulard. Selon les premières constatations, elle s'est défendue.

Le crime a eu lieu en plein jour. À l'heure du déjeuner. Personne n'a rien vu. Rien entendu. Aucun témoin. Aucun indice. Jacques Dallet est alors magistrat depuis quatre ans. L'ADN en était à ses débuts. Mais les traces biologiques relevées sur place n'ont pas permis d'aiguiller le juge.

« C'était une fille de famille moyenne. Les parents étaient effondrés. Un drame qui peut nous arriver à tous. Une atrocité. Un monde qui s'écroule. Une affaire terrible. Je les recevais assez régulièrement pour les tenir au courant de l'évolution de la procédure. »

Désireux de répondre à l'attente de ces parents, le juge Dallet se consacre pleinement à ce dossier. Il organise une reconstitution, lance un appel à témoins dans la presse locale, met sur écoute des suspects potentiels, tourne une vidéo sur les lieux, requiert un hélicoptère de la sécurité civile pour prendre des photos aériennes de l'endroit où l'adolescente a été agressée mortellement. Le magistrat veut archiver dans la procédure la configuration des lieux, afin que plus tard, lors du procès, les jurés puissent se projeter sur la scène de crime, tout en restant dans la salle des assises. Jacques Dallet pense alors qu'il y aura un jour un procès.

Un peu plus d'un an plus tard, le juge Dallet quitte Lyon pour Roanne. Aujourd'hui, cette affaire l'obsède toujours. Il en parle encore avec émotion. Reconnaissant qu'à plus d'un titre c'est l'une des affaires les plus douloureuses qu'il a eue à connaître.

« L'erreur que j'ai faite, c'est de ne pas avoir reçu les parents pour leur dire que je partais, mais que l'instruction allait se poursuivre. Je n'y ai pas pensé, pris par le cabinet à gérer. C'était une époque où nous avions plus de dossiers parce que le parquet nous confiait plus d'affaires. Je n'y ai pas pensé, peut-être par excès de pudeur. J'ai eu tort. Un échec et un ratage humain. »

D'autres juges lui ont succédé. Cinq. Aucun n'a élucidé l'affaire. Le dossier a été clos. Six Juges. Six goûts d'inachevé.

Selon Jacques Dallet, procureur général près la cour d'appel de Chambéry, le dossier doit être prescrit. « Il faudrait que cela soit plus de dix ans, il faudrait vingt ans avant de refermer un dossier, sans nouvel acte », conclut-il.

Rencontre avec Philippe Courroye, ancien procureur de la République

De l'indépendance aux liaisons dangereuses.

« Je déjeune et je dîne avec qui je veux. » Ces mots, Philippe Courroye les prononce alors qu'il est mis en cause pour ses relations trop étroites avec des politiques ou des industriels alors qu'il est procureur de Nanterre.

Nous nous retrouvons dans un restaurant de la Muette à Paris. Garder le silence n'a jamais été son fort. Les mots sont choisis, pesés. Celui qui a fait son métier de poser de nombreuses questions aux prévenus et accusés, ne se dérobe pas quand les rôles sont inversés.

Son nom a figuré sur le « mur des cons » du Syndicat de la magistrature. Il a comme surnom « Courroye de transmission ». Son tableau de chasse est impressionnant : Noir, Botton, Carignon, PPDA, Jean-Christophe Mitterrand, Charles Pasqua, Jean-Charles Marchiani, Paul-Loup Sulitzer, Christophe de Margerie, le PDG de Total. Sans oublier le dossier Angolagate.

Philippe Courroye se met à table. Pas pour évoquer la phrase de Jean-Christophe Mitterrand qui lui est restée en travers de la gorge. Le fils aîné de l'ancien président dans une interview au *Nouvel Obs* avait parlé de Courroye en disant : « Ce juge sue la haine. » À aucun moment, sa hiérarchie ne s'offusquera de ce jugement de valeur. Il s'en montrera blessé. L'ancien magistrat instructeur se souvient plutôt avec émotion du gendre de Michel Noir.

Pierre Botton a 37 ans quand il est arrêté et mis en examen en 1992 par le juge Philippe Courroye dans un volumineux dossier d'abus de biens sociaux. « Il vivait alors dans l'illusion, entouré de courtisans, raconte le magistrat. Mais ce n'était pas du tout un personnage cynique. Il y avait chez lui une vraie sensibilité, une vraie émotion. Alors qu'il était déjà incarcéré, j'ai perquisitionné en sa présence son hôtel particulier à Lyon. Nous sommes allés dans son bureau, puis nous nous sommes rendus dans la chambre de ses enfants. Il y avait les peluches sur les lits. Il a marqué un temps d'arrêt puis il s'est pour ainsi dire effondré. Je crois qu'à ce moment-là, il a pris conscience que les délits qu'il avait commis l'avaient fait passer dans un autre monde. Il a fendu l'armure. Ce fut un moment d'humanité, de fraternité, de sincérité, assez rare dans les dossiers financiers.» À l'occasion d'un portrait réalisé pour le journal de France 2, Botton me dira de «son» juge qu'il le remerciait de l'avoir «remis sur les rails de la vie normale».

Philippe Courroye peut s'enorgueillir d'avoir mené à bien toutes ses procédures. En tout cas du temps où il était juge d'instruction à Lyon. Les choses sont plus compliquées à Nanterre. Parmi les dossiers qu'il a eus à gérer, figure celui de l'abus de faiblesse concernant la milliardaire Liliane Bettencourt. Après moult tensions, le dossier a quitté Nanterre pour Bordeaux.

Un goût d'inachevé, mais qui n'a rien à envier aux affaires qu'il a connues à Lyon.

Le 14 juillet 1987, un couple est retrouvé mort. La scène se passe dans le quartier de la Croix-Rousse à Lyon. Policiers et représentant du parquet se rendent sur place pour les premières constatations. L'homme, qui est encore assis au volant, a été tué d'une balle dans la tête et sa femme gît à terre à proximité du véhicule. Elle a été étranglée. Les victimes sont rapidement identifiées. Il s'agit d'un couple de commerçants du quartier, sans histoires. Leur passé est fouillé. On interroge leur entourage, leur clientèle. Aucune piste. Aucun indice.

«C'est un dossier que j'ai repris à mon arrivée à Lyon. J'ai poursuivi les investigations. J'y ai passé des heures et des heures, des dimanches entiers à trouver la faille. En vain. Le fait de ne pas avoir trouvé l'auteur est dérangeant. Le sentiment d'une justice pas rendue, pas aboutie, inaccomplie. J'y repense assez souvent. Je n'ai pas vu les corps des victimes puisque je suis intervenu bien après. Mais les photos du dossier prises après les faits, je les visualise très bien.»

Poids des images, poids des mots aussi. Philippe Courroye instruit alors un meurtre sur contrat. Un homme engage un tueur à gages pour faire assassiner le compagnon de sa maîtresse. Le commanditaire sait que la femme va le quitter définitivement. Il décide donc de faire supprimer le rival. La scène se passe à Villeurbanne. Le tueur à gages opère en pleine journée. D'une façon pas très discrète puisqu'un témoin, qui l'a vu sortir de la villa, dresse un portrait-robot assez fidèle du tireur. Ce dernier est arrêté et présenté au juge Courroye. « De cette affaire machiavélique, une phrase m'est restée gravée. À la fin de son audition, le tueur à gages m'a dit : "C'est ma main qui a tiré, mais c'est lui l'assassin", en me parlant du commanditaire. »

Juge d'instruction, il était en première ligne. Devenu procureur, il dit avoir quitté « la tranchée pour l'état-major. Les priorités sont alors l'action publique, le budget de la juridiction, le suivi de la politique pénale ». Un éloignement relatif. Philippe Courroye s'est rendu sur une scène de crime dans une gendarmerie de Malakoff. Le 13 juillet 2007, le procureur part de son bureau de Nanterre. Il sait qu'il va y avoir du beau monde sur place. En premier lieu, le président de la République qui rentre d'une visite à la base militaire de l'île Longue (Finistère). Michèle Alliot-Marie et Hervé Morin, respectivement ministre de l'Intérieur et ministre de la Défense sont également sur place. Le drame est pourtant d'ordre personnel. La gendarmerie n'est nullement la cible d'un tireur fou. C'est une image de carnage que les enquêteurs découvrent dans la caserne située dans le fort de Vanves (Hauts-de-Seine). Un gendarme a tiré sur un autre gendarme. Le premier est découvert dans la cour. Il a 43 ans et est adjudant. Marié et père de deux enfants, il a été tué par balle. Le second est également retrouvé mort au troisième étage des logements de la gendarmerie. Il a retourné son arme contre lui. Mais le drame ne s'arrête pas là. Avant de se suicider, le gendarme a tué ses deux enfants, des jumeaux âgés de 11 ans. Voisins de palier, un violent différend de longue date opposait les deux gendarmes. « Le gendarme, auteur des faits, faisait l'objet d'un suivi psychologique pour dépression. » Pour le procureur, l'essentiel est alors d'apporter son soutien aux familles des victimes.

« Il ne faut pas se laisser submerger. Être distant, mais non insensible. Il faut mettre des digues, des défenses. Se protéger. La difficulté, c'est de ne pas verser dans le pathos. L'horreur dans un procès-verbal, on la ressent. Nous vivons le calvaire de la victime. On voit son cheminement avant de se faire agresser. On se met à sa place. Vous imaginez que c'est votre enfant… Si nous nous laissons toucher par la situation, on pourrait prendre des réquisitions qui iraient au-delà du raisonnable parce que nous sommes trop touché par l'émotion. Même s'il m'est arrivé d'avoir l'œil qui s'humidifie, comme c'est parfois le cas des jurés, vous verrez très rarement l'émotion que je peux ressentir. Il faut garder cela pour soi, les contrôler. Il ne m'est jamais venu à l'esprit de m'allonger sur un divan pour me confier. On n'a pas tous les jours les pieds dans le sang. »

« Au-delà du ressenti, ce qui me préoccupe est plutôt que ces affaires criminelles questionnent sur l'humanité. Nous sommes plongés dans la comédie humaine avec les affaires politico-financières et dans la tragédie humaine avec les crimes. Nous sommes plongés au cœur des déviances sans en conclure que toute la société est comme cela. Chaque fois, c'est la même question : comment un homme peut faire cela ? Je n'ai pratiquement jamais la réponse. »

Longtemps considéré comme irréprochable, Philippe Courroye est devenu un magistrat encombrant.

Sa nomination à la tête du parquet de Nanterre contre l'avis du CSM a provoqué des remous dans la magistrature.

Hier, poursuivi devant la formation disciplinaire du CSM. Aujourd'hui mis en examen à Lyon dans une affaire de fadettes, il ne cache pas ses blessures devant ces attaques qu'il juge « injustes et déplacées ».

Philippe Courroye est devenu avocat général près la cour d'appel de Paris. « Ce n'est pas le même rythme de travail », confie-t-il avec malice comme pour cacher la cicatrice.

8

Au cœur de reconstitutions et de prises d'otages

C'est un acte de procédure assez banal. La reconstitution consiste pour un magistrat à exiger de tous les protagonistes d'un fait divers de revenir sur les lieux du crime. Bien sûr, en premier lieu celui qui est suspect, mais également les témoins, et la ou les victimes. Quand cette dernière est en état de le faire, elle « joue » son propre rôle. Sinon, elle est remplacée par un pantin de chiffons ou de caoutchouc. Le juge, secondé de son greffier, mais aussi le représentant du parquet ainsi que les avocats complètent le tableau. Experts, policiers ou gendarmes sont également les bienvenus.

Pour la justice, il s'agit en premier lieu de comprendre les mécanismes du crime à élucider. De voir si les déclarations sur procès-verbaux des différentes parties sont corroborées avec les constatations sur le terrain. Pour être au plus près des événements ainsi auscultés, il convient que cette reconstitution se fasse dans les mêmes conditions que le jour du crime. Même période de l'année et même heure.

C'est souvent la première fois que les proches de la victime, parties civiles au dossier, voient *de visu* l'auteur présumé du meurtre, de l'assassinat de leur parent. Ce jour-là, leur haine, leur colère peuvent éclater en pleine reconstitution. De ce fait, assez fréquemment, l'auteur présumé du crime est sous haute surveillance. Sérieusement escorté ou même revêtu d'un gilet pare-balles.

Sur le quai

Gare de Saint-Ouen-l'Aumône (Val-d'Oise). Il est 4 heures du matin. Nous sommes en 1991. Sur les quais, le juge Jean-Paul Albert, sa greffière et un membre du parquet. Ils cherchent à comprendre comment un jeune homme a tué son copain en le projetant contre un train arrivant en gare. Le magistrat n'en est pas à sa première ni dernière reconstitution. Comme juge d'instruction, il en a organisé une centaine. Mais celle-ci l'a incontestablement marqué.

Pour cette reconstitution, un train a été réquisitionné auprès de la SNCF. Un mannequin symbolise la victime. L'accusé est également présent, accompagné de son avocat. Des CRS assurent la sécurité.

Les parents de la victime ont tenu à être présents. Ils se tiennent en retrait. Le magistrat instructeur est allé les voir pour les prévenir que cet acte de procédure serait très pénible pour eux. « On a fait passer le train. Ce garçon nous a refait les gestes. C'était terrible. Il y a eu un moment d'émotion très fort. Il a poussé le mannequin. On a compris qu'en fait le corps n'avait pas été entraîné par les roues du train, mais qu'il était resté plaqué contre le bord du quai, et le souffle avait comprimé en quelque sorte le corps qui était resté intact. »

Alors qu'il avait toujours nié les faits, le jeune homme passe aux aveux sur le quai de la gare. Explique son geste. Ou tout au moins donne une version. Légèrement éméché, il a cru que son copain lui faisait des avances de nature homosexuelle.

« À la fin de la reconstitution, les parents sont venus me saluer d'un petit signe, ne sachant pas trop quoi dire, quoi faire. Ils étaient en larmes. Je ne savais pas que leur dire non plus. Je n'oublie pas le visage de ces parents quand ils sont partis. »

À 6 heures du matin, l'accusé, le dos courbé, repart vers son fourgon cellulaire. « On a un sentiment d'extrême solitude. Les policiers de Versailles ont eu du mal à prendre le chemin du retour. Bien qu'ils aient plus l'habitude que nous. À l'époque, je faisais tout seul la route Pontoise-Paris. La charge de cette reconstitution était telle que je me suis arrêté sur le bord de la route. Je me suis senti très seul, mais je me suis dit : "Tu n'es pas le seul à être seul." »

Le juge Jean-Paul Albert a achevé son instruction et renvoyé le jeune garçon devant les assises pour meurtre.

Un grand amour et une grande différence d'âge

Une directrice d'association, prénommée Bernadette, est tombée follement amoureuse de l'un de ses éducateurs. Leur relation est forte, mais éphémère. Le jeune homme a rencontré une femme de son âge dont il attend un enfant. L'éducateur prévient sa directrice que leur relation est terminée. La maîtresse accuse le coup et lui demande une dernière faveur. Passer une dernière nuit d'amour avec lui. Une nuit intense, forte. En guise d'adieu. Il accepte. Ayant caché sa relation à ses parents médecins et à sa future épouse, il prétexte un match de rugby et une soirée entre amis pour expliquer son absence cette nuit-là. Il se rend au pavillon de sa directrice pour cette nuit d'amour torride un peu particulière. Pendant leurs ébats amoureux, la femme se saisit d'une arme, et tire à bout touchant dans la tête de son amant. Après quoi, Bernadette appelle la police : « J'ai tué mon amant, j'allais l'enterrer dans le jardin, je vous attends. »

Jean-Paul Albert, doyen des juges d'instruction, a quitté Pontoise pour Créteil. Il organise très rapidement une reconstitution, en présence de Bernadette et de ses deux avocats, maître Henri Leclerc et maître Frédérique Beaulieu.

Le pavillon est resté en l'état. Il porte encore les traces du carnage. Après avoir fait passer son amant de vie à trépas, elle a découpé son corps. « Elle nous expliquera qu'elle s'est rendormie après son crime avec le bras de son ami près d'elle. La chambre était assez petite. Les parents du jeune homme voulaient absolument y entrer alors qu'il y avait encore du sang jusqu'en haut des murs. La reconstitution a été terrible pour eux. Le père médecin essayait de comprendre pourquoi son fils avait été découpé et comment il avait été découpé. »

Une femme toujours dans la séduction. Même après son crime. Jean-Paul Albert se souvient des nombreuses comparutions dans son cabinet. Il quittait son bureau pour s'asseoir à côté d'elle. « Il y avait toujours un rapport de séduction qui gênait Henri Leclerc et qui me gênait aussi. Elle disait à Henri Leclerc : "Quelle robe je vais mettre pour plaire au juge d'instruction ?" C'était pathétique, parce qu'elle se raccrochait à des tiers pour comprendre son geste. Pendant quelque temps, elle m'a écrit. C'était un curieux rapport. L'instruction permet une proximité plus grande et on peut faire passer plus facilement son ressenti. »

Tout est question de lumière

Milieu des années quatre-vingt. Une reconstitution au cœur de la ville de Trappes. Le juge Alain Philibeaux a repris le dossier d'un collègue au bout d'un an et demi d'instruction. Ce dernier s'était refusé à faire une reconstitution. En se penchant sur la procédure, son successeur considère que cet acte est nécessaire. D'ailleurs il est demandé à cor et à cri par maître Forster, l'avocat de l'inculpé. Ce dernier, toxicomane notoire à l'héroïne, est accusé de meurtre, des faits qu'il conteste énergiquement.

Dans un centre commercial de la ville, un bar-tabac. Une femme remonte dans son appartement situé dans une des barres d'immeubles qui surplombent ledit centre commercial. « La serveuse du café a refusé de me servir », déclare-t-elle à son frère à qui elle devait ramener des cigarettes. Le sang ne fait qu'un tour chez le jeune homme. Il se saisit de sa carabine et il descend en direction du bar-tabac. Il reste à l'extérieur. Épaule son arme, vise la vendeuse et tire. Seulement le jeune drogué n'est pas un tireur d'élite. La balle va atteindre mortellement une fillette qui allait elle aussi acheter des cigarettes pour son papa.

Près de deux ans après les faits, la reconstitution enfin décidée par la justice va se dérouler dans un climat tendu. Nous sommes dans un quartier sensible de la banlieue parisienne. Mais surtout le père de la jeune victime a toujours promis de faire la peau au meurtrier de son enfant. Le magistrat instructeur sait donc qu'il doit prendre toutes les mesures de sécurité pour éviter tout incident, tout débordement. Tant du côté de la partie civile que du côté de la population. Un coup de feu peut être tiré de n'importe quelle fenêtre donnant sur le périmètre concerné. Obligation d'éviter toute évasion, tout règlement de comptes ou vengeance personnelle.

Magistrat, greffier, procureur, avocats, policiers prennent place aux abords du bar-tabac en fin d'après-midi. L'accusé est revêtu d'un gilet pare-balles. Il est encadré par plusieurs policiers eux-mêmes suréquipés. La reconstitution se déroule volontairement tard afin d'être dans les mêmes conditions de visibilité que le soir des faits.

Les témoins qui étaient dans le bar sont unanimes. Ils déclarent avoir vu le tireur et l'identifient comme étant celui qui est accusé. « Impossible », dit l'avocat de l'accusé, maître Forster. Pour l'avocat, de nuit, le tireur peut avoir vu les personnes dans le commerce qui est éclairé. En revanche, les consommateurs ne peuvent avoir vu le visage du tireur placé à l'extérieur. Niant sa responsabilité, le tireur présumé refuse de faire de lui-même les gestes coupables. Les témoins de la scène sont tous d'accord. Ils désignent le même lieu d'où le coup est parti. Le magistrat fait mettre l'accusé à cet emplacement. Exactement sous un lampadaire de la ville. Du bar-tabac, le visage du tireur est bien visible.

« On replonge les protagonistes dans le drame. Ils vont revivre leurs émotions, leurs colères, leurs rancœurs. Ce sont des moments de tensions intenses, plus que d'émotions. Certains peuvent y retrouver leur agressivité. D'autres leurs émois et s'écrouler en pleurs. D'autant plus que cela dure assez longtemps dans une journée ou la nuit », précise Alain Philibeaux, avocat général à Versailles, qui n'a pas oublié une autre reconstitution toujours à la fin des années quatre-vingt.

Le mystère de la chambre jaune

Un gardien de nuit d'origine africaine travaille dans une entreprise à Trappes. Alors qu'il vient de prendre son service, il voit surgir dans son local un homme armé d'un fusil de chasse. Ce dernier tire, les projectiles ne touchent heureusement pas le gardien, mais le mobilier qui est autour. Le gardien quitte le local, part en courant, sort de l'entreprise et se dirige vers le poste de police le plus proche où il raconte ce dont il vient d'être victime. Les policiers se rendent alors sur les lieux du drame. Ils découvrent alors l'assaillant du gardien, affalé par terre, mort. Le gardien nie toute implication dans cette disparition. « Le gardien de nuit avait des accents de sincérité quand il disait qu'il ne savait rien et qu'il n'y était pour rien. En même temps, j'avais du mal à le croire alors que les éléments du dossier plaidaient contre lui. J'ai alors diligenté une reconstitution tournée en vidéo. C'était une première. Il fallait quatre à cinq minutes pour aller du local où les faits se sont passés au poste de police. Or il avait mis plus d'un quart d'heure. Cela ne collait pas. »

Le gardien de nuit a été inculpé. La cour d'assises de Versailles l'a acquitté.

Prise d'otages dans une banque

8 septembre 1975. Avenue de Breteuil à Paris. Nous sommes dans le VIIe arrondissement. Pas loin des Invalides, dans le quartier des ambassades et des ministères. Bref un arrondissement où la sécurité est à son maximum. C'est une succursale du CIC au coin de la rue qui va devenir le lieu de concentration des policiers pendant plusieurs heures. Neuf personnes sont à l'intérieur lorsque deux hommes cagoulés et mitraillettes en main pénètrent dans la banque. Un hold-up ? Pas seulement. Une prise d'otages. Deux clients sont relâchés. Les deux malfaiteurs exigent six millions de francs et une Peugeot pour prendre la fuite. Le quartier est cerné. Le commissaire Broussard est

sur place. Les tireurs d'élite sont sur les toits et sur le viaduc du métro aérien dont la circulation a été interrompue. Les équipes de télévision et les photographes sont maintenus à distance. Guy Canivet alors attaché à la section criminelle du parquet est sur les lieux en simple observateur. Un poste qui le met en retrait. L'exonère de toute responsabilité. Un sentiment de soulagement qu'il n'a pas oublié au fil des années. Les deux braqueurs, Mammoud Philippe el Shennawy et Taleb Hadjadj, « tirent sur les personnes qui étaient à l'extérieur de la banque et qui tentaient de se rapprocher. Heureusement pour nous, c'était à la police que revenait la décision de tirer en direction des malfaiteurs. Une décision difficile au regard de la présence d'otages ».

Les deux malfaiteurs quittent la banque en voiture avec quelques otages qu'ils libèrent très rapidement. Appréhendés quelques jours plus tard, car dénoncés par un concierge, ils comparaissent devant les assises de Paris.

Condamné à la perpétuité à l'âge de 22 ans, Mammoud Philippe El Shennawy, qui a toujours contesté sa responsabilité dans cette prise d'otages, a recouvré la liberté le 24 janvier 2014. Bénéficiant d'une libération conditionnelle alors qu'il n'était, en droit, libérable qu'en 2032. Libre, après 38 ans de détention, plus de la moitié de sa vie derrière les barreaux. Et des séjours dans quarante prisons différentes. Entre-temps, il a accumulé les braquages, les évasions et les condamnations. Les peines se sont donc additionnées.

Longtemps, la prise d'otages était monnaie courante dans la grande délinquance. Dans une banque, une prison, une école. Le scénario était toujours le même. Détenir sous la menace une ou plusieurs personnes qui n'avaient pas de prix, pour réclamer une rançon qui n'avait pas de limite dans le montant. Juridiquement, le terme n'existe pas. Aux yeux des juges, cela constitue un enlèvement, une séquestration, qui peut aller jusqu'au détournement d'aéronef, de navire ou de tout autre moyen de transport. Le cinéma en est friand. C'est la garantie de nombreuses entrées dans les salles obscures. Aux assises, c'est la garantie de plusieurs années de prison.

Prise d'otages chez une avocate

Laurent Davenas est dans la cour d'honneur de la préfecture de Police de Paris. Il assiste aux obsèques d'un brigadier de police tué quatre jours plus tôt par un malfaiteur à l'issue d'une course-poursuite dans le bois de Boulogne. Gaston Defferre, ministre de l'Intérieur, rend hommage au policier décédé à l'âge de 35 ans. Nous sommes le 25 novembre 1983, en fin de matinée.

Alors que la cérémonie s'achève, son petit bip l'informe qu'on cherche à le joindre. Nous sommes encore loin des portables.

À 9 heures, un homme armé d'un 7,65 a forcé la porte d'un cabinet d'avocat dans le XVIe arrondissement de Paris. Au quatrième étage du 59, rue Nicolo, chez une avocate, maître Nicole Dreyfus, qu'il n'a pas choisie au hasard. Elle avait plaidé contre lui dans une précédente affaire. Il exige de l'avocate qu'elle fasse venir le plus rapidement possible la journaliste Annette Kahn du *Quotidien de Paris*. La veille, elle a fait paraître un portrait peu flatteur de l'individu. En milieu de matinée, ce sont quatre femmes qui sont prises en otages : l'avocate, sa secrétaire, une femme de ménage et la journaliste.

Après s'être présenté sous un faux nom, le preneur d'otages décline son identité : Lionel Cardon. À 25 ans, déjà condamné à dix ans de prison pour le braquage d'une station-service à Clamart, il est celui qui est suspecté d'avoir tué le policier dont les obsèques viennent d'être célébrées à quelques kilomètres de là. Il est en cavale. Donc prêt à tout.

Le quartier de la Muette est quadrillé. Policiers du commissariat du XVIe arrondissement. Policiers de la brigade antigang emmenés par le commissaire Claude Cancès. Policiers de la brigade criminelle emmenés le commissaire Patrick Riou. La brigade canine. Police-secours. Le SAMU. Les radios. Les télévisions. Tous ont convergé comme un seul homme vers la rue

Nicolo. Les chaînes d'information n'existent pas encore. Mais la prise d'otages fait déjà l'ouverture des J.T. de la mi-journée, et des *flashs* dans la journée relatent l'évolution des négociations.

Comme la plupart des autorités policières et judiciaires, Laurent Davenas a quitté la préfecture de Police pour le XVIe arrondissement. Pour lui, c'est une prise d'otages de plus. À la 8e section du parquet de Paris, il en connaîtra une bonne quinzaine.

Sa mission : essayer de parlementer avec le preneur d'otage. Le RAID n'existe pas encore. La fonction de négociateur n'est pas encore pratique courante. Quelques balles sont tirées de part et d'autre.

L'homme est déterminé et dangereux. Outre le motard du bois de Boulogne, il est également suspecté d'avoir tué, les 10 et 13 octobre 1983, les époux Aran, un médecin et son épouse installés à Pessac dans la région bordelaise. Un double meurtre qu'il nie et dont il veut se défendre publiquement. D'où cette prise d'otages spectaculaire.

Dans la journée, Cardon accepte de libérer la secrétaire et la femme de ménage. Dans le même temps, il se confie à la journaliste, Annette Kahn. Elle est sa confidente et son otage. Cardon veut bien se rendre, mais il menace dans le même temps de se suicider. Laurent Davenas et les policiers sont toujours sur le palier. Une balle a coupé le fil du téléphone chez l'avocate. Toute communication téléphonique est impossible. Davenas est derrière la porte du cabinet. La porte finira par s'ouvrir au bout de six heures de prise d'otages et de pourparlers. « Quand la porte est ouverte, Lionel Cardon est au fond du couloir. Armé, raconte Laurent Davenas. Avec Cancès, il nous fait enlever notre veston pour s'assurer que nous n'avons pas d'arme. À ce moment-là, vous ne savez pas ce qui peut arriver. Mais on avait pris intellectuellement le dessus sur lui. Un peu comme le dompteur dans la cage. »

Une heure plus tard, Cardon remet son arme à maître Nicole Dreyfus. Il se rend. Après neuf heures de prises d'otages. Les équipes de télévision retransmettent en direct la sortie du preneur d'otages. Direction, le Quai des Orfèvres. Garde à vue. Puis comparution devant le juge Jean-Louis Debré, chargé du meurtre du motard.

« C'est une prise d'otages qui a été quand même compliquée, difficile. Le soir, je suis rentré au Palais. Personne ne m'attendait. Personne de la hiérarchie. Je suis allé me réfugier à la brigade criminelle. On a besoin de parler, de déstresser. On est un milieu relativement égoïste, personnel. J'ai toujours été un peu envieux de cette solidarité policière. Le petit crème *chez Denise*. Les policiers, ils se retrouvent. Nous, jamais. Les bureaux à la 8e section ne se prêtaient pas à la confidence. »

Pierre Arpaillange, procureur général de la cour d'appel de Paris et futur garde des Sceaux, envisage de proposer que Davenas soit décoré de la Légion d'honneur. Un souhait que ne partage pas du tout le supérieur hiérarchique de Laurent Davenas, alors que les deux hommes s'entendent très bien. « Lors d'un déjeuner, il m'a expliqué pourquoi ce refus. "J'ai dit non parce que vous êtes payé pour cela" et dans le fond je me suis dit qu'il avait raison. »

Celui que l'on a surnommé le « tueur à l'écharpe blanche », Lionel Cardon, est condamné par deux fois à la perpétuité en 1986. Pour le double meurtre des époux Aran et pour celui du motard de la police.

Incarcéré, il réalise malgré lui un tour de France des centrales françaises. Ainsi, il est détenu à celle de Saint-Maur, près de Châteauroux. Une des plus sécurisées à l'époque. Cardon refait parler de lui. Il prend en otage un surveillant de prison. Le détenu est armé d'un couteau artisanal qu'il a fabriqué lui-même. Le procureur de la République, Laurent Le Mesle, le préfet et le commissaire de police sont sur place. Le préfet tente de parlementer avec Cardon. Sans succès. *Idem* pour le commissaire. Le magistrat, qui a déjà eu à négocier avec un preneur d'otages en 1991 alors qu'il était procureur adjoint à Pontoise, maîtrise mieux la situation. Il sait que l'issue est basée sur le dialogue, le respect et la confiance mutuelle.

« Pour un détenu, le procureur c'est un interlocuteur. Je parle avec Cardon, et au bout d'un certain temps, il s'aperçoit qu'il est dans une impasse. Il me dit : "OK, je vais me rendre, mais je veux que vous me donniez votre parole de rester avec moi avant mon transfert dans une autre prison." Je l'ai accompagné jusqu'à ce que les formalités de levée d'écrou soient faites. Là encore la dimension humaine du métier est importante. J'ai senti dans la voix de Lionel Cardon dont on connaît le pedigree, une relation de confiance entre nous. »

Cardon est alors transféré dans un établissement pénitentiaire de la région parisienne. Il revient à Châteauroux pour être jugé pour sa prise d'otages. Le condamné aux longues peines retrouve dans la salle d'audience Laurent le Mesle qui va requérir contre lui. « Je lui ai dit : "Monsieur Cardon, êtes-vous d'accord pour que nous disions ensemble au tribunal d'abord que j'ai fait ce que je m'étais engagé à faire auprès de vous, ensuite de mon côté, je dirai que vous m'avez donné votre parole et que vous l'avez tenue. C'est important." Il m'a dit : "Je suis d'accord avec vous." Finalement il a eu une peine assez modérée », conclut Laurent Le Mesle.

En libération conditionnelle depuis 2013, Lionel Cardon a été de nouveau arrêté en octobre 2015 pour avoir commis de nouveaux braquages. Il a aujourd'hui 58 ans. Dont la plupart passés en prison.

Un magistrat pris en otage

Jeudi 19 décembre 1985. Bruno Cotte est directeur des affaires criminelles et des grâces. « Dans la matinée, j'accompagne Robert Badinter, ministre de la Justice, à la Sorbonne pour une rencontre avec des étudiants. Alors que le garde des Sceaux est en train de s'exprimer à la tribune, on me passe un petit mot. On m'informe d'une prise d'otages dans le Palais de Justice à Nantes. »

Depuis la veille, deux hommes et deux femmes comparaissent devant les assises de la Loire-Atlantique. L'un s'appelle

Patrick Thiolet. Il a 27 ans. L'autre est Georges Courtois. Il a 41 ans et déjà un lourd passé judiciaire. Accumulation de condamnations et d'années de prison derrière les barreaux. Tous deux ont à répondre d'un hold-up commis dans une banque près de Nantes. Les deux femmes sont poursuivies pour complicité.

Vers 10 heures 45, alors que l'avocat général, Philippe Varin, prononce son réquisitoire et s'apprête à demander de lourdes peines contre les accusés, un homme pénètre dans la salle d'audience. Rien dans son habillement n'attire l'attention. Il porte une chemise blanche et une veste sombre. Seulement il tient dans ses mains une grenade qu'il brandit. Il rejoint les accusés. Sous la menace, les armes des policiers présents dans la salle sont saisies par les malfaiteurs. Magistrats, jurés, huit journalistes, le public dont une quinzaine d'étudiants en droit sont pris en otages. En tout trente-deux personnes.

Une situation jamais vue dans l'histoire judiciaire. Si des prises d'otages ont déjà eu lieu dans des prisons, aucune ne s'est déroulée au sein d'un Palais de Justice. Bruno Cotte prévient tout de suite Robert Badinter de la situation. La présence du ministre à la Sorbonne est écourtée. Retour en urgence place Vendôme. « On se tenait au courant minute par minute de l'évolution des événements. »

Les revendications des malfaiteurs sont floues. Acte politique – celui qui a rejoint les accusés, Abdelkarim Khalki, se présente comme appartenant au mouvement palestinien Abou Nidal –, ou simple projet d'évasion qui se veut spectaculaire ? Spectaculaire et médiatique. Les preneurs d'otages demandent la présence d'une équipe de France 3 Nantes. Les journalistes seront amenés à pénétrer dans la salle, à la demande des malfaiteurs, par quatre fois. Les autorités préfectorales et judiciaires ont donné leur accord. Pas question de contrarier les malfaiteurs. Les images, tournées sous la contrainte, seront diffusées le soir même dans les journaux télévisés français, mais aussi étrangers. Onze chaînes de télévision européennes diffusent cette scène incroyable. On y voit Georges Courtois déambuler au milieu du prétoire, cigare dans la main gauche, revolver dans la main droite. Il s'adresse aux jurés et leur demande : « Quel effet cela fait d'être jugés à votre tour ? », les prévient : « Si nous tirons sur vous, vous le devrez aux forces de l'ordre. »

L'avocat de Courtois dira plus tard que si l'on a pu reprocher aux médias d'avoir contribué à la publicité de cette prise d'otages, la présence d'une équipe de télévision avait permis aussi de détendre l'atmosphère dans le huis clos que constituait la salle des assises.

À l'extérieur, le Palais de Justice de Nantes est quadrillé. Ont pris place les hommes du commissaire Ange Mancini. Une nouvelle brigade d'intervention créée par le préfet Broussard, également présent sur les lieux : le RAID. C'est sa première intervention depuis sa création. Une trentaine de ses membres ont pris place autour et à l'intérieur du Palais de Justice. Prêts à intervenir.

Le lycée Jules-Verne, à côté du palais, est évacué.

« Au cours d'une réunion dans son bureau, Badinter me dit : "Je vais à Nantes." Je lui rétorque que s'il se déplace sur les lieux de la prise d'otages, en qualité de ministre de la Justice, c'est pour y apporter une solution. Badinter me dit : "Vous avez raison. C'est vous qui y allez". »

Quelques heures plus tard, Bruno Cotte, en qualité de membre du cabinet du ministre Robert Badinter, rejoint la cellule de crise installée à proximité du Palais de Justice de Nantes. « On est pris alors par l'événement. »

En milieu de journée, Courtois sort sur les marches du palais. Il est enchaîné avec le président des assises, Dominique Bailhache. Il exige des autorités un car pour quitter les lieux. Avant de retourner dans la salle d'audience.

La prise d'otages se poursuit tout au long de la nuit du jeudi au vendredi. Au fil des heures, Courtois et ses complices libèrent quelques otages. Dans un premier temps, dix-huit restent aux mains des malfaiteurs. Le vendredi en fin de matinée, seuls demeurent quatre magistrats retenus par les malfaiteurs. Les autres ont été libérés grâce aux négociations menées par le commissaire Broussard. Courtois sort à nouveau du palais. Il tient en respect le président des assises.

Une image que n'a pas oubliée Bruno Cotte. À la fois digne d'un polar, mais avant tout un terrible fait divers qui touche en premier lieu l'institution judiciaire.

Courtois tire en l'air et en direction des journalistes qui sont à l'extérieur. Une des balles atterrit dans l'objectif d'un cameraman. Ses deux complices, également accompagnés d'otages, sortent à leur tour. La police a cédé. Un véhicule attend les preneurs d'otages au pied des marches du palais. Les trois ravisseurs s'y engouffrent. Direction l'aéroport Nantes Atlantique. Sur le tarmac, les hommes du RAID finissent par les intercepter et les appréhender. Courtois et ses complices se rendent. La première mission du RAID se termine par un succès. La prise d'otages a duré trente-six heures.

Courtois est condamné quelques années plus tard à vingt ans de réclusion criminelle et Patrick Thiolet à quatorze ans.

9

Pas de sensiblerie dans les affaires sensibles

Jacques Chirac condamné par un tribunal correctionnel. Nicolas Sarkozy qui a fait plusieurs fois l'objet de mises en examen qui ont tantôt abouti à un non-lieu, tantôt à un renvoi devant une juridiction de jugement. Du jamais vu sous aucune République ! Preuve que la justice est indépendante. Certains diront rancunière ou manipulée. Délinquants de droit commun ou délinquants en col blanc, la preuve n'est plus à faire que les juges ont souvent la main plus lourde avec les premiers. Reste que l'institution s'est dotée, il y a plusieurs décennies, d'un pôle financier, plus récemment d'un parquet national financier. Si les condamnations à de la prison ferme dans ce domaine ne sont pas légion, les gardes à vue, les mises en examen et les comparutions devant un tribunal sont en augmentation exponentielle. À tel point que les avocats pénalistes entraînent leurs clients chefs d'entreprise, banquiers ou responsables politiques à affronter l'interrogatoire musclé des policiers ou des juges.

Des dossiers que l'on qualifie dans la sphère politique et médiatique de « sensibles ». Sensibles pour le pouvoir, sensibles pour la justice. Sensibles aussi pour le magistrat.

Chirac président, Chirac prévenu

Alors qu'il est procureur de la République à Nancy, Laurent Le Mesle reçoit un appel téléphonique de l'Élysée. Philippe Bas, le secrétaire général, l'appelle de la part de Jean-François Burgelin, alors procureur général près la Cour de cassation. La présidence de la République cherche pour Jacques Chirac un nouveau conseiller justice. Le nom de Laurent Le Mesle a été soufflé.

Ce n'est pas la première fois que Laurent Le Mesle fait parler de lui dans les sphères politiques. Quelques années auparavant, nous l'avons déjà abordé rapidement, alors qu'il est sous-directeur chargé des affaires pénales à la Chancellerie, il est sanctionné par la ministre de la Justice Élisabeth Guigou pour avoir publié un « Que sais-je ? » dans lequel il contredit la garde des Sceaux sur le lien hiérarchique du parquet. Elle est favorable à la rupture du cordon ombilical avec le pouvoir exécutif. Lui prône le maintien. Le cordon est coupé entre elle et lui. Il est muté en province.

Laurent Le Mesle accepte la proposition.

« Le magistrat qui est à ce poste-là n'est pas nécessairement un militant politique. Je n'ai jamais milité à aucun parti. Je ne connaissais ni Chirac, ni personne dans son entourage. Je n'étais et je ne suis pas devenu après un homme politique. Pour autant, j'ai conscience qu'exercer dans un cabinet présidentiel, c'est avoir quelque part une mission politique. »

Chirac vu de l'Élysée

Dans son bureau de la rue Saint-Honoré, le conseiller justice est un peu coupé du monde judiciaire. Il n'a plus de contact direct avec le justiciable. Il voit éventuellement les avocats lors des demandes de grâce présidentielle qui peuvent concerner une condamnation criminelle comme une suspension de permis de conduire. « Mais on peut mettre de l'humain dans un dossier papier. Travailler avec Chirac c'était mettre de l'humain dans les dossiers », précise l'ancien conseiller justice. Ce dernier informe le chef de l'État sur tout ce qui concerne l'institution judiciaire. Penser que l'on n'y évoque pas les affaires sensibles serait une grossière erreur. À l'époque, le président de la République présidait le Conseil supérieur de la magistrature. Laurent Le Mesle préparait les dossiers et assistait le chef de l'État lorsqu'il se rendait quai Branly, au siège du CSM. « Au-delà de la carrière du magistrat pressenti à un poste, Jacques Chirac voulait toujours en savoir plus sur sa personnalité. S'il y a un personnage public qui a l'humain chevillé au corps c'est bien Jacques Chirac. Qu'on l'aime ou qu'on ne l'aime pas. Qu'on partage ses idées ou pas. Pendant les deux ans durant lesquels je l'ai côtoyé, cela se voyait dans la manière dont il traitait ses dossiers. Il y mettait toujours une dimension humaine. De ce fait ses collaborateurs avaient, eux aussi, une vision humaine des dossiers. »

Après deux ans passés aux côtés de Jacques Chirac, Laurent le Mesle quitte l'Élysée en 2004. Il ne rejoint pas pour autant une juridiction. Il passe de la rue Saint-Honoré à la place Vendôme. Il reste au ministère de la Justice deux ans. Comme directeur de cabinet de Dominique Perben, puis de Pascal Clément. En octobre 2006, non sans essuyer les critiques, Laurent Le Mesle est nommé procureur général près la cour d'appel de Paris. Un recours sera déposé devant le Conseil d'État contre cette promotion. François Hollande, alors premier secrétaire du parti socialiste, parlera d'une nomination choquante. À la tête du plus important parquet général de France, Laurent Le Mesle aura l'œil sur les dossiers sensibles instruits ou jugés dans une partie de la région parisienne. Et parmi ces affaires signalées, l'une d'entre elles concerne Jacques Chirac.

Laurent Le Mesle passe donc de Chirac président à Chirac prévenu. En assemblée plénière, la Cour de cassation a interrompu la prescription pendant le mandat présidentiel. Pendant douze ans, Chirac est juridiquement intouchable. Après sa passation de pouvoir avec Nicolas Sarkozy en 2007, Jacques Chirac est redevenu un citoyen ordinaire. Son dossier est à l'instruction. À Paris et à Nanterre. Les deux procédures seront jointes pour un procès unique à Paris. Le Mesle est donc l'un des chefs de juridiction en première ligne dans ce qui s'annonce être un procès historique. C'est la première fois qu'un ancien président de la République se retrouve sur le banc des prévenus.

Pour répondre, entre autres, de prise illégale d'intérêts dans un dossier d'emplois fictifs.

«Je ne suis jamais intervenu, ni durant l'instruction, ni lors du procès. Quand j'ai été nommé à ce poste, vous vous en souvenez, certaines mauvaises langues avaient dit: "Chirac nomme son ancien collaborateur pour se protéger." Chirac ne m'a jamais rien demandé et je ne me suis jamais occupé de ce dossier. J'avais fait en sorte que les rapports qui pouvaient remonter dans la hiérarchie ne passent pas par moi. Autant j'avais fait l'objet d'accusations *a priori*, autant par la suite jamais personne n'a dit ou n'a pu dire que j'étais intervenu. De toute façon je ne l'aurais pas fait. De plus Jacques Chirac ne me l'a jamais demandé.»

Laurent Le Mesle quitte ses fonctions en janvier 2010. Quelques mois plus tôt, le 30 octobre 2009, Chirac est renvoyé par la juge Xavière Simeoni devant le tribunal correctionnel pour détournements de fonds publics. «C'était une bonne raison pour que je quitte ce poste. Il est évident que Chirac passant devant le tribunal correctionnel, il devenait difficile pour moi d'être procureur général.»

Le procès s'ouvre une première fois le 7 mars 2011. En l'absence du principal prévenu. La défense d'un coprévenu dépose une question prioritaire de constitutionnalité (QPC). Le procès est renvoyé en septembre 2011. Chirac est excusé pour raisons médicales. Le parquet requiert une relaxe. Le 15 décembre, le tribunal condamne Jacques Chirac à deux ans de prison avec sursis pour détournements de fonds, abus de confiance et prise illégale d'intérêts. L'ancien chef de l'État ne fait pas appel de sa condamnation.

Chirac dans le bureau du juge

À l'été 2007, Alain Philibeaux, juge d'instruction à Nanterre, est l'un des magistrats chargés des dossiers Chirac. Celui des emplois fictifs de la mairie de Paris, dossier qui a été instruit dans un premier temps par Patrick Desmure, parti comme procureur à Chartres. Un premier volet de l'affaire a abouti à un procès retentissant qui a vu la condamnation d'Alain Juppé[22]. Alors que Jacques Chirac a quitté le pouvoir quelques semaines plus tôt, le magistrat s'interroge sur la manière de procéder pour que la comparution de l'ex-Chef de l'État échappe aux médias.

« J'étais soucieux de la préparation de cette entrevue. Je m'interrogeais sur la façon de procéder et sur l'impact que cette information, une fois connue, allait avoir. »

Cette rencontre ne doit être connue de personne. Pas un mot à sa femme à qui il fait renoncer au projet d'un dîner d'amis la veille du jour dit, le 18 juillet 2007. Sa greffière est prévenue au dernier moment. Aucune convocation n'est expédiée. Toujours le souci qu'aucun écrit ne puisse provoquer une fuite. Tout est organisé avec le conseil de l'ex-président, maître Jean Veil. La rencontre se fera dans les locaux de la fondation Chirac, près de l'Assemblée nationale.

Le 19 juillet 2007 au matin, le magistrat s'installe dans une des pièces de l'immeuble de la rue de Lille. Le souci du détail est poussé jusqu'à inscrire le nom du magistrat sur la porte de son bureau improvisé. Tout est près dans cette mini-reconstitution du cabinet du juge Philibeaux. Le magistrat s'est muni d'un ordinateur portable. Il souhaite appuyer son interrogatoire avec les documents dont il dispose dans sa procédure.

L'interrogatoire peut commencer. Jacques Chirac, accompagné de son conseil, se présente devant la porte du bureau. Scène surréaliste où un juge ouvre la porte à Chirac, qui est dans ses locaux. Le début de l'entretien est tendu. Le magistrat est impressionné et l'ex-Chef de l'État dans un exercice dont il n'a pas l'habitude. « J'ai dû, comme la procédure l'exige, débuter par l'interrogatoire de personnalité. Il a dit être né le 29 novembre 1932. Machinalement, j'ai dit que c'était aussi le

22. Alain Juppé sera condamné en 2004 par le tribunal correctionnel de Nanterre pour prise illégale d'intérêts à dix-huit mois avec sursis et dix ans d'inéligibilité. Peine réduite un an plus tard en appel à quatorze mois avec sursis et un an d'inéligibilité.

jour anniversaire de mon aîné. Cela a détendu l'atmosphère qui était lourde. L'audition a duré quatre heures. Cet homme dégage un charisme comme je n'en avais jamais encore rencontré. »

Le magistrat place Jacques Chirac sous le statut de témoin assisté. L'ex-président échappe donc, dans un premier temps, à une mise en examen pour les sept emplois fictifs présumés à la mairie de Paris[23]. Si la convocation de Jacques Chirac n'a pas fuité avant le rendez-vous, les médias arrivent en masse dans la matinée devant les locaux de l'ancien président. La comparution finie, maître Veil décide de sortir seul sur le trottoir pour faire une brève déclaration à la presse. Le juge et Chirac restent dans le bureau. Plus question d'interrogatoire. La conversation devient cordiale. « J'ai découvert l'autre Chirac, celui que l'on décrit, à juste titre, avenant, chaleureux. Je lui ai parlé du dîner que ma femme voulait organiser la veille. Il m'a dit simplement : "Je suis désolé pour votre épouse." Il donnait l'impression d'être sincère. »

Quelques minutes plus tard, Jacques Chirac rejoint son bureau. Alain Philibeaux repart comme il est venu. Dans la voiture de maître Veil. « Il y avait des vitres teintées. J'étais donc satisfait. Aucun cliché n'a été pris. Et le soir dans les journaux télévisés, aucune photo de moi n'a été diffusée. »

Chirac ou la politique de la chaise vide

Jean-Claude Marin, procureur général près la Cour de cassation, a occupé le poste stratégique de procureur de la République alors que deux affaires retentissantes étaient à l'instruction puis ont été jugées à Paris. Le premier procès visait, entre autres, Jacques Chirac. Le second concernait le dossier

23. Elle viendra plus tard quand un troisième juge, Jacques Gazeaux, prendra le dossier à Nanterre. Préalablement Chirac avait été déjà mis en examen par la juge Xavière Simeoni dans le dossier des chargés de mission de la ville de Paris. Les deux dossiers seront joints pour un procès unique qui se déroulera en septembre 2011, auquel il ne sera pas présent pour raisons médicales. Chirac a été condamné à deux ans de prison avec sursis.

Clearstream dans lequel Dominique de Villepin, ancien Premier ministre, était sur le banc des prévenus, et Nicolas Sarkozy, alors président de la République, sur le banc des parties civiles. Le chef du parquet parisien avait tenu à signer les deux réquisitoires définitifs, et à être présent à l'audience.

« Je ne voulais pas qu'un magistrat plus jeune prenne cet affect de front. Quand on poursuit un Premier ministre, c'est forcément un dossier exceptionnel. Quand un ancien président de la République est poursuivi, c'est forcément un dossier exceptionnel. Il appartient au responsable de la structure de se propulser devant la scène pour protéger ses collaborateurs. »

Au premier jour du procès de Jacques Chirac, Jean-Claude Marin prend la parole. Il justifie avant l'heure les réquisitions de relaxe qui seront développées plus tard à l'audience : « C'est le fruit d'une analyse détaillée en fait et en droit de la procédure », annonce-t-il. « Ni système frauduleux, ni système mafieux », renchérit plus tard le procureur Chantal de Leiris.

« Les poursuites contre l'ex-chef de l'État étaient des poursuites inutiles, à contretemps, dont nous aurions pu faire l'économie. Cela donnait une image de la France qui était injuste pour Jacques Chirac parce qu'on lui reprochait des emplois fictifs, et pas un enrichissement personnel. L'affect est dur dans le dossier Chirac parce qu'on vous accuse de prendre cette position pour des raisons politiques. »

« Vous ne pouvez pas prendre la parole contre un Premier ministre sans une certaine gravité. Vous ne pouvez pas avoir l'intime conviction d'une responsabilité pénale d'un haut responsable, sans avoir tourné sept fois votre plume ou votre langue avant de prendre vos réquisitions. Vous ne pouvez pas prendre ces réquisitions, signer un réquisitoire écrit, prendre la parole contre de tels personnages sans avoir une certaine pression intérieure. Jusqu'au dernier moment vous vous dites : “Et si je me trompais. Si j'avais une mauvaise analyse.” C'est un *stress* salutaire qui vous fait remette en question. Et quand vous prenez la parole, vous avez une conviction, elle sera jugée bonne ou mauvaise, mais vous avez une vraie conviction. C'est quelque chose de très lourd parce que potentiellement vous avez la vie professionnelle d'un homme politique, d'un grand chef d'entreprise entre les mains. Cela ne se fait pas d'un cœur léger pour reprendre une expression du Premier ministre concerné. »

Deux dossiers où l'approche des magistrats est diamétralement opposée. Dans le dossier Chirac, Jean-Claude Marin a requis une relaxe. On l'a dit, l'ancien président a été condamné à deux ans de prison avec sursis.

Le tribunal présidé par Dominique Pauthe a eu une autre version du dossier. « Jacques Chirac a manqué à l'obligation de probité, cela au mépris de l'intérêt général », écrivent les trois magistrats dans leur jugement.

Dans le dossier Clearstream, alors que les juges d'instruction voyaient en Dominique de Villepin « l'alpha et l'omega », autrement dit l'instigateur de la manipulation, Jean-Claude Marin considérait qu'il avait pris le train en marche et qu'il était coupable d'une complicité par abstention. Le procureur Marin a réclamé une peine de dix-huit mois avec sursis et 45 000 euros d'amende contre Dominique de Villepin. L'ancien Premier ministre a été blanchi. Autant en première instance qu'en appel.

En décembre 2016, le même Jean-Claude Marin a requis la relaxe à l'encontre de Christine Lagarde, présidente du FMI, devant la cour de justice de la République. il n'a pas été suivi.

Un juge sonne à l'Élysée

La convocation par courrier envoyée à l'Élysée par le juge Éric Halphen en mars 2001 fut une bombe politique et judiciaire. Une première. Pour l'éclairer sur le dossier des HLM de Paris, Jacques Chirac est invité à répondre aux questions du juge d'instruction de Créteil, comme n'importe quel citoyen.

Le juge d'instruction Patrick Ramaël se fera, lui, plus discret. Il a prévenu la veille sa greffière qu'ils ont une visite un peu spéciale. À 14 heures 30. Un endroit où on ne les attend pas. Et où l'on ne souhaite pas les voir. L'Élysée. Le locataire s'appelle Nicolas Sarkozy. Comme le veut la procédure, le juge a prévenu le parquet de Paris. Mais le message est *a minima*. Il parle d'une perquisition et ne donne que l'adresse. Sans autre précision.

Le magistrat enquête sur la disparition en 2004 du journaliste franco-canadien Guy-André Kieffer. L'homme a certainement été enlevé par des hommes de main du président ivoirien, Laurent Gbagbo. Des documents sur cette affaire ont été établis par la cellule africaine de l'Élysée. Or, le magistrat ne les a pas trouvés aux Archives nationales. Il faut donc remonter à la source.

Le 22 juillet 2008 au matin, le juge se rend chez son dentiste. Puis il part à pied. Direction : 55, rue du faubourg Saint-Honoré.

Évidemment, lui et sa greffière ne sont pas les bienvenus. Les faits concernent pourtant le prédécesseur du président François Hollande.

Le magistrat n'a pas prévenu la presse, mais il menace de le faire si les choses se compliquent. Un refus de la présidence de la République ferait évidemment les gros titres de la presse. La perquisition en elle-même le fera de toute façon.

Dans l'après-midi, le magistrat et sa greffière repartent. Mission accomplie. Ils quittent l'Élysée sans dossier, sans ordinateur dans les bras. Juste une clé USB avec les documents souhaités et un procès-verbal de saisine pour valider la procédure.

« Je suis reparti en métro. Sans avoir prévenu la presse ce qui aurait constitué une violation du secret de l'instruction. La perquisition sera révélée par un communiqué de l'Élysée. Plus tard je ferai l'objet indirectement de deux plaintes pour subornation de témoins. » L'une d'entre elles émane de Patrick Ouart, à l'époque conseiller justice de Nicolas Sarkozy. Elles ont toutes deux abouti à un non-lieu.

Des dossiers où justice et diplomatie ne faisaient pas bon ménage, le juge Ramaël en a connu un certain nombre. Relations tendues avec la Côte-d'Ivoire quand on enquête non seulement sur l'assassinat du journaliste français de RFI Jean Hélène. Relations tout autant tendues avec le Maroc quand on est le huitième magistrat à tenter d'élucider le mystère de l'enlèvement de l'opposant marocain Mehdi Ben Barka à Paris en 1965. En 2007, il n'hésite pas à lancer des mandats d'arrêt internationaux à l'encontre de responsables marocains en pleine visite officielle du président Sarkozy. N'hésitant pas non plus à perquisitionner l'endroit par définition le plus secret de notre démocratie, la DGSE, les services secrets français. Un dossier toujours à l'instruction cinquante-deux ans après, malgré deux procès en 1966 et 1967.

« Ce sont des dossiers désincarnés, dit-il. Vous êtes face au pouvoir, à la raison d'État, aux intérêts politiques ou économiques. Ils sont seulement incarnés par le procureur qui ne vous facilite pas la tâche dans vos investigations. Il y a moins d'impact psychologique. »

Patrick Ramaël se réjouit que très peu de photos de lui circulent dans la presse. Contrairement à d'autres collègues chargés d'affaires sensibles, il n'a jamais cherché la médiatisation. Ni la sienne, ni celle de ses dossiers. « Les juges ne sont pas des vedettes. » À tel point qu'aujourd'hui encore, il ne dit pas à ses voisins qu'il est juge. Le goût du secret.

Pression et solitude

« Ce n'est plus un problème d'envoyer un délinquant en col blanc derrière les barreaux, note Marc Brisset-Foucault qui a ainsi plusieurs affaires sensibles. Les affaires éco-financières, cela ne me prend pas la tête jour et nuit. Ce qui est plus perturbant c'est la pression médiatique. Les journalistes présents devant le pôle financier, qui guettent votre sortie à pied ou en voiture. J'appréhendais qu'ils me filment sortant dans mon véhicule privé ou qu'ils me suivent jusqu'à mon domicile », confie-t-il aujourd'hui alors qu'il a rejoint le parquet général de la cour d'appel de Paris.

Pour Jean-Paul Albert qui a présidé plusieurs procès politiques, les audiences dans lesquelles ont comparu les époux Tiberi dans le dossier des faux électeurs du Ve arrondissement de Paris, ou les époux Balkany, ou celles de l'affaire Schuller-Maréchal ont été « passionnantes, mais ce ne sont pas celles qui m'affectent le plus. Xavière Tiberi est un personnage, mais ce ne sont pas des procès où le ressenti est le plus marquant. Les affaires financières, les affaires politiques, même les affaires de terrorisme, marquent moins que les affaires qui touchent à l'intime ».

Olivia Cligman n'a pas oublié le dossier sensible qui est arrivé sur son bureau alors qu'elle était juge d'instruction à Meaux. « C'est la grande solitude. On ne sait pas à qui parler. À qui demander conseil. Dans ce dossier, il y avait des mises en examen à prononcer. Je ne trouvais pas juste d'avoir des barrières pour le faire. Le président et le procureur étaient opposés à mes investigations. Comment fait-on dans ces cas-là ? Avec qui peut-on partager ? Un sentiment de solitude et de peur. Le poids des hommes politiques n'est pas négligeable. Ce sont des dossiers qui nous dépassent. Qui dépassent le simple juge d'instruction. »

Alors chef de la 8e section, Laurent Davenas se rend le 9 août 1982 rue des rosiers à Paris. Plusieurs hommes ont pénétré dans le restaurant *Jo Goldenberg* en pleine heure de déjeuner. Plusieurs grenades sont lancées et des tirs de mitraillettes visent les clients et employés. On relève six morts et vingt-six blessés. Lorsque le magistrat arrive, il découvre le fils de Jo Goldenberg plaqué contre le capot d'une voiture de police, les mains derrière le dos, sérieusement secoué par les policiers. Le fils du patron a tiré sur un policier en civil, croyant qu'il s'agissait d'un terroriste encore sur place. Laurent Davenas reçoit alors un appel urgent. Au bout du fil Robert Badinter, le ministre de la Justice. Aujourd'hui, il se souvient de leur échange, plutôt nerveux. « Davenas, pas question de faire les autopsies, j'ai toute la communauté sur le dos. » « Monsieur le ministre, il faut bien que l'on récupère les projectiles. » « Pas d'autopsie, Davenas. » « Vous me donnez des instructions écrites », a répondu le procureur. « Elles ne sont jamais arrivées. J'ai pu faire mes autopsies. »

Pour Renaud van Ruymbeke, il faut éviter que le juge soit seul à prendre des décisions dans ces affaires dites sensibles. D'où la nécessité d'être le plus souvent en co-saisine. « Une simple mise en examen est une décision lourde à prendre. Quand des chefs d'entreprise ou des politiques vous disent : "Attention, vous ne vous en rendez pas compte, cela va se savoir. Vous allez me causer un préjudice", nous sommes obligés de leur dire : "Attendez, mon souci, il est judiciaire. Je dois prendre la décision par rapport aux charges. Mais, monsieur, vous pouvez faire appel devant la chambre de l'instruction tout de suite si vous voulez, elle décidera." C'est une collégialité. »

La stature du prévenu et l'impact que cela peut avoir sur l'institution judiciaire, plusieurs magistrats l'ont vécu.

Juger l'ex-directeur du FMI

Frédéric Fèvre est procureur de la République à Lille lorsque éclate l'affaire Carlton. Un réseau de proxénétisme assez banal qui n'aurait pas eu la répercussion médiatique que l'on connaît si le nom de Dominique Strauss-Kahn n'était pas apparu dans la procédure. Après l'affaire de New York réduite à une procédure civile, après l'agression sexuelle contre Tristane Banon close par un non-lieu pour raison de prescription, l'ancien directeur du FMI est mis en examen pour proxénétisme aggravé par deux juges d'instruction lillois. Comme souvent, le procureur et le juge ne sont pas sur la même longueur d'onde. « J'ai toujours eu pour conduite de dire que cet homme devait être jugé comme les autres. Ce n'est pas parce qu'il est considéré comme l'homme le plus puissant du monde au moment où il est directeur du FMI, ce n'est pas parce qu'il a été ministre qu'il doit avoir un traitement différent des autres. J'ai pris envers lui les mêmes réquisitions que j'aurais prises pour un autre. Je me suis décidé uniquement en fonction des éléments que j'avais en ma possession. Du côté de l'autorité judiciaire, j'ai vécu pleinement l'indépendance du parquet. J'avais un projet de réquisition, j'en ai parlé à mon procureur général. Il est revenu vers moi en me disant : “La Chancellerie a une analyse, j’en ai une autre, vous avez la vôtre. Les trois sont différentes. Faites ce que vous voulez. Prenez vos responsabilités. Vous êtes totalement libre.” J’ai vécu un grand moment d’indépendance de la justice. »

Le tribunal correctionnel de Lille a suivi les réquisitions du procureur Fèvre. Dominique Strauss-Kahn, qui a assumé publiquement son goût pour le libertinage, a été relaxé des accusations de proxénétisme. Frédéric Fèvre a depuis quitté Lille pour Nancy où il a été promu procureur général près la cour d’appel de Nancy.

Trafic d’armes, un juge dans le viseur

Spécialiste des dossiers sensibles, Jean-Baptiste Parlos a instruit une partie du dossier Borrel, du nom de ce magistrat mort dans des circonstances jamais élucidées à Djibouti, ainsi que le dossier Ben Barka, opposant marocain disparu en plein Paris dans les années soixante. Il a également présidé le dossier Erika, du nom de la catastrophe pétrolière en décembre 1999 qui a vu non seulement la condamnation de la société Total, mais aussi l’apparition de la notion de préjudice écologique.

En 2008, alors qu’il n’en a pas encore fini avec le procès Erika, on lui confie la présidence de celui de l’affaire dite de l’Angolagate, un dossier de trafic d’armes avec l’Angola. À cela s’ajoutent les délits de trafic d’influence, abus de confiance et abus de biens sociaux. Deux dossiers lourds successifs qui vont occuper par deux fois seize mois de sa vie. Six mois de procès à raison de trois audiences par semaine.

Deux hommes d’affaires, Pierre Falcone et Arcadi Gaydamak, sont considérés comme les intermédiaires de cette vente d’armes à l’Angola. Chars, hélicoptères, armes. Le tout pour un marché de plus de 700 millions de dollars. Le déclenchement de la procédure judiciaire a refroidi les relations diplomatiques entre la France et le président angolais dos Santos. Cinq mois avant le procès, le président Nicolas Sarkozy fait un voyage en Angola pour tenter de réchauffer l’atmosphère. Hervé Morin, alors ministre de la Défense, écrit une lettre de soutien à l'un des principaux prévenus, argumentant qu'aucune autorisation gouvernementale n'était nécessaire puisque le matériel vendu ne transitait pas par la France.

« Le plus marquant, c'est la violence des mots ou des situations. Dans les affaires dites sensibles, pas de sang, pas de sexe, mais le plus dur est la confrontation avec les avocats, le vécu du dossier, le vécu du procès, et l'environnement, les tentatives de déstabilisations. On tue avec les mots. Pendant les mois d'audience, du 6 octobre 2008 à mars 2009, il a fallu garder un visage impartial. Autant le procureur peut verbaliser ce qu'il ressent, le président doit se contenter d'exposer les faits, de mener l'audience, l'instruction à charge et à décharge, il doit s'exprimer d'une manière neutre. Réserve qui doit continuer durant le délibéré et la rédaction du jugement. Il faut se détacher de cette souffrance, le jugement ne doit pas être un défouloir. Nous sommes trois magistrats à se prononcer, c'est plus facile. On verbalise, on doit néanmoins faire un travail sur soi. C'est l'héroïsme, la force, la vertu du juge autant devant l'horreur du crime que face à des dossiers politico-financiers. »

Six mois plus tard, en octobre 2009, le tribunal présidé par Jean-Baptiste Parlos rend son jugement.

Jacques Attali, ancien conseiller de François Mitterrand est relaxé. L'homme d'affaires Pierre Falcone est condamné à six ans fermes et arrêté à l'audience. Direction la prison. Même peine pour son homologue russe, Arcadi Gaydamak. Absent à toutes les audiences, un mandat d'arrêt international est lancé. L'ancien magistrat Georges Fenech est relaxé. L'ancien préfet Jean-Charles Marchiani, proche de Pasqua, est condamné à trois ans dont quinze mois avec sursis. Pasqua écope de trois ans dont deux avec sursis. Quinze mois avec sursis pour l'écrivain Paul-Loup Sulizter. Quant à Jean-Christophe Mitterrand, le tribunal lui inflige une peine de deux ans avec sursis.

« Il faut écrire le jugement avec réserve, sans faire de morale. Nous nous étions permis d'écrire dans les attendus que Marchiani "déjà condamné, s'est adonné à une délinquance d'habitude par la poursuite d'intérêts personnels au nom de la défense de l'intérêt général par le mépris de la probité attendue d'un fonctionnaire ou d'un élu. Ses actions passées, qui lui ont valu une certaine reconnaissance, mais non l'impunité pour l'avenir, ne modifient en rien la réalité de cette constatation." »

Dans son réquisitoire, le 11 février 2009, le procureur Romain Victor parle d'une « ambiance de plomb », évoquant les menaces à peine voilées et les relais puissants dont disposaient certains prévenus dans l'appareil de l'État.

« On a tout fait pour que ce procès ne se tienne pas », insiste aujourd'hui l'ancien président du tribunal correctionnel. « On en sort comme un boxeur. KO. Tout le monde se défoule sur vous parce que vous ne pouvez pas répondre. »

Deux mois plus tard, le juge Parlos est nommé à Evry, vice-président. Une mutation vécue comme une sanction. « Il a fallu décompresser. Pour cela je me suis réfugié dans le piano, le tennis et la foi. »

L'affaire ira en appel. Autre procureur. Autre président. Le premier magistrat pressenti pour ce second procès est brusquement muté et remplacé par un autre magistrat.

Devant la cour d'appel, l'avocat général Michel Lernout reconnaît que, face à des personnalités politiques assises sur le banc des prévenus, le port de la robe est un atout. « Elle m'a permis de dire "Taisez-vous, monsieur Pasqua !" alors que celui-ci maugréait constamment. »

Le 29 avril 2011, devant la 13e chambre de la cour d'appel de Paris, les condamnations seront sérieusement revues à la baisse. Plus de trafic d'armes. Seulement des abus de biens sociaux. La peine de Pierre Falcone passe à trente mois fermes. Celle d'Arcadi Gaydamak à trente-six mois. Quant à Charles Pasqua, il est relaxé.

Rejuger l'histoire

Pour Martine Anzani, aujourd'hui à la retraite, « ce n'est ni la lourdeur, ni la noirceur du dossier qui est pesant, c'est l'environnement ». En un mot la pression.

Juge d'instruction, on lui confie en 1979 la procédure visant Jean Leguay. Ancien fonctionnaire de Vichy, il a été l'adjoint de René Bousquet, secrétaire général de la police nationale. Les faits remontent à trente ans. « On me confie le dossier, mais en même temps on me dit de ne rien faire en attendant que la question de la prescription soit réglée. » Le 11 mars 1979, la juge Anzani l'inculpe pour crimes contre l'humanité pour sa participation à la rafle du Vél' d'Hiv' de juillet 1942. « J'ai reçu des lettres d'insultes. » Dix ans plus tard, Jean Leguay décède. Sans avoir été jugé. L'action est éteinte.

En 1991, elle inculpe René Bousquet. Même cas de conscience. « Je me suis retrouvée prise entre une opinion publique qui voulait que le secrétaire général soit jugé, et des politiques et des juristes qui argumentaient que l'ancien secrétaire général avait déjà comparu devant la Haute Cour de Justice en 45. » Georges Kiejman, alors secrétaire d'État à la Justice, proche de Mitterrand, lui-même ami de Bousquet, avait mis en avant la « nécessité de maintenir la paix civile ». Martine Anzani n'aura pas à trancher le contentieux. Le 8 juin 1993, Christian Didier abat René Bousquet sur le paillasson de son appartement à Paris. Aujourd'hui, elle se souvient que le fils de René Bousquet, qui était aussi son avocat, est venu la voir. Il voulait savoir si son père avait aidé à l'arrestation des Juifs. « Il avait pourtant le dossier, mais il voulait l'entendre de ma bouche. »

Après Leguay et Bousquet, Martine Anzani a lancé un mandat d'arrêt international le 28 novembre 1981 contre Paul Touvier, ancien chef de la milice lyonnaise. Elle garde le dossier jusqu'en 1988. Mais Touvier n'est interpellé dans un prieuré à Nice qu'en 1989.

Devenue présidente d'une chambre de l'instruction durant cinq ans, elle valide le non-lieu dans le dossier Boulin, le dossier des écoutes de l'Élysée, le renvoi en correctionnelle de l'ancien préfet de police Pierre Verbrugghe et d'un patron des RG dans le dossier du pasteur Joseph Doucé assassiné mystérieusement en 1990. « Il est difficile de prendre une décision quand on sait qu'elle ne va pas être comprise, qu'elle va être contestée parce que contraire à l'attente de l'opinion publique. C'est également difficile quand la justice est utilisée à des fins historiques alors que l'on doit intervenir dans le cadre d'une orthodoxie judiciaire. »

Human Bomb

Une école maternelle, Commandant-Charcot, à Neuilly-sur-Seine. Un homme y pénètre, peu après 9 heures. Le visage masqué, les mains gantées, armé d'explosifs et d'un revolver, il fait irruption dans une des classes. Une vingtaine d'enfants de 3 à 4 ans est réunie autour de leur maîtresse, Laurence D., une jeune femme de 27 ans, elle-même mère d'un bébé de 20 mois. Ils préparent ensemble la fête des mères qui va avoir lieu dans quelques jours. Nous sommes le jeudi 13 mai 1993. « C'est un jeu », dit l'institutrice pour rassurer ses gamins. Un jeu ? Non. Une prise d'otages. L'homme réclame cent millions de francs (quinze millions d'euros). Il a disposé une vingtaine de bâtons de dynamite dans la classe et à sa ceinture. Le RAID est sur place ainsi que le maire, Nicolas Sarkozy, également ministre du Budget. La police est sous l'autorité de Charles Pasqua, ministre de l'Intérieur. Alertés très rapidement, parfois par les médias, les parents ont accouru vers l'établissement scolaire. Ils sont réunis dans le gymnase ou dans des salles de classe. Un psychologue, les pompiers sont là pour les épauler dans l'impensable épreuve qu'ils traversent. Le quartier est quadrillé. Des tireurs d'élite prêts à intervenir. Une multitude de journalistes. Dans les journaux télévisés et de radio, les éditions spéciales se succèdent. La France vit au rythme de cette école maternelle.

Tout le monde a les yeux tournés vers cette commune huppée des Hauts-de-Seine. Tout se fait discrètement, car le preneur d'otages écoute la radio dans la classe. Pas question de dire quelque chose qui puisse mettre en péril la sécurité des enfants. À la fin de la première journée, douze enfants sont libérés, grâce à l'intervention de Nicolas Sarkozy qui les ramène lui-même à leurs parents. Neuf d'entre eux et leur maîtresse restent les otages de celui qui se fait appeler *Human Bomb*. Peu avant 20 heures, il demande à s'entretenir avec un journaliste de TF1. Afin qu'il témoigne de ce qu'il a vu dans la classe et qu'il confirme les revendications de *Human Bomb*. Leur calvaire se prolongera jusqu'au samedi matin. Quarante-six heures de séquestration. Les pourparlers entre le preneur d'otages, les policiers et Nicolas Sarkozy sont bloqués. Au petit matin du troisième jour, alors que *Human Bomb* s'assoupit, le RAID donne l'assaut. Il est 7 heures 25. *Human Bomb* est tué de trois balles dans la tête. Les enfants et leur maîtresse sont libérés sains et saufs.

Human Bomb s'appelait Erick Schmitt. Il était âgé de 42 ans, cadre au chômage.

Alain Vogelweith est secrétaire général du Syndicat de la magistrature, marqué à gauche. Avec la présidente du syndicat, Béatrice Patrie, il cosigne un ouvrage intitulé *La Mort hors la loi d'Erick Schmitt*[24]. Ils n'ont aucunement été saisis du dossier, mais ils posent publiquement une question : le preneur d'otages a-t-il été tué pendant son sommeil et sur ordre de qui ? Des hommes du RAID, intervenus sur place, ou du ministre ? Pour eux, tout a été fait pour qu'Erick Schmitt ne se réveille pas. « L'acte meurtrier du 15 mai 1993 a bel et bien existé », écrit maître Thierry Lévy dans la préface.

« C'est une affaire qui a déchaîné des passions. On ne vivait plus que par cette affaire. Elle était devenue envahissante. On ne soutenait pas Erick Schmitt. Dans une démocratie, la justice doit savoir ce qui s'est passé. Le juge d'instruction doit avoir

24. Béatrice Patrie et Alain Vogelweith, *La Mort hors la loi d'Erick Schmitt*, éd. Austral, 1994.

accès à tout. RAID ou pas RAID, il avait des comptes à rendre. Tout le monde a été entendu sauf le RAID, car Charles Pasqua s'y est opposé. Pasqua était en première ligne contre notre travail. Alors que Sarkozy était très en retrait. La seule chose qui l'intéressait c'était la diffusion des images où il sortait de l'école avec les enfants dans les bras.

Charles Pasqua porte plainte pour diffamation contre les deux auteurs du livre et parvient à le faire retirer de la vente. La famille du preneur d'otages demande également une instruction pour homicide volontaire avec préméditation. En décembre 1994, l'instruction est close par un non-lieu. La police est mise hors de cause. Pour la justice, les policiers ont agi en état de légitime défense.

Un marin à la barre du parquet le plus puissant de France

Procureur général près la Cour de cassation, Jean-Claude Marin est un des deux plus hauts magistrats de France. Durant une grande partie de sa carrière, ses différents postes l'ont mis sur le devant de la scène judiciaire, et sous le feu des projecteurs des affaires politico-financières. D'abord en détachement à la commission des marchés, il accède en septembre 1988 à la tête de la section financière au parquet de Paris. En 2000, il participe à la création du pôle financier à Paris. De 2002 à 2004, il est directeur des affaires criminelles et des grâces au ministère de la Justice, avant d'être à la tête, pendant sept ans, du parquet de Paris. Tous les gros dossiers sont donc passés entre ses mains. Affaires boursières, financement illicite des partis politiques, délits d'initiés, abus de biens sociaux, trafic d'influence, corruption vont devenir son quotidien. Les multiples dossiers Tapie, affaire Péchiney, Elf, Chirac, Clearstream sont les procédures qui l'ont le plus marqué et qu'il évoque lors de notre rencontre dans son bureau du quai de l'Horloge. Il a exercé aussi bien du temps de Mitterrand, de Chirac, de Sarkozy et de Hollande. Tantôt sous la gauche. Tantôt sous la droite.

Jean-Claude Marin a la particularité d'avoir fait la quasi-totalité de sa carrière à Paris. Nombre de dossiers touchant des politiques ou chefs d'entreprise ont nécessité son avis. Faut-il parler de tableau de chasse ou de carnet d'adresses : Longuet, Dominique Strauss-Kahn dans le dossier MNEF, Jean-Marie Messier, Jean-Luc Lagardère, Julien Dray, Jacques Dominati, les Tiberi, Éric Woerth, Édouard Balladur, François Léotard, Christine Lagarde.

« L'affect n'est évidemment pas le même que dans les dossiers d'atteinte à la personne qui touchent des fibres plus humaines. Ici, il n'y a pas le sang, le sexe. Il y a la découverte grandeur nature de l'usage pervers des mécanismes économiques et financiers. Vous atteignez les cercles de pouvoir, des décideurs pour s'approcher des cercles ministériels. On touche un monde où la justice ne met pas souvent le nez et où elle n'a pas le droit à l'erreur. Vous découvrez des personnages politiques de très haut niveau, toutes tendances confondues, se livrer à des pratiques financières inimaginables. »

Au procès des délits d'initié dans le dossier Péchiney-Triangle, en juin 1993, des proches de François Mitterrand, président de la République, sont poursuivis : Alain Boublil, ancien directeur de cabinet de Pierre Bérégovoy, Max Théret, cofondateur du quotidien *Le Matin de Paris*. Inculpé en février 1989, Roger-Patrice Pelat, ami intime de Mitterrand, décède avant la fin de l'instruction. Jean-Claude Marin prend des réquisitions de prison ferme contre certains des prévenus. Une première dans un dossier de ce type. Le tribunal correctionnel suivra en partie le parquet. « Je me souviens que peu de temps après, au cours d'une cérémonie au tribunal de commerce, la conseillère justice du président de la République m'a interpellé[25] : "Alors, vous êtes content. Vous avez réussi votre coup politique." Très

25. Paule Dayan, fille de Georges Dayan, qui fut l'un des amis les plus proches de François Mitterrand. Avocate avant de devenir magistrat, elle a également occupé le poste de secrétaire général du CSM, toujours aux côtés du président Mitterrand.

sincèrement, la politique n'a rien à voir là-dedans. Tout au long de ma carrière, elle n'a rien eu à voir. On n'est pas obligé de le croire. Mais c'est vrai. »

Alors que Loïk Le Floch-Prigent, ancien dirigeant de la société pétrolière Elf de 1989 à 1993, de GDF de 1993 à 1995, préside aux destinées de la SNCF, il est forcé de démissionner de la tête de la société nationale. Le chef d'entreprise a été mis en examen le 4 juillet 1996. Lors du débat contradictoire dans le bureau du juge d'instruction, Jean-Claude Marin s'oppose à la mise en détention de Loïk Le Floch-Prigent. « J'étais favorable au contrôle judiciaire. La détention provisoire n'a servi à rien. Le Floch-Prigent n'a rien dit pendant six mois. Par la suite Renaud van Ruymbeke a mis un peu d'ordre dans le dossier et le procès a donné une très belle image de la justice en termes de professionnalisme et d'efficacité. »

Jean-Claude Marin est conscient de sa réputation. Nombreux sont ceux qui lui reprochent d'avoir une approche trop politique dans ses réquisitions, tant en début qu'à la fin des procédures. « Fin procédurier, mais à des fins peu avouables, voici la critique que l'on me fait », lâche-t-il alors qu'il ne décolère pas depuis la publication d'une biographie[26] dans laquelle il ne se reconnaît pas du tout. « Quand il est écrit que je suis servile avec les forts et implacable avec les faibles, et que je suis un procureur comme on voudrait qu'il n'en existe plus, c'est lourd à porter. »

« Ces affaires-là ne laissent pas indifférent parce que l'on vous prête des intentions. L'affect du sang touche à des valeurs humaines profondes. Mais il y a aussi un affect quand on touche à votre honneur et votre honnêteté intellectuelle et là j'ai été servi. C'est seulement aujourd'hui que l'on prend conscience que les attaques contre les magistrats doivent donner lieu à une réaction, pas forcément procédurière, pas forcément pénale. Mais qu'au moins il y ait une parole publique qui

---

26. Michel Deléan, *Un magistrat politique. Enquête sur Jean-Claude Marin, le procureur le plus puissant de France*, éd. Pygmalion, « Histoire Secrète », 2015.

défende l'honneur du magistrat, je n'en ai pas eu beaucoup et mes collègues non plus. C'est toujours le même ressort. Pour déstabiliser et discréditer l'action de la justice, on la politise. Le magistrat ne peut pas répondre. Ce sont des positions où le silence s'impose avec beaucoup de douleur, parce que vous ne pouvez pas défendre votre honneur, sinon vous descendez dans une arène où l'on vous attend, pour avoir commis un faux pas et avoir polémiqué. Nous sommes toujours critiquables.» Il ne s'agit pas de demander une immunité de la critique. Quand on prend une décision, on est critiquable puisque cette décision aurait pu être différente. Simplement on peut essayer de comprendre pourquoi cette décision a été prise et de ne pas saisir immédiatement la notion de partialité. »

Le dossier qui aurait pu faire sauter le gouvernement Rocard

À l'automne 1988, le chef de la 8e DCPJ, service spécialisé dans la grande délinquance financière, dépose sur le bureau de celui qui est alors le chef de la section financière du parquet, un dossier. Il s'agit d'un surgeon d'une procédure plus ancienne concernant une suspicion de financement illégal attribué à Michel Reyr, à la tête du bureau d'études Urba-Sagès, ayant servi à financer le PS. Au cours d'une perquisition chez l'un des numéros un du BTP, les enquêteurs découvrent que cette société invite ses commerciaux à produire du 1 %. « Non pas du 1 % logement, précise le procureur général. Non, le 1 % corruption. »

Dans le dossier que consulte le magistrat, figure un document plus que troublant. La liste du gouvernement Rocard avec en face de chaque nom de ministre, la mention « corruptible », ou « incorruptible ».

Devant un tel document qui peut s'avérer explosif, qui peut faire sauter la République, comme on le répète à l'envi dans les affaires politico-financières, le procureur Marin décide de rendre compte au procureur de la République, Pierre Bézard, qui lui-même en rend compte au procureur général, Pierre Truche, qui lui-même en rend compte à la Chancellerie. « Je vous rassure, le ministre de la Justice était noté "incorruptible". C'était Pierre Arpaillange. Quand vous avez ce dossier-là entre les mains, vous vous posez franchement la question : que faire ? »

Une enquête a été ouverte par le parquet de Paris. « Elle n'a pas abouti. Les personnes interrogées ont reconnu l'existence de cette liste. "Mais c'est le sentiment que l'on avait de la faiblesse de tel ou tel politique et non pas le comportement avéré de tel ou tel" ont déclaré en substance les mis en cause. Ce qui a beaucoup rassuré », note avec un sourire non dissimulé l'ancien chef de la section financière. Enquête ouverte, mais enquête refermée assez vite.

Rencontre avec Renaud Van Ruymbeke, juge d'instruction

« Il faut se blinder. Ce n'est pas toujours facile. »

Son visage est connu. Nombreuses sont les images le montrant entrant ou sortant d'un Palais de Justice. Sa prise de parole est plus rare. Non par timidité. Mais par discrétion. Il s'efface derrière ses dossiers. Sauf quand ceux-ci sont en danger. Sauf quand la justice est en danger. Il fut en 1996 l'un des signataires de l'Appel de Genève, réunissant, entre autres, des magistrats, déclarant la guerre à la corruption.

Il me reçoit dans son cabinet au pôle financier. Je prends place sur une des cinq chaises qui font face à son bureau. À ma gauche, est assise à un autre bureau sa fidèle greffière depuis seize ans, Maryse Noël. Travaillant aux dossiers de « son » juge, elle sera le témoin silencieux de notre échange de près d'une heure. Quelques plantes vertes, un tableau paysager accroché derrière le juge. Le cadre n'est pas trop austère. L'interrogatoire peut débuter. Les rôles sont inversés. C'est moi qui pose les questions au juge. Le magistrat se livre. Avec pudeur, mais sans fuite. Le jeu du magistrat interviewé l'amuse. Comme s'il s'agissait pour lui d'une respiration.

Dès sa nomination comme juge d'instruction à Caen en 1979, il est confronté aux dossiers sensibles. Sa première affaire concerne Robert Boulin, alors ministre du Travail de Valéry Giscard d'Estaing. Le 30 octobre 1979, à 8 heures 40, Robert Boulin est retrouvé mort noyé dans les étangs de Hollande dans la forêt de Rambouillet. Dans trente centimètres d'eau.

Renaud van Ruymbeke n'a pas instruit le dossier de la mort de celui que certains voyaient à l'époque comme un Premier ministre possible. Un dossier toujours pas élucidé. « Si tant est qu'il se soit suicidé. Il y a toujours débat sur ce sujet-là », précise-t-il aujourd'hui. En revanche, il a eu en charge l'affaire dite de Ramatuelle (Var). Une vente de terrain. Un promoteur du nom d'Henri Tournet aurait cédé à un prix prohibitif deux hectares à Robert Boulin. L'affaire fait la une des journaux quelques jours avant la fin tragique de l'homme politique. Dans sa lettre posthume, Boulin parle d'un magistrat « ambitieux, haineux, aveuglé par la passion de faire un carton sur un ministre ».

« J'avais 27 ans, j'ai subi dans cette affaire, une attaque d'une violence incroyable. Toute la presse m'est tombée sur le dos après la lettre posthume qu'avait postée Robert Boulin. On m'accusait de faire un carton sur un ministre, d'être de connivence, comme si c'était possible, avec un escroc et le garde des Sceaux. Comme si j'avais conclu un pacte avec eux. C'est tout simplement n'importe quoi. Toute la presse parisienne a débarqué. C'était "haro sur le juge". »

Renaud van Ruymbeke se souvient que son supérieur hiérarchique ne l'avait guère épaulé dans cette épreuve. Les soutiens sont, en revanche, venus du procureur et de ses collègues qui ont spontanément organisé très rapidement une assemblée générale.

« Moi, je me suis isolé en me disant : "Tout me tombe sur la tête. Je ne sais pas ce que je vais devenir tout s'effondre." Un moment de doute qui vous affecte. Cela a duré plusieurs jours. Jusqu'à ce que le Conseil supérieur de la magistrature dise : "Il a fait son travail." »

« Cela a été très dur parce que je ne m'attendais pas à cela. Après tout, j'avais fait mon travail. L'anomalie était peut-être là. Dans ce dossier, j'avais fait ce qu'on fait dans n'importe quel autre dossier. Au nom du principe d'égalité. C'était l'époque des petits juges rouges, des Saint-Just. Je peux vous dire que cela a été violent et que cela m'a touché. Je me suis posé des questions. Cela m'a ébranlé. Cela m'a touché personnellement. En même temps, cela m'a vacciné pour la suite. »

Mis en cause dans une affaire touchant un homme politique de droite, vient plus tard le moment où le juge est la cible du camp adverse. Il a alors en charge un dossier de financement occulte du parti socialiste. L'affaire Urba-Gracco.

Le 14 janvier 1992, le juge crée la surprise en perquisitionnant le siège du PS rue de Solferino à Paris. Non seulement personne n'était évidemment au courant, mais cet acte de procédure intervient quelques minutes après une passation de pouvoir en ces lieux entre Pierre Mauroy et Laurent Fabius.

Henri Emmanuelli, alors président de l'Assemblée nationale, est mis en examen par Renaud van Ruymbeke le 14 septembre 1992. Le député des Landes est poursuivi pour recel et complicité de trafic d'influence en qualité de trésorier du PS.

« Quand je l'ai mis en examen, le trésorier du PS a refusé de répondre à mes questions. Il s'est répandu lors d'une conférence de presse en disant qu'il ne reconnaissait pas la légitimité de la justice, qu'il n'avait pas de compte à rendre à des juges qui ne sont pas élus. Lui est élu. Nous, nous ne sommes que des fonctionnaires. Voilà le raisonnement. Lors du congrès du parti socialiste, j'ai été la cible d'attaques disant que j'avais tout organisé, la fuite dans la presse, etc. Il s'agissait d'occulter la question de la responsabilité ou de la non responsabilité du trésorier du parti. On touchait à des personnalités. Mon instruction a pourtant été validée chaque fois par la Cour de cassation. Là encore ces attaques furent assez dures, mais comme j'étais tombé dedans quelques années avant, j'étais habitué. »

Henri Emmanuelli a été condamné en 1996 à dix-huit mois avec sursis et à une interdiction des droits civiques pendant deux ans. Un arrêt plus sévère que le jugement de première instance.

Les dossiers sensibles se sont accumulés sur le bureau du juge. Vinrent plus tard : les affaires des frégates de Taïwan, Karachi, Elf, le financement du Parti républicain, Clearstream 2, Cahuzac, Sarkozy, Thomas Fabius, Marine Le Pen, Patrick Balkany.

Respecté par ses collègues, reconnu par la plupart des avocats pénalistes et d'affaires pour son sens de l'écoute et de l'équité, Renaud van Ruymbeke, sous des allures débonnaires, ne rechignant pas à faire preuve d'humour, ne cache pas certaines blessures. Même s'il déclare à qui veut l'entendre : « J'ai une faculté d'oubli très forte », il n'occulte pas les attaques dont il a pu faire l'objet. Principalement par un ancien garde des Sceaux lors de l'affaire dite du corbeau de Clearstream.

Renaud van Ruymbeke n'a pas instruit le dossier de la manipulation dans lequel le nom, entre autres, de Nicolas Sarkozy, était apparu dans les listings de Clearstream, mais instruisant le dossier des frégates de Taïwan, il avait accepté, sur l'invitation d'un avocat, maître Thibault de Montbrial, de rencontrer secrètement le numéro deux du groupe EADS, Jean-Louis Gergorin. Ce dernier est considéré par la suite comme le corbeau de l'affaire dans laquelle fut mis en examen puis blanchi Dominique de Villepin.

Déjà poursuivi du temps de l'affaire dite de Ramatuelle devant le Conseil supérieur de la magistrature, réuni en formation disciplinaire, il comparaît une seconde fois, défendu par le regretté maître Philippe Lemaire. Il reconnaît : « Je me suis vu de l'autre côté de la barre, ce qui n'est pas une mauvaise expérience. »

Si la première fois c'est très rapidement que ses pairs n'avaient retenu aucun grief à son encontre, les choses furent différentes dans l'affaire Clearstream. « Ils sont arrivés à la même conclusion, mais au bout de six ans. Avec des campagnes de presse et des articles… on vit avec. »

Comme au moment de l'affaire Boulin, Renaud van Ruymbeke voit naître autour de lui un cordon de soutien. Une conférence de presse est organisée à la buvette du Palais de Justice de Paris. Sont réunis des magistrats, Gilbert Thiel, Marie-Odile Bertella-Geffroy, Jean-Louis Peries, mais aussi des avocats, maître Olivier Metzner, maître Emmanuelle Kneusé.

Pascal Clément, dont Renaud van Ruymbeke dit qu'il « n'a pas laissé un souvenir impérissable dans la justice en tant que garde des Sceaux », a lancé deux procédures le même jour. L'une adressée au premier président de la cour d'appel[27], l'autre à l'Inspection des services judiciaires. Au bout de huit jours, le premier président conclut à la non-saisine du CSM. Les choses sont différentes du côté de l'ISG dont le rapport va mystérieusement fuiter dans la presse. Avec une phrase que le juge n'a toujours pas digérée : « Manque à son devoir de loyauté. »

« Un rapport où l'on m'assassine », note-t-il aujourd'hui. Lors de la première audience, le CSM demande qu'on lui communique l'ensemble du dossier Clearstream. Et renvoie l'affaire aux calendes grecques. « Cela a mis six ans. Pendant ce temps-là, ma carrière a été bloquée[28]. Mais, paradoxalement, on a continué à me donner des gros dossiers. On n'est jamais complètement seul, mais on vit quand même mal ces attaques à répétition. Ce sont des périodes qui ne sont pas faciles à gérer, à vivre. Même si on a conscience d'avoir correctement fait son travail, au vu des éléments dont on disposait à ce moment-là. »

« Boulin : on m'accuse de faire un carton sur un ministre alors que j'instruis mon dossier. Emmanuelli : on m'accuse de faire de l'antisocialisme primaire. Clearstream : on m'accuse d'avoir rencontré un informateur et à la fin on me dit : "Dans le contexte où vous étiez on ne peut pas vous le reprocher." Que m'aurait-on dit si j'étais passé à côté d'une piste qui paraissait sérieuse ? Rappelons-nous du contexte de l'affaire des frégates de Taïwan. Il y avait des morts, 500 millions de dollars, des enjeux considérables pour la France qui a été condamnée à payer accessoirement 800 ou 900 millions d'euros. C'est vécu

27. En mai 2006, le premier président de la cour d'appel de Paris est Renaud Chazal de Mauriac.
28. Il était alors candidat à un poste de conseiller à la cour d'appel de Paris.

chaque fois comme des injustices. Chaque fois on se remet en cause. L'équilibre familial fait que je relativise tout ça. »

Renaud van Ruymbeke reconnaît qu'une empathie peut se créer lorsque « vous voyez vingt fois une personne, pendant deux ou trois heures. Mais cela ne doit pas jouer sur votre objectivité. Se crée un climat de confiance qui permet d'être à l'écoute de l'autre. C'est cela le travail du juge. Mais cela doit s'arrêter là. Le juge reste le juge. Il doit faire abstraction de son propre vécu. Il est là pour faire du droit, il n'est pas là pour faire de la morale. L'objectif est de recueillir le maximum d'informations et de transmettre le dossier à la juridiction de jugement qui a la responsabilité de prononcer des peines extrêmement lourdes ou de relaxer ».

« Il y a un principe de base dans mon métier, c'est l'égalité. Chefs d'entreprise ou hommes politiques doivent rendre des comptes comme tout bon citoyen. Ni plus ni moins. On ne doit pas non plus les surcharger parce qu'ils ont une responsabilité politique ou économique. Peut-être que le tribunal estimera que du fait de ses fonctions, c'est plus grave que de la part d'un simple citoyen. Mais moi la seule question que je me pose est : “Puis-je imputer telle infraction à telle personne ?” Je me moque de savoir quel est le rang ou le standing de la personne. Cela suppose aussi que le chef d'entreprise ou le politique fasse preuve d'humilité, non pas vis-à-vis de moi, mais vis-à-vis de la justice, en acceptant l'idée qu'il doive rendre des comptes. »

Le 1er avril 2015, Nicolas Sarkozy est convoqué dans le bureau du juge van Ruymbeke. Pour une éventuelle mise en examen dans le dossier des pénalités de l'UMP. Le président du groupe ressort du pôle financier avec le statut de témoin assisté. Le 9 septembre, Renaud van Ruymbeke signe l'ordonnance de non-lieu.

Alors que je lui demande si cette approche est la même quand on se retrouve face à un ancien chef de l'État, il me répond uniquement : « Vous dites un ancien chef de l'État, il ne l'est plus. Quand il n'a plus cette fonction, il redevient un citoyen comme les autres. »

En 2018, Renaud van Ruymbeke pourrait quitter le pôle financier et la magistrature. Il retrouvera son piano qui reste aujourd'hui sa soupape, sa façon de décompresser. « Il peut se passer n'importe quoi, plus rien n'existe, plus rien n'est important. C'est le moment de vide, cela fait du bien. »

Quand je lui pose la question : « Avez-vous des dossiers qui vous hantent ? », la réponse tombe franche et massive, du tac au tac : « Non. »

« Un dossier chasse l'autre. J'en ai eu beaucoup. Je les relativise. Ils sont importants, mais on ne vit pas avec. D'abord ce ne sont pas nos dossiers. Il ne faut pas se les approprier. Sinon, cela ne va pas. Quand on part en week-end, on part en week-end. Il y a des affaires qui vous poursuivent parce qu'on n'a pas trouvé ceci ou cela. On ne doit pas se focaliser sur un dossier. Encore une fois, l'équilibre de la vie est important. Il faut d'autres priorités. »

En 2006, il émet le désir de quitter l'instruction pour prendre la présidence d'une chambre d'appel.

« J'avais fait mon deuil des affaires financières en me disant : il faut changer. » La longue procédure devant le CSM en a décidé autrement. « En même temps cela m'a permis de garder les dossiers. Et comme j'ai l'esprit de contradiction, quand j'ai été blanchi par le CSM, j'ai dit : "Non je ne veux plus partir, je veux rester là." Finalement je fais ce que j'ai toujours dénoncé comme une hérésie. Rester au même poste plusieurs années. Cela va faire seize ans que je suis là, mais on m'y a un peu aidé. J'en suis presque à remercier ceux qui m'ont poursuivi, qui m'ont empêché de commettre l'irréparable. Partir ailleurs. Je continue à faire ce qui me plaît. Donc je vais finir là où je suis. Je suis bien où je suis. »

10

La peur de l'erreur

Ce sont désormais des synonymes. Erreur judiciaire rime avec Outreau. Dix-sept ans après l'éclatement de l'affaire, on n'a rien oublié de ce naufrage, de ce cataclysme qui a broyé treize citoyens et entaché à jamais l'institution judiciaire.

Chaque erreur ou catastrophe judiciaire est symbolisée par un magistrat. L'affaire Brigitte Dewèvre, le juge Pascal. L'affaire Grégory, le juge Lambert.

Le cataclysme Outreau

Janvier 2001. La justice française pense avoir son affaire Dutroux. Un réseau de soi-disant notables a été démantelé à Boulogne-sur-Mer. Un triste inventaire à la Prévert. Un huissier, un chauffeur de taxi, un abbé, une boulangère et des dizaines d'enfants victimes de viols, d'agressions sexuelles. Tout est parti d'une cité d'une ville limitrophe de Boulogne, Outreau. Plus précisément dans une cité au nom de « La Tour du Renard » où pourtant la plupart des mis en examen ne s'est jamais rendue. Mais les accusations sont plus fortes que la logique. Le premier procès à Saint-Omer en 2004 se conclut par dix condamnations et sept acquittements. Le second à Paris en 2005, avec six acquittements de plus, requis par l'avocat général Yves Jannier, « parce qu'ils sont innocents », dira-t-il lors de son réquisitoire.

L'affaire se résume à quatre condamnations : Myriam Badaoui, l'accusée accusatrice qui a fini par avouer qu'elle avait menti, son époux Thierry Delay et un couple d'amis. Douze enfants sont reconnus victimes. Le dossier Outreau est devenu une simple affaire de mœurs intrafamiliales. Une affaire qui n'aurait dû intéresser personne, aucun média, qui aurait dû être jugée comme d'autres, dans l'indifférence totale.

Un juge incarne, à tort ou à raison, ce fiasco: Fabrice Burgaud. Il l'incarne seul, car l'homme a refusé la proposition qui lui a été faite d'avoir un autre magistrat à ses côtés. Cela aurait sans doute changé la donne.

Toujours magistrat, attaché au service de documentation, des études et du rapport à la Cour de cassation, il est resté silencieux depuis sa comparution devant la commission d'enquête parlementaire. Malgré mes sollicitations et celles de son avocat, maître Patrick Maisonneuve, il n'a pas plus souhaité s'exprimer ici. Dommage.

Sabine Mariette fait partie des dizaines de magistrats qui ont eu le dossier entre les mains. Elle a fait partie de la chambre d'instruction de la cour d'appel de Douai, qui a plusieurs fois validé le dossier du juge Burgaud, et qui a confirmé le renvoi devant les assises du Pas-de-Calais des treize accusés qui seront acquittés. « Qu'ils sachent que le souvenir de leurs vies broyées accompagne depuis des mois et des mois notre quotidien et continuera de le hanter longtemps encore », avaient écrit cinq magistrats de la cour d'appel de Douai, dont madame Sabine Mariette.

Onze ans plus tard, l'affaire Outreau la hante encore. Lors de notre rencontre, elle en parle tout de suite. Comme d'une blessure, d'une plaie qui ne se referme pas. Le dossier, elle le ressasse. Elle ne l'a connu, entre 2001 et 2003, que sur papier et lors des audiences devant la chambre de l'instruction.

Les témoignages des enfants qui accusent les adultes. Les rapports des experts qui jugent crédibles les affirmations des mineurs. Les dénégations de la plupart des mis en examen. Les plaidoiries de leurs avocats plaidant les demandes de remise en liberté. Plus d'une centaine, rien que pour le curé Dominique Wiel. Aujourd'hui, la magistrate tente de se rassurer en se disant que toutes les décisions dans cette dramatique affaire ont été prises collégialement. Et motivées. Sous-entendu, pas à la légère. Au vu du dossier qu'ils avaient entre les mains. « À côté de quoi sommes-nous passés ? » Sabine Mariette se pose toujours la question. « Certes, ils ont été acquittés, mais on ne peut pas oublier les nombreux mois de détention qu'ils ont faits. Je ne veux plus participer à ce genre de choses. Après Outreau, j'ai décidé de ne plus m'occuper d'affaires pénales, d'affaires criminelles. Je me suis tournée vers le droit du travail. Je le reconnais, c'est une forme de fuite. »

Vous avez compris, il ne faut plus lui parler de droit pénal. Membre du Conseil supérieur de la magistrature, elle a fait partie des magistrats auditionnés par la commission d'enquête parlementaire au début de l'année 2006. « Je l'ai vécu comme une sorte de catharsis. Heureusement, à Douai, nous étions une collégialité. Nous avons pu discuter entre nous, débriefer, préparer notre intervention devant les parlementaires. Parce que sinon, nous étions seuls. Seuls devant cette commission d'enquête. Seuls face à l'Inspection des services judiciaires qui nous a également longuement interrogés. »

Mais dix ans après cette commission d'enquête coprésidée par André Vallini et Philippe Houillon, quelles leçons ont été tirées ? « J'y ai mis beaucoup d'espoir, poursuit Sabine Mariette. Sur ce qu'il fallait changer dans notre procédure et dans nos approches. Sur la détention provisoire. Sur la collégialité. Sur l'audition des enfants. Or, rien n'a changé. Quelles sont aujourd'hui les garanties pour empêcher qu'un tel drame ne recommence ? Aucune. Quelle leçon l'institution judiciaire a-t-elle tiré des besoins d'écoute et de vigilance, à l'intention des magistrats, au sein des tribunaux ? Aucune. Nous sommes toujours confrontés aux sables mouvants de la procédure pénale. »

Après avoir consulté près de six mille pièces du dossier « Outreau », auditionné deux cent vingt et une personnes pendant plus de deux cents heures dans les sous-sols de l'immeuble Chaban-Delmas à l'Assemblée nationale, la commission a rendu un rapport de plus de six cents pages et fait quatre-vingts préconisations pour éviter un nouvel « Outreau ». On peut compter sur les doigts d'une main celles qui ont été suivies d'effet. L'une, la plus spectaculaire, qui est un authentique serpent de mer dans les réformes pénales : la collégialité a été abandonnée par cette même Assemblée nationale en mai 2016.

« Nous sommes tous des Fabrice Burgaud »

Cette phrase, prononcée par un magistrat qui a assuré la défense du juge Burgaud, lorsque ce dernier a comparu devant le Conseil supérieur de la magistrature (CSM), avait fait l'effet d'une bombe. Elle avait été ressentie comme une provocation.

Pour Jean-Claude Marin, procureur général près la Cour de cassation, Burgaud est un « garçon qui sort de la bonne société bordelaise, qui passe de l'Institut des études politiques, à la fac, à l'École nationale de la magistrature (ENM), avant de découvrir le quart-monde dans le Pas-de-Calais. Il n'a pas les clefs. On va lui présenter une affaire horrible de viols de mineurs, d'enfants en bas âge. Avec des preuves accablantes, des témoignages d'assistantes maternelles se basant sur ce que les enfants ont dessiné ». Pour ce haut magistrat qui ne cache pas son estime pour celui qui incarne l'erreur judiciaire des temps modernes, que Fabrice Burgaud « ait commis des erreurs, c'est possible ! Qu'il ait fait preuve de rigidité, certainement ! Mais on lui a fait porter un chapeau que je trouve trop grand. Ne fallait-il pas faire aussi l'autopsie de la gestion des ressources humaines dans la magistrature ? Ne fallait-il pas faire l'autopsie d'un fonctionnement réel des chambres de l'instruction ? Ne fallait-il pas faire l'autopsie des moyens donnés à la justice, en termes de collégialité, de capacités d'expertise ? C'était l'occasion de faire un inventaire de l'institution. Il n'a pas été fait jusqu'au bout ».

Traduit devant le CSM réuni en formation disciplinaire, Fabrice Burgaud a essuyé un blâme. Et Gérald Lesigne, alors procureur de la République de Boulogne, une mutation. *Peanuts,* comme disent certains.

Une épée de Damoclès

Tous les magistrats sont hantés par l'erreur judiciaire. Ceux qui vous diront le contraire mentent. Pour le procureur général Jacques Dallet, le magistrat subit des violences, mais il « exerce aussi une violence dont il doit avoir conscience. Qui doit rester à l'esprit par rapport à l'erreur que l'on peut commettre. Penser aux conséquences humaines, penser aux drames que l'on vit, sans se laisser submerger, sinon on n'est plus en capacité de faire ce métier ».

Pendant sept ans, dont quatre comme président, Gilles Straehli a siégé à la Commission nationale de réparation des détentions[29]. Parmi les nombreux dossiers qu'il a eus à trancher, il n'a pas oublié celui d'un homme qui était venu défendre sa cause à l'audience. Mis en cause, incarcéré avant d'être blanchi définitivement par la justice, il détaille aux magistrats les dommages subis par l'institution. Sa carrière a été brisée et sa vie privée anéantie par son incarcération. Alors qu'il a réussi à reprendre ses activités d'enseignant, il sollicite un dédommagement important. « Il nous a fait part d'un incident pendant un de ses cours en amphi. Un étudiant l'a brusquement interpellé en lui disant : "Êtes-vous légitime pour nous parler de tout cela, vous qui avez été en prison ?". Tout était dit. Son message était clair. L'institution judiciaire et l'État sont responsables. Et vous magistrats, vous faites partie de cette institution. »

L'homme a été indemnisé. Mais aucune compensation financière ne peut avec certitude fermer les blessures.

« C'est la véritable angoisse »

Nommée à 27 ans, en juin 1969, juge d'instruction à Soissons, Martine Anzani, aujourd'hui à la retraite, est saisie en octobre de la même année de l'enlèvement d'une petite fille

29. Cette juridiction attachée à la Cour de cassation est chargée d'indemniser en appel les incarcérations abusives.

de 3 ans. Le 23 octobre1969, peu avant 17 heures, Sophie D. tient la main de la dame de maison. Toutes deux vont chercher le frère aîné qui doit sortir de l'école de Saint-Bandry. Sur la route, un homme surgit d'un bosquet, enlève la fillette et laisse tomber une lettre près de la nounou. Le ravisseur s'échappe en courant et rejoint un véhicule garé en retrait dans la forêt. Dans la lettre de rançon, il réclame un million de francs de l'époque. Les mots « un million de nouveaux francs ou vous ne reverrez plus l'enfant » sont soulignés. Il précise que « cet argent pourra être rendu dans quelques années si vous ne prévenez pas la police ».

Le 27 octobre, il appelle d'une cabine téléphonique les parents de Sophie pour la remise de la rançon. À sa grande surprise, la famille a réuni la somme. Le ravisseur désigne un lieu où l'argent devra être déposé. Le lendemain, Sophie est retrouvée saine et sauve à proximité du commissariat de Soissons. Entendue par les enquêteurs, Sophie dit avoir été bien traitée.

Reste à arrêter l'auteur de cet enlèvement. Il est en cavale. L'homme écoule plusieurs billets de cinq cents francs. Il ignore que les numéros ont été relevés par la police et qu'un portrait-robot a été réalisé. Se déplaçant en voiture, il paye son essence avec l'argent de la rançon. « Il prenait peu d'essence pour que le pompiste lui rende ensuite de la monnaie », raconte Martine Anzani. Les enquêteurs suivent sa trace. L'homme est vu par plusieurs témoins.

Ce n'est pas un inconnu. Il est garagiste à Betry. Garagiste en cavale, Michel Fauqueux s'est évadé en août de la maison d'arrêt de Cambrai où il était incarcéré pour vol de voiture. Ses affaires ne sont pas florissantes, alors, pour arrondir ses fins de mois, il vole des voitures. Une expertise graphologique demandée par la juge d'instruction confirme que le garagiste et le ravisseur ne font qu'un. Quant à la jeune femme avec laquelle il vit, c'est elle qui a gardé la petite Sophie jusqu'à sa libération.

L'affaire a fuité dans la presse. Cela complique l'instruction de Martine Anzani qui est assaillie par les journalistes. « J'étais angoissée à l'idée que l'homme soit considéré par la presse comme le suspect numéro un, et que la justice commette dans le même temps une erreur judiciaire.» Une angoisse qui va perdurer chez la magistrate pendant de nombreux mois. Car l'homme est toujours en cavale. Les enquêteurs croient suivre sa trace. Mais toujours pas d'interpellation.

Michel Fauqueux est finalement arrêté six mois plus tard, le 21 février 1970. Chez lui. Alors qu'on l'a cherché un peu partout, il s'était construit une cache dans les environs. On y retrouve une grande partie de la rançon. Sur lui, on découvre des pesetas. Il avait le projet de partir en Amérique du Sud.

Il comparaît devant la juge Anzani. Il ne cachera rien de sa responsabilité, racontera en détail comment l'idée de ce rapt lui est venue, pourquoi avoir choisi cette famille qui était connue de sa compagne.

Martine Anzani boucle son dossier rapidement. Le couple comparaît en septembre devant les assises de l'Aisne. Michel Fauqueux est condamné à quinze ans de réclusion criminelle. Sa compagne à trois ans.

L'erreur judiciaire, cette fois-ci, ne fut qu'une angoisse.

Mais le spectre de l'erreur est resté tout au long de la carrière de la magistrate. Ancienne avocate, juge d'instruction pendant dix-sept ans, elle a fini sa carrière comme présidente de la Commission de révision, la juridiction chargée, à la Cour de cassation, d'étudier les requêtes en vue des réparations des condamnations pénales. De 1997 à 2010, de nombreuses affaires sont passées entre ses mains. À la tête d'une formation de cinq magistrats, les affaires emblématiques de la chronique judiciaire sont arrivées sur son bureau.

Celle de Jean-Marc Deperrois, condamné à vingt ans de réclusion criminelle pour le meurtre de la petite Émilie Tanay dans le dossier dit «la Josacyne empoisonnée». Requête rejetée. La cour de révision, seconde étape de la procédure de révision n'a pas été saisie. «Les faits nouveaux avancés n'étaient pas avérés», dit-elle.

Celui de Guillaume Seznec qui revenait pour la quatorzième fois devant la justice. Cette fois-ci, le dossier a été transmis à la cour de révision. Transmis mais rejeté. « Il y avait tout dans le dossier de départ en 1923 », précise l'ancienne magistrate.

Si l'affaire Michel Fauqueux a été sa première « angoisse » judiciaire, Martine Anzani a fini sa carrière avec une autre affaire qui reste une blessure. Une autre potentielle erreur judiciaire. Le dossier Dany Leprince, surnommé « le boucher de la Sarthe ». « J'ai longtemps eu le volumineux dossier d'instruction à côté de mon lit », me précise-t-elle dans l'appartement dans lequel elle me reçoit.

Au matin du 5 septembre 1994, dans leur maison de Thorigné-sur-Dué, les corps affreusement mutilés du frère de Dany Leprince, Christian, de son épouse et de deux de leurs filles âgées de 10 et 6 ans, sont retrouvés par les gendarmes. La cadette, âgée de 26 mois, est découverte miraculeusement indemne dans sa chambre à l'étage. Les crimes, selon les premiers éléments de l'enquête, ont été commis la veille au soir. Avec, selon toute vraisemblance une arme blanche, une feuille de boucher. Dany Leprince et son épouse Martine résident à côté du domicile de son frère. Les deux maisons se font face. Or Dany Leprince, 31 ans, travaille dans une boucherie industrielle des environs. Placée en garde à vue, Martine accuse son mari. Ce que fera également la fille du couple. De son côté, Dany Leprince avoue seulement le meurtre perpétré contre son frère. Une affaire d'argent prêté et non remboursé. Devant le juge, Dany Leprince revient sur ses aveux.

Le 16 décembre 1997, les jurés du Mans condamnent Dany Leprince à la perpétuité assortie d'une période de sûreté de vingt-deux ans pour le quadruple meurtre. À l'époque, l'appel en matière criminelle n'existe pas. Son pourvoi est rejeté. Reste la révision. À l'automne 2005, les avocats du condamné déposent leur requête devant la commission. « J'ai repris ma fonction de juge d'instruction », dit aujourd'hui Martine Anzani. Elle reprend le dossier. Il va occuper cinq ans de sa vie.

Le 1er juillet 2010. Coup de tonnerre, la commission renvoie le dossier devant la cour de révision et ordonne la suspension de la peine. Une semaine plus tard, l'homme est remis en liberté. Dans un arrêt de quarante pages, qui pointent les faiblesses du dossier d'instruction, les attendus écrits en grande partie par la magistrate pour justifier un nouveau procès pour Dany Leprince sont sans équivoque. « Aucune preuve matérielle mettant en cause ce dernier n'a été établie, les seuls éléments à charge sont les accusations portées contre lui par sa femme et sa fille C. âgée de 16 ans. À l'époque ses aveux n'avaient concerné que le meurtre de son frère. »

La commission de révision a dit « oui ». La cour de révision dira « non ». Neuf mois plus tard, renversement de situation. La justice change de pied. Le 6 avril 2011, la révision est rejetée. Sa demande de grâce est également rejetée par Nicolas Sarkozy le 19 septembre de la même année.

« Tous les arguments que nous avions soulevés ont été écartés d'un trait de plume. C'est dur, très dur que le dossier ait été rejeté par la cour de révision qui a fait réincarcérer le condamné dont nous avions demandé la remise en liberté. Il est évident que la suspension de peine n'a pas été appréciée par les autres magistrats », regrette amèrement Martine Anzani. Sur les seize-magistrats qui ont siégé à la cour de révision, seuls trois étaient du même avis que Martine Anzani. « Ce n'est pas le fait d'être désavoué, mais plutôt le refus de révision qui pèse. » Pour elle, il y a un doute évident sur la responsabilité de Martine, l'épouse de Dany Leprince. « Le juge d'instruction du Mans aurait dû la mettre en examen dès le départ de l'affaire. Le fait qu'une personne extérieure à la procédure apparaisse comme impliquée aurait dû suffire à rouvrir le dossier de la révision. » Et donc faire bénéficier Dany Leprince d'un second procès.

De son côté, Claude Mathon, qui occupait le poste d'avocat général devant la commission, comme devant la cour, a soutenu la révision. « J'ai honte », tonne-t-il lors de ses réquisitions devant la cour après avoir vilipendé les contre-vérités de l'acte d'accusation et regretté la disparition des scellés. Disparition qui empêche désormais toute analyse ADN de la fameuse feuille de boucher. Dans une interview accordée en 2011, il avoue que le refus d'un second procès hante toujours son sommeil. Alors que l'arrêt est rendu à la vitesse grand V par le président de la cour de révision qui quitte aussitôt la chambre criminelle de la Cour de cassation, les gendarmes passent les menottes au condamné. L'homme est sonné, abasourdi, comme tous ceux qui ont assisté à cette audience. « Je l'ai accompagné jusqu'au bout du couloir. Je ne supporte pas que quelqu'un ne soit pas jugé correctement », confie Claude Mathon[30].

Dany Leprince a bénéficié d'une libération conditionnelle en octobre 2012. Il s'est remarié avec sa visiteuse de prison.

Le 31 décembre 2014, le parquet du Mans a rouvert une instruction pour meurtre aggravé et complicité. Il s'agit de voir si « d'autres personnes sont susceptibles d'avoir participé à ces faits ».

Une affaire que Martine Anzani suit toujours. De plus loin. Mais l'ex-juge n'a pas refermé le dossier Leprince.

Le spectre de l'erreur

Dans une école primaire de Douai, une femme de ménage est agressée, violée par un jeune individu. Sur renseignement, la police interpelle un jeune homme de 19 ans. Guillaume Didier, qui deviendra plus tard un efficace porte-parole du ministère de la Justice sous trois Gardes des Sceaux, est jeune juge d'instruction au tribunal de Douai. À quelques kilomètres de là, une affaire commence à faire parler d'elle. L'affaire Outreau. Le magistrat se tient régulièrement au courant de l'évolution de la garde à vue. L'individu avoue. Non seulement, il reconnaît les faits, mais il donne des détails que seul l'auteur peut connaître. Des aveux circonstanciés selon la formule habituelle. À l'issue des quarante-huit heures de garde à vue, le jeune homme est déféré et présenté au juge. « Vu les procès-verbaux d'audition,

30. Franck Johannès, *Le Couteau jaune*, éd. Calmann-Lévy, 2012.

je me suis dit que la comparution devant moi irait assez vite.» Erreur. Une fois arrivé dans le cabinet du juge, le jeune se rétracte. «Alors que je lui lis les déclarations sur PV, il me déclare: "Je n'ai jamais dit cela. On m'a forcé." Nous avons l'habitude de ces revirements. Pourtant tout semble l'accuser, ses aveux et quelques éléments matériels. Mais en même temps, je suis troublé par son aplomb.»

Le magistrat constate surtout que le jeune homme s'exprime par onomatopées. «Je me suis dit, soit il joue, soit c'est la vérité.» Le magistrat s'inquiète auprès du conseil de l'accusé. L'avocat lui confirme les difficultés d'élocution de son client. Nous sommes bien loin des phrases longues et bien construites qui sont retranscrites dans les PV d'audition. L'enregistrement des gardes à vue n'est pas encore de mise dans les commissariats. Le magistrat Guillaume Didier se retrouve devant un cas de conscience. Certes, il place le jeune homme en détention provisoire, mais il diligente aussitôt des analyses pour confronter les éléments matériels. Il appelle lui-même le laboratoire pour signifier l'urgence de la situation. Quarante-huit heures après, les résultats tombent. L'ADN du suspect n'est pas compatible avec celui retrouvé sur la victime du viol. «Il y avait tout dans le dossier pour l'envoyer aux assises et le condamner à quinze ans de réclusion criminelle. J'aurais pu très bien ne pas diligenter cette expertise en urgence et avoir le sentiment du devoir accompli. J'avais confiance dans les enquêteurs. J'aurais pu rester sur des certitudes. C'est traumatisant. Traumatisant parce que ce n'est pas le juge qui l'a innocenté. C'est la science. Je l'ai fait sortir de prison. Je l'ai solennellement informé que je le remettais en liberté. Je lui ai présenté des excuses.» Le jeune homme a bénéficié d'un non-lieu. Le service de police qui avait mené l'enquête a été dessaisi.

Parole contre parole

S'il y a bien un type d'affaire dans lequel le juge peut être induit en erreur, ce sont les affaires de viol. La preuve matérielle manque souvent et le magistrat est confronté durant son instruction à un dilemme. Qui croire ? La plaignante qui accuse ? Ou le suspect qui nie ?

Dans le cabinet de la juge Élisabeth Linden, une fille accuse le compagnon de sa mère. « Elle apparaissait très claire dans ce qu'elle disait. J'ai inculpé et placé en détention le suspect. Très vite, j'ai demandé une expertise médico-psychologique de la victime. Le rapport de l'expert est revenu. Catastrophique pour la jeune fille, disant qu'elle avait des problèmes de rapport à la sexualité. J'ai immédiatement remis cet homme en liberté. La maison d'arrêt était à quelques encablures du palais. Dans la minute où il a été libéré, il a foncé dans mon bureau. » Dans un premier temps, la magistrate craint d'essuyer les foudres de l'individu. « Il est venu me remercier. C'est tout juste s'il ne voulait pas me prendre les mains pour les embrasser. Il était visiblement ému. Il avait fait trois semaines de détention provisoire. Cela m'a énormément frappée. Qu'un innocent que l'on a mis en prison vienne vous remercier, c'est une situation un peu étrange. Cela m'a appris à agir vite et à prendre les décisions le plus rapidement possible quand elles s'imposaient. C'est une façon de montrer que l'institution joue son rôle à fond. Il faut comprendre que la mise en examen n'est qu'une suspicion de charges et non une preuve de culpabilité. Il faut se dire que nous ne sommes qu'un maillon de la chaîne et que l'on ne détient pas la vérité. »

Un non-lieu a été rendu envers l'homme injustement mis en cause par cette femme. Mais juridiquement, mettre en examen, incarcérer et blanchir un suspect ne constitue pas une erreur judiciaire.

La victime qui n'a pas été violée

Un foyer de jeunes travailleurs en Haute-Saône. Nous sommes au milieu des années quatre-vingt. Peu avant la nuit, un jeune homme escalade la façade. Il fait beau. A-t-il repéré qu'une fenêtre est restée ouverte ? A-t-il suivi sa future victime ?

En tout cas, il pénètre dans la chambre. Son intention est évidente. La jeune locataire se souvient des conseils lus quelque temps auparavant dans le mensuel *Cosmopolitan*. En cas de tentative de viol ou d'agression sexuelle, tenter de déstabiliser l'agresseur en lui parlant, en cherchant à instaurer un lien avec lui. Dans cette petite chambre de travailleurs, ils se font face. Alors elle parle, l'interroge, fait diversion. Leur échange verbal va durer une heure et demie. Mais le jeune homme n'a pas baissé la garde. La discussion n'a que trop duré. Il se lève de sa chaise, se jette sur la jeune fille et la viole. Plainte. Procédure. Inculpation. Les jeunes gens se retrouvent quelques mois plus tard aux assises de Vesoul. L'un dans le box des accusés. L'autre sur le banc des parties civiles. Comme souvent dans ce type de dossier. Pas de témoin. Pas d'éléments matériels. C'est parole contre parole. Les jurés écoutent, prennent des notes. Patrick Poirret, inspecteur général des services judiciaires, est alors jeune substitut. Il a suivi le dossier depuis le début. Il requiert une peine de prison à l'encontre du violeur présumé. L'avocat de la défense met en avant le manque de preuves, sous-entend le consentement de la jeune fille. Après un délibéré relativement court, les jurés rendent leur verdict. Ils n'ont pas cru à la version de la jeune fille. L'accusé est acquitté. L'affaire est terminée. La loi n'autorise pas encore de faire appel.

Il est tard. La salle des assises se vide très rapidement. L'accusé, libre, ne se fait pas prier pour quitter rapidement les lieux. Les magistrats de la cour et les jurés se sont éclipsés tout aussi rapidement, en évitant bien de croiser le regard de la jeune fille. Les avocats ont déjà retiré leur robe et rejoint leur cabinet. « Il n'y avait plus que deux personnes dans la salle d'audience. La jeune fille et moi », se souvient Patrick Poirret. Elle s'est levée en pleurs. Elle me cherchait du regard. Elle a simplement dit : "Donc je n'ai pas été violée." J'étais désespéré, décomposé. Je ne savais trop quoi lui dire. J'ai dû bredouiller des choses sans réussir à la convaincre. C'était mon premier acquittement. » Un événement qui a guidé le magistrat dans la suite de sa carrière. « Ce n'est pas un hasard, poursuit le magistrat, si plus tard, je me suis rapproché des associations de victimes et impliqué dans la mise en place des téléphones d'urgence, des numéros verts pour les femmes battues. »

Un *copycat* peut en cacher un autre

Il y a une vingtaine d'années. Un champion de France de boxe française. Sa corpulence impressionne le juge Alain Philibeaux. Face à lui un homme qui mesure 1 mètre 90 et pèse plus de 100 kg. Le sportif sort de prison après trois ans de détention. Alors qu'il vient de purger une condamnation pour viol, il se retrouve dans le bureau du juge pour des faits similaires. Une accumulation de coïncidences l'accuse. Une femme, artiste de variété qui a un petit nom dans le monde des comédies musicales, rentre chez elle dans la nuit après une représentation. Dans le parking souterrain de son immeuble, elle est victime d'un viol. L'agresseur a profité de l'ouverture du portail et de la pénombre pour pénétrer dans les sous-sols. À l'approche de l'ascenseur, il lui demande d'abord de l'argent, vole son portefeuille, l'emmène dans un recoin du parking et abuse d'elle avant de s'enfuir. La scène a duré quelques minutes. Le temps que la victime dévisage son agresseur. Elle se rend au commissariat le plus proche pour déposer plainte. L'image de l'homme est encore assez précise dans son esprit. Résultat, les policiers établissent un portrait-robot. Un portrait-robot qui va conduire les enquêteurs à arrêter le sportif. La ressemblance est frappante. Placé en garde à vue, l'homme nie les accusations. Tandis que le juge Philibeaux l'inculpe et décerne à son encontre un mandat de dépôt, le colosse se lève. Le champion de boxe va-t-il s'en prendre au magistrat ? Non, le colosse se dirige vers une chaise coincée entre une armoire et le mur du cabinet du juge à Nanterre, grimpe dessus et se recroqueville comme un animal blessé. Les forces de l'ordre arrivent à le maîtriser et à l'emmener en détention.

Dans son cabinet, le juge reste troublé par le comportement de l'accusé. « À la fois, dans ce dossier, j'étais face à une victime crédible et les dénégations de ce champion de boxe étaient perturbantes. Mais dans le même temps, le mode opératoire, le vol puis le viol, était similaire avec l'affaire qui lui avait valu sa précédente condamnation. » Le magistrat poursuit son instruction. Demande ce qui est encore rare à l'époque, une comparaison ADN avec les traces de sperme prélevé sur la victime. Quelques jours après, les résultats tombent. Aucune correspondance avec l'homme suspecté. « J'ai douté de l'analyse et j'ai demandé une contre-expertise. » Même conclusion. Pas de correspondance. Le juge remet en liberté le champion de boxe. Quelques jours plus tard, le véritable auteur des faits est appréhendé. Il sera poursuivi pour sept viols commis dans la région parisienne. Détail qui a son importance. La ressemblance du second suspect avec le portrait-robot est assez éloignée. « Je repense souvent à cette affaire. Je le dis souvent à mes jeunes collègues. Il faut être vigilant, prudent face à un portrait-robot. La victime avait en fait gardé le souvenir du visage du portrait-robot et non plus celui de l'authentique agresseur. »

Accuser pour attirer le regard

Éric Vaillant, en poste à Cayenne comme procureur de la République, se souvient de ses premières armes comme juge d'instruction à Béziers. Une femme accuse de viol un homme déjà condamné pour des faits identiques. Entendu, l'homme donne un alibi. Il se révèle faux. La victime va en revanche persister dans ses accusations. L'expert psychiatre rend un rapport concluant à la crédibilité de la victime supposée. Une confrontation est organisée dans le cabinet du juge. Chacun reste sur sa position. « Je le mets en examen, puis le renvoie devant ses juges qui le condamnent à trois ans de prison ferme. Trois ans plus tard, la victime, qui a quitté Béziers pour Montpellier, porte à nouveau plainte pour un viol contre un autre individu. Elle donne des indices en tout point semblables à ceux de la précédente affaire. Ce qui éveille les soupçons de la collègue d'Éric Vaillant. Ma collègue m'appelle et la plaignante est réentendue par le juge de Montpellier qui la pousse dans ses retranchements. Elle finit par craquer. « À chaque fois, j'ai tout inventé pour que mon mari s'intéresse à moi. Il est trop occupé par ses affaires. Il ne me regarde plus. » Le dossier de Montpellier a été refermé. Celui de Béziers a été annulé par la cour de révision qui a innocenté l'homme injustement accusé de viol.

Un jour, dans les rues de Béziers, Éric Vaillant a croisé l'homme qu'il avait mis en examen pour viol. « Il m'a reconnu et m'a arrêté. Je me souviens de sa réaction. Il m'a dit : "Je ne vous en veux pas. Je vous comprends, à votre place, j'aurais fait la même chose. Je vous ai donné un faux alibi parce que ce jour-là, j'étais avec ma maîtresse et je ne voulais pas que cela se sache." »

« Après coup, j'ai remonté le fil de mon instruction, me suis interrogé pour savoir où j'avais failli. Je me suis remis en cause. J'avais participé, contribué, à une erreur judiciaire. C'est une lumière qui s'allume. Qui vous dit que vous devez être hyperprudent. »

La condamnation que l'on n'a pas vue venir

Juge d'instruction, Christophe Régnard, reçoit dans son cabinet un SDF de 34 ans qui s'accuse d'un crime déjà élucidé. David Sagno avoue le meurtre de Marie-Agnès B., tuée de plusieurs coups de couteau sur le pont de Neuilly en décembre 2001. Un crime pour lequel Marc Machin a été injustement condamné à dix-huit ans de réclusion criminelle. Il obtient sa libération après sept ans de détention.

« J'étais dans mon bureau avec ma greffière qui était assez jeune dans le métier. De 22 heures à 23 heures, David Sagno nous a raconté les faits qu'il avait commis sans oublier aucun détail sordide. On était hors du temps, c'était surréaliste. Il s'exprimait avec facilité en racontant des choses épouvantables. »

Christophe Régnard le met en examen et saisit dans la nuit son collègue juge de la détention et des libertés. « Avec ma greffière, nous avons quitté le palais. Elle a voulu que je la raccompagne jusqu'à son domicile. Le soir, j'ai très mal dormi. On se retrouve face à des dossiers qui font douter de l'âme humaine. »

Grâce à cet élément nouveau imparable, Marc Machin obtient la révision de son procès. Lors de l'audience, Maryvonne Caillibotte a les habits de l'avocat général. Mais la représentante de l'accusation, qu'elle est habituellement, soutient ce jour-là la thèse de l'innocence. « Je me souviens quand David Sagno est entré dans la salle des assises pour témoigner alors qu'il avait été définitivement condamné par une autre cour d'assises. Il n'y avait aucun bruit. La salle était bondée. Un silence absolu. Personne ne bougeait. Sagno était visiblement sous médicament, il marchait doucement, au ralenti. Nous avons été publiquement témoins de la confrontation entre les deux hommes. » À la barre, Sagno, condamné à trente ans pour le meurtre du pont de Neuilly s'adresse au futur acquitté. « Je tiens à présenter mes excuses à Marc Machin qui a passé sept ans en prison à cause de moi. » « Je le remercie de s'être constitué prisonnier et je lui souhaite bon courage pour sa détention et sa réinsertion », lui répond Machin avant de s'écrouler sur son banc.

Marc Machin a été acquitté par la cour d'assises de Paris alors que David Sagno a été condamné à trente ans. Une erreur judiciaire reconnue. C'est rare.

L'acquittement que l'on n'a pas vu venir

S'être trompé. Ne pas avoir été compris par ses collègues ou par les jurés. Cela arrive ou est arrivé. Même au plus grand. Au plus gradé. Guy Canivet me reçoit dans son bureau du Conseil constitutionnel. Après neuf ans au Palais-Royal, il s'apprête à le quitter en même temps que le président Jean-Louis Debré. Précédemment, il occupait le plus haut poste de la magistrature. Président de la Cour de cassation. Il se souvient d'une blessure alors qu'il était jeune juge d'instruction.

Un rassemblement dans la banlieue de Chartres qui tourne mal. Des jeunes garçons de Paris viennent régulièrement retrouver des jeunes filles dans les faubourgs de la préfecture d'Eure-et-Loir. Ce jour-là, la rencontre est un peu plus bruyante. Ce qui gêne un riverain qui se dirige vers le groupe, armé d'une carabine. L'un des jeunes s'en saisit et la retourne vers le vieil homme. Un coup part. Fatal. Les jeunes sont connus des services de gendarmerie du département. Ils ont déjà commis une somme d'exactions. Cinq sont identifiés par les gendarmes. À la fin de l'instruction, le juge Guy Canivet les renvoie devant les assises pour meurtre et plusieurs délits. Le verdict tombe comme un coup de massue pour la veuve âgée de 70 ans et pour son fils. Les accusés sont acquittés pour le volet criminel. Et seulement condamnés pour les autres faits. « La famille était sidérée. Alors qu'il y avait eu une reconstitution. Que quatre d'entre eux avaient reconnu les faits. L'enquête des gendarmes était mal faite dès le départ. Je me suis longtemps interrogé et aujourd'hui encore. Qu'est-ce que j'aurais dû faire pour avoir une procédure plus rigoureuse. »

Toujours cette question lancinante. Erreur judiciaire. Erreur humaine.

Le dossier que l'on n'a pas ouvert et que l'on ne parvient pas à refermer

La justice reconnaît difficilement son erreur. Les révisions sont rares. Elles se comptent sur les doigts des deux mains. Les magistrats qui reconnaissent s'être trompés ne sont guère plus nombreux. Maryvonne Caillibotte, ancienne directrice des affaires criminelles et des grâces, ancienne conseillère justice à Matignon de François Fillon et aujourd'hui avocat général à la cour d'appel de Paris, en fait partie. Plus qu'une blessure, elle parle d'une affaire qui constitue pour elle un « boulet ».

Il y a une dizaine d'années, deux petites jumelles sont retrouvées mortes dans la baignoire. Mortes ébouillantées. Sans surveillance de leurs parents. « Elles avaient le même âge que mon fils. Je n'ai pas assuré sur la décision judiciaire. Je n'ai pas ouvert d'enquête. J'ai mal géré de bout en bout. Cela reste un gros poids. » Aujourd'hui la magistrate bat sa coulpe. Plus tard, elle découvre les photos prises dans la salle de bains. « Les choses se sont mal enchaînées et étaient difficilement rattrapables. Je me suis trompée sur les parents. Je ne suis pas fière de cela. C'est un échec. Je m'en veux. »

Avec le recul, Maryvonne Caillibotte a analysé la cause de cet échec. « Je n'étais pas en capacité de le faire. C'est un aveu qui me fait du mal, mais je l'assume. J'ai demandé de l'aide parce que je sentais une difficulté. Je ne l'ai pas eue. Évidemment, après cela m'a été reproché. On est seule parce que personne ne veut partager un échec. Pour moi, c'est une faillite professionnelle, ce dossier. Vous ne m'entendrez pas souvent dire cela. Toutes les décisions que j'ai prises, on peut les discuter. Mais là c'est une faillite. Je me suis trompée à 100 %. »

Elle dit en avoir tiré les enseignements. « Quand vous vous trompez, c'est de votre faute. C'est votre histoire. Pas celle de votre hiérarchie. »

Aujourd'hui, lui revient en mémoire une réflexion faite il y a vingt-cinq ans par son premier procureur de la République à Montluçon. « Poursuivre quelqu'un devant le tribunal de police pour un accident de la route sera banal pour toi. Pour lui c'est le dossier de sa vie. »

Affaire banale de deux fillettes mortes dans leur bain pendant que leurs parents sont allés boire un verre au bistrot d'en face. Cherchez l'erreur.

11

Quand le juge est un pompier

La magistrate Francine Levon-Guérin est dans le bureau de Jacqueline Cochard, présidente du tribunal de grande instance de Paris, quand on la prévient d'une urgence. Nous sommes le 27 juin 1994.

Quatre jours auparavant, un cargo provenant d'Afrique du Sud, a accosté au port de Brest. À son bord, un clandestin. Un enfant de 14 ans, Zito M. Il a fui son pays, le Mozambique, secoué par la guerre civile. La famille de l'adolescent a été massacrée. Après une longue marche, il a rejoint un port du pays voisin et s'est hissé dans le navire en partance pour l'Europe.

À Brest, les autorités ne se montrent guère accueillantes. La police de l'air et des frontières s'oppose au débarquement et le ministère de l'Intérieur prend un arrêté d'expulsion.

À quai, Zito va donc rester dans les cales du cargo. Sans espoir de fouler le sol français. Émues par la situation de l'adolescent, des personnes vont lui faire apporter de la nourriture et des vêtements. Une mobilisation qui conduit des bonnes âmes à prévenir des avocats brestois, ainsi que l'Union départementale des associations familiales (UDAF) qui devient représentante légale du mineur.

Il y a urgence, car le cargo doit dans les prochaines heures quitter Brest pour rejoindre l'Arabie saoudite. L'UDAF lance deux procédures de référé. L'une auprès du TGI de Brest. L'autre auprès de celui de Paris. Un choix qui s'avère judicieux. Car si Brest ne se saisit pas de l'affaire rapidement, la juge Francine

Levon-Guérin suspend toutes ses activités pour trancher le litige qui lui est soumis. Alors que le cargo a largué les amarres, elle organise sur-le-champ une audience. Il est 18 heures au Palais de Justice de Paris quand, dans une salle, elle retrouve le représentant du ministère de l'Intérieur et celui de l'UDAF. Plusieurs années après, la magistrate évoque une tension extrême régnant à l'audience. Elle a encore à l'oreille les mots d'un des avocats. « Madame la présidente, vous connaissez la loi maritime, quand le bateau aura franchi les limites des eaux territoriales, le gamin sera jeté à la mer. » « J'en ai encore des frissons », m'avoue-t-elle lors de notre conversation.

Une fois franchie la limite des eaux territoriales, la justice ne pourra rien faire. Le bateau a pris la direction du grand large. À son bord, se trouvent toujours Zito et un représentant de l'UDAF qui a eu l'autorisation du capitaine de monter à bord. Une vedette rapide est dans le sillon du cargo pour le ramener. Seul. Ou avec l'enfant.

À Paris, la juge constate que, contrairement à la procédure, Zito n'a pas été débarqué du navire et placé en zone d'attente qui, elle, est sous le contrôle d'un juge. Il y a donc « voie de fait ». Après avoir entendu les deux avocats, elle lève précipitamment l'audience et s'en va rédiger son référé. Régulièrement, elle entend frapper à sa porte. On s'impatiente. C'est une affaire de quelques milles, de quelques minutes. Elle ordonne la mise en liberté immédiate de l'adolescent.

Nous sommes en 1994. Internet n'existe pas. C'est un fax qui part en direction de Brest, puis du bateau. L'information arrive à temps, Zito peut quitter le cargo et monter à bord de la navette rapide qui le ramène à Brest. C'est un enfant amaigri, apeuré, déboussolé qui pose le pied sur le sol français. Dans tous les sens du terme, il revient de loin. À terre, Zito est reçu par un juge des enfants qui le fait bénéficier d'une mesure d'assistance éducative. Placé dans un foyer, puis dans une famille d'accueil, il a été admis dans une école d'apprentissage. « J'ai eu le sentiment d'être utile. Cela m'a motivée », confie la juge aujourd'hui.

Un magistrat chargé des obsèques

Un fait divers tragiquement et affreusement banal qui devient pour le juge des référés un épineux dilemme à résoudre.

Un jeune de 16 ans et demi meurt sur le coup dans un accident de scooter. Les parents sont divorcés. La mère réside dans les Deux-Sèvres où a eu lieu l'accident. Le père s'est installé dans le nord de la France. « Tous deux se disputent sur le point de savoir où leur fils sera enterré. Je me souviens de mon premier réflexe et j'en ai honte. Ce fut de me dire que ces gens étaient irresponsables à cause de leur propre aversion l'un pour l'autre, ils n'étaient pas capables de se mettre d'accord. » Aucun des parents n'est présent dans le bureau de Dominique Ferrière, à l'époque président du tribunal de grande instance de Bressuire, et qui s'est saisi du dossier en urgence. « Les avocats étaient aussi perturbés que moi. Il y avait quelque chose d'irrationnel de se disputer autour de la dépouille du fils. »

Comment trancher ? Au nom de quoi choisir un lieu plutôt qu'un autre ? Le défunt, évidemment, n'a laissé aucune consigne. Aucun testament. Ce sont juridiquement des référés heure par heure, il faut donc aller vite. Le magistrat décide de faire un distinguo entre la cérémonie religieuse et l'inhumation.

« J'ai découvert, horreur absolue, que le couple avait perdu un enfant en bas âge, enfant enterré dans le caveau familial du papa. J'ai dit aux avocats : "Le jeune homme sera enterré avec sa petite sœur." Les obsèques ont donc lieu chez la maman puisque c'est là que vivait l'adolescent, et ainsi tous ses copains ont pu être présents », se satisfait Dominique Ferrière.

Non seulement les parents acceptent la décision du juge, mais leurs avocats viendront dire au magistrat que les parents le remerciaient. « Je ne les ai jamais rencontrés, mais j'ai compris qu'ils aimaient tellement leur fils qu'ils étaient dans l'impossibilité d'accepter de voir sa dépouille se détacher d'eux. J'avais eu le sentiment que ce n'était pas de mon ressort. Je me suis trompé. »

Mise sous tutelle

À Dijon, Gilles Straehli est vice-président du tribunal d'instance. Il a donc en charge des dossiers qui touchent le quotidien des justiciables. En qualité de juge des tutelles, accompagné d'un greffier, il se rend régulièrement dans une maison de retraite ou un hôpital. « Le texte dit que nous devons entendre tout le monde avant de prendre notre décision. » Autrement dit, la personne visée par la requête, mais aussi sa famille, son médecin. Ce jour-là, le cas est un peu particulier. Trois femmes ont pris rendez-vous. Une mère et ses deux filles. La mère a un peu moins de 50 ans. Les deux filles sont tout juste majeures. C'est la quadragénaire qui est à l'initiative de la demande de mise sous tutelle. Elle souffre de la maladie d'Alzheimer. Les premiers symptômes sont arrivés il y a quelques mois et l'évolution, selon les médecins, semblent rapide. La mère souhaite donc prendre les devants afin de soulager la lourde tâche qui attend ses deux filles. « J'avais devant moi trois femmes qui pleuraient. Discrètement. Elles m'apportaient leur souffrance, mais dans une immense dignité. C'était un moment très fort. La question était de savoir si je devais montrer que j'étais touché par leur souffrance. Il me fallait avoir la juste parole. Trouver le mot pour qu'elles comprennent que je n'étais pas insensible à ce qu'elles vivaient. Je leur ai expliqué la procédure et les conséquences, en employant un ton le plus rassurant possible. »

12

Instants d'audience

« L'image la plus forte, finalement ce n'est pas sur une scène de crime, c'est à l'audience où le rituel est toujours fort. Quand on dit que l'audience est un lieu de catharsis où l'on fait son deuil, cela me fait toujours sourire. C'est un lieu d'une violence absolument hallucinante où les familles entendent de vive voix la narration des horreurs qu'ont pu vivre leurs enfants, leurs parents avant de mourir. S'il y a un lieu qui n'est pas paisible, c'est la salle d'audience. »

À Saint-Omer, Érick Maurel est assis à la place de l'avocat général. Une place qu'il a occupée dans de nombreuses cours d'assises. Chaque fois les mêmes réflexes. Son champ de vision se restreint. Il se concentre sur l'accusé et la victime. « Même si les portes sont ouvertes et l'audience publique, c'est une forme de huis clos. Tous mes sens sont tournés vers celui qui parle. De mon poste d'observation, je regarde le président, c'est le metteur en scène, le chef d'orchestre. J'ai toujours un œil sur l'avocat de la défense pour savoir comment il va réagir. »

Ce jour-là, le regard d'Érick Maurel se détourne du violeur en série qui est dans le box. Pour ne retenir qu'une image d'une grande intensité. « C'était tellement serein que cela en disait long sur toute la violence qui se cachait derrière tout ça. Trois jeunes femmes qui avaient été violées et qui revenaient de la mort. Ce n'est pas le sang sur une scène de carnage, ce sont trois femmes côte à côte, face à leur violeur. À la barre, elles ont revécu leur cauchemar. Toutes avaient imaginé pendant le viol qu'elles allaient être tuées. Ça c'est violent, parce que l'on savait d'où elles revenaient. Ce n'est pas une image apocalyptique, mais même en en parlant, il y a de l'émotion qui remonte à la surface. »

L'ambiance d'un procès débute parfois sur le trottoir.

Octobre 2000. Luc Frémiot, avocat général à Douai, arrive dans la matinée devant le Palais de Justice de Saint-Omer. Le procès des frères Jourdain, poursuivis pour enlèvement, séquestration, viol et assassinat de quatre jeunes filles près du Portel (Pas-de-Calais) en plein carnaval en février 1997 ne s'ouvre qu'à 14 heures. « L'atmosphère était déjà lourde de haine. Dans la file d'attente devant le portail d'entrée, il y avait des personnes qui attendaient en brandissant des pancartes avec l'inscription "À mort." »

Un procès, c'est une unité de lieu, d'action, de temps.

Dans le prétoire tout peut arriver. Un accusé qui avoue. Une victime qui retire ses accusations. Un témoin qui change de version, qui se déballonne. Un avocat général qui abandonne l'accusation. « Tu arrives avec une intime conviction et tu chavires », résume assez bien Michel Lernout.

« Quand un accusé est particulièrement déplaisant, la tentation va être d'augmenter les réquisitions, il ne faut pas, précise la procureur Catherine Denis. Il faut se méfier à l'inverse d'un accusé trop sympathique qui se présente sous son meilleur jour. On ne doit pas tomber en deçà du seuil ou du prix que l'on doit accorder à la vie humaine. »

« Je me souviens avoir consommé beaucoup de kleenex, avoue Renaud Le Breton de Vannoise. Une femme avait tué son fils autiste en le poussant dans la mer près de Saint-Brieuc. Un geste d'amour, selon les experts. Condamnée à trois ans avec sursis, elle avait reproché au président de lui avoir infligé une peine trop clémente. C'était insoutenable. » « Parfois, je sens bien que j'ai l'œil qui s'humidifie. Une émotion qui se traduit par un silence dans la salle. Il m'est arrivé de rajouter une ou deux années dans mes réquisitions au prix de la souffrance. Ce qui n'est pas écrit dans le code. C'est la personnalisation de la peine. On peut le placer dans un contexte juridique, mais au départ, c'est une émotion », reconnaît Éric Maillaud.

« Une fois, j'ai pleuré aux assises, reconnaît Virginie Duval. J'étais juge depuis un mois et j'ai été assesseur durant un mois. Un mois d'assises, c'est long. À l'époque, on finissait chaque soir à 23 heures. J'étais épuisée à la fin. C'était une petite fille qui avait été violée. Tout le monde pleurait. Les magistrats aussi. J'ai vite caché mes larmes. Si on n'arrive pas à les cacher, il faut changer de fonction. »

Pas rare donc de voir un avocat général se cacher derrière la manche de sa robe d'hermine, ou un président faire semblant de réfléchir alors qu'en réalité, il se frotte les yeux pour ne pas pleurer.

Dans le prétoire, tout peut arriver. Les pleurs, les cris, les larmes. Mais aussi les rires et les fous rires. Nerveux ou pas. Un rire né d'une repartie inattendue venue d'un des deux côtés de la barre.

Un homme de 75 ans comparaît pour avoir tué son épouse. Il nie, mais tout l'accuse. Les jurés le condamnent à douze ans de réclusion criminelle, suivant les réquisitions de l'avocat général Dominique Boiron. Le verdict rendu, le président de la cour d'assises donne la parole au condamné. Ce qui est assez rare. Les mots que les magistrats, les jurés, les avocats et le public restés dans la salle vont entendre, vont littéralement les interloquer. Aucun remords. Aucun aveu. Aucune protestation. Non, simplement une interrogation qui restera sans réponse. « Bah ! Qu'est-ce que va devenir mon chien ? »

Une seule phrase suffit parfois à conduire tous les protagonistes d'un procès à sortir leurs mouchoirs. Une grand-mère qui se dirige vers la barre pour témoigner lors d'un procès à Créteil. Dans le box, son gendre qui a tué sa femme et son fils de 4 ans. Tous les étés, ce petit-fils venait passer ses vacances chez elle. Chaque jour, au petit matin, le petit garçon quittait son lit pour rejoindre sa grand-mère dans le sien. Dans un silence pesant, dans cette salle d'assises plutôt froide, où domine le béton, la petite voix de la mamie glace l'auditoire. « Je ne sentirai plus les petits pieds froids de mon petit-fils que je réchauffais contre les miens. » Toute la salle pleure. L'accusé lui-même est pris d'un malaise. Le président Jean-Paul Albert suspend l'audience pendant une heure. « Cette seule phrase résumait tout. Pour reprendre l'audience, cela a été dur. » Le père a été condamné à la perpétuité. Il n'a pas fait appel.

« Quand vous avez des affaires difficiles, s'il n'y a pas d'humour, c'est plus compliqué à gérer », note Jacques Dallet. Aujourd'hui 80 % des rôles des assises sont des affaires de mœurs. Les braquages, les homicides ont laissé la place aux viols, incestes. Des affaires glauques où les auteurs présumés attirent rarement de la sympathie, de la compassion ou de l'empathie. Ou à défaut une compréhension de leur parcours.

Dans le prétoire, tout peut arriver. Comme, pour un président, être mis en minorité par ses assesseurs et ses jurés. Après le délibéré, après que la sonnerie actionnée par l'huissier a retenti, il faut annoncer en audience publique une condamnation ou un acquittement que vous ne partagez pas.

Le président, les assesseurs, les jurés, les avocats sont pris par leur mission de juger. Cela les aide à prendre de la distance, à se concentrer sur l'essentiel. Ce n'est pas forcément le cas des greffiers. « Il arrive que certains greffiers refusent de venir à l'audience », précise Virginie Duval, présidente de l'Union syndicale des magistrats.

Les assises, c'est un théâtre, une tragédie grecque. Quelquefois avec des allures de comédie. Vérité et mensonges vont être jetés en pâture aux pieds des jurés. Des vérités et des mensonges que les familles des victimes et des accusés vont se prendre en pleine face. C'est une intrusion violente dans la vie des accusés et des victimes. Tout est mis à nu. Une photographie d'une certaine société. Les assises, c'est une arène où les avocats et les magistrats mués en gladiateurs transforment les audiences en jeux du cirque. « J'imagine ce que cela devait être de siéger en cours d'assises, de requérir la peine de mort à une époque où l'appel n'existait pas. Je ne sais pas comment les collègues ont fait », souligne Jacques Dallet, l'actuel procureur général.

La voix d'Ilan Halimi

« Aux assises, il faut aller au fond des choses. Le débat judiciaire est là pour cela, quitte à utiliser des éléments du dossier qui sont d'une très grande violence. »

Celui qui s'exprime ainsi est un connaisseur. Olivier Leurent, considéré comme l'un des meilleurs présidents d'assises de ces dernières années. À tel point qu'il a inspiré le personnage de Lucchini dans *L'Hermine*. À l'été 2016, il a quitté la cour d'appel de Versailles pour prendre la direction de l'École nationale de la magistrature.

Ainsi devait-il diffuser ou non en audience l'enregistrement d'Ilan Halimi, implorant ses parents de payer la rançon demandée par ses ravisseurs ? Enlevé le 20 janvier 2006 à Paris alors qu'il a rendez-vous avec une dénommée Emma qui sert d'appât, le jeune homme est séquestré et torturé dans une cave d'un HLM de Bagneux pendant vingt-quatre jours. Ilan Halimi est retrouvé le 13 février par un riverain, en contrebas de la voie ferrée du RER C à Sainte-Geneviève-des-Bois (Essonne). Agonisant, il décède pendant son transfert à l'hôpital. Un crime odieux pour un mobile à caractère antisémite : la famille Halimi appartient à la communauté juive, donc elle peut payer.

Olivier Leurent a décidé de faire entendre la voix du jeune homme aux jurés lors du procès en appel à Créteil à l'automne 2010.

« Ce sont ses dernières paroles dont nous disposions. Elles étaient dans le dossier. La cassette de l'enregistrement avait été transmise à la famille d'Ilan Halimi qui l'a ensuite transmise aux services de police. Le choix qui s'est posé était de savoir si je diffusais cet enregistrement avec toute la charge émotionnelle qu'il pouvait générer ou si je donnais simplement lecture, mais de manière très neutre. J'hésitais parce que cela pouvait avoir une incidence très lourde dans la décision. J'ai fait le choix de le diffuser, en prévenant les jurés, mes collègues, mais considérant que cette voix suppliant, implorant ses parents de payer la rançon, c'était une voix qui avait été voulue par ses agresseurs, ses ravisseurs. Si l'enregistrement était dans le dossier, c'est parce qu'eux-mêmes l'avaient enregistré et remis à la famille. Cela a généré, au cours du procès, un moment de très grande émotion qui pouvait engendrer des réactions extrémistes ou qui pouvait perturber ensuite l'acte de juger. Je l'ai fait diffuser alors qu'il y avait encore plusieurs jours d'audience après cette écoute. Bien évidemment, on ne le fait pas juste avant de partir en délibéré. Cela m'est apparu comme quelque chose d'important parce que c'était une part de la vérité du dossier», se souvient le président Leurent.

«La voix d'Ilan Halimi, elle résonnera dans mes oreilles jusqu'à la fin de mes jours parce que c'est effectivement un moment d'audience tellement dur, tellement terrible qu'on ne peut pas oublier. Surtout quand on connaît les souffrances qui ont accompagné cette voix, avant et après. On peut vivre avec, on le garde en nous comme des moments professionnels. C'est lourd pour nous, mais comparé à la souffrance de ceux qui l'ont véritablement vécu, cela relativise un peu notre propre souffrance.»

Youssouf Fofana, le chef du «gang des barbares» a été condamné à la perpétuité assortie d'une période de sûreté de vingt-deux ans en première instance. Il n'a pas fait appel. À Créteil, ses coaccusés ont été condamnés à des peines allant de dix-huit ans à neuf ans. Certains sont aujourd'hui libres.

Meurtre sur dictaphone

Un petit pavillon à Vauréal dans le Val-d'Oise. Dominique D., 47 ans, chef d'entreprise, se rend chez son ex-compagne. Nous sommes un dimanche de mars 2008. L'homme, pour la première fois, peut exercer son droit de visite pour voir le fils que le couple a eu dix mois auparavant. Seulement, aujourd'hui, l'amour s'est envolé. Les rapports entre eux sont tendus, conflictuels. Christine L., 38 ans, a non seulement fermé son cœur, mais aussi la porte de sa maison. Dominique effectue donc cette visite avec joie, celle de revoir son fils, mais aussi avec inquiétude. Il se méfie de la réaction de son ex. Depuis des mois, elle s'oppose à ce rendez-vous auquel le père a pourtant droit. L'amour torride entre les deux amants a laissé la place à la haine, à la méfiance, au ressentiment.

Tous deux se sont rencontrés sur internet. La passion, pour ne pas dire le coup de foudre, est immédiate. Christine, follement amoureuse, lui annonce qu'elle est enceinte. Une nouvelle qui n'enthousiasme pas vraiment Dominique dans un premier temps. Tout va peut-être un peu trop vite pour lui. Évidemment, les choses vont changer lorsque l'enfant paraît. Qui peut refuser d'être père quand on vous fait ce cadeau inespéré ? Car depuis que le couple est séparé, depuis que les liens sont cassés, Dominique enrage de ne pas voir son fils. Cette journée du 2 mars est donc importante pour lui puisqu'il vient chercher son enfant pour passer la journée avec lui. Un tête-à-tête père-fils. Le bonheur. Une complicité à venir que la jeune mère voit d'un mauvais œil.

Ce dimanche, Christine ouvre donc la porte à Dominique et l'invite à monter à l'étage où se trouvent deux chambres. La sienne et celle du bébé. L'échange entre les deux parents est au début plutôt calme, serein. Sans agressivité. Dans un premier temps. Puis le ton va monter. De simple discussion, on passe au stade de la dispute. Avant de basculer dans le drame. Christine se saisit d'un couteau et d'une feuille de boucher dissimulés dans la chambre du bébé et assène à son ex-compagnon plusieurs coups en plein thorax. Dominique s'effondre et décède quelques minutes plus tard. À quelques mètres du lit de son fils.

Christine est arrêtée en fin de journée. Devant les gendarmes chargés de l'enquête, elle ne peut que reconnaître être l'auteur des coups mortels, mais elle axe son système de défense en avançant la thèse de la légitime défense. Dominique aurait été le premier à l'agresser, sans que l'on sache trop pourquoi, et elle se serait défendue.

Une défense qui ne va pas résister aux éléments du dossier. À un élément. Capital. Incontournable. Indiscutable. Imparable. Un élément à charge. Une pièce à conviction qui va être au centre des deux procès qui vont se dérouler. Le premier à Pontoise en janvier 2011. Christine y est condamnée à trente ans de réclusion criminelle. Reconnue coupable d'assassinat. Nous sommes bien loin du crime passionnel. Car la pièce à conviction en question accrédite la thèse de la préméditation. Le second à Versailles, un an plus tard, en janvier 2012. Rémi Crosson du Cormier y tient l'accusation. « J'avais lu le dossier d'instruction. Mais lorsque à l'audience, on a entendu l'enregistrement du crime. Nous avons été complètement pétrifiés par la réalité, même si on est habitué à côtoyer des criminels. »

Méfiant, Dominique s'était rendu chez Christine en dissimulant dans la poche de son vêtement un dictaphone. Au cas où. Pour montrer au juge des affaires familiales, par exemple, combien son ex-compagne ne respectait pas les droits du père. Il ne s'imaginait évidemment pas que ce document sonore allait intéresser d'autres magistrats. « Il a enregistré sa propre mort », se souvient Rémi Crosson du Cormier.

Dominique a branché son dictaphone juste avant de pénétrer dans la maison de Christine. Sur décision du président des assises, Jean-Pierre Getti, les jurés de Versailles, comme ceux de Pontoise, ont donc entendu l'enregistrement dans sa totalité. Cinquante neuf minutes. Dans le prétoire de la salle d'audience, vont résonner les voix des deux protagonistes. C'est comme un film, comme un polar sans images. Une bande-son. L'accueil d'abord sur le pas de la porte. Plutôt froid. Puis l'échange d'abord mesuré entre les deux parents. On les entend monter l'escalier qui conduit à l'étage des deux chambres. À ce moment-là, la discussion qui s'envenime. Dominique sait que tout est enregistré. Pas question pour lui de se présenter sous un mauvais jour. Seule Christine fait preuve d'agressivité, de menace. Par six fois, on l'entend dire qu'elle a l'intention de tuer son ex-compagnon. Avant de se saisir de son couteau et de sa feuille de boucher et de passer à l'acte. Le magistrat a gardé en mémoire les phrases prononcées par le couple pendant la scène de crime. « Après le premier coup porté contre lui, on entend le cri de la victime. "Qu'est-ce que tu fais ?" lui dit-il. Elle l'insulte et continue de le poignarder. »

L'enregistrement ne s'arrête pas pour autant. Aux coups de poignard, dix-sept en l'espace de deux minutes, succède l'agonie de Dominique. Après s'être effondré, il se vide de son sang dans la chambre de son fils sans que Christine n'intervienne. À aucun moment, elle ne songe à alerter les secours. Un élément qui pèsera évidemment lourd lors du délibéré. D'autant plus que Christine ne fera preuve d'aucun regret, aucun remords.

Le jeune enfant a aujourd'hui 8 ans. Il n'a pour ainsi dire pas connu son père. Et sa mère purge une longue peine de réclusion criminelle. Elle n'est théoriquement pas libérable avant le début des années 2020. Il aura un peu plus de 13 ans.

La joggeuse

Marie-Christine H., assistante maternelle de 48 ans, appelle les gendarmes. Nous sommes le 28 septembre 2009. Il est 9 heures 10. Elle raconte. Alors qu'elle faisait son jogging dans la forêt de Fontainebleau près de Milly-la-Forêt (Essonne), elle a été kidnappée peu après 8 heures 30 par un homme muni d'une arme blanche. La conversation avec la gendarme a été enregistrée. Elle dure 2 minutes et 17 secondes. Au Palais de Justice d'Évry, trois hommes écoutent cet enregistrement dans l'après-midi. Le procureur de la République, son procureur adjoint, et le gendarme qui a apporté le document sonore. La bande-son est restée dans la mémoire de Michel Lernout, l'un des magistrats d'Évry.

Grâce à son téléphone mobile, la joggeuse kidnappée appelle au secours. En ligne avec la plate-forme d'appels d'Évry, elle est dirigée vers la brigade de Milly. À son interlocuteur, Marie-Christine raconte, la voix oppressée, ce qu'elle est en train de vivre. Elle est enfermée dans un coffre de voiture dont elle donne des indications. Le type du véhicule. Une Peugeot de couleur grise. Elle donne aussi l'immatriculation. Parisienne. Soudain sur l'enregistrement, on entend la voiture qui était en mouvement s'arrêter. « On a entendu le bruit de l'ouverture du coffre de la voiture. Puis un silence pesant s'est installé. » La bande-son continue quelques secondes. Mais on n'entend plus rien. « Nous étions pétrifiés. On visualisait la scène. J'en ai encore la chair de poule en vous la racontant », note Michel Lernout.

Identifié, le meurtrier est interpellé deux jours plus tard. C'est un récidiviste de 48 ans. Aux enquêteurs, il raconte qu'il a effectivement enlevé la jeune femme en train de faire son jogging, qu'il l'a enfermée dans son coffre avant de l'en sortir pour aller l'attacher à un arbre dans la forêt. Pensant que sa voiture était désormais repérable après le signalement fait par téléphone par son otage, il retourne chez lui et change de véhicule. Alors qu'il retourne sur les lieux de son crime, il rencontre la jeune femme qui a réussi à se libérer de ses liens. Il l'enlève à nouveau et l'étrangle. Sur ses indications, le cadavre dénudé de Marie-Christine est retrouvé dans un trou sous des branchages. Deux jours après sa disparition. La bande-son a été diffusée au cours du procès en novembre 2011. Manuel Da Cruz a été condamné à la perpétuité assortie d'une période de sûreté de vingt-deux ans par les jurés de la cour d'assises de l'Essonne.

Le violeur aux lacets

Jean-Paul Albert ne compte plus les procès qu'il a présidés pendant six ans. Sans honte, sans fausse pudeur, il avoue qu'il a eu « de belles affaires, de beaux crimes ». Des dossiers hallucinants, comme l'évasion d'Antonio Ferrara de la prison de Fresnes. Des dossiers poignants, comme celui du violeur aux lacets qui arrive devant les assises à la fin de l'année 2012. L'homme de 39 ans a sévi dans la région parisienne et dans le Sud-Ouest entre 2002 et 2009, année de son arrestation. La justice a fini, après plusieurs années d'enquête, par faire le lien entre les différentes affaires. L'ADN a fait le reste pour confondre le coupable. Dans le box, il comparaît pour viol, tentative de viol et agression sexuelle. Face à lui quatorze femmes qui se sont constituées parties civiles. Toutes ont décrit lors de l'instruction et de l'audience le même mode opératoire. Il liait leurs mains avec ses propres lacets, leur bandait les yeux et les menaçait de mort si elles résistaient.

Sur le banc des victimes, les jeunes femmes se rencontrent pour la première fois. Elles ont été entendues séparément par les magistrats instructeurs et il n'y a jamais eu de confrontation. « Elles avaient le même profil : jeunes, jolies, étudiantes. Ce qui est extraordinaire, c'est qu'elles se sont trouvé des points de similitude, dans leur vie, dans la façon dont elles avaient été agressées, dans les conséquences psychologiques soulignées à la barre par les experts. L'une d'entre elles l'a traité de salaud. J'ai laissé faire parce que c'est l'oralité des débats. Une autre pleurait et n'arrivait pas à dire un mot. Elles se sont senties plus fortes. Je les ai vues se rapprocher les unes des autres, essayant de se soutenir. Elles n'avaient vu que leur nom dans le dossier. Le verdict a été rendu tard dans la nuit. Elles se tenaient main dans la main, bras croisés, alors qu'elles étaient arrivées chacune de leur côté, ne se connaissant pas. Elles regardaient leur violeur sans haine. Nous nous sommes dit qu'elles avaient trouvé le réconfort. Ce sont les moments les plus humains. »

Le violeur aux lacets a été condamné à dix-neuf ans de réclusion criminelle. Peine assortie d'un suivi socio-judiciaire de dix ans avec injonction de soins et une peine de sept ans encourue en cas de non-respect. Avant le délibéré, il s'était adressé aux victimes : « Je ne suis pas fier. Je vous souhaite une meilleure vie et d'essayer d'oublier ce cauchemar. Je vous souhaite le bonheur. »

Procès d'une « tournante »

Les procès pour viols ne se déroulent pas toujours dans une atmosphère sereine, de repentance. Jean-Michel Hayat a la lourde tâche de présider à Pontoise en septembre 2002 le premier procès de ce que l'on appelle communément une « tournante ». Procès d'autant plus difficile et marquant qu'il s'agit de son second procès d'assises. Durant l'hiver 1998-1999, une gamine de 15 ans a été victime de nombreux viols et forcée de pratiquer des fellations dans différents lieux de la cité de la Dalle à Argenteuil. Son calvaire a duré six semaines. « Elle a été séquestrée. Au bout de trois jours, elle est parvenue à s'échapper une première fois pour aller récupérer sa doudoune, mais elle est récupérée par ses agresseurs. Et son calvaire recommence. Quand elle arrive à s'échapper la seconde fois, elle se précipite au réfectoire de son collège. Le principal du collège est témoin d'une scène assez hallucinante, ahurissante. Celle d'une adolescente affamée, sale, et qui engloutit la nourriture qui lui tombe sous la main. Le principal alerte le parquet. Les agresseurs ont pu être appréhendés. »

Le procès s'ouvre à huis clos. vingt adolescents sont sur le banc des accusés. Dix-huit garçons et deux filles mineures, qui faisaient office de rabatteuses. « J'ai dû mettre la jeune fille sous protection policière pour empêcher toutes pressions physiques de la part des accusés qui comparaissent libres. Son avocat était maître Pierre-Olivier Sur, que je ne connaissais pas. Cela a créé indiscutablement un lien entre nous. Il a été époustouflant. Il a porté la voix de cette gamine alors que c'était une corrida. Tout était fait côté défense pour essayer d'abattre cette voix qui essayait de se faire entendre face à la meute. Cela a été bouleversant jusqu'au délibéré qui a été extrêmement remuant. On ne s'imagine pas comme le délibéré est en fait un second procès. Alors que l'on est fatigué par les débats, il faut tenir des heures. Ici en l'occurrence, cela a duré sept heures et demie, poursuit Jean-Michel Hayat. Cela m'a profondément remué parce que c'étaient les violences sexuelles entre adolescents, c'était la cité. On ne s'imagine pas ce qui peut se passer dans nos banlieues. Quand ils sont sortis du box, ils ont été plusieurs à prononcer le prénom de la victime, Amel, comme une espèce de bruit sourd. "Amel, Amel", genre on va te retrouver. C'était terrible. »

Dix-sept des accusés ont été condamnés à des peines allant de cinq à douze ans. Les deux femmes, coupables de complicité, ont été condamnées à trois et cinq ans. Treize accusés ont été arrêtés à l'audience pour être incarcérés, ce qui est rarissime. Un seul accusé a été acquitté. En appel, les peines seront réduites à six mois, à huit ans. Un seul acquittement en seconde instance.

Père et fille dans le box, chacun leur tour

Février 1998. Cour d'assises de Douai. Dans la même semaine, le père et une de ses filles vont comparaître chacun dans le box. Mais pas au cours du même procès. Les trois premiers jours de la semaine, des jurés vont devoir se prononcer sur la culpabilité d'un homme de 55 ans, poursuivi pour viols sur mineur de moins de 15 ans, viols sur mineur de 15 ans, viols avec arme, viols avec violence et actes de barbarie. Les deux derniers jours, d'autres jurés vont décider du sort de Leyna, âgée de 30 ans qui doit répondre de tentative d'assassinat.

Antoine Taboni est brocanteur. Dans sa maison d'Houplines, à côté d'Armentières (Nord), l'homme est très entouré. D'abord marié avec Rosemary avec qui il a eu quatre filles, Leyna, Marcia, Nelcia et Alexa, il a ensuite épousé Élisabeth avec qui il a eu deux autres filles. Antoine Taboni a épousé successivement les deux sœurs qui, de plus, habitent sous le même toit avec deux demi-sœurs qui sont cousines.

Le 8 décembre 1994, alors qu'il rejoint son domicile comme tous les jours à vélo, Antoine Taboni, perçoit derrière lui le bruit d'une voiture. Il n'est pas loin de 18 heures, la nuit est tombée. L'homme continue sa route, il ne se retourne pas. Il ne distingue donc pas sortant de la vitre avant droite du véhicule, le bout du canon d'un pistolet-mitrailleur. Plusieurs coups de feu sont tirés. L'un atteindra le cycliste dans le dos. Antoine Taboni s'écroule sur la chaussée pendant que le véhicule le dépasse et disparaît aussi vite qu'il est arrivé. Alertés, les secours arrivent. Le brocanteur a été touché, mais ses jours ne sont pas en danger. Interrogé par les gendarmes, il dit être incapable de dire qui peut lui en vouloir à ce point. L'histoire aurait pu s'arrêter là. Mais un témoin a vu le véhicule en question, et donne quelques indications qui vont permettre l'identification du propriétaire. C'est un jeune homme qui n'est autre que le compagnon de l'une des filles de la victime. Entendu par les gendarmes, Stéphane reconnaît non seulement avoir servi de chauffeur à son amie, mais également lui avoir procuré l'arme à feu.

Reste une question. Pourquoi une jeune fille a-t-elle voulu ainsi attenter à la vie de son père ? Leyna va passer rapidement aux aveux. Alors qu'elle n'avait pas encore 13 ans et pendant plus d'une douzaine d'années, Antoine a abusé de sa fille. « Dans son carnet intime, les enquêteurs relèveront la première phrase. "J'ai 22 ans, je n'ai pas eu une enfance heureuse." par la suite, on apprendra que ce père s'est également montré violent avec ses autres filles. L'une d'entre elles s'est suicidée.

Luc Frémiot est l'avocat général dans les deux procès qui vont donc s'enchaîner. Dans le premier, le père est dans le box. Il fait preuve d'intelligence, il est même parfois truculent à l'excès. Sa fille, son accusatrice, est incapable de s'exprimer. À tel point que ceux qui assistent à l'audience ont un doute sur le dossier. Luc Frémiot se souvient avoir quitté sa place et être descendu de son perchoir au milieu du prétoire pour être au plus près des victimes. Leyna, mais aussi une de ses sœurs. « Nous plongions dans un drame intime. Chacune des filles cherchait l'énergie dans le regard de l'autre. » Petit à petit, la parole s'est libérée et Leyna a pu dire publiquement ce qu'elle avait subi de la part de son père. « Il me considérait comme sa troisième femme », lâche-t-elle en direction des jurés. L'avocat général requiert vingt ans de réclusion. Maître Éric Dupond-Moretti, l'avocat d'Antoine Taboni, plaide l'acquittement, argumentant qu'il n'y a aucun élément probant dans le dossier.

Le mercredi en fin de journée, les jurés rendent leur verdict. dix-huit ans de réclusion criminelle.

Le jeudi matin. Retour dans la même salle des assises. Celle qui était sur le banc des parties civiles est dans le box. L'accusé d'hier est sur le banc des victimes. Menottée, entre deux policiers. Nouveau tirage au sort des jurés. Certains ont fait partie du jury de la veille, d'autres les rejoignent. L'avocat général invite les jurés qui n'ont pas été tirés au sort à rester assister aux débats des deux prochains jours. Autant l'accusé du premier procès niait les faits, autant l'accusée du second reconnaît avoir voulu tuer son père. « Je voulais qu'il me laisse tranquille. Il n'y avait pas d'autre solution. » Luc Frémiot demande cinq ans avec sursis pour la tentative d'assassinat. Le vendredi, les jurés rendent à leur tour leur verdict. Conforme aux réquisitions. Cinq ans avec sursis. Condamnée, reconnue coupable, mais libre. La tension qui régnait dans le prétoire depuis cinq jours s'envole d'un coup. Journalistes et publics se lèvent aussitôt et se rapprochent de la jeune femme. Luc Frémiot entend alors une journaliste poser une question à Leyna : « Vous n'auriez pas préféré être acquittée ? » Leyna marque un temps d'arrêt et répond : « Non, monsieur l'avocat général a raison. On ne tue pas son père. »

Un coup de feu en guise de divorce

On ne tue pas son père, mais on ne tue pas non plus le père de ses enfants. À la fin des années quatre-vingt, dans le nord du Val-d'Oise, une famille d'ouvriers agricoles, un couple et ses sept enfants, vit dans une maisonnette. Une seule pièce en terre battue. Une plongée dans le quart-monde à quelques kilomètres de Paris. Le mari est ivrogne et bat régulièrement son épouse. Jusqu'au jour où la femme va chercher le fusil de son époux chasseur et abat celui-ci. Le coup de feu réveille les enfants qui dorment dans l'unique pièce du logis.

Aux assises de Pontoise, Jean-Claude Marin requiert vingt ans de réclusion criminelle contre cette femme. « J'ai été d'une sévérité avec elle. Le fait était objectivement grave. Il y avait une dimension humaine, une épaisseur humaine importante. Quand je lui ai demandé : "Pourquoi vous n'avez pas divorcé" ? Elle m'a répondu : "J'ai été cherché le formulaire, mais je ne sais pas lire." Et dans ce cas, on se comporte un peu comme un substitut en bois brut. C'est la sévérité qui sert d'exutoire ou de façon à régler ce problème que l'on ne veut pas voir. »

Une sévérité que le magistrat n'est pas le seul à exercer. Les jurés ont suivi les réquisitions de Jean-Claude Marin.

« Je vous la raconte comme si c'était hier »

Une ferme à Castelvieil (Gironde). Dans les environs de Langon. Les gendarmes débarquent en force. Les témoins se sont étonnés de ne plus en voir les occupants. L'arrivée des portables, il y a quelques années, a facilité les contacts entre les enquêteurs et les magistrats. Le capitaine de gendarmerie appelle le procureur pour l'informer que le cadavre d'un homme vient d'être découvert. La victime a été frappée violemment. Son crâne est éclaté. « Gelez la scène de crime », préconise le magistrat. Quelques minutes plus tard, même coup de fil. Le cadavre d'une femme a été découvert un peu plus loin. Même état. Même consigne. « Gelez le périmètre. » La scène se répète encore deux fois. Ce sont une jeune femme et un très jeune enfant que l'on retrouve morts, massacrés. En tout, quatre victimes d'une même famille. Frappés violemment. Tous ont le crâne fracassé. Probablement par un démonte-pneu. Tout cela à quelques jours de Noël. Nous sommes le 20 décembre 1989.

Quelques jours plus tard, un homme, Ludovic A., 29 ans, se présente à l'ambassade de France à Madrid. Son propos est incohérent. Il déclare avoir été témoin d'un quadruple meurtre. En France. Celui de sa famille. On ne le croit pas. Il revient le lendemain. Cette fois-ci, on ne laisse pas repartir. On prévient à la fois la justice espagnole et la justice française. Des gendarmes de Bordeaux sont dépêchés pour aller récupérer l'individu dans la capitale espagnole. Son transfert vers le Palais de Justice de Bordeaux est facilité par le fait que l'Espagne n'ouvre pas de procédure à son encontre. Ce qui fait gagner du temps aux enquêteurs et aux magistrats. Ludovic est inculpé d'assassinat. Contre son père, Marc, 61 ans. Sa mère, Nicole, 60 ans. Sa sœur, Maryse, 26 ans. Son neveu, Jérôme, 2 ans et demi. Après avoir accusé un inconnu, il finit par avouer les crimes. L'homme n'est pas un inconnu de la justice. Loin de là. Pourtant son casier judiciaire est vierge. L'auteur de cette boucherie est surveillant pénitentiaire à la prison de la Santé à Paris.

Aux côtés du juge instructeur, le procureur Pierre-Yves Couilleau suit la totalité de l'instruction. Naturellement, il est désigné pour tenir l'accusation lors du procès qui se tient à Bordeaux en 1993. « C'était mes premières assises. La salle était pleine à craquer. Il y avait même du public installé dans la loggia. Le procureur général était présent. » L'accusé continue de tenir un discours incohérent à l'audience. Allant jusqu'à avancer que la Vierge Marie avait guidé son bras. Il se montrera dans l'impossibilité de donner des détails sur la façon dont il a perpétré ses crimes[31].

À la barre, les débats se transforment en conflit entre experts. Pour certains, l'individu est responsable de ses actes. Pour d'autres, il ne l'est pas. « J'ai requis pendant deux heures quarante. Je me suis mis à lui parler comme si j'étais sa sœur, Maryse, qu'il avait tuée. J'ai avancé un mobile que je crois être le bon. Je pense que son père avait deviné qu'il avait des relations incestueuses avec sa sœur. Je me souviens de son regard. C'est un moment où l'on rentre dans le noyau de l'humain, comme on pourrait entrer au centre de la terre. On appréhende alors ce qu'est l'homme dans ce qu'il y a de plus terrible. Je devais me maîtriser, j'avais peur d'être trahi par des larmes. »

Le gardien de prison a été condamné à vingt ans de réclusion criminelle par les jurés de la cour d'assises de la Gironde à Bordeaux.

---

31. Deux ans plus tard, l'affaire revient devant la justice bordelaise. Il s'agit de savoir alors qui hérite de la ferme, des cent hectares, des matériels agricoles et du cheptel de la famille assassinée. Logiquement à un héritier de celui qui a été tué en dernier. Encore faut-il déterminer dans quel ordre sont décédées les victimes. Ce que l'assassin, comme les experts, furent incapables de préciser.

Les remerciements d'une mère

En poste à Fort-de-France, Pierre-Yves Couilleau tient l'accusation dans un procès où l'affaire est assez banale. Un gamin de 16 ans a été tué à la suite de la fête de la musique en 2007. Tué à coups de couteau parce qu'il n'avait pas voulu donner son vélo. Sa mère est évidemment présente sur le banc des victimes. Professeur d'arts plastiques d'origine métropolitaine, elle a eu cet enfant avec un Martiniquais. À la barre, elle parle de son fils. L'émotion est très forte. Elle a les yeux remplis de larmes. « J'ai pris mes réquisitions. Je me suis adressé aux jurés comme je le fais chaque fois en étant à la fois la voix de la société, mais aussi celle de cette femme. J'ai demandé et obtenu la peine que je croyais juste. »

Deux mois après, le magistrat reçoit de cette mère une lettre. Elle lui écrit : « Comment avez-vous fait pour parler de mon fils et de moi alors que vous ne nous connaissiez pas ? » Pour me remercier, elle m'envoyait également deux tableaux qu'elle avait peints avant la mort de son enfant. « Quand je les ai revus, je savais qu'ils étaient pour vous », m'écrit-elle. Ce sont deux œuvres aux motifs désespérés. Ils représentent chacun une silhouette, l'une debout, l'autre allongée. Elles évoquent la mort. Je les ai toujours chez moi. Ce sont des objets mémoriels que je garde aussi pour que mes enfants se souviennent de cette affaire. Son courrier est poignant. Je le garderai toute ma vie. »

Livreur de journaux

Au dernier jour du procès devant les assises à Nice, Jean-Yves Lourgouilloux, avocat général, s'est installé dans un des cafés qui se situent sur l'esplanade piétonnière devant le tribunal. Comme chaque matin, partant de Grasse, connaissant les difficultés de circulation, il préfère arriver très en avance. Une femme s'installe à une table à proximité de la sienne. Visiblement elle ne s'aperçoit pas de la proximité. Elle est accompagnée de son avocat. Tout le monde s'ignore alors que cela fait deux jours qu'ils sont les protagonistes d'un même procès. « Je suis resté assis à la terrasse. Je l'ai vue ensuite partir vers le tribunal et monter les marches du palais. Je me suis dit : "Dans un quart d'heure, je vais prendre mes réquisitions contre elle. Je vais demander contre cette femme une peine lourde. Si les jurés me suivent, ce soir, elle va dormir en prison. Je suis en train d'assister à ses derniers moments de liberté". »

Une fois dans la salle d'audience, l'histoire est tout autre. On juge depuis le début de la semaine cette femme pour assassinat. Elle a tout simplement commandité la mort de son époux. Ce dernier est livreur de journaux à Antibes. Tous les jours, il fait le même circuit dans la ville. Il distribue aux aurores les exemplaires de *Nice-Matin*. Chaque jour, les nombreux lecteurs de ce quotidien régional se précipitent sur les informations nationales et locales et parcourent avec délectation les pages consacrées aux faits divers. Ainsi liront-ils un jour l'histoire de ce crime qui n'avait rien de parfait.

Le mari a contracté une assurance vie. Rien de plus normal. Une clause a prévu que le capital versé à sa veuve serait multiplié par deux si le décès intervenait dans le cadre professionnel. L'épouse a donc concocté un plan à long terme et machiavélique. Elle a d'abord sympathisé avec un jeune homme allant jusqu'à lui demander d'être le parrain de la fille que le couple a eue. Elle va dans un second temps le prendre pour confident et dessiner un portrait peu flatteur du livreur de journaux. Bien sous tout rapport jusqu'à présent, il est dépeint par son épouse comme un homme violent. Non seulement il bat sa femme, mais il a des gestes déplacés avec sa fille. Un parrain peut-il accepter cela ? Un parrain peut-il ne pas réagir si sa filleule est ainsi l'objet d'un père pervers ?

La femme a visiblement bien choisi l'exécuteur des basses besognes. Le jeune homme ne se pose pas trop de questions et surtout ne cherche pas trop à recouper les affirmations de la maman. Un beau matin, dans les rues de la vieille ville d'Antibes, près des remparts, alors que notre livreur de journaux accomplit sa tournée quotidienne, il est soudainement attaqué par un jeune homme qui, sans explication, lui assène de nombreux coups de batte de baseball. Le livreur meurt. Il était en service. Sa veuve va pouvoir toucher l'assurance vie. Multipliée par deux. C'est évidemment sans compter sur les soupçons des enquêteurs. Une information judiciaire est ouverte. Un meurtre en pleine rue ne peut pas rester impuni. Le juge chargé de l'enquête va rapidement élucider le mystère. Le commanditaire, l'épouse, jouant les veuves éplorées, et l'exécuteur sont rapidement interpellés et placés en détention provisoire. Tous deux sont renvoyés devant les assises pour répondre d'assassinat et de complicité d'assassinat. Mais seule la femme va comparaître devant les jurés des Alpes-Maritimes. Seule, mais libre, car le juge a décidé de la remettre en liberté en attendant le procès. Seule, car le jeune homme a été retrouvé mort dans sa cellule de la prison de Nice. Il s'est suicidé. « Il a laissé une lettre dont la tonalité était très triste, raconte Jean-Yves Lourgouilloux. Il avait compris qu'il avait été manipulé par cette femme, qu'il avait tué un innocent et qu'il ne pouvait pas vivre avec cela. Principalement aux yeux de sa filleule qui n'avait donc jamais été abusée comme on lui avait fait croire. »

À l'audience, au second jour du procès, la lettre du jeune homme a été lue par le président des assises. Ces quelques mots écrits depuis sa cellule ont été l'élément à charge contre l'accusée. La commanditaire d'Antibes a été condamnée à vingt ans de réclusion criminelle. Cela a fait les titres de *Nice-Matin* que, depuis, un autre livreur de journaux distribue dans les rues d'Antibes.

Rester de marbre

Alors qu'elle avait cinq ans d'ancienneté, ce haut magistrat à la tête d'une des plus importantes juridictions, préside le tribunal correctionnel. Au programme ce jour-là, une multitude de dossiers. Comme c'est l'habitude, les trois magistrats qui siègent doivent étudier plusieurs procédures les unes après les autres. Une d'entre elles est gravée dans sa mémoire. Non pas en raison de la complexité du dossier, ni de la peine infligée. Mais plutôt de sa propre attitude. À elle et à ses deux assesseurs. Dans l'après-midi, un jeune homme se présente devant le tribunal. Le délit pour lequel il comparaît importe d'ailleurs peu. C'est une histoire comme les tribunaux en jugent quotidiennement. Ce n'est pas ce qu'a retenu notre magistrat. Ce qu'il a en mémoire, comme photographié, c'est son attitude. Il parle, répond aux questions, sans difficulté. Mais un détail agace notre présidente. « Il se tenait de telle façon que l'on ne voyait pas ses mains. Comme si elles étaient dans la poche, cachées par sa ceinture de pantalon. Il se tenait très mal. » Limite outrage à magistrat. « Nous sommes partis délibérer et nous avons évoqué aussi son attitude entre nous. Lorsque nous sommes revenus dans la salle d'audience, j'ai donc donné sa condamnation pour les faits pour lesquels nous le jugions et je lui ai fait le reproche pour sa façon de se tenir face à nous. Il nous a alors révélé qu'il n'avait pas de mains. Malgré le choc que cela a provoqué en moi, je suis restée très calme et j'ai gardé ma maîtrise jusqu'au bout. »

Quelques mois plus tard, notre présidente de tribunal est amenée à juger une affaire de transsexuel. « Nous étions en 1986. Ce n'était pas très courant à l'époque. Il s'appelait Dominique. Ne sachant pas comment l'appeler, monsieur ou madame, je l'ai simplement appelé par son prénom et son nom. Il s'est levé de son banc et il s'est avancé vers la barre devant nous. Il avait une jupe, mais une démarche légèrement masculine. La salle a pouffé à la vue de ce prévenu. J'ai rappelé à l'ordre le public et pour ma part, je suis restée de marbre, ne montrant nullement ma surprise. Il m'a remerciée de mon attitude. Je suis sûre qu'inconsciemment la première affaire du prévenu sans mains m'avait marquée et donc servi de leçon. »

Du doute à la conviction

Un père est renvoyé devant le tribunal correctionnel de Reims pour agression sexuelle. La victime n'est autre que sa fille âgée de 16 ans. Comme souvent dans ce type d'affaires, c'est parole contre parole. Aucun élément matériel, aucun témoignage extérieur ne vient accréditer une thèse par rapport à une autre. Alors qu'il consulte le dossier qu'il va devoir juger, le président du tribunal correctionnel, Valéry Turcey, est plutôt sceptique. Il s'interroge. N'est-ce pas un dossier de plainte de viol qui a été correctionnalisé comme cela arrive assez souvent quand les éléments à charge sont friables ? N'est-ce pas un dossier qui aurait dû être clos par un non-lieu ? Bref, le président a des doutes. Ce qui est plutôt sain au demeurant. Arrive le jour de l'audience. Le père comparaît détenu, mais pour d'autres causes. La plaignante, sa fille, est également présente. La confrontation se fait au vu et au su de tout le monde. Mais l'affaire revêt une tout autre nature que ce que le dossier faisait apparaître. « Il est devenu évident, criant, que la jeune fille disait la vérité. Elle était indignée qu'on ne la croie pas. Le père s'empêtrait dans des explications qui n'étaient pas fiables et crédibles. »

En pleine audience, la victime s'avance vers l'avocate de son père, la saisit par la manche de sa robe : « Pourquoi tu dis des mensonges, tu n'y étais pas. » Un frisson traverse la salle d'audience. Le ressenti est général. Le président lève l'audience après le réquisitoire et les plaidoiries. Le tribunal part délibérer dans la foulée. Le président et ses deux assesseurs sont sur la même ligne. Le père est coupable. Il est condamné et ne fait pas appel, comme s'il acceptait tout d'un coup ce qu'il avait nié pendant de longues années. « Cela m'a démontré la force que peut avoir une audience. Je suis passé d'un doute sur le dossier à une certitude dans le prétoire. Pourtant nous n'avions aucune preuve supplémentaire. Mais nous étions face à une évidence qui avait été ressentie unanimement. Par le tribunal, et dans la salle. »

« Je dis toujours aux présidents d'assises que je serais incapable de faire ce qu'ils font, confie le procureur Jean-Christophe Muller. Moi, j'ai un bouton : *on/off*. Quand les choses sont finies, c'est fini. Quand l'audience se termine tard et que je vais requérir le lendemain, j'y pense un peu. Mais je ne vais pas passer une nuit blanche. »

13

Dans le huis clos du cabinet

Peut-être n'êtes-vous jamais entré dans le cabinet d'un juge ? Vous avez eu la chance de ne pas faire partie des quatre millions de Français qui chaque année pénètrent dans un tribunal. Vous n'avez jamais divorcé. Vous n'avez jamais été convoqué par un juge des enfants. Jamais comparu devant un magistrat pour être mis en examen, même pour un motif somme toute futile. Vous avez donc seulement en tête l'image véhiculée par le cinéma, ou certaines fictions télévisées. Une image souvent fausse, déformée. Un grand bureau dans une immense pièce. Au mur des tableaux, un mobilier digne d'un ministre. La réalité est tout autre. À Paris, comme en province. Que le palais soit ancien ou moderne, les juges travaillent dans des bureaux qui s'apparentent plus au placard qu'au cabinet ministériel.

Peu de place pour accrocher au mur des œuvres d'art puisque les armoires occupent souvent la totalité de la pièce, des armoires remplies de dossiers. Difficile aussi de voir si le sol est en parquet ou moquetté puisque, là encore, des piles de tomes de procédures réduisent considérablement la liberté de circuler. Sur le bureau du juge, d'autres dossiers, des codes, rouges ou bleus selon l'édition choisie, et un téléphone qui le relie au monde extérieur, lui qui passe des journées entières entre ces quatre murs. À ses côtés, un autre bureau. Celui de son greffier ou de sa greffière, son double en quelque sorte, son scribe, celui ou celle dont il ne se sépare pas. Le juge passe plus de temps avec sa greffière qu'avec son épouse ! Un couple, uni dans la procédure et dans la confrontation au quotidien du malheur des autres.

Reste un peu d'espace pour installer des chaises. Rarement confortables. Quelquefois pliantes. C'est là que vont s'asseoir successivement les prévenus, les accusés, les justiciables, les victimes, les plaignants, les témoins, les avocats Un défilé. Le juge se déplace très peu. On vient à lui. Les gendarmes ou les policiers qui escortent prévenus ou accusés se tiennent en retrait.

« Quand vous présidez une audience correctionnelle ou d'assises, vous êtes un peu protégé par la géographie des lieux. À l'instruction, vous êtes à 1 mètre 50 de la personne que vous entendez, que vous interrogez. Vous n'avez pas la robe, vous n'avez pas le décorum de la salle d'audience », souligne l'ex-président des assises Olivier Leurent.

Maintenant que vous êtes familier des lieux, ou presque, trouvez-vous une petite place, contre le mur, entre l'armoire et la porte. Et soyez le témoin attentif, mais muet de ce qui peut arriver dans ce huis clos.

Un aveu qui ne soulage pas la peine

Marie Christine D. squatte un petit logement face au Palais de Justice de Reims. Alors qu'elle se sent abandonnée par son compagnon, elle craque. Elle lui subtilise le médicament qu'il prend pour son cœur, un cardiorythmine. Elle accomplit alors un geste fort en symbolique. Elle emmène son enfant en bas âge dans la cathédrale de Reims, haut lieu des couronnements royaux. Une fois à l'intérieur de l'édifice religieux, elle fait absorber le médicament à son enfant. De trop petite corpulence pour un médicament si puissant, il décède.

Marie-Christine se retrouve dans le bureau du juge d'instruction, Jean-Marie Beney. « Elle avait la particularité de ne rien dire. » Elle reconnaît les faits, mais sans jamais les justifier, les expliquer. Elle reste muette, prostrée face aux questions du magistrat. Alors que son instruction touche à sa fin, Jean-Marie Beney convoque une dernière fois l'accusée. Elle est extraite de sa cellule et se présente une nouvelle fois dans le cabinet du juge. En revanche, son avocat ne se déplace pas. « C'était souvent le cas à l'époque. Huit fois sur dix, nous faisions les interrogatoires avec les inculpés sans leur conseil. »

Pas de raison que la mère infanticide présumée soit plus bavarde que d'habitude, mais le juge tente le coup. Il pose ses questions, à une différence près. « Au lieu de m'asseoir à mon bureau, je me suis assis à côté d'elle et je lui ai dit : "Maintenant, madame, (peut-être même l'ai-je appelée par son prénom), maintenant il faut en sortir. Vous allez tout me raconter." »

Et Marie-Christine s'est mise à tout déballer. Son histoire. Sa vie de misère et de galère. Comment son projet de mettre fin à la vie de son enfant avait mûri. Tout dans les moindres détails. Le magistrat a le sentiment que la jeune femme s'est délivrée d'un poids.

Des aveux dans le cabinet du juge qui vont forcément être à porter au crédit de l'accusée lorsqu'elle va comparaître devant ses juges aux assises. Cette pauvre femme, qui avait été abandonnée, n'aura pas une peine importante se persuade le juge Jean-Marie Beney. « L'avocat général, dont c'était la dernière affaire avant de partir en retraite, requiert quinze ans. Les murs tremblent. J'assiste à la fin du réquisitoire, à la plaidoirie de son avocat. Les jurés partent délibérer. Le verdict tombe. Dix-huit ans. Je n'ai pas compris. J'ai eu un sentiment d'incompréhension. En me disant : j'ai mal fait mon travail. Je n'ai pas su faire ressortir ce qu'il fallait pour expliquer la situation de cette femme. Cette condamnation m'a beaucoup remis en question personnellement. Je n'ai pas été entendu comme témoin à la barre. Qu'aurais-je pu dire de plus que : "Tout est dans le dossier et dans mon ordonnance de transmission de pièces ?" »

Plusieurs années après, Jean-Marie Beney, procureur général à Metz, se souvient de sa soirée après le verdict de condamnation. Alors qu'il passait à pied devant l'hôtel de police, il se fait interpeller par deux policiers :

– Cela n'a pas l'air d'aller, monsieur le juge.

– Non. Et le juge raconte son histoire.

– Venez, on va en parler, on va boire un coup.

« Cet échange ainsi qu'un autre plus tard avec l'avocat de la défense m'a beaucoup aidé. » confesse Jean-Marie Beney.

Plus à un aveu près

Deux femmes sont retrouvées mortes dans un canal. Elles ont 40 et 17 ans. L'une est retrouvée dans sa voiture. L'autre coincée contre une grille. Sous l'eau. Elles ne sont pas mortes noyées, mais assassinées. Elles sortaient toutes deux d'un tournoi de tennis. Les soupçons se portent très vite sur un jeune homme qui fréquente le même cours de tennis. Ce dernier, qui travaille dans une raffinerie de pétrole, est rapidement interpellé. Marc Brisset-Foucault, alors juge d'instruction, se souvient très bien de deux détails accablants. À charge. « Non seulement, il avait encore du sang sur ses tennis, mais on a retrouvé sur lui une pochette d'allumettes sur laquelle était inscrit le numéro d'immatriculation de la voiture des victimes. » À la fin de son interrogatoire, le juge demande au suspect qu'il vient d'inculper pour assassinat, s'il a commis d'autres crimes. « Il m'a alors avoué qu'il avait renversé une femme qui faisait du vélo. » Quelque temps plus tard, le jeune homme s'est suicidé dans sa cellule.

L'aveu d'Émilie

Olivia Cligman a abordé la justice des deux côtés de la barre. D'abord comme avocate, pendant quinze ans, aux côtés de maître Thierry Herzog puis de maître Henri Leclerc, époque où elle a défendu les victimes de Jean-Thierry Mathurin, le complice de Thierry Paulin, le « tueur des vieilles dames », mais aussi Florence Rey, la compagne d'Audrey Maupin, morte en octobre 1994 après une course-poursuite achevée place de la Nation à Paris. Ensuite Olivia Cligman a quitté le barreau pour la magistrature.

« Ce qui me plaisait quand j'étais avocate, c'était de sonder les bas-fonds un peu comme Cousteau. Cela m'a manqué quand je suis devenue juge d'instruction où je me rendais moins souvent en détention. Cela me frustrait. » On parle plus facilement à son avocat qu'à son juge. Reste qu'Olivia Cligman a réussi à faire avouer des accusés qui étaient restés muets face à d'autres juges. « Parce que je leur serrais la main, ce que font rarement mes collègues, ou leur servais le thé, leur proposais une pause ou de fumer une cigarette. Éventuellement, j'appelais le directeur de la prison pour tenter de régler un problème de détention. On se mettait autour de la table, et non pas face à face au bureau. Et du coup cela basculait. »

Comme en janvier 2005. Les policiers escortent dans son cabinet une jeune fille de 23 ans, Émilie. Petite, ronde, l'adolescente a une intelligence limitée. Son petit ami, Driss S., vient de finir de purger une peine de vingt ans de réclusion criminelle pour viol et assassinat. D'amoureux, Émilie et Driss, viennent de passer complices. D'un crime, celui de la propre mère de la jeune fille, Maryse.

« Émilie avait visiblement une défaillance intellectuelle. Je l'ai mise en confiance. Elle m'a tout avoué. Même le plus inimaginable dans la bouche d'une gamine. »

La mère et la fille se sont violemment disputées. Driss s'en mêle. La violence monte d'un cran. Plus question de mots ou de coups. La dispute devient scène d'horreur. Le jeune homme viole la mère avant de l'étrangler. Émilie assiste à la mise à mort. Sans broncher. Bien au contraire. Quand il s'agit de faire disparaître le corps, Émilie donne un coup de main. Après que Driss a découpé Maryse en onze morceaux, Émilie l'aide à mettre les sacs-poubelles dans le réfrigérateur. À l'exception d'un seul, celui qui contient la tête de sa mère. Émilie a été condamnée à vingt ans de réclusion criminelle.

« Ce qui m'a toujours troublée c'est que je n'étais jamais choquée de ce que j'entendais. Comme avocate et juge, j'ai entendu des histoires de gens se faire découper, se faire massacrer, des choses horribles, des viols. Oui c'est horrible, mais je ne me suis jamais dit que ce n'était pas défendable. Les gens disent : "Comment peux-tu défendre des gens pareils ?" Je ne me suis jamais posé ces questions. J'avais certaines limites. Des gens que je ne peux pas défendre. Ce qui me plaît, c'est d'être aux côtés de celui qui est honni par tous, c'est une espèce de jouissance. Dans mon cabinet de juge, il m'arrive d'être à la fois le magistrat et le conseil, à la place de l'avocat. Je prends toujours un peu la défense de l'accusé. Parfois à la place de son conseil. Ce côté avocat je l'ai toujours, c'est ce qui me guide. La justice est tellement brutale que j'ai l'impression d'être dans le juste. »

On avoue et on dénonce

Un homme de 30 ans se présente à la gendarmerie. Il vient dénoncer son père. Ce dernier, âgé de 54 ans, prénommé Stéphane, ingénieur dans une poudrière de la région, le viole depuis sa plus tendre enfance. Lui et ses quatre frères. Il est l'aîné. Aux gendarmes, le message de ce jeune homme est sans ambiguïté. « Si vous ne m'arrêtez pas tout de suite ou si vous ne l'arrêtez pas, je le tue. » Le père est évidemment interpellé dans les heures qui suivent, placé en garde à vue puis déféré devant le procureur Pierre-Yves Couilleau. « Les faits, les agissements dénoncés par les fils étaient horribles. Les enfants étaient non seulement l'objet de la perversité de leur père, mais aussi ses sujets. Il obligeait ses propres enfants à le violer. »

Une information judiciaire est donc ouverte et avant la saisine d'un juge d'instruction, le procureur reçoit dans son bureau le futur inculpé. « J'ai tellement été marqué par ce que j'avais lu dans les procès-verbaux d'interrogatoires des plaignants que j'avais demandé à un collègue d'être présent à mes côtés. Enfin, c'était encore possible à cette époque, je fumais. Sans doute aussi pour m'aider. Le père de famille arrive entre deux gendarmes qui vont rester pendant tout l'interrogatoire. À la fin de celui-ci, après les questions rituelles et de procédure, je lui demande simplement : "Pourquoi ? Pourquoi ces actes ?" Le procureur se souvient encore de sa réponse plusieurs années après. "Pour la même raison que vous fumez. Je ne peux pas m'en empêcher." »

Le futur meurtrier sort du cabinet du juge

Une scène apparemment banale. Un homme est convoqué dans le cabinet du juge Alain Vogelweith. L'interrogatoire porte sur des violences et des menaces que l'individu commet sur son ex-épouse. Elle a porté plainte. Cette convocation consiste principalement à lui rappeler la loi, si ce n'est la morale. L'entrevue se passe plutôt bien, calmement. L'homme écoute le magistrat et explique qu'il n'a pas accepté cette séparation qui n'est pas de son fait. Une blessure narcissique en quelque sorte. Un dossier parmi tant d'autres, qui fait partie du quotidien des magistrats. Alors que le juge s'entretient avec l'homme, son téléphone sonne. Au bout du fil, un policier qui travaille sur le dossier de l'homme en question. Moment délicat à gérer pour ce magistrat. Sa conversation téléphonique concerne celui qui est en face de lui. Pas question de continuer la conversation en sa présence. Le magistrat prie donc l'homme de bien vouloir sortir un instant de son cabinet et de l'attendre. L'inspecteur de police le prévient. L'individu vient d'acheter une carabine 22 long rifle. Compte tenu de la gravité des faits antérieurs, il tenait à en alerter le plus rapidement possible le magistrat. Accessoirement, l'arme a été payée avec un chèque sans provision. Après avoir raccroché, le magistrat se lève de son bureau et sort dans le couloir afin de faire pénétrer à nouveau son interlocuteur. Personne. Il est parti. Le rendez-vous banal au départ se complique. L'homme considéré comme violent est désormais aux yeux de la justice, dangereux. Le magistrat convoque l'ex-épouse pour la prévenir de la situation. Il lui propose une protection. Elle refuse. Elle ne croit pas que son ex-mari peut en venir à cette extrémité-là. Quant aux enquêteurs, ils tentent d'interpeller l'ex. Sans succès. Il se cache. Dans le bureau du magistrat, il a compris que les choses se compliquaient pour lui.

Il va réapparaître plusieurs jours plus tard. Alors que son ex-femme attend de récupérer leur enfant devant une école, il arrive en voiture. Et malgré les nombreux témoins présents sur place, il la force à monter dans son véhicule. Un enlèvement, ni plus ni moins. Il l'emmène chez lui. Toujours de force. Dans son appartement, il se saisit d'un marteau et la frappe violemment à la tête. La femme saigne abondement. Le couple repart. Dans l'escalier, ils vont croiser une voisine. À aucun moment, celle-ci ne va s'apercevoir de la gravité de la situation. La jeune femme saigne à la tête, mais un vêtement cache la plaie. D'ailleurs comment la voisine pourrait imaginer un tel drame ?

Dans la rue, le couple s'engouffre dans la voiture. Départ cette fois-ci pour un terrain vague dans les environs. L'homme arrête son véhicule, en fait descendre son ex, se saisit de sa carabine rangée dans le coffre et tire. Elle s'effondre. L'homme range alors soigneusement son arme dans le coffre. Il y enferme également sa victime.

Depuis « son évasion » du cabinet du juge, l'homme est recherché par les policiers. Ils finissent par retrouver sa trace. Il est à une terrasse de café en centre-ville. Le dossier s'est alourdi. Plus question seulement de violences, de menaces. On parle désormais d'enlèvement, de séquestration. Il est interpellé et placé en garde à vue. Il a sur lui les papiers d'un véhicule. Une voiture garée pas loin de l'endroit où il a été interpellé. Aucune trace de sang n'est retrouvée. Le coffre est vide. Déstabilisés dans un premier temps, les policiers vont en fait s'apercevoir que le suspect avait un second véhicule. Dans lequel on retrouvera le corps de la femme. L'autopsie révélera que la victime était encore vivante lorsque son assassin a été arrêté. Même si son diagnostic vital était engagé et que ses chances de survie étaient quasiment nulles, ce détail a accru la culpabilité des enquêteurs et des magistrats de ne pas avoir interpellé l'homme avant ce crime.

Un autre magistrat sera chargé du dossier criminel. L'accusé dira alors ne pas avoir supporté d'être trompé par sa femme. Il ne fera preuve d'aucun remords, aucune once de culpabilité. À la limite du déni total. Il n'y avait qu'une seule solution pour mettre fin à sa souffrance. Tuer son ex-femme.

Le juge du divorce

Les juges d'instruction et les procureurs ne sont pas les seuls magistrats à vivre des émotions très fortes dans leurs cabinets. Mettre en examen un présumé violeur ou braqueur est une chose. Être juge des affaires familiales (JAF), autrement dit celui qui déchire le contrat de mariage des deux justiciables, en est une autre. « La justice la plus violente est celle des affaires familiales », note l'ancien président des assises Dominique Coujard qui n'a pas oublié l'époque où « cinq à six couples par jour voyaient le ciel leur tomber sur la tête dans mon cabinet ».

Michelle Torrecillas, juge de l'application des peines, parle, elle, d'un sentiment de désespérance. « Dans les divorces par consentement mutuel, nous ne sommes qu'une caisse d'enregistrement. On ne fait qu'entériner la convention préparée par les avocats. Dans les conflits les plus chauds, on essaye de limiter les dégâts. »

Même constat de la part d'Agnès Mouillard qui a longtemps occupé ce poste. « Au bout de huit ans, je ne pouvais plus enchaîner les procédures de divorce. Non seulement, cela m'avait rendue un brin sexiste, mais surtout j'étais saturée. J'ai vécu cette succession, cette accumulation de drames conjugaux, comme une intrusion dans la vie privée. Sans que cela ait une conséquence sur ma propre existence. Certes, nous ne sommes pas préparés, nous ne sommes pas aidés à affronter tant de crispations, de douleurs. Mais je considère aussi que nous ne devons embrasser cette carrière que si nous avons un bon équilibre mental et psychologique. »

Dans le tribunal du nord de la France où elle a été nommée, Agnès Mouillard remplit plusieurs fonctions. C'est le lot des petites juridictions. Le magistrat est multicarte. Homme ou femme à tout faire. Au gré des nécessités du service. Président des audiences correctionnelles, elle est amenée à juger un accident de circulation. Un drame de la route qui avait fait les gros titres de la presse locale. Face à elle, dans la petite salle d'audience, le conducteur d'un 4x4, qui, sous l'emprise de l'alcool et n'ayant pas maîtrisé la vitesse de son véhicule, a violemment percuté deux jeunes enfants qui se trouvaient sur un trottoir. L'un d'entre eux est décédé sur le coup. L'autre est dans le coma, avec un diagnostic vital engagé. Le prévenu a donc à répondre d'homicide involontaire. « C'était une époque où nous avions la main moins lourde. Avec le recul, je m'aperçois que le jugement était assez modéré. Nous l'avons condamné à un an de prison avec sursis et un an de suspension de permis de conduire. »

Quelque temps plus tard, Agnès Mouillard se penche à nouveau sur ce dossier. Non plus côté pénal, mais côté civil. Elle est saisie par les parents des deux victimes qui réclament à l'auteur des faits des dommages et intérêts. « J'ai appris à cette occasion que le jeune homme était toujours hospitalisé dans un état végétatif. » Après avoir tranché ce contentieux civil, notre juge pense en avoir fini avoir ce dossier. Erreur. Cette fois-ci, c'est en qualité de juge d'affaires matrimoniales[32] qu'elle se retrouve devant les parents du jeune homme grièvement blessé. « Ils étaient là pour un divorce et me demandaient de rendre une ordonnance de conciliation. L'accident de leur enfant avait plombé le couple. Ils étaient d'accord pour se séparer dans une procédure de consentement mutuel. » L'affaire ne s'est pas arrêtée là. Dans un excès de violence, l'ex-mari a frappé à mort son ex-épouse. Le père du jeune homme a comparu aux assises. Entre-temps, son fils était décédé. Cette affaire, Agnès Mouillard, présidente de chambre à la Cour de cassation, l'a vécue comme l'enchaînement d'une tragédie. Un accident de la route qui s'achève par une folie meurtrière.

La limite de ce que le juge peut faire, Gilles Straehli l'a vécue. Chargé des affaires familiales au tribunal de Dieppe, il a face à lui un couple en instance de divorce. On est loin du consentement mutuel. « Lui y est favorable. "Je n'attends que ça" est son leitmotiv. Elle, elle est opposée à cette séparation. La femme attendait même de moi que je ramène son mari vers elle. Elle

32. Ancienne formulation (JAM) que l'on donnait au magistrat désormais appelé juge des affaires familiales (JAF).

pensait que j'avais le pouvoir de les réconcilier. » Dans ce même cabinet, un autre couple demande le divorce. Non seulement, ils sont d'accord, mais ils veulent que cela aille vite. L'ennui, c'est qu'ils sont parents d'un enfant en bas âge. Et le juge se trouve face à une situation peu banale. Ni le père ni la mère ne demandent la garde de leur progéniture. Le père avance que cela incombe à la mère, qui rétorque en direction du juge. « Moi aussi, je veux vivre ma vie. » Le magistrat a dû les mettre devant leur responsabilité. L'enfant a été confié à la mère avec un droit de visite pour le père.

La maîtresse avait prévenu

Élisabeth Linden a été juge des affaires familiales (JAF) pendant cinq ans de 1997 à 2002. Cinq ans durant lesquels des couples vont se déchirer devant elle. Elle confirme ce que d'autres juges des affaires familiales m'ont déclaré. Dans leur cabinet, il y a deux catégories sociales particulièrement odieuses avec le magistrat et le futur ex-conjoint : les médecins et les enseignants.

Mais en ce jour de septembre 1999, Élisabeth Linden ne sait pas que même dans un simple dossier de divorce, le pire peut arriver. À l'improviste, une femme débarque dans son bureau. « Demain, vous allez recevoir un couple, il ne faut pas qu'il divorce », assène d'une façon sibylline celle qui se présente comme la maîtresse du mari. « Il faut absolument que vous le réconciliiez avec sa femme. Si vous ne le faites pas, il va faire un malheur », lâche-t-elle en filant aussi vite qu'elle était arrivée dans le cabinet.

Stupeur de la magistrate. « Je n'ai pas compris ce qu'elle a voulu me lancer comme message. Par "faire un malheur", j'ai compris : il va se suicider. La façon dont elle me racontait l'affaire me menait vers cette hypothèse. »

Le lendemain, la magistrate consulte le dossier avant son rendez-vous. C'est un divorce pour faute. Il y a donc une tentative de réconciliation. Le mari apparaît comme proxénète.

S'il ne prostitue pas son épouse, il la bat. Alors qu'elle était partie se réfugier dans un foyer au Luxembourg, il l'a ramenée dans le coffre dans la voiture, ficelée.

Suite à la visite éclair, la veille, de la maîtresse, la magistrate a toujours à l'esprit que l'homme peut se suicider. C'est la femme qui est demanderesse. L'homme y est opposé. « La tentative de conciliation a duré une heure au lieu du quart d'heure habituel. » Dans une ambiance très tendue. « Tout à coup, je le vois se lever, sortir son pistolet et tirer sur sa femme qui était à ses côtés. L'avocate de la femme s'est cachée derrière mon bureau. Je me suis levée pour aller désarmer l'homme qui pointait l'arme vers moi. » L'épouse est morte dans mon bureau un quart d'heure plus tard.

Depuis, Élisabeth Linden se repasse le film régulièrement. « Si j'avais compris le message de la veille, est-ce que cela aurait changé quelque chose ? Ce qui a été dur à vivre, c'est de rentrer chez moi le soir, d'affronter le questionnement de mes enfants. Je suis allée dîner chez une collègue. Une amie a couché les enfants. Le lendemain, il a fallu leur dire parce que l'affaire était relatée dans la presse régionale. Cela a été compliqué. Les journaux ne passaient aucun détail. J'ai essayé de relativiser le danger que j'avais couru. Pendant un certain temps, j'ai demandé aux personnes qui rentraient dans mon bureau avec une sacoche de bien vouloir l'ouvrir. Un homme s'est fâché très violemment avant de m'envoyer une lettre d'excuses, disant : "J'ai appris ce qui vous était arrivé, je suis désolé, j'ai compris." »

Le coup de feu tiré dans le cabinet de la juge a attiré les policiers et certains de ses collègues. La femme est emmenée sur une civière par les pompiers. Son mari assassin est arrêté. Élisabeth Linden a été légèrement blessée. Une blessure sans gravité. Mais elle est profondément choquée. Comme elle l'est par l'attitude de son chef de juridiction. « Quand il a su ce qui s'était passé, il a quitté son bureau et il s'est installé dans le bureau voisin du mien, pour poursuivre mes audiences de conciliation. Cela m'a été insupportable. Pourquoi je n'ai pas supporté l'attitude de mon président ? Cela m'a polluée. Le fait qu'il ait poursuivi l'audience dans le bureau d'à côté, c'était comme s'il ne s'était rien passé. Il ne m'a même pas demandé si je trouvais opportun de faire une déclaration d'accident du travail. Cela ne m'avait pas traversé l'esprit. Du coup, je l'ai faite. J'ai toujours considéré qu'il fallait être là pour les collègues. Sa seule inquiétude était les répercussions que cela aurait dans la presse. J'ai verbalisé au maximum pour évacuer beaucoup de choses. Je me disais : pourquoi tu n'as pas compris le message ? J'ai réussi à passer à autre chose. Mais on ne peut pas oublier. Cela permet d'avoir une grille de lecture pour les autres dossiers. »

Les vieux amants qui divorcent

Comme elle n'oublie pas non plus cet autre couple qui avait entre 75 et 80. Après quarante ans de concubinage, ils se sont mariés trois ans plus tôt, et ils se présentent à elle pour un divorce par consentement mutuel. « C'est le fait d'avoir signé un papier, d'être enfermé », explique-t-il à la magistrate incrédule qui leur demande : « Lequel des deux va quitter le domicile conjugal ? » « Et là ils me répondent en chœur : "Non, on repart ensemble, mais on ne sera plus mariés." Sur le pas de la porte de son cabinet, Élisabeth Linden leur a souhaité bonne continuation et adressé ses sincères félicitations. « Ce sont des cas que l'on n'oublie pas. Les symboles peuvent être trop lourds à porter. »

Au bout de cinq ans, Élisabeth Linden était contente de quitter cet univers de confrontation qui est souvent irrationnel.

Une erreur de jeunesse

Un oubli qui aurait pu coûter cher. Peut-être son poste et même sa vie. Sorti tout droit de l'ENM, Paul-André Breton arrive comme juge d'instruction dans un petit tribunal de province. Rien de surprenant à cela. C'est une particularité de cette institution. Le premier poste d'un nouveau juge peut être celui réputé comme étant le plus en vue et le plus délicat :

le ton juste. Tenter de renouer le dialogue. Mais cela fait un peu peur. » Une autre fois, c'est avec un justiciable qu'il a fallu négocier. L'homme s'était réfugié sur le toit du Palais de Justice et menaçait de se suicider.

Une violence contre le juge, mais aussi contre l'intéressé. Alain Philibeaux a vécu deux tentatives de suicide dans son cabinet. Un premier accusé qui se saisit du coupe-papier placé sur le bureau du juge pour s'auto-agresser. L'escorte est vite intervenue pour empêcher l'irréparable. Plongé dans son dossier, notre magistrat ne s'est aperçu de rien sur le moment. « Il y a nécessité que l'escorte soit vigilante et rapide au cours d'auditions qui peuvent durer des heures. » Malgré la fouille à la sortie de la prison, un second accusé a réussi à dissimuler une lame de rasoir dans ses vêtements. Face au juge, il s'en est saisi afin de se taillader le cou. Ce qui a engendré la suspension de l'interrogatoire.

Infarctus dans le bureau

Huit personnes sont accusées de voler dans des chantiers. Ils se rendent chaque fois sur les lieux en camion. Repérés, ils sont dénoncés et interpellés. Quatre d'entre eux sont, de surcroît, des conseillers municipaux. Ils sont déférés devant Étienne Madranges, juge au tribunal de Meaux, la cité de Bossuet. Les uns après les autres, ils défilent dans le bureau du magistrat instructeur. Tous pénètrent menottés. Ils en ressortiront mis en examen, et toujours menottés, car placés en détention. Tous sauf un. Le huitième et dernier voleur présumé fait état au magistrat de ses ennuis de santé. Cœur fragile. L'homme est effectivement imposant par la taille, plus de cent kilos, le visage rougeaud. De plus, il indique avoir huit enfants à charge. Des arguments qui touchent le magistrat qui décide de le laisser libre, sous contrôle judiciaire. Une décision qui porte un coup au cœur au mis en examen. L'homme s'écroule dans le bureau du juge. Comme une masse. Les pompiers sont appelés en urgence. La scène va durer deux heures. Aussi, au lieu de prendre la direction de la maison d'arrêt, l'homme prendra celle de l'hôpital. « Les avocats qui sont passés dans le couloir m'ont nargué. Ils pensaient que l'individu avait été victime d'un interrogatoire trop serré. En tout cas, cela m'a fait réfléchir sur le pouvoir de mettre en détention. Ou pas. »

Le poids de mettre en prison

« Vous allez faire un métier violent », prévenait Pierre Truche, ancien premier président de la Cour de cassation, en s'adressant aux futurs magistrats.

Procureur de la République à Grenoble, Jean-Yves Coquillat se félicite d'avoir été le plus jeune juge d'instruction. « J'ai réussi mon concours le jour de mes 21 ans et suis devenu magistrat instructeur à 22 ans. Ce n'est pas bon. Nous n'avons pas assez de vécu », reconnaît-il modestement.

Une époque où l'on avait la main plus lourde sur les incarcérations. Le juge avait les mains libres. Pas de débat contradictoire avec un représentant du parquet et un avocat. Pas de durée de détention en matière criminelle à respecter. Pas de nécessité de motiver sa décision. Un simple mandat de dépôt comme procédure.

Le juge Coquillat a devant lui un jeune, suspecté d'avoir volé plusieurs vélos. Il est en état de récidive. Le parquet requiert un mandat de dépôt. « Je suis un juge en bois brut, comme dirait Brassens. Le prévenu ne fait pas preuve d'un remords extraordinaire et pour éviter la réitération des faits, je l'incarcère. Il se pend dans la nuit. » Le procureur Coquillat marque un long temps d'arrêt avant d'enchaîner. « Après cela, vous êtes bien forcé de vous poser des questions. Si c'était à refaire, je ne le mettrais pas en détention. Cela ne méritait pas. On voyait les choses autrement. Cette affaire m'a ouvert les yeux. Ce poids-là, vous le portez. C'était une défense sociale. J'en ai parlé avec ma greffière, avec le parquet. Je suis allé à la maison d'arrêt. Le sentiment de culpabilité est fort. Après, vous n'agissez pas de la même manière. À l'époque, on ne disait pas que la détention était l'exception. La prison était une réponse assez ordinaire. »

Quand je lui demande s'il a douté de ses capacités à continuer d'être juge, il répond : « Oui, j'ai remis en cause ma décision, mais je ne me suis pas remis en cause moi-même. Aujourd'hui, cela me taraude plus qu'à l'époque. Cette affaire est sérieusement ancrée en moi. Comme procureur de la République, je donne régulièrement des conseils de modération à mes substituts quant aux réquisitions de mise en détention. »

« Il y a des souffrances que l'on constate, que l'on côtoie. Il y a quelques fois des souffrances que l'on a créées, des souffrances que l'on ne sait pas empêcher, auxquelles on assiste impuissant. Et puis il y a sa souffrance personnelle. » C'est le constat lucide de Laurent Le Mesle, après une carrière bien remplie.

Nommé au début des années quatre-vingt au parquet d'Angers, il n'a pas oublié l'histoire de ce jeune cambodgien interpellé par les services de police pour détention importante d'opium. « C'était l'époque des *boat people*. Nous pensions qu'il revendait l'opium à la communauté cambodgienne. J'ai ouvert une information judiciaire. Il a été incarcéré suite au mandat de dépôt que j'avais requis. Quelque temps après, je suis appelé la nuit par la maison d'arrêt. Ce garçon s'était suicidé. C'était un petit monsieur assez discret. J'ai toujours eu sur le cœur ce suicide parce que je me suis dit : "Avait-il conscience d'enfreindre la loi ?" Je ne sais pas. Je pense qu'il était perdu. La détention était-elle absolument indispensable ? C'est le genre d'interrogation assez poignante auquel on est confronté dans ce métier. Ce n'est jamais neutre d'incarcérer ou de faire incarcérer. Si je ne l'avais pas requis, il n'aurait sans doute pas été emprisonné. Ce n'est jamais neutre. En même temps, on est là pour assurer une certaine forme de répression, dans les formes de la loi. »

Après cette affaire, le magistrat reconnaît que sa vision sur la détention provisoire a changé. « Je n'ai plus jamais ni placé à la légère en détention provisoire quand j'étais juge d'instruction, ni requis à la légère un mandat de dépôt quand j'étais procureur. Parce que c'est toujours un acte lourd. Quel que soit le personnage que l'on a en face de soi. Quand vous dites à quelqu'un : "Monsieur, je vais vous placer en détention", même si c'est le pire des délinquants ou des criminels, il y a toujours une ombre, une étincelle d'humanité qui passe dans ses yeux à ce moment-là. C'est toujours un acte compliqué. »

Pas le droit à l'erreur

Alors juge d'instruction à Pointe-à-Pitre, Gilles Straehli est amené à inculper et à mettre en détention un chef d'entreprise d'origine métropolitaine. « Mon bureau donnait sur un patio au rez-de-chaussée du tribunal. J'ai regardé par la fenêtre. J'ai alors vu sa femme assister au transfert de son mari entre deux gendarmes vers la prison. Elle s'est effondrée. Le ciel lui est tombé sur la tête. De mon bureau, j'étais témoin de sa souffrance. Alors que son mari n'avait fait preuve d'aucune émotion apparente. Cette scène m'a donné à m'interroger sur la décision que j'avais prise. Était-elle nécessaire ? Ai-je voulu démontrer qu'il n'y avait pas de différence de traitement entre un métropolitain et un Guadeloupéen ? Je l'ai remis assez rapidement en liberté quand cela n'était plus nécessaire pour les besoins de mon instruction. Mais cet épisode a fortement joué dans mes décisions suivantes. »

Pour Gilles Straehli, la fonction du juge d'instruction implique qu'il peut y avoir une relation dangereuse qui s'établit entre l'accusé et son juge. Tous deux peuvent être amenés à se voir régulièrement pour les besoins de l'enquête. « C'est une fonction dans la durée. Vous devenez donc "Monsieur Straehli" et non plus "Monsieur le juge". Il faut être humain tout en gardant la juste distance. Ne pas se laisser piéger par des questions à caractère personnel que peuvent poser l'accusé ou la victime. Du style "vous qui êtes marié" ou "vous qui avez des enfants". Il faut se bloquer. Évacuer la discussion. Avoir une neutralité qui peut donner l'impression que vous êtes hautain. Être entre froideur et très proche. Dans un autre dossier, je me souviens d'un homme dont j'avais décidé de l'incarcération. Au fil du temps, je le voyais souffrir de sa situation. Depuis sa cellule, il m'interpellait, me prenait à partie. Il était sincère dans ce qu'il ressentait, mais dans le même temps, j'étais convaincu qu'il fallait le maintenir en détention, au regard du dossier que j'instruisais. »

Des détentions mortelles

Suite à l'incident évoqué plus haut, Paul-André Breton a rangé son bureau. Adieu coupe-papier. Adieu ciseaux. Ils ont été depuis longtemps dans ses tiroirs. Cette fois-ci, c'est un manouche qui est assis devant son bureau. Lui et son épouse sont régulièrement sous l'emprise de l'alcool. Conséquence : l'homme tabasse fréquemment sa femme. Cette fois-ci, il a visiblement frappé plus fort que d'habitude. Les coups ont été mortels. Le juge inculpe le mari pour coups et blessures ayant entraîné la mort sans intention de la donner et décide de le placer en détention provisoire.

« C'était il y a trente-cinq ans. Je revois très bien cet homme. Son visage. Sa petite moustache. Sa voix. Je me souviens même de son nom. Quelque temps plus tard, je l'ai remis en liberté à la demande de son avocat. Il n'y avait aucune raison de le maintenir derrière les barreaux. Sa détention n'était plus nécessaire pour la manifestation de la vérité, d'autant qu'il reconnaissait les faits. Il n'y avait aucun risque de récidive de sa part. D'ailleurs le parquet, comme il aurait pu le faire, n'a pas fait appel de cette décision. »

Quarante-huit heures après la sortie de prison de l'inculpé, le juge d'instruction reçoit un appel téléphonique du procureur de la République de son tribunal. « Il m'a informé que la voiture du manouche avait été retrouvée dans un fossé. Son conducteur décédé. Victime d'un règlement de comptes. Une vengeance de la famille de sa femme. » Le lendemain, le juge se retrouve en présence de son inculpé. « Il était allongé sur une table. J'ai assisté à son autopsie. Je revois encore son corps traumatisé par l'accident violent dont il avait été victime. Sa jambe formait un angle de 90°. »

Plus de trois décennies après cette affaire, Paul-André Breton tente d'analyser cet épisode. « C'était une bonne décision aux conséquences mal maîtrisées. J'aurais pu le garder pour le protéger, mais en même temps, il fallait bien qu'il sorte un jour. Je me suis appuyé sur les principes, sur ce qui est inscrit dans les textes. Par la suite, chaque fois que je me suis retrouvé dans une telle situation, j'ai essayé de mieux anticiper. En tout cas j'y pense encore. »

Solitude

Quinze ans plus tard, Guillaume Didier n'a pas oublié l'histoire de ce couple. Le juge a face à lui un père, accusé de viol sur son fils âgé de 5-6 ans. Ce dernier est lourdement handicapé mental. Il s'exprime très peu. Il a un comportement proche de celui d'un enfant d'un an. Le dossier est assez lourd. Rapport d'experts, rapport de l'assistance sociale, constatations cliniques faites sur le garçon accréditent la thèse du viol. Si le père reconnaît les faits pendant sa garde à vue, il se rétracte devant le jeune magistrat instructeur. Une défense assez commune dont le magistrat est obligé de tenir compte. La mère est entendue en qualité de témoin. Une déposition qui n'éclaire pas le juge. Ce dernier décide d'auditionner l'enfant. Le magistrat ne peut que constater le lourd handicap. Guillaume Didier décide de mettre le père en détention. Pour éviter toute pression sur les témoins, toutes concertations avec ses proches. Une décision difficile à prendre, compte tenu du contexte, de la fragilité apparente du mis en examen. D'autant plus que le jeune juge est connu dans le tribunal de Douai pour avoir le plus faible taux d'incarcération. « Deux jours plus tard, je reçois un appel de la direction de la prison, le père de famille venait de se suicider. Cela m'a troublé, perturbé. J'étais face à un homme qui criait son innocence. Moi je n'étais qu'au début de mon instruction, il y avait tout un tas d'investigations à mener pour recouper les éléments du dossier. Si je ne l'avais pas placé en détention, le parquet, qui avait requis le mandat de dépôt me l'aurait reproché. J'ai dû annoncer moi-même à la mère de l'enfant la mort de son mari. Je me suis dit : "Elle a tout perdu. Son mari est mort et son fils lui a été retiré." Aujourd'hui, je pense souvent à lui. Il doit avoir 20 ans et être dans un centre spécialisé. »

« Des détenus dans la tête »

Nous venons de le voir. Longtemps, le juge d'instruction a eu le pouvoir, mais aussi la lourde tâche, de décider d'incarcérer celui qu'il venait de mettre en examen. Une double casquette qui a pris fin il y a plus de seize ans avec la création du juge de la liberté et de la détention (JLD).

Juge d'instruction, comme juge des enfants, sont des postes occupés dès le début de carrière. Peu d'expérience et une « responsabilité rude quand on a 25-26 ans » note Olivier Leurent. « Il est indispensable d'avoir une vie personnelle hyperéquilibrée. C'est impossible d'exercer ce genre de fonction si vous avez plusieurs fronts à traiter en même temps, familial, financier, conjugal des fonctions qui nécessitent d'être bien dans sa vie. Quand vous fermez la porte de votre cabinet, vous devez pouvoir respirer, parce que si vous devez vous confronter à d'autres difficultés personnelles, la vie devient insupportable. »

Guy Canivet se souvient de ses premiers émois alors qu'il était jeune juge d'instruction à Chartres. « Je vivais avec mes détenus dans la tête, dit-il. Il y en avait soixante-dix déjà incarcérés quand j'ai pris mon cabinet. C'est une fonction qui vous fait entrer dans la vie de l'accusé et dans celle de sa famille, de ses proches. Vous êtes au courant de tout. De leur passé, mais aussi des conséquences familiales qu'engendre la décision que vous prenez à leur égard. Les familles viennent vous voir. Pour plaider la cause de leur parent. Pour demander un droit de visite. Vous êtes leur seul interlocuteur. »

Celui vers qui on peut placer tout son espoir de justice. Celui auprès duquel on fait passer toute la rancœur que vous inspire l'institution judiciaire.

« Je dormais avec mon tableau de détenus. Je somatisais. Je me disais : "Que puis-je faire pour accélérer la procédure ?" », confie Dominique Coujard.

L'angoisse de décider de mettre en détention est donc désormais le fardeau d'un autre magistrat. Ce qui ne veut pas dire que le juge d'instruction est débarrassé de toutes questions métaphysiques. D'abord parce que c'est lui qui saisit ou pas le JLD. « Quand il m'arrivait de le saisir, se souvient Olivia Cligman, je ne passais pas de bonnes soirées. C'était un très mauvais moment pour moi. C'est l'un des aspects de la fonction que je déteste. » Juge d'instruction devenue avocat général, elle a retrouvé cette angoisse. « C'est un poids énorme de requérir des années de prison. Aux yeux des jurés, votre parole est lourde de conséquences. »

On l'a compris, le magistrat qui saisit son collègue pour trancher le contentieux prend une part de la responsabilité si la détention est décidée.

Pour Renaud van Ruymbeke, l'arrivée d'un juge spécialisé dans le contentieux de la détention est une bonne réforme. « Cela évite la tentation que l'on peut avoir. Le mis en examen me cache des choses importantes, je l'incarcère pour qu'il réfléchisse. Je pense que c'est sain de séparer les deux. »

Aujourd'hui juge d'instruction chevronné, il évoque un dossier de viol alors qu'il était en poste à Caen. « Les faits paraissaient très caractérisés. J'ai placé en détention une personne. Cela me paraissait évident. Il y avait le rapport de la police, le parquet était également pour. Et pourtant le soir même je n'ai pas dormi. Très peu. Pendant huit jours, j'ai fait toutes les investigations, les vérifications nécessaires. J'ai confronté la victime avec l'inculpé. Cela m'a tellement pesé qu'au bout d'une semaine, j'ai remis l'accusé en liberté. Ce qui évidemment ne plaisait pas du tout à la victime. J'ai abouti à un non-lieu. Plus j'avançais, plus j'avais des arguments qui confortaient la victime et des arguments qui confortaient l'inculpé. Je n'arrivais pas à lever la contradiction. Ce sont des tensions difficiles parce que cela vous perturbe. J'aurais un dossier comme cela aujourd'hui, je ne mettrais pas en détention. Aujourd'hui, on place beaucoup moins en détention qu'il y a quarante ans. C'est une décision qu'il faut prendre très rapidement alors que vous n'avez pas tous les éléments. Il faut anticiper. C'est une angoisse, la mise en détention, et ne plus avoir ce fardeau c'est une très bonne chose. »

Jacques Dallet, procureur général à Grenoble, est sur la même ligne. « À mes jeunes élèves, je faisais faire une simulation. Je testais leur capacité à annoncer à une personne qu'elle le mettait en examen et décidait de son incarcération. Je leur disais : quand tu annonces cette décision il faut le faire en termes intelligibles, ne pas se réfugier derrière des termes techniques. Et surtout la regarder dans les yeux. Il ne s'agit pas de baisser la tête et de marmonner dans sa barbe. Rencontre son émotion et éventuellement ses larmes. »

Une pression énorme que ressentent également les juges d'application des peines. « Il faut ouvrir le parapluie. Il faut concilier l'inconciliable, insiste Michelle Torrecillas. D'un côté, on nous demande d'éviter toute récidive. De l'autre, on nous rappelle que la détention doit être l'exception. » Tout cela sur fond de polémique sur la surpopulation carcérale.

14

L'enfant mort

Des truands qui s'entre-tuent, cela n'a jamais ému personne. Au contraire. C'est la réalité qui rejoint la fiction. Les films policiers les plus réussis, les polars les plus noirs sont ceux dans lesquels les règlements de comptes sont les plus crédibles. Plus les tirs sont nourris entre bandes adverses, plus il y a d'impact de balles dans la carrosserie de la berline, plus il y a de sang sur le bitume, moins il y a de survivants lors du générique de fin, plus l'effet produit sur le grand écran est réaliste. Sur le terrain, c'est presque la même chose.

Aucun des magistrats rencontrés tout au long de ces mois d'enquête ne m'a avoué avoir versé des larmes devant la dépouille de telle ou telle victime de la grande criminalité organisée.

Il ne faut pas tirer une conclusion hâtive. Du genre : les magistrats n'ont pas de cœur, ils sont insensibles. Leur robe, qu'ils la portent ou pas, les rend imperméables à l'émotion.

Au contraire. Par esprit de contradiction ou de provocation, c'est tout juste s'il ne faudrait pas exiger du magistrat qu'il soit, si ce n'est célibataire, au moins sans enfant.

L'enfant victime, l'enfant décédé, est pour ainsi dire le cauchemar de tous les magistrats. Surtout quand il est en début de carrière. Surtout quand il est lui-même parent.

« Un riverain vient de découvrir le cadavre d'un très jeune enfant. Nous nous rendons sur place. Nous vous y attendons. » L'appel a été lancé par un gendarme au parquetier de permanence. Bruno Dalle est alors auditeur de justice au tribunal de Carcassonne. Il part avec le magistrat sur les lieux de la découverte. « On ne se doute pas forcément de ce que l'on va trouver sur place, à quoi l'on va être confronté en choisissant cette carrière. On ne mesure pas la dimension criminelle et humaine qui va se présenter à nous. » Le magistrat et « son élève » arrivent sur les lieux. Ils se retrouvent au bord d'une route. L'image est restée gravée en lui. « Une image surréaliste. » Il n'a oublié aucun détail. D'un côté, l'Aude coule paisiblement. Une vision presque champêtre. Sur le trottoir d'en face, une succursale de la caisse primaire d'assurance maladie. Entre les deux, sous un arbre, repose un petit corps. « Il avait l'air endormi », se souvient Bruno Dalle. Les investigations sont assez rapides. Il s'agit d'un bébé âgé de 8 mois environ. Il a été tué d'une balle dans la tête. Son meurtrier est arrêté quelques heures plus tard. Il s'agit de son père. Un drame familial comme il en arrive presque quotidiennement. Plus de vingt ans après, Bruno Dalle est devenu le directeur de Tracfin. Fini les scènes de crime, il est à la tête de cent vingt fonctionnaires qui luttent contre le blanchiment d'argent, le financement du terrorisme et les circuits financiers clandestins. Mais lors de notre rencontre dans un restaurant proche de son bureau à Montreuil, c'est la première affaire qu'il évoque. Il s'en souvient parfaitement. Comme il n'a pas oublié qu'il a assisté ensuite à l'autopsie. « Ce fut ma première. »

Une vision qui n'a pas détourné le futur magistrat de sa vocation. « Tous ces drames n'ont pas eu d'impact sur mon choix de carrière. » Pas d'impact. Seulement le souvenir.

Une vision qui frappe le magistrat avant qu'il soit en fonction. Le procureur de la République de Paris, François Molins, qui a assisté à plusieurs autopsies à l'école, se souvient d'une affaire alors qu'il est en stage à Perpignan dans les Pyrénées-Orientales dont il est originaire. « C'est quelque chose dont je me souviendrai toujours. J'étais allé sur une scène de crime. Cela devait être un jour de décembre du côté d'Elne. Dans les champs, à l'abri des arbres. Un jour de très forte tramontane, avec un magnifique soleil. Une gamine de 13 ans avait été emmenée, ligotée, avec un bâillon dans la bouche, avant d'être violée et étranglée. Son agresseur travaillait dans une foire. Il s'occupait d'une entreprise d'autos-tamponneuses. Je me souviens encore de son nom, G. On n'a pas le même regard quand il s'agit d'enfants. Nous ne sommes pas préparés. On est révolté. »

Résister au phénomène d'identification

Un crime multiple à Chelles. Le juge Dominique Ferrière se déplace avec le substitut de permanence, un camarade de promotion. Un homme de 35 ans, boucher dans un supermarché, vient de tuer sa femme de plusieurs coups de couteau ainsi que ses deux enfants. Le père tente ensuite de se suicider. Il place le couteau dans l'entrebâillement d'une porte et se jette dessus. Il se blesse sans plus. « Il avait installé ses deux enfants morts dans le lit conjugal. La maman avec les bras en croix et les deux petits de chaque côté, comme s'ils faisaient un câlin à leur mère. La scène de crime n'a rien d'horrible. Il n'y a pas de sang partout. Les blessures ne sont pas apparentes. En revanche je me souviens que les enfants avaient exactement le même âge que les miens, 5 et 3 ans. Je suis rentré chez moi dans la nuit et je me souviens que je suis allé les réveiller pour les prendre dans mes bras. Ils étaient dans des lits superposés. Ils n'ont jamais dû comprendre. Je ne suis pas sûr d'en avoir parlé à mon épouse. J'avais besoin de les voir et de les sentir vivants. Comme une espèce d'antidote à la confrontation avec ces morts innocentes. »

Au cours des quelques mois d'instruction criminelle, le juge et l'accusé se retrouvent plusieurs fois face à face. Toutes les personnes interrogées vont témoigner d'une très grande proximité entre le père et ses enfants. Un père qui assumait parfaitement sa tâche éducative. « Nous étions dans une proximité, comme nous sommes là tous les deux, avec simplement la présence de la greffière. Je savais que cela serait difficile compte tenu de l'horreur du meurtre des enfants. Je me suis dit : cette horreur, tu l'as ressentie puisque tu as eu besoin d'aller réveiller tes enfants. »

Face au juge, l'accusé donnera un début d'explication à ce geste incompréhensible. La mère souffrait de troubles du comportement assez sévères. Elle avait des crises que son époux supportait de moins en moins. « Il l'a tuée au cours de l'une de ses crises d'hystérie. Sa réponse est restée inscrite en moi. Il a souhaité également se tuer parce qu'il ne voulait pas qu'en le regardant, ses enfants voient en lui l'assassin de leur maman. Il les aimait tellement que c'était impossible pour lui de supporter d'être, à leurs yeux, l'assassin de leur mère. »

La posture de deux enfants dans les bras de leur mère a impressionné le juge Ferrière. Pas les jurés. L'horreur du crime a été la plus forte. Le père a été condamné à la perpétuité.

Quelque temps plus tard, le juge Ferrière est chargé d'une autre affaire. Un viol, suivi de meurtre, sur une adolescente. Son corps sera retrouvé dans la forêt de La Ferté-sous-Jouarre trois mois après sa disparition. Un week-end durant lequel lui et son épouse doivent recevoir des amis de province. Il a quitté sa maison à leur arrivée. Ils se sont croisés dans l'escalier. Dans un sens le samedi matin et dans l'autre le dimanche après-midi. « Je m'en souviens. Je considérais que c'était de ma responsabilité d'être avec les enquêteurs pour annoncer aux parents la découverte du corps de leur fille. C'est la chose que je considère être le plus difficile dans le métier. Je m'en souviens aussi parce que c'est à l'occasion de cette affaire qu'en famille, nous avons décidé que je serais autre chose que juge d'instruction. »

Par la suite, Dominique Ferrière va devenir président du tribunal de Bressuire, présider le procès des paillotes à Ajaccio, et devenir selon son expression « pompier de service de l'institution judiciaire ». Il sera nommé dans une juridiction en souffrance. Ajaccio après l'assassinat du préfet Érignac (sa voiture de fonction sera plastiquée en juillet 2003 devant son domicile), Boulogne-sur-Mer après Outreau, Saint Denis-de-la-Réunion après une inspection critique sur le tribunal. Lors de notre rencontre , il préside la cour d'appel de Bordeaux.

S'identifier à des victimes, mais aussi à un lieu

C'est ce qui est arrivé à Yves Charpenel. Un soir à 20 heures, il est prévenu d'un triple meurtre dans un pavillon à Nogent-sur-Marne. Les assiettes et les serviettes sont encore sur la table. Le couvert est mis. Mais la scène de crime est d'une autre tonalité. Une femme a été assassinée à coups de hache et ses deux enfants découpés avec un couteau à pain. Les deux enfants ont le même âge que ceux du magistrat. La scène se passe dans un pavillon type Kaufman, identique à celui dans lequel le juge réside. Après avoir pataugé toute la nuit dans le sang, le magistrat rentre chez lui à 6 heures du matin. « Je vais voir mes enfants dans leur chambre. Ils dorment. Je me dis que j'ai de la chance. »

Frédéric Fèvre a longtemps été hanté par l'autopsie d'un bébé qui avait 3 semaines. « Il était mort étouffé par sa mère, dans son lit. C'était dur parce qu'en voyant ce bébé autopsié, je voyais ma fille qui venait de naître trois semaines plus tôt. »

Souvenir traumatisant, peut-être encore plus fort quand il s'agit d'une magistrate, mère de famille. Dans un amphi, Élisabeth Linden, alors encore en formation, assiste à une autopsie. Un enfant de 3 ans. Là encore, l'âge de son fils. « L'enfant avait succombé à une pneumonie bilatérale massive. Il a été pris d'une forte fièvre à 14 heures, et à 17 heures il était mort. Je dis que cela m'a rendue insupportable parce que dès qu'un de mes enfants toussait, je l'emmenais chez le médecin immédiatement. Je vivais avec cette image dans la tête. »

Présidente de la chambre commerciale à la Cour de cassation, Agnès Mouillard a commencé sa carrière comme substitut. Comme il existe des dynasties d'artistes, il y a aussi des dynasties de magistrats. On se passe la robe noire de père en fils. De mère en fille. Son père fut magistrat. Sa mère a d'abord été avocate avant d'entrer dans la magistrature. L'un de ses frères fut juge d'instruction, avant de devenir chef de juridiction, tandis qu'un autre a préféré être du côté des plaideurs. Dans son bureau, dont la fenêtre donne sur la place du Châtelet, elle justifie cette filiation. « Je suis devenue à mon tour magistrat parce que je voulais avant tout rendre une bonne justice, lutter à ma manière contre l'excès de pouvoir de certains. »

Reste que sur le terrain, la réalité est plus brutale. Alertée par les gendarmes, elle doit, comme c'est la procédure, se transporter sur les lieux d'un nouveau fait divers. Une piscine municipale d'une petite ville de province. Pour tout enquêteur, pour tout membre du parquet, c'est la routine, le quotidien. Se livrer aux premières constatations d'usage, auditionner les témoins, donner les directives à qui de droit pour toutes les investigations nécessaires à la manifestation de la vérité.

Au bord du grand bassin, gît un corps. C'est celui d'un jeune garçon de 6 ans. Il s'est noyé. Tout a été fait pour tenter de le ranimer. En vain. Maître nageur et secouristes n'ont rien pu faire. La thèse de l'accident ne fait aucun doute. Mais encore une fois, il y a obligation de réunir le maximum d'éléments factuels. Ne serait-ce que pour être dans la possibilité de répondre plus tard à la question : « Y a-t-il une responsabilité d'un tiers ? Y a-t-il eu défaillance dans la surveillance ? ».

Trente ans ont passé depuis cette mort accidentelle. Et pour Agnès Mouillard, l'image est toujours présente. « En fait sous le feu de l'action, sur le moment, cette disparition de ce gamin, je l'ai encaissée, absorbée. Elle m'est revenue à vitesse grand V, comme un flash, quelques années plus tard, alors que je suis devenue mère. » Une parfaite illustration de la différence de réactions, d'analyses, d'appréciation entre le magistrat et l'individu. Le premier réagit en professionnel. Sans émotion apparente. N'écoutant que son devoir. Le second est touché en plein cœur. Alors les souvenirs se ravivent dans certaines circonstances.

Deux enfants à l'autopsie

De par sa stature assez corpulente, Jean-Marie Beney, procureur général à Metz, n'apparaît pas comme le prototype du magistrat fragile, émotif. Erreur. Lors de nombreuses rencontres au cours de sa carrière, j'ai toujours senti chez lui une sensibilité à fleur de peau. Parmi les nombreux magistrats rencontrés pour cet ouvrage, il est un de ceux dont j'ai cru déceler l'apparition d'une émotion assez forte à l'évocation de ses souvenirs. Une voix qui s'étrangle. Un œil qui s'humidifie.

Âgé d'à peine 25 ans, Jean-Marie Beney est juge d'instruction à Reims. Installé le 1er juillet 1982, il se retrouve à la fois le plus jeune magistrat du tribunal et le doyen des juges d'instruction. Normal, il est le seul à occuper cette fonction. Quelques jours plus tard, il accompagne les policiers et un collègue du parquet sur les lieux d'un incendie qui s'avérera ensuite accidentel. Une maison qui a pris feu dans la nuit. Les corps de deux très jeunes enfants, 4 et 2 ans, y sont retrouvés morts. Brûlés.

« J'ai été confronté à ce spectacle de la mort de ces deux jeunes enfants. Dont les corps avaient, comme ceux de tous les grands brûlés, réduits. C'est très bouleversant. L'autopsie, je m'en souviens comme si c'était hier. Je vois encore la salle, l'endroit, l'odeur. Nous sommes arrivés à l'institut médico-légal. Il faisait un temps épouvantable. Nous n'avions pas de masque, aucune protection. C'était des autopsies en costard. Tout le monde fumait pour recouvrir les odeurs. Vous avez ce spectacle des légistes qui travaillent. Vous êtes là, confronté à la mort, à l'enfant, à l'injustice de la mort. Quand vous avez 25 ans cela renvoie à beaucoup de choses. »

La mort au bout du fil

Jean-Yves Coquillat, procureur de la République, est un des premiers magistrats à m'avoir répondu favorablement au début de mon enquête. Dans son mail d'accord de principe, il écrit : « On s'habitue à beaucoup de choses, mais pas à certaines détresses, à certaines souffrances qui dépassent le supportable. J'en ai assez rarement parlé à mon entourage professionnel, amical. Jamais dans ma famille, de peur de partager des angoisses ou une vision bien noire de l'humanité. »

Je le retrouve dans son bureau d'un Palais de Justice moderne. À Grenoble. Il a quitté son fauteuil pour me faire face devant une table de réunion. À midi, les stores des nombreuses baies vitrées se fermeront automatiquement. Pour que, le soleil aidant, la pièce ne devienne pas un sauna. Une semi-obscurité qui favorisera les confidences. L'homme a connu, on l'a vu précédemment, des affaires médiatiques : Pierre Chanal, Jean-Claude Romand, le meurtre de la jeune Agnès au lycée cévenol de Chambon-sur-Lignon. Mais là encore ce sont d'autres dossiers passés inaperçus de la presse qui remontent à la surface. Et celui qui dit « se livrer peu, sans doute par incapacité » va se confier pendant deux heures.

Juge d'instruction à Mâcon, il est chargé d'un double homicide.

Un père de famille, gérant d'une boîte de nuit, passe le week-end avec ses deux enfants. À la veille de les rendre à leur mère, il met à exécution un projet diabolique. Il tue sa petite fille d'un coup de fusil de chasse. Son jeune frère, témoin de cette scène d'horreur, prend la fuite dans la maison. Coursé par son père qui ne lâche pas son arme, il traverse plusieurs pièces en fermant les portes chaque fois. Déterminé, le père les défonce et poursuit son fils qui s'est réfugié dans le grenier. Il l'abat de deux coups de fusil en peine tête. Après quoi, il retourne l'arme contre lui et se donne la mort à son tour.

Jean-Yves Coquillat se rend sur place. Les corps des victimes ont été retirés, mais l'endroit reste imprégné de cette scène d'horreur entre un jeune enfant et son père. « Toutes les portes que l'enfant a refermées étaient cassées, fracturées. L'atrocité n'était pas tant la violence de la mort. Elle était dans cette poursuite avec cet enfant qui devait crier et qui a vu arriver sa mort. On le reconstitue dans sa tête et vous éprouvez une totale impuissance. Quand l'auteur est mort, vous ne pouvez qu'essayer de déterminer ce qui s'est passé. »

Quelques années plus tard, nommé procureur adjoint à Lyon, Jean-Yves Coquillat affronte à nouveau un divorce tragique. Un couple en instance de divorce. La femme émet des inquiétudes. Elle craint que son mari s'en prenne violemment à ses enfants. C'est la teneur de la déclaration qu'elle fait à un policier. Seulement, le droit est ainsi fait. Une infraction, même une tentative, tant qu'elle n'est pas commise, n'existe pas juridiquement. De plus, le père a un droit de visite validé par un juge des affaires familiales, donc la justice est pour l'instant incompétentes.

Les inquiétudes de la mère étaient fondées.

Un jour que le père a la garde de ses deux enfants, il appelle sa femme. Il la prévient qu'il va les tuer. « Ils vont souffrir donc tu vas les entendre. Je vais les ébouillanter. » « Ne fais pas cela, je vais prévenir la police », rétorque la mère épouvantée. « Appelle la police, si tu veux, cela ne changera rien », réplique le père plus déterminé que jamais dans son projet macabre.

Ses deux enfants pris en otages, le père de famille attend patiemment l'arrivée de la police. D'abord des coups de sonnette. Sans réponse. Ensuite des coups plus brutaux. Toujours aucune ouverture de porte. Les policiers décident de passer à la manière forte. Pendant qu'un officier de police judiciaire (OPJ) appelle le procureur adjoint Coquillat pour l'alerter de la situation, des collègues tentent de défoncer la porte de l'appartement à coups de bélier. Là encore, échec total. Le meurtrier en puissance a tout prévu. Il a renforcé sa porte d'entrée, mis des ferrailles, l'a transformée en une cage de fer qui résiste aux coups de butoir. L'appartement est un bunker. Pendant que la police tente désespérément de pénétrer dans ce fort Chabrol, le père, pervers jusqu'au-boutiste, appelle sa femme. De son côté, le procureur est toujours en liaison avec un policier resté sur le palier. Il y a des sons que l'on n'efface pas de sa mémoire. « J'entendais des cris terribles. Derrière les coups portés contre la porte, j'entendais des hurlements d'enfants. Le père était en train de les ébouillanter. »

Les policiers se font apporter des explosifs. La porte finit par céder. « Quand les policiers entrent dans l'appartement, les enfants sont mourants, affreusement brûlés. Ils décèdent à leur arrivée à l'hôpital. »

Interpellé, l'homme est entendu par des policiers qui ne sont évidemment pas ceux qui étaient sur le palier. « Mais pour eux aussi, cela a été difficile de garder leur calme. Parce que le père n'éprouvait aucun remords. Au contraire, il revendiquait son geste : "Je suis satisfait puisque j'ai fait souffrir ma femme bien au-delà de ce que j'aurais pu faire autrement." »

Mis en examen puis écroué, le père assassin se pend dans sa cellule deux jours après. À la potence de la télévision.

« Les policiers ont été gravement traumatisés par les hurlements, mais aussi par le fait de leur impuissance et de leur impossibilité d'intervenir pour les enfants », ajoute Jean-Yves Coquillat. « Quant à moi, j'ai été impressionné par ce que j'ai entendu, et envahi par un sentiment de culpabilité. La justice n'avait pas été capable d'anticiper cette situation. Ce n'était pas prévisible. Ces affaires-là vous obligent à vous remettre en cause. Une faille qui ne s'arrange pas avec les années. Aujourd'hui je me dis : est-ce que je sers à quelque chose ? Si c'était à refaire, je ne sais pas s'il ne serait pas plus gratifiant d'être médecin. »

Des mères meurtrières

Les annales judiciaires sont remplies d'affaires d'infanticides. Quand celle qui a tué son enfant est celle qui l'a mis au monde. Jérôme Lazard a connu trois dossiers où il ne fallait pas aller chercher bien loin pour trouver le coupable. La coupable.

Une psychiatre, exerçant à Genève, a étranglé sa fille de 4 ans avec la sangle de son sac à main. Interrogée sur son lit d'hôpital, elle reconnaît qu'elle a voulu se suicider après avoir commis son crime. « Je lui ai demandé pourquoi elle avait voulu mettre fin à ses jours. Elle m'a répondu : "Vous croyez que c'est facile de tuer son propre enfant ?" »

Autre affaire. Autre mère. Autre crime. Une femme déclare que l'on vient d'enlever son garçon de 2 ans et demi sous ses yeux. Il s'agit une fois de plus d'un divorce difficile, mais la police judiciaire d'Annecy trouve les propos de la mère contradictoires. Elle est placée en garde à vue. Elle craque. Elle a balancé son enfant par-dessus le pont de la rivière. Motif, c'était au tour du père d'en avoir la garde et elle ne le voulait pas. Quatre jours plus tard, le corps sans vie du garçon est retrouvé dans le lit de la rivière. « J'y suis allé avec les policiers. Nous étions une dizaine. Des professionnels. Un lourd silence s'est installé devant ce corps échoué sur la berge. Une torpeur palpable. Le soir, vous rentrez chez vous avec cette image. »

À Annecy toujours, une femme, ingénieur à l'Aérospatiale, se rend dans un commissariat. « J'ai garé mon véhicule un peu plus loin. Vous trouverez le cadavre de mes deux enfants. Je voulais me suicider, mais j'ai manqué de courage, poursuit-elle. En revanche, j'ai laissé mon troisième enfant en vie. Je considère qu'il est assez armé pour vivre sans moi. »

Des enfants meurtriers

Sept mineurs déscolarisés vont passer un week-end dans une maison un peu isolée de tout. L'un d'entre eux, un jeune de 13-14 ans, est la tête de turc des six autres. Il est psychologiquement un peu diminué. Il a des difficultés à s'exprimer. « Ils se sont déchaînés sur lui. Il a eu droit à des violences inimaginables. Coups de poing, viol, sodomie avec bâton, ils ont fini par le tuer. Il était encore vivant quand une des gamines l'a énucléé avec une petite cuillère, se remémore le procureur Éric Maillaud. Entendue par les services de police, elle a reconnu assez facilement tout ce qui s'était passé dans la maison. À peine son audition terminée, elle demande aux enquêteurs : "Je rentre chez moi maintenant ?" Une espèce d'indifférence et d'inconscience. Quand vous arrivez sur ce genre de scène, cela marque. Heureusement, on a dans l'instant, cette capacité à s'attacher aux preuves, à la technique. Mais les images reviennent. »

De l'influence des psys, ou pas

Une jeune femme ingénieur se sépare de son mari. Elle est parfaitement socialisée, a des amis, un métier en Suisse. Elle gagne fort bien sa vie. Elle se fait prescrire des somnifères, et les achète *a priori* pour elle. En réalité, le soir même, elle les administre à l'enfant du couple qui a 3 ans. La mère installe sa fille à côté d'elle dans son lit. Dans le lecteur DVD, elle introduit celui de *Winnie l'Ourson*. Plus le film se déroule, plus l'enfant tombe dans un sommeil profond. Une fois le dessin animé terminé, elle étouffe sa fille avec un oreiller. « La mère a été déclarée irresponsable au cours de trois expertises, dont une collégiale. Le mari ne comprendra jamais et moi non plus, se désole Éric Maillaud. Elle a mûrement réfléchi son meurtre. Elle a expliqué qu'elle n'acceptait pas d'être séparée de son mari et de son enfant. Elle a été internée puis placée dans un couvent plusieurs années. Le désarroi et les larmes du père dans votre bureau, cela vous prend aux tripes. Vous ne savez pas quoi lui dire. Il connaît sa femme. Il a eu un enfant avec elle. Il vous dit qu'elle n'est pas folle, parce que c'est cela qu'il entend. Et là vous êtes désarmé. »

Dans le café de la place de l'Opéra où nous nous retrouvons, Éric Maillaud évoque une autre affaire sur fond d'expertise psychiatrique. Cette fois-ci, c'est la copie inverse du dossier précédent. Une femme a été condamnée à trente ans de réclusion criminelle en première instance pour avoir empoisonné deux de ses enfants et tenté d'en empoisonner un troisième. Ayant fait appel, elle est rejugée. Éric Maillaud représente l'accusation. « Nous avions une série d'expertises psychiatriques disant qu'elle avait une responsabilité pénale très atténuée. Au sens profond du terme, c'était une femme débile. J'ai essayé de le faire comprendre aux jurés d'appel. J'ai tenté d'obtenir une diminution de la peine à vingt ans. Je ne l'ai pas obtenue. Le président des assises m'a dit "Tu as été inaudible, même si tu as requis admirablement." En fait j'ai failli obtenir perpétuité. Je l'ai mal vécu. Dans certains cas, la personnalité n'a aucun intérêt, l'acte passe avant. Tuer ses enfants, ce n'est pas possible. Donc c'est le maximum. Je me suis posé la question pendant plusieurs jours. Pourquoi je n'étais pas arrivé à les convaincre. J'ai requis à contre-courant. Je l'ai pris comme un échec judiciaire. »

Des chroniques morbides de la vie quotidienne d'un tribunal.

Une main d'enfant ensanglantée sur le mur

En septembre 2006, Franck Charon quitte le parquet de Cambrai au faible effectif de trois magistrats pour rejoindre celui de Lille qui comporte trente substituts et procureurs. Il est affecté à la permanence. Ici, on règne sur une agglomération lilloise d'environ 1 200 000 habitants.

Le lundi matin de sa première semaine de permanence, alors qu'il n'a que trois ans d'expérience, il reçoit un appel téléphonique du commissariat de Tourcoing. Une mère s'inquiète pour ses trois enfants. L'école vient de la prévenir qu'aucun ne s'est présenté à l'ouverture des cours. Le couple est divorcé. Les enfants ont passé le week-end chez leur père. Le commissariat a donc dépêché au domicile du père quelques fonctionnaires de police. « Le policier avec qui j'étais en ligne avait sur une autre ligne, les enquêteurs qui arrivaient sur place. J'ai donc entendu l'officier de police judiciaire ouvrir la porte de l'appartement, puis dire : "Mais il y a des morts là-dedans." Le magistrat se rend rapidement sur place et constate l'étendue des dégâts. Tout se passe dans un minuscule studio. Les trois enfants âgés de 4, 6, et 9 ans ont le corps lacéré de multiples coups de couteau. Ils sont étendus sur leur lit. Le père est retrouvé étranglé, accroché à la poignée d'une porte. Les enquêteurs relèvent de nombreuses traces de lacération à l'abdomen. Une trace de main d'enfant ensanglantée apparaît sur un placard. Les enquêteurs empêchent la mère, arrivée sur place, de pénétrer sur la scène du crime. Elle est prise en charge par les enquêteurs avant d'être hospitalisée.

« On se retrouve en première ligne, il faut rester pro. Nous avions tous le cœur à faire d'abord notre travail d'enquête. Ne pas le bâcler. Pour rendre hommage aux trois enfants. Cela ne m'a pas traumatisé, mais marqué. J'ai eu très longtemps des flashs, je revoyais cette scène, je pensais aux enfants. Le plus dur c'est après, quand on est au calme, que la pression est tombée. Il ne faut pas essayer d'imaginer la scène, sinon on ne tient pas. J'ai senti un élan de solidarité, de sympathie, non pas de l'institution mais de mes collègues. Ils se sont mis à ma place, ils m'ont proposé de prendre ma demi-journée. J'en ai parlé au médecin légiste. Cela m'a bien aidé. L'irrationnel vous saute à la figure. Vous êtes projeté en dehors du réel, dans l'horreur. Il n'y a pas de psy. Il faut pouvoir l'évacuer. On a besoin d'en parler à ses collègues, à son épouse. C'est une affaire dont je me souviendrai toute ma vie. Si, à l'époque, j'avais eu des enfants, je pense que cela aurait été encore plus compliqué. Heureusement, nous ne sommes pas confrontés à de tels drames tous les jours, mais c'est une réalité brute qui vous assaille. Aujourd'hui je les ai bien en tête. Cela arrive en début de carrière alors que l'on est jeune, sans expérience. »

L'auteur du triple homicide ayant mis fin à ses jours, l'action publique étant éteinte, selon l'expression du Code de procédure pénale, le dossier a été refermé. « Ce suicide était une dérobade, une fuite, une lâcheté. On aurait préféré que l'homme réponde de ses actes. Il a privé, escamoté le devoir de la justice. J'ai ressenti un moment de la haine contre lui, mais je l'ai très vite laissé de côté. »

Après huit ans au parquet de Lille, Franck Charon a senti le besoin de passer à autre chose. De quitter le terrain pour retrouver le droit. « C'est la noblesse de ce métier de remettre du sens, du rationnel, des mots sur le fait divers, sur l'horreur. » Mais après un passage au parquet national financier à Paris, Franck Charon a décidé de retrouver le terrain dans un tribunal des Hauts-de-France.

Des peluches et une boîte à musique

Deux enfants ont été tués par leur père. Ce dernier, médecin anesthésiste, leur a injecté un produit létal. Le procureur Pierre-Yves Couilleau arrive sur les lieux du crime. Les deux petits, âgés de 2 et 4 ans, sont étendus dans leur lit. « Ils ont à leurs côtés leurs peluches respectives. Comme s'ils s'étaient simplement endormis. Je m'approche de leur lit et, dans un geste non contrôlé, pris par l'émotion, je bouscule la table de nuit. Je fais tomber la boîte à musique qui se met aussitôt en marche. Ce fut terrible dans ce silence. Cela me ramenait à la boîte à musique de mes propres enfants. La vie s'immisce dans la boîte à musique. Vous êtes en présence de gens qui vivaient quelques heures plus tôt. C'est cela le plus épouvantable. »

Deux boucles d'oreilles

Années 1993-1994. Une fillette de 5-6 ans disparaît de chez elle. Des témoins l'ont vue dans la rue puis plus rien. Aucune nouvelle. Les recherches pour la retrouver sont vaines. Le parquet de Lille ouvre une information judiciaire pour enlèvement. L'affaire est confiée à Alain Vogelweith, juge d'instruction. Trois jours plus tard, un promeneur découvre le corps de la fillette. Elle gît inanimée sur le bord d'une autoroute dans la banlieue lilloise. Le procureur Olivier Guérin, qui a déclenché l'enquête, propose au magistrat instructeur de l'accompagner sur les lieux du crime. Une vision difficile pour les deux magistrats. L'identification se fait grâce aux vêtements que portait l'enfant au moment de sa disparition. Elle a un sac sur la tête, fermé par une ficelle. Le but du meurtrier fut visiblement d'étouffer la fillette. Alain Vogelweith, qui a été présent lors de l'autopsie, reçoit quelques jours plus tard les parents de la victime. Il leur fait un point sur l'enquête. À ce stade, les éléments permettant d'identifier le coupable sont minces. Mais les parents n'en sont pas encore là. Ils ont un doute. Est-ce bien leur fille qui a été retrouvée au bord de l'autoroute ? Ils demandent au magistrat de pouvoir se rendre à la morgue. Ils ont l'espoir que la justice se trompe. « J'essaye de les convaincre de ne pas aller à l'institut médico-légal. Je leur ai dit que cela n'était pas souhaitable. Je revois encore l'image de ce corps sur les lieux de la découverte et sur la table d'autopsie. Je veux leur éviter cette vision. Mais cela ne les fait pas changer d'avis. Je pense alors à une chose. Les petites boucles d'oreille de la fillette. Elles ont été retirées et placées sous scellés. Je demande qu'on les récupère en urgence. Je leur ai présenté les petits bijoux. Les parents se sont effondrés tous les deux dans mon bureau. Ils ne m'ont plus demandé à voir le corps de leur fille. »

L'enquête s'est poursuivie. Les policiers ont fait le rapprochement avec deux autres crimes d'enfants de même nature. Les faits étaient similaires, se produisaient dans les mêmes conditions et à peu près à la même époque. Les trois dossiers ont été regroupés dans le même cabinet d'instruction. Le magistrat a nommé des experts pour dater le crime. Une technique qui consiste à étudier les larves des mouches qui avaient commencé à se positionner sur les paupières de la victime. « J'avais un ADN relevé sur les lieux du crime. Ce n'était pas le cas dans les deux précédents dossiers. Cela nous a permis de mettre hors de cause un SDF sur lequel les policiers avaient des soupçons et qui n'avait pas été clair dans ses déclarations pendant la garde à vue. »

Ce dossier a hanté le juge bien après son départ de Lille en 1995. « Nous avions eu la conviction que nous avions affaire à un même individu. Un *serial killer*. J'ai eu un doute sur mon travail. J'avais dans les mains la possibilité que cela ne se reproduise pas. Je partais sans avoir élucidé l'affaire. »

L'homme a effectivement récidivé. Il a agressé une autre fillette dans les mêmes conditions que les précédentes. Heureusement, elle a pu s'échapper. Son témoignage a permis l'identification, la réalisation d'un portrait-robot, puis l'arrestation de l'individu. Confondu par l'ADN retrouvé sur la dernière victime. « Ce fut un soulagement. Le dernier crime qu'il avait commis, était heureusement le mien. »

Jusqu'à présent, le magistrat en avait très peu parlé. Quelques mots à son épouse et à quelques collègues. Jusqu'à notre rencontre.

Une vie de m…

Samedi 2 mai 2015. Un véhicule gêne la circulation à proximité du viaduc de Barbin, un édifice qui enjambe la Sèvre nantaise. Nous sommes dans le département de la Vendée. Les gendarmes rendus sur place ne trouvent personne aux alentours. Ils notent la plaque d'immatriculation, qui correspond à un domicile dans le Maine-et-Loire, département limitrophe. D'autres gendarmes s'y rendent. Sans succès. Dans le même temps, la gendarmerie de Mortagne-sur-Sèvre est alertée de la disparition d'une femme. Rapprochement est fait avec la voiture mal garée. Des enquêteurs retournent sur les lieux. La Sèvre nantaise est en crue après des pluies abondantes. Les enquêteurs découvrent d'abord deux blousons d'enfants, puis aperçoivent dans la rivière, camouflée dans un endroit difficile d'accès, une femme immergée jusqu'au cou. Elle tient dans ses bras un enfant. Son fils âgé de 6 ans. Il est inconscient. Les sauveteurs ne parviendront pas à le ramener à la vie. La femme, en état de choc, semi-inconsciente, en état d'hypothermie, bredouille. Les gendarmes comprennent qu'elle parle d'un autre enfant. Une heure plus tard, on retrouve le corps d'une fillette de 4 ans, emportée par un courant important. La fillette est décédée, morte noyée. « Je n'ai pas été contraint de me rendre sur place. Cela n'aurait servi à rien. Cela m'a épargné la scène de crime », raconte Hervé Lollic, alors substitut. La mère, âgée de 34 ans, a fait l'objet d'un placement en hôpital psychiatrique. « Elle a assez rapidement reconnu avoir voulu tuer ses deux enfants. Je me souviens de l'argument avancé : “Je mène une existence de m… et je ne veux pas que mes enfants vivent une existence de m… ” » Mise en examen pour meurtres sur mineurs de 15 ans, elle doit comparaître devant les assises.

Riche de son expérience, Hervé Lollic tente désormais d'alerter ses collègues. « Une auditrice de justice qui était en observation dans mon parquet voulait assister à l'autopsie des deux petites victimes de Mortagne-sur-Sèvre. Je l'ai mise en garde : "Protégez-vous, faites attention." Elle y est allée quand même. Mais au moins, elle était préparée. N'oublions pas que ce qui apparaît au départ comme un dossier, est avant tout une histoire, un vécu. »

Le jeu du foulard

Sabine Corvaisier n'oubliera jamais la date du 17 mars 2005. Substitut du procureur à Arras, on lui signale la mort d'un adolescent. Sa mère n'est pas une inconnue du palais. Elle est la secrétaire du bâtonnier. Le magistrat se rend sur place. Découverte macabre. Dans sa chambre, le petit Julien D. est suspendu au lit superposé. C'est son père qui le retrouve inanimé. Après l'avoir décroché, il appelle le SAMU. Il est malheureusement trop tard pour sauver Julien. Il allait avoir 13 ans dans deux mois.

Les policiers penchent pour la thèse du suicide. La veille, Julien, bon élève de 5e du collège Gambetta, se destinant à une carrière dans la chimie, s'est fait gronder parce qu'il était revenu du collège avec une mauvaise note. Une version que n'acceptent pas les parents.

Depuis plusieurs jours, Lysiane et Richard, les parents, avaient noté que Julien avait des marques importantes dans le cou. Julien les avait justifiées en parlant de suçons. Il se plaignait aussi de maux de tête. Des signes que les parents se reprochent d'avoir pris à la légère.

Sabine Corvaisier assiste à l'autopsie. « Ce fut compliqué à gérer. J'ai été obligé d'en parler à une collègue. »

Après avoir ouvert une enquête préliminaire, la magistrate a entendu les parents, les camarades de lycée, les professeurs, le directeur de l'établissement. « C'était très lourd parce que les parents cherchaient un responsable à la mort de leur fils. Un enseignant. Un cadre du lycée. »

La vérité est ailleurs. Julien a été victime du jeu le plus absurde qui existe dans les milieux collégiens : le jeu du foulard. Plusieurs essais dans un premier temps qui engendrent chez l'adolescent ces marques au cou et ces céphalées. Jusqu'au 17 mars 2005. Julien se livre une nouvelle fois à ce jeu, une sorte de roulette russe de la strangulation. Seul chez lui. Dans sa chambre. Seulement cette fois-ci, il ne parvient pas à se décrocher à temps.

À la fin de son enquête, Sabine Corvaisier a convoqué une dernière fois les parents de Julien. Pour les alerter qu'elle ne pouvait que classer le dossier. « Dix ans après, quand je repense à ma carrière, je pense d'abord à cette affaire », confie-t-elle.

Lysiane et Richard se sont investis dans une campagne de prévention, pour alerter les parents des risques de ce jeu du foulard.

Jessica

Souvenir d'une image ou souvenir profond d'un simple prénom.

Nous sommes en 1982. Alors qu'il est vice-procureur à Bobigny, chargé des affaires de stups, Étienne Madranges est de permanence lorsqu'un policier l'appelle. On vient de découvrir chez ses parents à la Plaine-Saint-Denis, le corps sans vie d'une fillette. Elle a 4 ans et demi. Arrivé sur les lieux, le magistrat est frappé par les traces de violence, de brutalités, de mutilations visibles sur le corps de l'enfant. Il décide d'arrêter la mère et son compagnon et de les placer en garde à vue. Placée dans une famille d'accueil dans le nord de la France, l'enfant avait été rendue à ses parents par un juge, après avis favorable des services sociaux. Le temps des vacances d'été. Dans le même temps, le vice-procureur se rend à l'institut médico-légal pour assister à l'autopsie de la victime. Il s'y rend accompagné d'un jeune inspecteur de police âgé de 25-26 ans. « Il avait beau être familiarisé avec les affaires de banditisme, il n'a pas pu retenir ses larmes devant le cadavre de la fillette. Moi je me suis retenu. » Les deux hommes sont hébétés, anesthésiés, par ce qu'ils vont entendre de la bouche du médecin légiste qui, quelques années auparavant, avait eu la délicate mission de déterminer les causes de la mort du ministre Robert Boulin. Trente-quatre ans plus tard, l'énumération par le légiste des sévices subis par Jessica est restée dans la mémoire du magistrat. « Même endurci, on ne sort pas indemne d'une telle épreuve », me dit-il avant d'énumérer les constatations *post mortem*.

Jessica avait été brûlée au sexe, au thorax, aux tétons, à l'aide de bougies, de cigarettes et de fer à repasser brûlant. Elle a été mutilée à un doigt à l'aide d'une pince à linge, puis violée. Des traces aux poignets de Jessica ont permis de comprendre le point culminant du supplice subi par la fillette. Elle avait été accrochée aux volets et y était restée pendue une bonne partie de la nuit. « Des faits d'une rare cruauté commis autant par la mère que par le beau-père. Sous prétexte que l'enfant a refusé de manger. L'autopsie révélera que l'enfant a mis six semaines avant de succomber à ses blessures. »

Une mise à mort progressive orchestrée par ses propres parents. Des actes de barbarie perpétrés pour des raisons futiles. Les deux sœurs de Jessica ont été épargnées.

Les parents furent inculpés et renvoyés aux assises. Présent dès la première minute de la procédure, le magistrat a suivi toutes les étapes et va requérir naturellement devant les jurés de Seine-Saint-Denis. « J'ai fait pleurer toute la salle », se souvient-il. Il demande la perpétuité pour les deux accusés. Les jurés le suivent. Confidence lui sera faite plus tard que, si la peine de mort avait encore été en vigueur, les jurés l'auraient peut-être prononcée. « Je ne l'aurais pas requise », s'empresse-t-il d'ajouter.

En 2008, en visitant une prison de femmes, il a appris que la mère était toujours incarcérée.

Des nounous criminelles

Marina et Paul travaillent tous les deux. Il faut donc que quelqu'un s'occupe de leur fils de 11 mois. Ils confient la garde de leur enfant, Jean-Antoine, à une nounou, Marie-Christine A., mère de deux enfants, originaire des Antilles. Parisienne, elle se déplace chaque jour au domicile des parents à Saint-Rémy-lès-Chevreuse (Yvelines). Les premiers mois se passent bien jusqu'au 14 octobre 1997. Ce jour-là, elle arrive comme d'habitude à 8 heures 30. Jean-Antoine dort. La journée se passe plutôt bien. Dans l'après-midi, la femme emmène l'enfant faire une promenade dans un square à proximité. Au retour, elle lui fait prendre son bain. Tout bascule à 18 heures. Marie-Christine est paniquée. Elle sort dans la rue. Elle arrête une voiture. La conductrice est une infirmière. « Il est arrivé un accident au bébé. Il est tombé du lit », lui dit-elle. Jean-Antoine est inanimé. On appelle les secours. Les pompiers le conduisent en urgence à l'hôpital où il décède dans la nuit.

Sept ans plus tard, Jean-Michel Hayat ouvre la première audience du procès devant les assises. La nounou comparaît devant les assises des Yvelines. Libre. Elle a été arrêtée une semaine après la mort de l'enfant. Elle encourt trente ans de réclusion criminelle. Pour les enquêteurs, la mort du bébé est incompatible avec les dires de la nounou. Elle est poursuivie pour « violences volontaires ayant entraîné la mort sans intention de la donner ». Un collectif d'artistes et de personnalités a pris sa défense durant l'instruction.

La partie ne s'annonce pas facile pour ses conseils. Durant l'instruction, leur cliente a varié six fois de version sur les faits. Elle en propose une septième pendant les débats. Jean-Antoine est tombé de son lit et pour l'endormir, elle l'a bercé. Malheureusement sa tête a heurté la table basse du salon. Une nouvelle version qui ne convainc pas les jurés. Les experts parlent de blessures assez profondes, d'un enfoncement de la calotte crânienne sur six centimètres. Alors que ses avocats vont plaider l'acquittement, l'avocate générale requiert une peine entre huit et dix ans. Elle est suivie. Le 21 octobre 2004 à 2 heures du matin, Marie-Christine A. est condamnée à dix ans de prison. N'ayant effectué que sept mois de détention provisoire, elle est arrêtée à l'audience.

« Ce fut un procès terrible où il a fallu faire des expertises de *crash test* comme on en fait dans l'industrie automobile pour tester les airbags, pour essayer d'apprécier la violence du choc de cet enfant contre le mur de sa chambre, se remémore Jean-Michel Hayat, président de tribunal de grande instance de Paris. C'étaient des jeunes parents extrêmement touchants. Des parents en quête de vérité. Un procès insupportable avec une défense très agressive. La justice était passée dans le sens fort du terme. Je me souviens de leur regard, de leur sourire à mon égard quand j'ai levé l'audience. J'avais l'impression qu'on avait fait quelque chose d'utile. »

« Cela faisait sept ans qu'on cherchait la vérité, déclare Paul, le père du bébé, à une équipe de France 2. Ce soir, je crois que l'on s'en est approché. Très près. On repart avec des certitudes et c'est beaucoup. » « Nous ne savons toujours pas comment cela s'est passé », commente de son côté l'avocat de la défense.

La nounou a fait appel. Elle a été condamnée à deux ans de plus.

Bébé secoué

À Douai, on juge une nounou de 60 ans pour des brutalités sur un nourrisson qui gardera des séquelles irréversibles. Franck Charon prend le dossier à l'audience. Plusieurs de ses collègues femme, ont décliné. Son épouse est alors enceinte. Elle doit accoucher dans 3 mois. Il accepte de porter l'accusation au procès devant les assises du Nord. « L'audience a chaviré le jour où le médecin légiste est venu à la barre. Il s'est muni d'un poupon. Il a mimé les coups portés au bébé, montré comment la tête a été ballottée comme un *punching-ball*. Cela a fait basculer l'intime conviction des jurés. Tout le monde a compris, à ce moment-là, ce qu'avait subi l'enfant. Et imaginé le calvaire des parents présents à l'audience.» Le magistrat a requis cinq ans fermes. Le verdict fut conforme aux souhaits du parquet. La nounou, qui n'avait effectué aucune détention provisoire, a été arrêtée à l'audience et incarcérée.

Trois mois plus tard, le premier enfant du procureur Franck Charon est né. Ce n'est pas sans une certaine appréhension qu'il a, quelque temps plus tard, conduit son bébé chez une nourrice.

«Toutes ces affaires ont une résonance dans notre vie. Le soir, vous serrez vos enfants un peu plus fort que d'habitude. Vous vous dites que c'est précieux. Vous faites tout pour les protéger. Vous êtes content de retrouver une normalité banale. Des gestes routiniers.»

Des gestes d'amour.

15

L'enfant en souffrance

« J'écris son casier judiciaire. » Olivia Cligman a son bureau dans les bas-fonds du tribunal de Créteil. Tout un symbole. Le tribunal pour enfants, dans l'un des tribunaux le plus important de France, est au sous-sol. À l'ombre. Dans l'obscurité. À l'image de la formule d'un autre magistrat, Christophe Barret. « Le juge pour enfants voit au fond de la poubelle de la société. » Après avoir été quinze ans avocate, trois ans juge d'instruction, deux ans au parquet, elle est depuis huit ans chargée des contentieux liés à l'enfant. Victime ou auteur. « J'ai toujours voulu m'occuper des autres depuis que je suis toute petite. » « C'est un métier très violent. Le public ne sait pas combien c'est violent. C'est beaucoup de répercussion dans la vie privée. Dans l'angoisse que l'on peut avoir par rapport à ses propres enfants. Cela fragilise. Notre décision détermine l'avenir des jeunes. Si on se trompe, cela peut être dramatique. Nous prenons une dizaine de décisions par jour, c'est énorme. Chaque placement n'est pas anodin, chaque condamnation n'est pas anodine, il faut se le dire chaque fois. C'est comme un chirurgien qui opère toute la journée, il prend des risques. Nous, c'est un peu pareil. »

« Nous sommes dans l'abattage de l'horreur. Ce sont des successions d'enfants violés, d'enfants maltraités. On voit les situations les plus graves, on voit des drames tout le temps. L'écueil c'est la banalisation du drame perpétuel. Et je sens que j'en suis un peu là. C'est affreux. On ne peut pas banaliser, ce n'est pas possible, il faut que l'on reste très humain. Chaque affaire, c'est un enfant. C'est le pire métier que j'aie fait, parce que c'est l'innocence à l'état pur. Quand j'étais avocate j'ai vu énormément de dossiers judiciaires qui avaient commencé par le tribunal pour enfants, je me suis dit : c'est là qu'il faut agir. Si on n'agit pas là, c'est trop tard. Comme on n'a pas de moyens, on sait qu'on ne peut pas faire grand-chose. Donc c'est dur. »

Dur, ce face-à-face avec cette adolescente qui avait découpé sa mère en morceaux. « Ce qui marque, c'est le décalage entre les faits inimaginables et la normalité apparente de l'accusé. Vous lisez un dossier et vous avez ensuite devant vous des gens en apparence ordinaires, dont on n'aurait jamais pu imaginer qu'ils commettent de tels crimes. »

Dur aussi ce couple devant elle, alors qu'elle est en poste à Versailles. Pendant quatre ans, ils ont maltraité leur fillette qui en a gardé des séquelles à vie. « Des gens qui auraient pu être des copains. Avec la juge d'instruction qui était chargée du dossier criminel, on se retrouvait après avoir auditionné les parents, pour se convaincre de la réalité des faits. »

« J'ai eu à juger un enfant qui est arrivé au tribunal en chaise roulante. Son frère lui avait fracturé tous les membres. Il comparaissait devant nous pour quatre dossiers de violence et d'extorsions. Il était de plus incarcéré pour une affaire de braquage. Victime, il était devenu auteur. C'est un des pires dossiers que j'aie eu. C'est insoutenable. Comment on peut condamner dans ces cas-là ? Nous étions tous dans le même état d'esprit lors de l'audience. La procureure, d'habitude très sévère, a essayé de trouver des solutions pour le condamner modérément. On la sentait se liquéfier. Elle ne savait plus comment requérir. De mon côté, j'ai entamé un dialogue avec le jeune homme pour que les deux assesseurs comprennent à qui ils avaient à faire. Pendant le délibéré, on se disait : on ne peut pas le condamner, et en même temps il faut le faire. On l'a déclaré coupable, mais on a ajourné la décision sur la peine, pour le revoir plus tard. Voir comment il évoluait. Cela a été un moment terrible. La substitut m'a dit ensuite : tu as vu comment j'étais mal ? Je ne savais plus quoi dire, comment faire. »

Olivia Cligman vit au même rythme que tous ses collègues juges des enfants qui, majoritairement, sont des femmes. « Parce que c'est mal payé », précise-t-elle. Entre trois cent cinquante et quatre cents dossiers d'assistance éducative et entre deux cents et deux cent cinquante procédures pénales à mener de front. « Cela revient à dire qu'en assistance éducative, on voit les gens une fois par an, trois quarts d'heure. Ce n'est rien. Ce n'est pas normal. Quand on a cinq familles dans la matinée, on n'a pas le temps. » Dans le même temps, les effectifs sont en recul. À Créteil, c'est un quart de magistrats en moins. Six au lieu de huit. Arrivée à son cabinet à 8 heures, elle en repart le soir après 19 heures 30. Pas le temps de décompresser, d'aller à une séance de travail ou à un groupe de travail pour se confier. Quand Olivia Cligman quitte le tribunal, elle a besoin d'une demi-heure, trois quarts d'heure dans sa voiture à écouter de la musique. Pour se changer les esprits.

« On vit au rythme de nos mineurs. Quand ils sont sortis d'affaire, on se dit : ça y est, ils ont réussi, c'est gagné. On y repense le soir, et quand ils rechutent, on n'est pas bien à nouveau. Il y a comme cela une proximité qui est très prenante. Pendant les vacances, je ne peux pas m'empêcher de me dire : j'ai donné tel droit de visite à tel enfant, est-ce que j'ai bien fait ? C'est une période très dure pour le juge des enfants. Il y a des enfants à qui l'on refuse de quitter le foyer pendant les périodes de fêtes, par exemple, alors que les parents l'ont demandé. On se dit que l'enfant va se retrouver seul à Noël dans le foyer, c'est dur émotionnellement. Le placement, c'est une sorte de détention. »

Aujourd'hui, Olivia Cligman demande à changer de fonction. « Il faut que cela s'arrête. J'ai atteint ma limite. » Elle souhaite rejoindre l'instruction, ou l'application des peines. Tout en rêvant à un poste de présidente d'assises.

Une juge des enfants devenue sage

Autre bureau. Autre ambiance. Autre regard sur le métier de juge des enfants. À Créteil, on travaille sous la lumière des néons. Ici, le soleil éclaire la façade du Palais Royal et les colonnes de Buren. Nous sommes au deuxième étage du Conseil constitutionnel. Depuis le 12 février 2013, Nicole Maestracci est l'une des neuf sages. « Un poste que l'on ne refuse pas. » D'ailleurs, elle n'a pas eu le temps de le faire, elle n'a reçu un appel téléphonique de François Hollande que quelques minutes avant l'annonce de sa nomination.

D'abord avocate de 1974 à 1977, elle entre dans la magistrature deux ans plus tard. Comme juge des enfants à Melun.

« À 25 ans, on voit débarquer des familles en crise. Avec des situations où tout le monde crie, hurle, pleure. Des situations et des vies qui sont à l'opposé des nôtres. On se débrouille avec ça alors que l'on sort d'études de droit très désincarnées. Le droit est désincarné. C'est un sujet virtuel. Le droit n'est ni riche ni pauvre. Un tribunal c'est d'abord un lieu de pauvreté et de souffrance. Les affaires heureuses, comme une adoption, sont rares. Nous sommes les acteurs d'une vie qui bascule. On vient voir le juge quand on est face à un mur, devant un nœud. Nous dénouons les nœuds pour que les choses puissent continuer. Un nœud qui empêche de vivre. »

Dans les années soixante-dix, le juge n'avait pas obligation de voir régulièrement les parents. Quant aux enfants, ils étaient souvent placés dans des centres ou des familles d'accueil assez loin de leur univers familial. Soit les parents ne demandaient pas à rendre visite à leur progéniture. Soit ils n'avaient pas les moyens de faire le déplacement. D'où des ruptures familiales de plusieurs années.

« Un jour, j'ai restitué un enfant qui a été à nouveau maltraité par l'un de ses parents. Il n'en est pas mort. Mais on ne cesse d'y penser. On se dit qu'il y a quelque chose qui vous a échappé. Rien n'est plus attentatoire que de retirer un enfant à ses parents et de le placer. »

« Aujourd'hui, j'ai des visages qui me reviennent en mémoire. J'ai suivi des mineurs pendant plusieurs années. Certains m'ont joint par téléphone. Je me souviens de l'une qui m'appelait en me disant simplement "Allo, c'est Cécile", comme si je savais forcément de qui il s'agissait. On se dit après qu'on était là au bon moment. C'est émouvant d'avoir ce lien-là. »

Présidente de la FNARS[36], Nicole Maestracci s'est plusieurs fois rendue sur le terrain avec Martin Hirsch, qui était alors à Emmaüs. « Sous les ponts de Paris, il m'est arrivé de croiser des personnes qui se souvenaient que je les avais jugées quelques années plus tôt. J'avais, me disaient-elles, à leurs yeux une figure de juge qui protège. »

Dans son cabinet, elle recevait les parents, les enfants, les éducateurs les uns après les autres. Avant de les recevoir tous ensemble. « Il est important d'apprendre à faire circuler la parole dans une famille en crise. Il faut leur donner l'impression que la décision que vous allez prendre est de plus en plus évidente à leurs yeux. »

Sage parmi les sages, elle n'hésite pas à prodiguer des conseils aux futurs magistrats.

« Il faut avoir la curiosité de l'enfant, arriver à l'audience avec une fraîcheur. Se dire : je ne sais rien de l'affaire. Une exigence de tous les moments. »

Un sacerdoce

« Mettre un gamin de 15 ans en détention, cela n'est pas normal. Nous n'avons pas envie de le faire, mais il le faut. Le soir, ce n'est pas une bonne journée. »

Avant de devenir présidente de l'USM (Union syndicale des magistrats), le syndicat le plus représentatif, Virginie Duval a commencé sa carrière comme juge des enfants à Alençon, puis à Caen. Un poste qu'elle a occupé pendant six ans.

---

36. Fédération nationale des associations d'accueil et de réinsertion sociales, qu'elle a présidée de 2004 à 2012.

« Quand on voit des corps déchiquetés, il y a une espèce de distance, on prend le recul. Mais un gamin qui nous dit des horreurs, la distance est plus difficile à prendre. »

Ainsi il reste des *flashs*. Une gamine qui lui confie qu'elle mange l'émail de la cuvette des toilettes, tellement elle a faim. Une autre qui lui révèle qu'elle a été forcée de faire des fellations à son père. « Elle ne l'avait jamais révélé jusqu'à présent. » Une dernière, prénommée Chloé, violée par son père à l'âge de 3 mois. Ou ce médecin qui traitait sa fille de « pute » après l'avoir forcée à tout lui raconter, y compris ses ébats sexuels, dans les moindres détails. « Tous les repères sont faussés, nous ne sommes pas armés pour cela. »

Parfois une simple lecture d'un dossier à la veille de l'audience peut vous chambouler. Comme l'histoire de cet enfant-parloir. Sa mère, qui avait fini de purger sa longue peine, a obtenu un droit de visite pour voir son époux condamné à la perpétuité. Quelques années plus tard, le jeune garçon comparaît devant Virginie Duval pour avoir tué sauvagement sa grande sœur avant de la dépecer. « J'ai lu ce dossier un soir pour l'audience du lendemain. J'ai eu du mal à m'en remettre. Je ne suis pas sûre que je n'aie pas pleuré et je suis allée voir la greffière pour en parler avec elle. Le lendemain, j'avais le jeune garçon devant moi, un gamin de 15 ans. Cela faisait 15 ans qu'il était placé et qu'il ne savait pas pourquoi. Je me disais : comment on fait, je suis en train de lui mentir, comme les autres avant moi. J'ai vraiment trouvé cela très difficile. À part avec ses collègues, on ne peut pas en parler parce qu'il y a la confidentialité. Je me dis que si l'on en parlait, les gens ne nous croiraient pas. Parce que c'est trop. »

« Je ne peux pas m'empêcher de dire que cela abîme un peu. On peut devenir cynique, blasé. Ce n'est pas normal de voir cela toute la journée. Si on est volontaire pour aller voir les pires horreurs, c'est qu'il y a un problème. »

Présidente de l'USM jusqu'en 2018, Virginie Duval n'écarte pas l'hypothèse de retourner sur le terrain. Et pourquoi pas comme juge des enfants. « Je n'en suis pas lassée. Quand on est juge des enfants, on a l'impression de faire évoluer la situation dans le bon sens. Aux tutelles, cela m'a déprimée parce que c'est la fin de vie des personnes qui sont handicapées, dépendantes. »

De Mulhouse à Montpellier

« Nous ne sommes pas préparés à nous retrouver face à des personnes déstructurées, qui n'ont aucun lien familial. » Michelle Torrecillas, qui fut substitut au parquet des mineurs avant d'être juge des enfants pendant cinq ans à Mulhouse, dresse un constat identique à celui de sa collègue de Créteil. « On est tout seul face à cela. Il y a donc une nécessité de créer des liens avec ses collègues, en se rapprochant par exemple du syndicalisme. On n'en parle pas. On est individualiste, solitaire. On ne peut pas déverser ce trop-plein. On doit donc se freiner soi-même, s'autocensurer. S'efforcer de ne pas être perméable afin de garder son indépendance, la tête froide. »

Un adolescent vole une voiture en Alsace et se dirige vers le sud où il commet à nouveau un certain nombre de délits, principalement des vols. Il est interpellé et incarcéré. Il ignore que celle qui fut sa juge des enfants à Mulhouse est désormais juge de l'application des peines à Montpellier. « Le hasard a voulu qu'il soit emprisonné dans un établissement pénitentiaire, à Villeneuve-lès-Maguelone, proche du tribunal où j'exerce. Quand j'ai vu son nom apparaître dans un de nos dossiers, j'ai pris la décision d'aller le visiter en détention. Évidemment il ne s'attendait pas à me voir et il n'en revenait pas que je fasse le déplacement. Même si je n'étais pas chargée de son dossier, j'ai ressenti le besoin d'aller le voir, de lui parler. » Comme un fil que l'on n'arrive pas à couper.

« Pour ma part, le plus éprouvant était le sentiment que je pouvais avoir à l'égard des parents. Face à leur incapacité ou, le plus souvent, leur refus d'accomplir leur rôle, je pouvais être tentée d'éprouver de la colère. Il faut évidemment se retenir. Mais l'on peut être amené à être découragé et à baisser les bras. »

Juge ou parent ?

Le juge doit rester juge et à aucun moment ne se substituer au parent défaillant. Même si la tentation est forte.

Après l'instruction, Gilles Straehli occupe pendant cinq ans un poste de juge des enfants à Nancy. « Le plus difficile que j'aie eu à connaître. » Dans son cabinet, ont pris place un jeune mineur âgé de 14 ans, sa mère et l'éducateur chargé du suivi socio-judiciaire de l'enfant. Bien qu'issu d'un bon milieu, l'adolescent accumule les bêtises. L'explication est simple. Il n'est pas aimé par sa mère, et le père est plutôt absent. L'éducateur plaide la cause du mineur, argumentant que ce dernier fait tout pour revenir dans le droit chemin, pour répondre aux attentes supposées de ses parents. « Je revois les regards qu'il jetait vers sa mère pour voir si cela avait un impact sur elle. La froideur maternelle persistait. Rien ne valorisait son fils à ses yeux. L'éducateur était désespéré. Ce jour-là, je me suis retrouvé confronté à la limite de ce que l'on peut faire en tant que magistrat. Je bouillais. Le père de famille que j'étais avait envie de secouer la mère. Pour la convaincre de l'effort fait par son fils. Le magistrat ne pouvait pas le faire. »

Après quarante-trois ans de magistrature, Étienne Madranges, autant passionné de droit que de photographie, ne supporte plus la vue de certains clichés. Tous les vendredis, il siège dans une chambre spécialisée dans les affaires de violences intrafamiliales, d'agressions sexuelles sur mineurs, corruption de mineurs… « Ces affaires ont une grande influence sur notre comportement. À la longue, lorsque l'on est grand-parent, on a du mal à savoir comment embrasser ou prendre sur ses genoux ses propres petits-enfants. Une sorte de traumatisme permanent ou de réserve prudente qui s'installe, se distille. »

La visite d'une maternité

Alain Vogelweith a d'abord été trois ans juge des enfants à Créteil avant d'être rattaché à Claire Brisset la défenseuse des enfants. Après quoi, il est redevenu juge des enfants à Bobigny. En tout, dix ans dans cette fonction.

« Une accumulation de violence conflictuelle, un quotidien qui ronge. On en sort épuisé, on s'en sort en demandant sa mutation. Ce ne sont pas des affaires exceptionnelles comme à l'instruction, mais des affaires qui renferment des tensions, une résonance à notre propre vécu, qui nous renvoient à nos propres parents, maris, enfants.»

« J'avais placé un enfant à la suite de violences subies. Mais ne voulant pas casser davantage la relation familiale, j'ai, le temps des investigations nécessaires, levé le placement. Trois semaines plus tard, l'enfant a été défenestré par son père. Vous rentrez chez vous avec votre culpabilité. Il n'y a aucun soutien. Ce sont des décisions lourdes, que vous prenez seul. On infléchit la trajectoire d'une famille. On intervient dans le parcours de la vie d'un enfant. Le juge des enfants a une parole qui porte parfois plus que celle des services sociaux. Le juge des enfants, c'est celui qui connaît toute l'histoire de la famille. C'est une fonction qui change selon que l'on soit père de famille ou pas. Lorsque j'étais à Créteil, je n'avais pas d'enfant. J'étais dans la théorie. J'ai été père alors que j'allais rejoindre mon poste à Bobigny. Cette fois-ci j'étais dans la pratique. Je pense que je n'avais pas la même approche des dossiers. Un jour, j'ai été saisi d'un dossier où l'on s'interrogeait sur le cas d'un nourrisson. On ne savait s'il avait été victime d'une chute, comme le disaient les parents, ou de violences. Je m'interrogeais. Devais-je le laisser à ses parents ou le placer ? Cette dernière solution étant évidemment le principe de précaution. Je me suis rendu dans une *nursery* de mon périmètre juridictionnel. À Sucy-en-Brie. Le hasard a voulu que je tombe sur le bébé en question. Il ressemblait à mon propre bébé. Je l'ai laissé à ses parents. La suite a montré qu'il s'agissait bien d'une chute. »

Un remerciement qui intervient trente-sept ans plus tard

Élisabeth Linden sort de l'ENM. Elle rejoint son premier poste dans l'Est. Alors qu'elle s'attend à être installée comme juge d'instruction, on change son affectation d'office. « On manque de juges des enfants. Vous serez juge des enfants. »

Entre dans son cabinet une jeune fille de 17-18 ans. On vous parle d'un temps où la majorité est encore à 21 ans. Nous sommes en 1972. L'adolescente est en conflit avec son père, autoritaire, psychorigide, qui contrecarre ses projets de formation. Résultat, elle fugue et se réfugie chez la mère de son petit ami. « Ses parents avaient saisi police et justice pour la récupérer. Et moi du haut de mes tout juste 24 ans, alors que je débutais dans mes fonctions, j'ai pris la décision de la confier à la mère de son copain. À l'époque on pouvait confier un mineur à un tiers digne de confiance. Vous imaginez la réaction des parents de cette jeune fille. Après cette décision, je n'ai plus jamais entendu parler de cette jeune fille. »

Jusqu'à un courrier reçu à la cour d'appel d'Angers. Alors qu'Élisabeth Linden a quitté la présidence de cette cour d'appel en décembre 2009, sa secrétaire lui transmet une lettre.

« Il s'agissait de la jeune fille en question qui m'écrivait. Elle avait entendu prononcer le nom d'Élisabeth Linden dans une émission. "J'ai connu un juge des enfants dans les années soixante-douze qui portait ce nom, m'écrit-elle. Si c'est vous, je voudrais vous remercier encore de la décision que vous avez prise et qui m'a permis de vivre mes rêves." Elle disait se souvenir du jour où j'avais signé l'ordonnance de placement dans mon bureau. "Votre main tremblait", m'écrit-elle. Cette lettre qui correspondait à l'un de mes premiers dossiers clôturait ma vie professionnelle. Cette lettre m'a bouleversée. En 1972, confier une fille à la mère de son copain n'était pas dans les mœurs. J'avais 4-5 ans de plus que leur fille. »

La jeune fille a 58 ans aujourd'hui.

« Si j'ai pu être un bon juge… »

« J'ai des insomnies du juge. Par rapport à la décision que je dois prendre ou que j'ai prise il y a une dizaine d'années. » Édouard Durand a toujours voulu être juge des enfants. Entré dans la magistrature en septembre 2004, il a été successivement juge des enfants à Draguignan, à Tarascon puis à Marseille. Désormais, secrétaire général de la première présidence de la cour d'appel d'Orléans, et conseiller à la chambre des mineurs, il est toujours proche des enfants.

Contrairement à ses collègues, il ne tarit pas d'éloges sur cette fonction. « C'est formidable. Merveilleux. On peut le rester toute une vie, on est bien journaliste, pédiatre pendant toute une carrière », assène-t-il à l'intention de ceux qui raccrochent. Avant de reconnaître la nécessité de faire des pauses, comme il le fit lui-même en détachement à l'ENM, en qualité de formateur. À ceux qui se destinent à la fonction de juge des enfants, il précise qu'il faut « accepter que l'émotion entre dans son cabinet. Certains s'y refusent, ils ont tort ».

« On vit des drames, mais aussi des choses merveilleuses. Ce n'est pas un magistrat qui travaille sur le passé, comme le juge d'instruction. On ne tourne pas le dos à l'avenir. Alors qu'à l'instruction, on parle à l'imparfait, nous, on parle au futur antérieur. Il y a parfois des perspectives enthousiasmantes. Il y a une continuité, on en voit les effets. On voit les enfants grandir, c'est extraordinaire. Mais on les voit mourir aussi. C'est une grande joie de voir des choses positives auxquelles on a contribué. »

Un jour à Marseille, il a retrouvé un mineur dont il s'était occupé. Alors qu'il était en terrasse, il l'a vu arriver. C'était le barman, fier de montrer à son juge ce qu'il était devenu.

Il n'en est pas toujours de même. La scène se passe il y a un peu plus d'un an. Dans le couloir du palais, une dame le fixe. Il croit la reconnaître. Aucun ne se dirige vers l'autre. Le magistrat rejoint la salle d'audience où on l'attend. À la fin de la journée, la femme est toujours là. Le palais s'est vidé. Dans le couloir, il ne reste plus qu'eux. La femme se dirige alors vers le juge. « Je suis Madame X., vous avez détruit ma vie, que pouvez-vous faire pour corriger ce que vous avez fait ? » Le magistrat se souvient alors de l'affaire et de la décision qu'il avait prise dans son cabinet de juge des enfants. « Je lui ai dit que je n'étais plus compétent territorialement parlant pour l'aider. Je lui ai conseillé de s'adresser à son avocat et à un juge des enfants de son tribunal. Depuis, je repense à cette affaire. Je m'interroge. Ai-je pris la bonne décision ? C'est notre pression au quotidien. Ne pas se tromper. C'est la pression de l'urgence qui pèse sur nous. Nous devons souvent agir immédiatement, rapidement. Et en même temps ce ne sont pas des décisions que nous prenons à la légère. Nous entendons les parents, les éducateurs, les services sociaux. Nous sommes plusieurs à nous pencher sur le cas de chaque enfant. Nous portons ensemble ces souffrances-là. Nous connaissons ces familles, nous les suivons depuis plusieurs années pour certaines. Mais lorsque nous décidons de séparer un enfant de ses parents c'est toujours violent. »

Alors qu'il est en poste à Marseille, une mère arrive dans son cabinet avec son bébé dans un landau. Elle est ressortie du bureau du juge avec un landau vide. « Une autre fois, nous avons placé un enfant dans une famille d'accueil. Il venait de naître et nous sommes allés le chercher à la pouponnière. Nous avions réalisé une enquête sociale sur la mère. Elle était en errance et en précarité psychologique grave. C'était la sécurité de l'enfant qui était en jeu. La décision avait été prise avant la naissance du bébé. Les précédents enfants avaient déjà été placés. »

Un autre jour, un père entre dans son cabinet en tenant son enfant dans ses bras. « Il est évident qu'il avait compris que nous allions le lui retirer et il le maintenait très fortement contre lui. » Le magistrat est assis à son bureau. Une mince protection, mais une protection quand même. Le juge comprend que le père risque de retourner alors sa violence vis-à-vis de l'éducatrice assise à ses côtés. « Je me suis levé et je me suis mis devant lui pour faire barrage. Je me suis dit : "Il va te massacrer." Ma greffière a appelé les policiers. Quand ils sont entrés dans mon cabinet, cela a fait baisser la tension d'un cran. Nous avons séparé le père de son enfant. »

Le juge entend encore les hurlements que le père a poussés dans les couloirs en quittant le palais. « C'était un homme déchiré. On s'interroge. Qu'as-tu fait pour provoquer cette violence, pour provoquer cette montée de tension ? On a du mal à l'admettre soi-même. Je me souviens d'une femme qui a été prise de malaise dans mon cabinet. Nous avons dû appeler le SAMU. Je me souviens avoir pensé à ce moment-là : "Je ne veux pas vivre ça." »

Les audiences se déroulent dans un climat souvent tendu. Les parents nous disent : "Vous ne pouvez pas nous faire cela." Nous nous efforçons de leur expliquer notre décision. À la fin, ils sortent de notre cabinet en nous serrant la main et en nous disant : "Merci, monsieur le juge." Un peu comme on remercie le docteur. »

« Certes les magistrats sont confrontés à d'intenses souffrances et doivent les porter. Mais l'une des raisons qui nous permettent de le supporter, c'est l'action. Le fardeau de ces souffrances est supportable, car il est porté dans un mouvement, pas dans l'inertie. »

Et Édouard Durand de conclure : « Si j'ai pu être un bon juge pour certains, cela vaut le coup. »

Rencontre avec Éliane Houlette, procureur national financier

Sa fonction, son poste sont nés d'un scandale retentissant du début du quinquennat de François Hollande, les mensonges du ministre du budget, Jérôme Cahuzac, sur les faits commis quand il était chirurgien capillaire et député. Depuis février 2014, Éliane Houlette est à la tête du parquet national financier. Elle me reçoit dans son bureau. Rue des Italiens. La façade, reconnaissable à son horloge aux aiguilles dorées, a été durant des années le siège du *Monde*. Dans son bureau, qui fut celui d'Hubert Beuve-Méry le fondateur du journal, est accroché au mur un fac-similé de la première une datée du mardi 19 décembre 1944. Depuis, les affaires politico-financières ont régulièrement fait les titres du quotidien du soir.

Ironie du sort, c'est la justice qui a récupéré les locaux. Ici les dossiers Elf, Chirac, Clearstream, Angolagate, Karachi, Cahuzac, Bygmalion, ont été ou sont instruits dans cette dépendance du Palais de Justice. En attendant de rejoindre en 2018, le nouveau Palais de Justice aux Batignolles.

Des affaires dont elle a la charge avec les seize magistrats de son parquet, elle ne dira pas un mot. Par discrétion, mais aussi parce que ce ne sont pas les dossiers qui l'ont marquée. Comme beaucoup, elle a été impressionnée alors qu'auditrice de justice, elle a assisté à l'autopsie d'un corps brûlé. Très vite spécialisée dans les affaires commerciales puis financières, Éliane Houlette se félicite de ne pas avoir eu à traiter trop d'affaires de droit commun. « C'est le mauvais côté de l'espèce humaine. » C'est de son premier poste qu'elle garde un souvenir le plus fort. Juge des enfants à Blois. Elle succède à un magistrat qui tenait le seul cabinet de juge des enfants dans ce tribunal depuis trente ans. « Ce fut mon poste le plus difficile. Nous sommes confrontés au quotidien à l'horreur, d'autant plus sensible que cela touche des mineurs. Qu'ils soient auteurs ou victimes, ils sont en danger. Confrontés à des conditions de vie épouvantables. À des maltraitances. Certains adolescents m'appelaient chez moi le soir. On s'interroge continuellement. Ai-je pris la bonne décision ? Est-ce que cela va porter, être efficace ? On est marqué au fer rouge par ce que l'on voit. J'y pense souvent. Je m'interroge encore aujourd'hui. Que sont-ils devenus ? Quel a été leur avenir ? Quels adultes sont-ils devenus ? Je n'ai jamais oublié. Je me souviens encore des noms. »

Pêle-mêle, elle évoque le suicide, dans un centre éducatif fermé à Lamotte-Beuvron, d'un mineur issu d'une famille sédentarisée. Un autre qui se coupe un doigt et qui l'envoie à son assistance éducative. Des chaises qui volent dans le cabinet après que la magistrate a annoncé à des parents la décision de placer leur enfant. « Vous ne pouvez en parler à personne.

Encore moins quand vous êtes la seule à occuper cette fonction dans le tribunal. Aucun soutien moral ou psychologique de la hiérarchie, surtout quand le président de la juridiction vous considère plus comme une assistante sociale que comme une magistrate. »

Au bout de quatre ans, Éliane Houlette quitte son poste à Blois pour rejoindre une autre fonction dans une autre juridiction. « Quatre ans, c'est suffisant pour être marquée. Le jour où j'ai arrêté, j'ai compris que je ne pouvais plus y revenir. » Trop lourd.

Trente ans plus tard, le ressenti est différent dans la fonction qu'elle occupe. « Aujourd'hui, je n'ai pas d'états d'âme. Juge des enfants, j'étais face à la souffrance, face à des parents dépassés par la situation, démunis. J'étais face à des enfants en perdition. Il faut les aider dans leur misère sociale, familiale. C'est Zola. À présent il s'agit de personnes qui ne pensent qu'à échapper à l'État, au fisc, qui tentent de profiter de la faille de la loi, qui transgressent les règles de la République. »

Pour la magistrate, la pression liée à c es fonctions très en vue est d'ordre médiatique, institutionnel. La tâche est plus rude en raison de la complexité juridique de ces procédures et les avocats vous attendent au tournant. Ils feront tout pour sauver leur client en s'appuyant avant tout sur un vice de forme.

Que cela soit dans ses fonctions actuelles ou lorsqu'elle a siégé comme assesseur dans des tribunaux correctionnels ou aux assises, ce qui l'a toujours impressionnée, c'est ce moment indicible où tout bascule. Un homme qui involontairement, par accident, provoque la mort d'une tierce personne. Un ministre en vue qui ment à l'opinion publique sur son patrimoine et qui est forcé à la démission. La chute. Parce qu'à un moment, l'individu a perdu le contrôle de lui-même et qu'il va le payer toute sa vie. « Une chose m'a toujours marquée dans les procès que j'ai suivi. Lorsqu'un homme ou une femme commet l'irréparable. Il emporte avec lui ses proches, sa famille. C'est dur d'être un être humain digne de ce nom. »

« Je le dis souvent. Pour moi, un bon magistrat, c'est beaucoup de bon sens et beaucoup d'humanité. Les personnes sont sensibles à la façon dont ils ont été traités. Une condamnation passe mieux si cela se fait dans la correction et dans l'humanité. Il ne faut jamais humilier. On a une position de force. On ne doit pas l'utiliser. Nous devons trancher des conflits entre un individu et la société. Que l'on soit au siège ou au parquet, on doit au bout du compte prendre une décision. Elle repose sur nous. On ne peut pas se laisser envahir par le ressenti. C'est la technique qui s'impose. Il faut s'appuyer sur la loi. Elle nous guide et nous garde. C'est l'aspect technicité qui doit prendre le dessus. »

Délits boursiers, fraude fiscale, escroqueries à la TVA, trafic d'influence, détournements de fonds publics, prise illégale d'intérêts, favoritisme économique, corruption d'argent public. En tout, le parquet national financier gère plus de trois cent cinquante dossiers de front. « Ici, note Éliane Houlette, pas de scènes de crime, pas d'ADN, on doit chercher les éléments de preuve. » Tout part d'un signalement, d'un rapport de Tracfin. Il faut en appeler à l'entraide pénale, aux commissions rogatoires internationales, avoir accès aux comptes bancaires, aux flux financiers. Découvrir ce que des chefs d'entreprise, des responsables politiques, des délinquants en col blanc, ont cherché à dissimuler pendant des mois ou des années. « Il faut garder la tête froide. Chercher constamment quels sont les éléments objectifs de l'enquête. Nous sommes face à des gens qui ne collaborent pas ou peu à l'instruction, qui passent rarement aux aveux. Qui sont assistés des meilleurs avocats qui vont se battre jusqu'au bout sur le dossier et la procédure. » « Nous sommes une force de frappe. Nous devons barrer la route aux fraudeurs quels qu'ils soient. » Telle est la devise du procureur national financier.

16

Face aux victimes

« Derrière chaque procédure, il y a un individu. » Jean Quintard, procureur adjoint au parquet de Paris n'a pas oublié cette remarque d'un procureur alors qu'il était en stage à Poitiers. « Quand on lit une procédure, on ne le voit pas forcément. Rien ne vaut la photo ou la présence de la personne. C'est pourquoi François Molins demande que les victimes soient reçues le plus souvent par un magistrat. Au parquet, on reçoit beaucoup de courrier. C'est difficile de s'imaginer la réalité de la souffrance ressentie par la victime et le plaignant. On la ressent mieux quand elle est exprimée directement par la victime. »

L'incompréhension d'un père

« Ce n'est pas tellement le sang, les cadavres, c'est la souffrance des proches, de la famille qui m'émeut davantage, que je trouve plus difficile. Cette souffrance, elle s'exprime de plusieurs manières. Ce sont des larmes, des cris. Quelquefois c'est de l'agressivité, de la colère contre la police, la gendarmerie, la justice, qui n'ont pas fait ce qu'il fallait », insiste Catherine Denis, procureur de la République à Nanterre.

Vers 4 heures du matin, des flammes sortent des fenêtres d'un immeuble du centre-ville de Rennes. Nous sommes le 21 septembre 2007, rue d'Orléans. L'incendie se propage très vite. En moins d'un quart d'heure les flammes atteignent la totalité de cet immeuble du XIXe siècle. Le hall et l'escalier en bois sont les premiers touchés. Des locataires parviennent à s'échapper du brasier. D'autres sont pris en charge par les secours. D'autres se réfugient sur les toits. Les pompiers arrivés sur les lieux secourent une cinquantaine de personnes. Vingt-huit sont hospitalisées, intoxiquées par la fumée. Trois jeunes manquent à l'appel. En fin de journée, une étudiante occupant un studio du cinquième étage demande des nouvelles de ses amis, Ophélie, 18 ans, Aurélie, 19 ans, et Antoine, jeune pompier de Paris de 23 ans. Tous trois occupent un appartement au troisième étage. Considérablement dégradé par l'incendie, l'immeuble menace de s'effondrer à tout moment, ce qui complique les recherches. Au lendemain de l'incendie, leurs corps n'ont toujours pas été retrouvés dans les décombres et ils ne font pas partie des survivants.

Les investigations vont être poussées à l'extrême. Les restes des gravats et des cendres sont passés au tamis par les enquêteurs. On finit par retrouver pour deux des jeunes, des morceaux de corps, identifiés par leur ADN. Pour Ophélie, on retrouve juste une dent.

Procureur adjoint à Rennes, Catherine Denis ouvre une information judiciaire. Elle se souvient aujourd'hui avoir été confrontée à la colère des proches des trois disparus.

« Le père de l'un des trois jeunes était extrêmement remonté contre la justice, précise Catherine Denis. C'était l'expression de sa douleur et de son chagrin. Les gravats de l'immeuble incendié avaient été stockés. Les parents s'opposaient à ce qu'ils soient jetés. Pour eux, c'était leur enfant qui était dans les cendres. Le père ne voulait pas entendre que l'on faisait le maximum. Alors qu'on a fait venir des engins de l'autre bout de la France pour pouvoir consolider l'immeuble et continuer les fouilles. Cela a duré plusieurs semaines. Je l'ai reçu à plusieurs reprises. D'abord seule, puis avec le juge d'instruction et les enquêteurs. Il nous reprochait sans cesse de ne rien faire alors que l'on ne faisait plus que cela du matin au soir. Avec les juges d'instruction, on a trouvé cela assez injuste. Ce père ne voulait pas entendre que sa fille était morte, ne voulait pas entendre les premiers éléments de l'enquête qu'on lui donnait. »

La jeune fille était rentrée dans l'appartement, légèrement éméchée. Contrairement aux autres, elle n'a pas réussi à sortir au moment de l'incendie. Ses deux amis, qui avaient réussi à s'enfuir dans un premier temps, sont revenus pour la chercher. Ils ont péri tous les trois. « Pour ce père, c'était inaudible, insupportable. Il avait développé une très grande agressivité et cela avait été très difficile à gérer », précise Catherine Denis.

L'enquête démontrera que les trois jeunes sont morts à cause du rayonnement thermique et de l'intoxication. Quant aux causes, elles sont criminelles. Interpellé, l'incendiaire reconnaît les faits. Alcoolisé, il est entré dans cet immeuble en poussant la porte qui fermait mal. Il a mis le feu à des cartons pour se réchauffer. Puis il a quitté l'immeuble. On connaît la suite.

En 2009, à Rennes, Vincent R., 23 ans, comparaît libre devant les assises. Comble de l'ironie, la salle se situe dans l'ancien parlement de Bretagne, lui aussi ravagé par les flammes quelques années plus tôt. Il encourt la perpétuité pour destruction volontaire par incendie ayant entraîné la mort. Le procès va durer sept jours. L'accusé dit être hanté tous les jours par les conséquences de son geste. « Je vis avec cela », dit-il à l'audience. Il confie qu'il a fait deux tentatives de suicide lors de sa détention provisoire.

Catherine Denis a revêtu les habits d'avocat général. Sous les dorures de cette magnifique cour d'assises, l'ambiance est électrique. « Les parties civiles étaient toujours aussi remontées. Elles voulaient absolument que je réclame la perpétuité. J'avais dit non. Je ne réclamerai pas la perpétuité parce qu'à mes yeux les faits ne le justifiaient pas. Les conséquences étaient dramatiques, mais il n'y avait pas volonté de tuer. Ce n'était pas un geste réfléchi et volontaire. J'ai requis quinze ans et j'ai été suivie par les jurés. J'ai essayé d'être le plus pédagogue possible dans mon réquisitoire, expliquant que si la douleur des familles était énorme et les victimes irremplaçables, pour autant il fallait faire la part des choses, entre le geste criminel, la responsabilité de l'accusé, et les conséquences dramatiques, même deux ans après. Ils n'étaient pas en capacité d'entendre cela. Les deux autres familles, oui. Pas celle d'Ophélie. Là, on est confronté de plein fouet avec ces émotions où se mêlent à la fois le sentiment que l'on essaye de contribuer à l'œuvre de justice en ayant une position juste, raisonnable et juridique et en même temps cette émotion des gens qui vous rattrape et qu'ils vous jettent en pleine figure. »

Longtemps, la victime fut la grande absente du procès pénal. « Quand j'ai commencé ce métier, la victime n'existait pas. C'était une empêcheuse de juger en rond », note Érick Maurel. Procureur de la République à Pau, il a tenté de développer une pratique à leur égard. D'abord la réalisation d'enquêtes de personnalités, à l'image de ce qui se fait pour l'accusé. Qui est-elle ? Qu'est-elle devenue après les faits ? Ensuite la mise en place d'un questionnaire semblable à celui qui existe dans les hôpitaux sur la douleur. La victime devait noter de 1 à 10 son ressenti par rapport au préjudice matériel, psychologique, corporel. Faute de moyens, l'expérience paloise a été interrompue.

Il faut parfois pallier une absence. Luc Frémiot l'a vécu dans le procès d'un homme de 60 ans, souffrant d'un léger handicap. Cécile est administratrice de tutelle. Elle va passer le week-end chez ses parents. Le lundi, elle rejoint son bureau. Une des personnes qu'elle suit l'attend. Elle le fait entrer dans son bureau, le sexagénaire l'attrape alors par les cheveux, lui fait basculer la tête en arrière et lui tranche la gorge avec un couteau qu'il avait dissimulé dans son manteau. La jeune femme se vide de son sang. Le meurtrier comparaît quelque temps plus tard aux assises. Lorsque l'avocat des parents prend la parole, l'avocat général Luc Frémiot l'écoute attentivement. « Le conseil n'a pour ainsi dire pas dit un mot sur la victime. J'ai donc parlé d'elle dans mon réquisitoire. Une fois que le verdict a été rendu, les parents de la jeune fille sont venus me voir. Ils m'ont donné une photo de leur fille en me disant simplement : "On a eu l'impression que vous la connaissiez." »

« J'ai toujours dit qu'il fallait prendre en considération la souffrance de la famille, être à leur écoute, les recevoir, prendre le temps de les entendre. Les écouter avant de les noyer dans des considérations procédurales», avance Frédéric Fèvre. Les magistrats ne sont pas assez à l'écoute des victimes qu'ils devraient recevoir plus souvent, y compris de manière informelle. Elles sont désarmées, totalement perdues. Elles ne savent pas à qui s'adresser. Il faut accepter que certaines personnes sont parfois frustes, sont des accidentés de la vie. Chez les victimes, il y a d'abord la révolte et l'incompréhension. Elles sont alors submergées par ce tsunami de douleur. Il faut respecter leur émotion et le temps du deuil. Ensuite, il faut leur apporter un certain nombre de réponses tout au long du processus judiciaire.»

Jean-Christophe Muller se souvient du jour où il a reçu les parents du jeune Alexandre, 13 ans. Son corps a été retrouvé démembré dans le Gave de Pau. L'adolescent a été tué à coups de marteau par des marginaux, dont l'un voulait lui voler son téléphone portable. «J'ai reçu les parents au moment de la découverte du cadavre. Je me suis dit à ce moment-là: "Qu'attendent de moi ces parents? Est-ce qu'ils attendent que je pleure avec eux ou attendent-ils que je leur apporte un regard professionnel ou une espèce de 'rassurance' institutionnelle sur ce qui va se passer dans la procédure?" Quand on va chez le médecin, on ne lui demande pas de pleurnicher sur nos blessures, on lui demande de nous les soigner. Je me suis dit: ces gens-là, pour pleurer, ils ont certainement déjà beaucoup de monde dans leur famille, dans leur entourage, donc ils ne viennent pas chercher cela chez le procureur.»

L'accusé victime

«Il y a des situations inverses où vous vous rendez compte que vous avez en face de vous quelqu'un qui est innocent. Vous vous rendez compte que l'on a construit des scénarios qui sont faux.»

Jean-Michel Hayat doit juger aux assises un homme accusé de viol par une fillette de 10 ans. Selon l'accusation, le violeur présumé emmenait de force la jeune fille dans un foyer Sonacotra pour que d'autres hommes puissent à leur tour la violer. « Ce dossier ne collait pas. Maître Jean-Yves Liénard était l'un des avocats de l'accusé. On a procédé à de très nombreuses vérifications en urgence, des tests ADN, des analyses sanguines. Pan entier par pan entier, le dossier s'écroule. Jusqu'à un moment où j'aboutis à un élément qui rend impossible sa participation aux faits. »

L'accusé avait un alibi de taille, il était en prison. À l'audience, l'avocat général a présenté ses excuses et a abandonné l'accusation. Trente-six mois de détention provisoire. Pour rien. « L'accusé a pleuré dans le box en disant : "Parce que j'étais du Val Fourré à Mantes-la-Jolie, j'étais forcément coupable", se souvient le président du TGI de Paris. « Les jurés, on ne leur raconte plus d'histoire. Ils ont compris qu'à tout moment, ils peuvent se faire manipuler. On est tiré vers le haut. On le doit à l'onde de choc de l'affaire Outreau. On a un devoir d'excellence. »

« Il faut de l'empathie, mais il ne faut pas que cela déborde sur l'émotion. Dans une affaire judiciaire, la vie bascule des deux côtés, note judicieusement Rémy Heitz. Tout n'est pas tout noir, ou tout blanc. On ne peut pas ne pas avoir une pensée pour la famille d'un accusé quand on voit un jeune quitter son box pour vingt ans de réclusion criminelle. Seulement, pour les magistrats que nous sommes, nous pouvons exprimer quelque chose à la famille d'une victime. C'est totalement impossible à la famille d'un auteur. »

Les victimes sont effectivement des deux côtés de la barre. Il ne faut pas oublier le dommage collatéral que provoque un crime. Les proches de l'accusé vont être plongés dans un abîme de douleur. Ils auront du mal à reconnaître que leur progéniture, leur parent a commis tel meurtre, tel viol, tel assassinat ou simplement tel vol à main armé. Accusé ou condamné, le fils aura forcément du mal à avouer à ses parents la véracité des faits. Honteusement, les parents viendront quérir chez le juge un droit de visite. Jusqu'au jour où, comme le notent les surveillants de prison, les visites s'espaceront pour parfois finir par s'interrompre.

« Je me souviens avoir échangé quelques mots avec la mère d'un meurtrier pendant le délibéré, se rappelle Éric Maillaud. Elle était désespérée de se dire qu'elle était la maman d'un type qui avait tué. Après le verdict, alors que la salle se vidait, avec son mari, elle est restée sur le banc. Je les ai vus seuls côte à côte. J'ai eu le sentiment qu'il fallait que j'y aille. C'est difficile parce que je ne savais pas trop quoi leur dire. Elle avait 70 ans, son fils une cinquantaine d'années. Certes il avait tué, mais pour eux il avait dû être un petit garçon adorable, un bon fils. »

Un dialogue court, mais sincère, s'est engagé entre le magistrat et les parents du condamné. Il avait pourtant requis une peine de prison contre leur fils.

Victimes de génocide

« Ce sont des victimes anonymes. Des dossiers déshumanisés. Une violence de masse. » Longtemps juge d'instruction à la JIRS (Juridiction interrégionale spécialisée) de Marseille qu'il a aidée à mettre en place, Claude Choquet est remonté à Paris il y a trois ans. Pour prendre en main un pôle qui jusqu'à présent n'existait pas en tant que tel. Le pôle « génocide, crime de guerre, crime contre l'humanité[37] ». Installé au pôle financier, il a deux autres juges à ses côtés. Deux parquetiers suivent les dossiers. Six assistants spécialisés leur prêtent main-forte. Sur leurs bureaux, quarante dossiers qui visent dix pays : vingt-six concernent le Rwanda. Les autres concernent principalement la Syrie, l'Irak, le Tchad, la Libye, le Soudan, le Congo et l'Argentine. Ce fils de résistant et de déportés, venu sur le tard à la magistrature après avoir été longtemps éducateur, instruit des dossiers où il n'est question que de génocides, de tortures et de viols. Quand

37. Depuis notre entretien, Claude Choquet a rejoint la galerie Saint-Éloi au Palais de Justice. À la tête du pôle antiterroriste, il coordonne le travail des dix juges d'instruction chargés de ces dossiers.

le juge Choquet se rend dans un de ces pays pour y entendre des victimes de massacres, il souhaite être accompagné par un collègue ou un enquêteur.

« Je me méfie de basculer dans autre chose que le travail du juge. Quand on est face à la victime d'un viol, mais aussi lorsque l'on évoque cette affaire en audience publique, jusqu'où doit-on aller dans la recherche des détails ? À la fois on en a besoin pour caractériser l'infraction, mais il y a aussi un souci de pudeur, de discrétion. La plaignante dit sa vérité. Parfois, on peut être touché aux larmes par son témoignage, mais il faut prendre du recul, ne pas oublier notre motivation première, l'enquête. Notre mission n'est pas forcément de lui demander des détails sur ce qu'elle a subi. Lorsqu'elle arrive devant nous, elle a déjà vu des enquêteurs, déjà tout raconté. Face à nous, ses déclarations peuvent parfois être empreintes de froideur, de distance. Ce sont des personnes qui ont été en partie désincarnées, à qui on a enlevé leur humanité. Cela est parfois semblable aux témoignages très en retrait des rescapés de la Shoah. Tout est dit avec beaucoup de recul, de retenue, de pudeur. En même temps, il y a derrière cela une hyperviolence sous-jacente. On sent que cela bout d'affects dessous. Nous sommes face à un univers de cruauté assez extraordinaire. »

Le magistrat doit également essayer de construire une relation personnelle avec l'accusé. « Pour lui, il devient "mon juge". Certains m'ont écrit longtemps après leur condamnation. L'échange va souvent au-delà du dossier. Le mis en cause essaye de vous emmener dans sa vie, dans son histoire. »

Le juge doit constamment se poser des questions sur ses certitudes, sur ses recherches, sur ce qu'il entend et ce qu'il n'entend pas. Ne met-il pas quelque chose de lui-même dans son dossier ? Ne met-il pas un peu de sa propre histoire ?

Lors de son interrogatoire avec une victime, il tente de créer un lien, cherche à savoir ce qu'elle attend du juge. À Marseille, Claude Choquet reçoit dans son cabinet un père dont le fils a été tué d'une balle dans la tête. Les faits se sont produits à l'issue d'une fête de village. Tout le monde, auteur comme victime, a bu plus que de raison. « Je lui ai notifié ses droits de père de la victime. Autrement dit qu'il pouvait se constituer partie civile. Pour avoir accès aux dossiers et obtenir une indemnisation. "Cela va servir à quoi ? Qu'est-ce que j'ai à attendre ?" Il ne l'a pas fait. C'est un cas extraordinaire », ponctue le magistrat.

Depuis notre rencontre, Claude Choquet a été nommé premier juge d'instruction du pôle antiterroriste.

Victime de son gynécologue

À Nanterre, Nathalie Bécache reçoit un courrier transmis par ses services de police. Un commissaire a été destinataire d'une lettre de quinze pages. Le style est très approximatif. Mais ce que raconte la femme est purement hallucinant. « Cela sentait la vérité », précise notre interlocutrice. Trois ans et demi auparavant la femme déclare avoir accouché de jumelles dans une clinique d'Antony (Hauts-de-Seine). La future maman est de milieu très modeste. Elle vit dans le dénuement, limite quart-monde. Elle précise dans son long courrier qu'elle ne sait pas qui est le père des deux enfants. Mais c'est la suite du récit qui retient l'attention de la magistrate. Le gynécologue lui a fait une proposition plus que troublante. Elle accouche, ne déclare pas ses enfants et elle les abandonne. Le praticien se charge de leur trouver une famille d'un milieu social plus aisé. L'argument convainc la future maman d'accepter le marché. Elle accouche à la clinique. Sont présents le gynécologue accoucheur et une sage-femme, sa maîtresse. Les enfants naissent sans complication et sont retirés aussitôt à leur mère. Tout a été prévu par le médecin. Le double accouchement n'apparaît pas dans les registres de la clinique.

Saisie de cette lettre de la mère, Nathalie Bécache ouvre une information judiciaire. Après plusieurs mois d'enquête, les fillettes sont retrouvées. Elles ont un peu plus de 5 ans et vivent aux Antilles. Les « parents » sont une relation du gynécologue. Nées en région parisienne dans un milieu défavorisé, elles sont élevées par un « père » architecte, et une

« mère » qui explique aux enquêteurs qu'elle souffrait du mal d'enfant. Le gynécologue et la sage-femme ont été condamnés. L'état civil des deux fillettes a été rectifié. La mère biologique a obtenu un droit de visite pour voir le plus régulièrement possible ses deux filles. Ce dossier a mobilisé juge d'instruction, procureur, juge correctionnel, juge d'instance. « On en a parlé entre nous. Ce n'est pas une affaire qui nous a traumatisés, mais profondément marqués. »

Un talc qui tue

Nous sommes au printemps 1977. Jean-Claude Marin, qui n'a que deux ans d'ancienneté dans la magistrature, arrive comme procureur adjoint à Pontoise. Il hérite de ce qui deviendra la première affaire de santé publique que la justice a eue à connaître. L'affaire du talc Morhange fait la une de l'actualité depuis 1972. Le talc vendu en grande surface est utilisé par une population aux revenus modestes. Enduire de talc les fesses et les parties génitales d'un nourrisson est encore un geste courant chez ceux qui n'ont pas les moyens d'acheter des crèmes pour bébé. Ce talc va se révéler mortel. Trente-six bébés vont décéder et de nombreux autres vont être intoxiqués gravement, souffrant de lésions importantes. L'enquête révèle que c'est le dosage d'un antimicrobien qui est responsable de cette dramatique hécatombe. Un surdosage dû à une maladresse d'un ouvrier chargé du mélange destiné à fabriquer le produit, mais aussi à la nocivité intrinsèque du produit aseptisant, l'hexachlorophène.

Le procureur Marin se plonge dans le dossier. Il doit préparer le procès qui s'annonce. Vont y être jugés cinq dirigeants de la société pharmaceutique. À l'époque, la responsabilité pénale des personnes morales n'existe pas. On juge donc uniquement des hommes, et non l'entreprise installée à Aulnay-sous-Bois. Deux ténors du barreau de Paris sont face à face. Robert Badinter, coté défense. Henri Leclerc, côté victimes.

« On va découvrir, note Jean-Claude Marin, que non seulement le fabricant connaissait le caractère nocif de son produit, mais qu'en plus, il avait racheté toutes les publications scientifiques qui démontraient cette nocivité. Cette affaire ouvre les yeux sur le monde de la grande industrie pharmaceutique, ses moyens, ses capacités à organiser sa défense. »

Malgré l'avis du procureur, le tribunal et la cour d'appel vont buter sur une loi d'amnistie votée après l'élection présidentielle de 1974. Conséquence, tous les dossiers de blessures inférieurs à trois mois vont être rejetés par la justice.

« Il y a donc une partie des victimes qui n'a pas été entendue, qui est restée sur le trottoir. C'est là que l'on voit que certains prévenus, certaines personnes impliquées dans des affaires judiciaires ont des rouleaux compresseurs juridiques qui fonctionnent. On ne peut pas s'empêcher de penser que certains textes doivent beaucoup à des lobbies. De voir, d'un côté, le désarroi des victimes et de l'autre une sorte de cynisme industriel, c'est un choc pour le jeune magistrat. »

Le procureur Marin a requis des peines de prison avec sursis. Le tribunal de Pontoise s'est montré plus sévère. Mais les peines ont été réduites en appel, et amnistiées après l'élection de 1981.

Une fausse victime

Le 9 juillet 2004, une jeune femme de 23 ans se présente au commissariat d'Aubervilliers. Elle dépose plainte. Elle déclare avoir été agressée le matin même à bord d'une rame du RER D, alors qu'elle avait son enfant dans une poussette. Des hommes d'origine maghrébine l'ont violée, lui ont tailladé le visage, dessiné des croix gammées sur les vêtements. Elle déclare avoir essuyé des insultes à caractère antisémite et elle accuse les passages du RER d'être restés impassibles devant cette agression. Le fait divers devient affaire politique. À gauche comme à droite, pas un seul homme politique, y compris le chef de l'État, ne manque à l'appel pour s'émouvoir devant cet acte raciste et la passivité des passagers. « Un emballement médiatique qui va faire de cette victime la grande victime d'un air du temps, d'un racisme et d'un antisémitisme montant », se souvient Jean-Claude Marin.

Seulement, pendant que les politiques récupèrent le fait divers, l'enquête judiciaire avance. « Premièrement, le téléphone de la jeune femme ne bornait pas aux endroits où elle disait avoir été maltraitée, et où elle aurait appelé son compagnon. Deuxièmement, la croix gammée était à l'envers. Quand elle se l'est tracée, elle était devant une glace. Évidemment, elle l'a dessinée à l'envers. Là, vous vous dites : il va falloir annoncer que la victime n'est pas une victime. Ou qu'elle est victime d'un dérèglement psychologique, d'une blessure intérieure. Ce n'est pas un exercice facile. »

La fausse victime a été condamnée à quatre mois de prison avec sursis et une obligation de soins. Elle a fini par reconnaître qu'elle avait menti pour que l'on s'intéresse à elle.

Aujourd'hui, la victime a sa place dans le processus judiciaire. Avec des bureaux d'aide aux victimes, mis en place à la demande du ministre Badinter, des associations qui se sont multipliées. Nombre de parents touchés par un drame personnel ont monté leur association, pour aider les autres mais aussi pour perpétuer le souvenir de leur enfant assassiné. La défense de la victime est désormais un engagement politique, gouvernemental. Après Nicole Guedj en mars 2004, c'est Juliette Méadel qui a la charge du secrétariat d'État chargé de l'Aide aux victimes dans le dernier gouvernement de la présidence de François Hollande. Avec un détail qui a son importance. Si la première était attachée à la Chancellerie, la seconde dépend directement de Matignon.

Nous sommes passés d'un extrême à l'autre. Inconnue, méprisée, oubliée hier, la victime est devenue omniprésente. Ses dires sont paroles d'Évangile. La victime est forcément crédible. Sa présence au milieu du prétoire est plus forte et plus efficace que les mots des avocats. À tel point que l'avocat général peut prendre la défense de ses intérêts avant ceux de la société.

Reste une constante. La victime, ses proches, attendent de la justice une réponse ferme. Autrement dit, une lourde condamnation. Bien avant la secondaire question des dommages et intérêts. Parfois, la souffrance est ravivée lorsque le *quantum* de la peine prononcée n'apparaît pas en adéquation avec la douleur ressentie.

17

ACCOMPAGNER LES JURÉS

Pau, ville pilote

En ce vendredi 17 juin 2016, les jurés de la cour d'assises de Pau reviennent au Palais de Justice. Rien ne les y obligeait. Après une longue délibération, ils ont rendu la veille leur verdict dans le procès des quatre accusés jugés pour la mort du jeune Alexandre, 13 ans. Quatre condamnations. Leur travail, leur mission est terminée. En cette veille de week-end, après huit jours d'audience éprouvante, ils auraient pu rester chez eux ou retourner à leur travail. Non. Ils sont revenus en ce lieu impressionnant comme on revient sur le lieu de son crime. Les jurés de cette affaire médiatisée retrouvent les jurés des précédents procès, qui ont eu à se prononcer sur des viols avec violence, des agressions sexuelles et des viols sous l'emprise de stupéfiants. Tous sont accueillis par le président des assises, Francis Bobille.

L'accueil est chaleureux, à l'image de l'hôte des lieux. Il est un peu plus de 9 heures du matin. Comme pour les jours de procès, café, thé et quelques viennoiseries attendent ces participants à une session un peu spéciale. Aucune obligation. Une proposition. Pour ne pas dire une recommandation.

Depuis plus d'un an, ces jurés des assises paloises savent qu'ils font là l'objet d'une initiative exceptionnelle. Unique en France. Un privilège.

La vingtaine de jurés est conduite vers deux salles séparées. Pas question cette fois-ci de s'installer dans la cour d'assises. Adieu la solennité des lieux. Pas d'accusés à juger. Pas de plaidoirie d'avocats à s'infliger. Pas de réquisitoire à écouter fébrilement. D'ailleurs, aucun avocat n'est présent. Aucun magistrat non plus. À commencer par le président Francis Bobille qui prend congé de ces jurés.

Aucune robe noire. Aucune robe rouge. À la rigueur des blouses blanches. Chaque groupe de dix jurés est pris en charge par deux intervenants hospitaliers. Un psychiatre et un psychologue. Les quatre praticiens sont rattachés à la cellule d'urgence médico-psychologique du Centre hospitalier de Pau. Un service dont la réputation n'est plus à faire. Il est intervenu après de nombreux attentats et catastrophes. « On a l'expérience du débriefing », insiste le docteur Bartholomé Komivi Azorbly, l'un des psychologues.

La parole est libre, à une exception près. Avant de s'éclipser, le magistrat leur a bien rappelé qu'ils devaient respecter le secret du délibéré, unique obligation du juré sous peine de poursuites pénales.

Les dix jurés vont, comme lors d'une thérapie de groupe, libérer leur parole. Pendant les audiences, ils ont tout vu, tout entendu avec l'impossibilité de faire état de leur ressenti, de leur émotion.

Muets jusqu'à présent, ils deviennent bavards. Conséquence : alors que les premières sessions duraient une heure, les suivantes sont très rapidement passées à quatre-vingt-dix minutes.

Pas de pleurs. Pas de cris. Mais un déversement de mots. Pour évacuer. « En s'exprimant devant les autres, ils se rendent compte qu'ils ne sont pas seuls. Cela normalise leur sentiment. Cela atténue leur angoisse. Sans que quelqu'un les juge », renchérit le docteur Azorbly.

En petit comité, ils vont revivre les moments forts de leur procès. Quand Christopher, 24 ans, a raconté dans le détail pourquoi et comment il a frappé mortellement Franc, le compagnon de sa mère. Quand un autre Christophe avoue que, à bout, il a secoué brutalement son bébé de 2 mois et demi. Les mots du médecin légiste à la barre résonnent encore aux oreilles des jurés. L'enfant est lourdement handicapé. Il ne parle pas et ne marche pas.

Le président des assises de Pau planifie les affaires les plus éprouvantes en fin de session. Ainsi, en décembre 2015, il la termine avec la mort du petit Killian. Âgé de 4 ans, il est mort sous les coups de sa mère Diana C. et de son beau-père Mathieu M. À la barre, une infirmière est venue dire qu'après cette affaire, elle a décidé de démissionner. Chose rare dans un procès, Francis Bobille a multiplié les suspensions d'audience pour que la cour reprenne ses esprits. L'avocat de la mère a quitté la salle d'audience en pleurs, provoquant une suspension de plus de quarante-cinq minutes. Les jurés ne pouvaient pas non plus cacher leurs larmes. Le procureur de la République, Jean-Christophe Muller reconnaîtra, lors de ses réquisitions, que ce dossier « restera collectivement dans nos mémoires ».

Depuis septembre 2015, à la fin des quatre sessions d'assises, le président Bobille convie ses jurés à participer à cette audience un peu particulière. Après l'accord des chefs de juridiction, après l'assentiment des huit praticiens dirigés par le docteur Thierry Della, chef du service psychiatrie, tout n'a été qu'organisation. « Il suffit de resserrer sans dommage le calendrier des audiences et de consacrer la dernière matinée à cette "supervision". Cela ne coûte rien à la juridiction et à la justice puisque c'est dans le temps programmé et indemnisé des jurés. » Psychologues et psychiatres participent à cette expérience unique en France, bénévolement.

Une idée qui est née dans la tête du magistrat après la réception d'un courrier adressé par un juré. « Il avait siégé dans trois affaires consécutives dont une difficile. À tel point qu'il est allé voir un psy, souligne Francis Bobille. Le procès les plonge dans l'inimaginable. Ils découvrent l'horreur. À la fin de la session, on les libère en leur disant : "Merci d'avoir participé à cette œuvre de justice." Aidons-les à retourner chez eux après un sas de décompression. C'est un peu comme un soldat qui retourne chez lui après avoir connu le feu. Seuls ceux qui l'ont vécu peuvent comprendre. Dès le premier jour, je les préviens.

Nous ne sommes pas à la recherche de la vérité. Mais seulement de la vérité judiciaire. » Nuance.

Tous les présidents de cours d'assises sont d'accord. L'accompagnement des jurés débute le premier jour. Lors de la révision des jurés. Réunis dans la salle d'audience, alors que le procès n'a pas encore commencé, ils font connaissance avec la machine judiciaire à laquelle ils vont collaborer. « Ils ont peur. Ce ne sont nullement des justiciers. Ils sont impressionnés par le décorum. Tétanisés par la procédure qu'ils ne maîtrisent pas », notent unanimement ces magistrats. Après la projection d'un film réalisé par le ministère de la Justice, il arrive que les futurs jurés se rendent dans l'établissement pénitentiaire le plus proche. Cela se fait en province couramment. Plus difficilement à Paris et dans les grandes villes. Pour la plupart, c'est la première découverte en *live* d'un lieu qu'ils n'ont vu qu'au cinéma ou à la télé. »

Francis Bobille convie à cette première réunion préparatoire un juré de la session précédente. Il raconte sa propre expérience à ses successeurs. « Il ne faut pas les mettre dans un cocon, les chouchouter. Mais il faut leur permettre de bien vivre ce moment. À la fin du procès, ils ont l'impression d'avoir été respectés. Ils repartent avec une autre image de la justice. Moins d'amertume. Juger, c'est prendre un risque. Plus ou moins. Je veux des jurés éclairés. Les assises sont une vitrine de l'institution. Ils doivent repartir en se disant que la justice n'est pas qu'Outreau. »

Une initiative saluée par la directrice des services judiciaires au ministère de la Justice. Mais pour Marielle Thuau, si l'expérience pilote de Pau mérite d'être étendue dans d'autres cours d'assises, elle pose d'énormes problèmes budgétaires. Si les médecins palois acceptent de collaborer à cette session d'une manière bénévole, rien ne prouve qu'il en est de même dans d'autres villes. À cela s'ajoutent des questions de principe, de procédure. « Les jurés sont indemnisés pour juger et non pour rencontrer un psy, note la directrice. Je ne peux pas multiplier cette initiative si je ne modifie pas les textes et si je ne trouve pas le financement. C'est compliqué. » Viennent ensuite les questions rituelles. Faut-il l'appliquer pour tous les procès ? Quelle sera la disponibilité des experts ? Faut-il tenter une autre expérience ailleurs pour croiser ensuite les résultats ? On l'aura compris. Pau n'est pas près de faire école !

Juré un jour, juré toujours

Au début de chaque procès, alors que les jurés sont invités à se lever, le président des assises lit publiquement l'article 304 du Code de procédure pénale qui stipule qu'ils doivent se « décider d'après les charges et les moyens de défense, suivant votre conscience et votre intime conviction, avec l'impartialité et la fermeté qui conviennent à un homme probe et libre » et qu'ils doivent « conserver le secret des délibérations, même après cessation de vos fonctions ».

Des jurés mis à rude épreuve. Quel que soit le président. Quel que soit le lieu où le procès se déroule. Alors qu'un délibéré peut s'être achevé tard dans la nuit, le nouveau procès débute le lendemain. Avec les mêmes magistrats et quelquefois des jurés qui sont à nouveau tirés au sort. « Il faut s'investir dans une nouvelle affaire. Oublier le précédent dossier, note Jean-Paul Albert qui a présidé plus de cent cinquante procès, pour nous, magistrats, c'est facile. Comme les médecins qui passent d'une opération à une autre. On s'adapte à cette faculté d'oubli nécessaire. Pour les jurés, oublier les ressentis pour passer à d'autres ressentis, c'est assez épuisant. C'est moins le cas à l'instruction parce que l'on gère plusieurs dossiers de front. Le poids du ressenti et la solitude sont encore plus forts à l'audience. »

« Il faut avoir le masque, ne pas montrer d'émotion alors que les témoins ou les parties civiles s'effondrent à la barre. On a du mal à en sortir. Heureusement on enchaîne avec les autres dossiers », souligne Jean-Louis Peries.

Pour Frédéric Fèvre, « il faut veiller à respecter un rythme de vie. Celui des magistrats n'est pas forcément celui des jurés, il faut en finir une fois pour toutes avec ces audiences qui finissent à pas d'heure. Une bonne justice est une justice sereine. Elle ne peut pas l'être si c'est une justice marathon».

«Le délibéré est quelque chose de très fort, je les laisse parler, note Jean-Paul Albert. Au début ils se taisent et ensuite ils s'expriment beaucoup. Ils vivent l'affaire et essayent de juger au mieux quelles que soient leur formation, leur éducation. On est surpris, celui qui apparaît le plus répressif est celui qui doute le plus et qui est inquiet des peines. Alors que celui qui doutait a déjà un chiffre dans la tête.»

«Les assises sont un lieu du plus grand imprévu, considère l'ancien président Dominique Coujard. Il y a une obligation de répondre immédiatement, en présence d'un public. D'où un risque de se tromper dans la décision. Le premier jour, je préviens les jurés qu'ils vont changer d'avis durant les audiences. Comme un balancier. Même s'ils ne sont pas suivis dans la décision de la cour, l'important est qu'ils se soient exprimés. Qu'ils aient pu se faire entendre. Ils doutent de leur capacité à juger. Mais il est gratifiant ensuite pour eux d'y être parvenus. Les jurés sont consciencieux, vigilants, attachants, intelligents, responsables. Il s'agit d'une expérience magnifique, il faut simplement leur donner confiance.»

«Les jurés n'oublient jamais, c'est l'événement de leur vie, insiste Jean-Paul Albert. Au début, je déjeunais avec eux en début de session. Puis je les ai laissés entre eux. Quelquefois, des jurés se retrouvent pour déjeuner. Pour décompresser, ils organisent des barbecues chez l'un d'entre eux dans la semaine qui suit. Nous, on s'en sort parce que l'on a un côté carabin.»

Des présidents qui donnent la mesure

Chef d'orchestre du procès, le président doit à la fois gérer son émotion, et s'assurer que «les jurés continuent à tenir la route». Pour Olivier Leurent qui a présidé de nombreux procès dans différentes cours d'assises de la région parisienne, «cela nous permet d'oublier notre propre émotion. Je me souviens d'une jurée qui s'est mise à pleurer pendant le temps de la suspension.

Cela m'a permis d'évacuer ma propre émotion. J'ai été confronté plusieurs fois à des jurés très émus, pleurant pendant les suspensions. À chaque fois, je leur disais : "On va retrouver nos esprits, respirer un coup, discuter, ouvrir la fenêtre, fumer, boire un café." Je laisse passer dix minutes, un quart d'heure. Après je leur dis : "Qu'est-ce que l'on fait, vous vous sentez en état de reprendre ou pas ?" Une ou deux fois, il m'est arrivé d'avoir un juré qui me dise : "Non ce n'est pas possible." Je le remplaçais par un juré supplémentaire. Le risque, c'est que vous n'ayez plus de juré suppléant. J'ai craint cela dans le procès du gang des barbares. On a eu deux remplacements, et je n'avais que cinq jurés suppléants pour un procès qui durait huit semaines. Quand les premiers sont partis, je me suis dit : "Il ne faudrait pas que j'arrive à me retrouver sans juré supplémentaire." »

« Il est quasiment impossible de rester insensible aux témoignages de la mère d'un enfant qui a été tué, d'une femme qui a été violée et qui va exprimer sa souffrance avec des termes tellement sincères, tellement authentiques qu'on le prend en pleine tête. C'est difficile de rester avec la distance nécessaire. Quand c'est un enfant qui raconte les actes de maltraitance dont il a été victime, c'est encore plus dur. L'empathie est nécessaire pour faire vivre l'audience, diriger les débats, donner à chacun la parole. La charge émotionnelle se déclenche parce que vous vous identifiez aux parents d'Ilan Halimi qui ont entendu la voix de leur fils enregistrée, aux élèves de l'École en bateau qui ont subi ces traumatismes. Quand vous vous identifiez, vous n'êtes plus juge, vous ne pouvez plus juger, parce que vous n'êtes plus impartial, vous avez perdu votre neutralité. J'alertais mes jurés sur les phénomènes d'identification. Garder en tête qu'ils ne doivent pas s'identifier à une des parties, ou se rapprocher de l'une parce que l'autre était antipathique. La frontière est parfois ténue et l'émotion vous fait très vite basculer dans l'identification. »

Autre recommandation faite à ses jurés par le président Leurent. « Vous allez avoir des *flash-back*, des paroles prononcées à l'audience qui vont résonner, des images qui vont revenir à des moments peu appropriés. Quand vous ferez vos courses. Quand vous prendrez votre douche. Quand vous discuterez avec vos enfants. Des images dures, violentes, qui viendront polluer votre vie quotidienne. Je leur dis que, nous aussi, nous avons ce type de *flash-back*. Maintenant que je vous ai prévenus, quand cela reviendra, vous penserez au président de la cour d'assises qui vous a dit que c'est normal. Cela ne doit pas être une source d'angoisse. »

« Le matin, il nous arrive de voir un juré se présenter avec des cernes, les yeux au milieu du visage, pâle comme un cachet d'aspirine. Il n'a pas dormi. Je les rassure en leur disant : "Vous ne trancherez pas tout seuls dans votre coin, on le fera ensemble et après en avoir discuté. Cette posture d'inconfort qui consiste à être comme des éponges, à emmagasiner et à ne pas se fixer sur une piste plus qu'une autre, transformez-la en posture de confort puisque l'angoisse du choix est pour plus tard". »

Avant d'être président de plusieurs juridictions, Jean-Michel Hayat a présidé les assises du Val-d'Oise à Pontoise. « Je veillais à construire l'audience de telle sorte que les choses soient progressives. J'essayais d'abord de faire l'interrogatoire d'identité de l'accusé. Afin que les jurés sachent qui ils vont juger, son histoire, son parcours. Ils ne perdent pas une miette de la biographie. La moitié du temps de la délibération est consacrée à la personnalité. Je faisais en sorte que l'on rentre progressivement dans l'histoire. C'est d'abord le gardien de la paix qui raconte ce qu'il a vu. Ensuite, c'est l'immersion dans le crime avec les enquêteurs. Enfin, en seconde partie de procès, je faisais venir les parents, l'épouse. Et les experts psy. J'estimais que c'était au moment où le juré s'était fait une idée ou pas sur la culpabilité, qu'il allait intégrer les éléments de personnalité. Comment il a été éduqué ? Qu'en disent sa mère, sa sœur, sa compagne ? Cela permettait une instruction à décharge en fin d'audience qui réhumanisait l'accusé et qui faisait descendre la pression. Je prenais l'image du puzzle. Si vous pensez que tous les éléments s'emboîtent. C'est bon. S'il manque une pièce, il y a quelque chose qui ne colle pas. Cela leur donne le sentiment qu'on les fait cheminer de manière honnête et dans une certaine logique. Sans violence. »

Précaution supplémentaire, Jean-Michel Hayat tenait les jurés au courant des suites d'une condamnation. « Dans une affaire qui les avait complètement déstabilisés, je leur ai écrit pour leur dire que l'accusé n'avait pas fait appel. Ils m'ont tous répondu. Ils avaient été angoissés au moment du délibéré. J'estimais que je devais assurer ce devoir d'information. Savoir que ce verdict ne faisait pas l'objet d'un appel était extrêmement apaisant. Le parquet avait pris des réquisitions très lourdes, démentielles. »

Contrairement au président des assises soumis à la réserve, contraint d'être le plus réservé possible dans sa parole, et qui doit rester drapé dans son impartialité et garder le masque d'une certaine indifférence, l'avocat général n'a pas l'obligation de se transformer en statue de cire digne du musée Grévin. Maryvonne Caillibotte alerte les jurés dès la réunion préparatoire avant le début du procès. « Je leur dis : j'ai de la chance. Par rapport à vous, je ne suis pas impartiale. Je dois être honnête, mais je n'ai pas à être impartiale. Mais cette impartialité que vous devez respecter ne veut pas dire que vous n'allez rien ressentir, ni vous ni nous. Il y a des moments où l'on va avoir envie de rire, d'éclater de rire. Et nous allons le faire parce que c'est plus fort que nous. Il y a des fois où nous allons baisser la tête parce que c'est tellement fort, ce que l'on entend, que les larmes nous montent aux yeux. »

Pour Luc Frémiot, avocat général à la cour d'appel de Douai, la cour d'assises est « un théâtre d'ombres digne de la tragédie grecque. "Les gens viennent au procès, masqués. L'intérêt de l'audience est de leur faire tomber le masque, de les démasquer. On a le temps. On peut tout dire. C'est un espace de liberté formidable. Mais la justice ne répond pas à toutes les questions. Ce n'est pas une justice providence. Nous touchons là nos limites alors que la société attend toujours des réponses." »

Après trente ans de magistrature, Luc Frémiot, aujourd'hui substitut général, se consacre essentiellement aux assises. Une drogue pour ainsi dire. « Quand je me lève, je ne sais jamais ce que je vais dire. Je n'écris pas mon réquisitoire d'audience. J'ai juste un plan où sont inscrites des côtes du dossier. Je me lève, je me tais quelques secondes et je débute. Il m'est arrivé de changer de *quantum* de la peine pendant un procès, mais même pendant mon réquisitoire. Je débute en me disant que je vais demander douze ans, et à force de m'entendre requérir, je vais me dire : mais cela vaut quinze ou dix. »

Le poids des mots, le choc des photos

« Pour les jurés, c'est une violence inouïe, reconnaît l'inspecteur général Patrick Poirret. Certains n'ont jamais été confrontés à la mort. » Tiré au sort, le juré va devoir tout entendre pendant la session. Impossible de se lever si une déposition ou si un témoignage ne lui convient pas ou le choque. Tout entendre et tout voir. Les pièces à conviction qui sont exposées dans la vitrine au pied de leur promontoire, au milieu du prétoire. Mais aussi les photos qui ont été prises sur la scène de crime ou lors de l'autopsie. Faut-il montrer toute l'horreur pour bien juger ? Faut-il montrer le corps de l'enfant à la tête massacrée ? Hier, les magistrats faisaient passer ces clichés dans un album. Et jurés, avocats, parties civiles étaient amenés à y jeter un œil faussement intéressé.

Jean-Michel Hayat a sa technique. Il met un élastique sur l'album de photos qui passe entre les mains des jurés. « Je disais : à partir de là, c'est à vous de décider. C'est insupportable, vous ferez comme vous voudrez. » Et il y avait les deux cas de figure : ceux qui voulaient tout voir, qui assumaient, et les autres.

Technologie aidant, les salles d'audience sont désormais équipées de postes de télévision. C'est donc sur grand ou petit écran que le drame évoqué prend une soudaine réalité. Quel juré, mais aussi quel membre du public, journaliste y compris, n'ont pas eu le haut-le-cœur en voyant les photos d'un cadavre d'enfant atrocement mutilé ? Durant l'un des nombreux procès du commando corse et d'Yvan Colonna, accusés d'avoir assassiné le préfet Claude Érignac en février 1998 à Ajaccio, la veuve et ses deux enfants ont été invités par Dominique Coujard, le président de la cour d'assises, à quitter la salle d'audience. En leur absence, furent alors diffusées, sur les écrans de la grande cour d'assises de Paris, les photos du cadavre. Son corps et sa tête étaient transpercés de tiges de fer. Le but était de préciser la trajectoire des balles. Par où étaient-elles entrées, puis sorties. Une projection nécessaire, non pas dans un but de voyeurisme malsain, mais afin de trancher une question essentielle du débat judiciaire, la taille du tireur par rapport à celle de la victime.

Lors d'un procès qu'il a présidé à Bobigny, Jean-Louis Peries a fait circuler des photos d'une jeune fille de 17 ans. Elle avait été brûlée dans la cave d'un immeuble, après avoir été violée. La défense a plaidé l'acquittement. Durant le délibéré, les jurés ont déclaré avoir été marqués par la vision de son visage et de son corps atrocement brûlés. L'accusé a été condamné à trente ans de réclusion criminelle. « On protège les jurés en ne leur montrant pas toutes les photos. Seules celles qui sont indispensables à la manifestation de la vérité », précise Jean-Louis Peries. « Je ne montre ni les photos d'autopsie, ni celles de la scène de crime, renchérit Patrick Ramaël. Il faut raconter et ne pas montrer. »

Alors, le président des assises est-il immunisé contre la souffrance, la douleur, le drame des autres ? Dominique Coujard, qui passe à juste titre pour avoir été un des meilleurs présidents de ces dernières années, n'a pas occulté une réflexion faite par un de ses collègues. « Fais attention après un verdict quand tu rentres en voiture. Ton audience va défiler à nouveau. »

« Quand je présidais la cour d'assises des Côtes-d'Armor, raconte Renaud van Ruymbeke, nous avons prononcé une peine de réclusion à perpétuité. Le seul fait d'annoncer le verdict, c'est très lourd. Très angoissant. Ce sont des moments anxiogènes. Mais on ne va pas mobiliser une cellule psychologique chaque fois qu'on prend une décision. Qu'il y ait des cellules pour les jurés, je peux le comprendre. Ce ne sont pas des juges professionnels. Mais il faut aussi assumer ses fonctions. »

Angers n'est pas Outreau

« Nous ne sommes plus les mêmes », me confie Claudie Brouillet dans la cour d'assises de Loire-Atlantique où nous nous retrouvons en avril 2010. Trois ans plus tôt, elle a siégé dans un procès hors norme. Éducatrice âgée de 61 ans, elle fut la jurée titulaire numéro 11 du procès en appel du réseau pédophile d'Angers. Trois mois d'audience ininterrompue pour juger huit accusés poursuivis pour des faits de pédophilie. Les précédents jurés de la cour d'assises du Maine-et-Loire les avaient déjà condamnés à des peines lourdes. Parce qu'elle a découvert un monde qu'elle ne soupçonnait pas, parce que c'était la première fois qu'elle était confrontée, par le hasard du tirage au sort, à des faits à caractère sexuels particulièrement glauques, elle a émis le désir d'écrire un ouvrage intitulé *Jurée d'assises. Dans les abîmes de l'enfance violentée*[38]. Un voyage en enfer. Sans préparation. Sans accompagnement. Sans suivi. Mais qui laisse des traces. À une mère. À une grand-mère. Un procès monstre. Monstre dans sa dimension. Monstre dans les faits commis par des pères et mères de famille. Des enfants traités comme des jouets, des objets pour assouvir les fantasmes malsains, les délires sexuels, les orgies d'adultes. Une immensité de perversions que les accusés ont monnayée par des colis alimentaires ou de l'argent.

À Nantes, ils ne sont plus que huit à être rejugés. À Angers, ils étaient soixante-cinq à être poursuivis pour viols, proxénétisme aggravé, agressions sexuelles, corruption de mineurs, non-dénonciation de crime. Au premier jour du procès, les jurés découvrent un autre monde. Le quart-monde. Une misère sociale. Les faits ont duré de janvier 1999 à février 2002, sans que les services sociaux chargés du suivi des enfants ne se soient aperçus du moindre écart de conduite.

Soixante-cinq accusés, trente-neuf hommes et vingt-six femmes, dont Franck et Patricia, surnommés les « Thénardier »

38. Claudie Brouillet, *Jurée d'assises. Dans les abîmes de l'enfance violentée*, éd. de l'Atelier, 2010.

du dossier. Quarante-cinq enfants victimes. Âgés de 6 mois à 12 ans. Une centaine de viols et d'agressions sexuelles recensés dans le dossier. Les greffiers se sont relayés durant trois jours pour lire les quatre cents trente pages de l'acte d'accusation. Certains actes ont été commis sur des enfants par leur propre grand-père. Monstrueux, on vous dit. Nous sommes loin de la douceur angevine.

À Nantes, comme à Angers, les jurés ont visionné les vidéos enregistrées dans le bureau des policiers et dans le cabinet du juge d'instruction.

Le 11 avril 2005, je fais face aux écrans installés dans la salle préfabriquée de 350 m^2 construite dans la salle des pas perdus à Angers. L'audience a lieu à huis clos, sans public mais en présence de la presse.

Une fillette apparaît. Elle a 7 ans. Nous visionnons ce qu'elle a dit au cours de l'instruction. La vidéo est là pour l'empêcher de redire en public les sévices qu'elle a subis. Elle se dandine sur sa chaise, continue de dessiner alors que la juge lui pose des questions. Elle répond par « oui » et par « non ». La juge lui montre des photos sur un album. Elle doit reconnaître, si ce n'est désigner ses bourreaux, ceux avec qui elle jouait au docteur. Elle en dit le moins possible, mais l'on perçoit ce qu'elle a vécu. De longs silences s'installent, simplement interrompus par le bruit de la machine à écrire.

L'horreur a un visage, celui de cette fillette et des quelques autres diffusés durant les deux procès. Pendant la projection, certains journalistes sortent. C'est trop. Les jurés et les magistrats, cinq hommes et quatre femmes, sont condamnés à rester à l'audience.

Un dossier jugé après celui d'Outreau. La justice n'a pas droit à l'erreur.

Dans les deux cours d'assises, il faudra faire de la place pour installer le volumineux dossier d'instruction. Trente-cinq tomes. Vingt-cinq mille pages.

Le fruit du travail d'une magistrate, Virginie Parent. Contactée, elle n'a pas souhaité évoquer avec moi ce qui fut forcément une épreuve. Élisabeth Linden, alors première présidente de la cour d'appel d'Angers, m'en parlera d'elle-même. « Elle a vraiment été exceptionnelle. Elle a travaillé uniquement sur ce dossier pendant plusieurs mois, alors qu'elle avait un bébé. On lui a offert un soutien, ainsi qu'à sa greffière. C'était insupportable, elle a baigné dans cette horreur. Je ne sais pas comment elle a fait pour supporter. Nous lui avons proposé d'aller voir un psy quand elle le voulait, quand elle le ressentait. Cela a également été très dur pour les enquêteurs. »

Le 3 mars 2005, le premier procès s'ouvre à Angers. Il va durer cinq mois. Quatre-vingt-treize jours d'audience. Les jurés partiront délibérer dans une caserne dans la banlieue d'Angers. Neuf jours de huis clos. Un record dans l'histoire judiciaire française. Plus que celui de Dutroux en Belgique. Plus d'une semaine sans voir sa famille, sans contact avec l'extérieur. En vase clos. Neuf jours pour répondre à mille neuf cents soixante-quatorze questions. Une jeune femme, mère d'un bébé de 6 mois, qui ne pouvait donc pas rentrer chez elle pendant cette longue semaine de délibéré, a néanmoins choisi de rester siéger.

« Nous nous sommes dit que si la juge d'instruction a eu besoin d'un soutien, il fallait que les jurés et la cour d'assises soient dans la même situation, poursuit Élisabeth Linden, aujourd'hui à la retraite. Nous avons mis sur pied une permanence pour qu'ils puissent y aller. »

Un dispositif assez coûteux auquel les jurés ne semblent pas avoir eu recours durant le procès marathon. « C'est évidemment après, quand ils ont décompressé, que cela aurait pu être nécessaire. Cela a été une expérience. Ils ont continué à se voir après, cela a créé un lien très fort entre eux. »

Quant aux magistrats qui ont siégé pendant ce procès-fleuve, aucun n'a manifesté son besoin de consulter.

« Le fait de verbaliser aide. Dire ce qu'ils ressentaient les a aidés. Je pense aussi que c'étaient des personnalités assez solides. Lors des entretiens d'évaluations, je leur ai toujours demandé comment ils allaient, comment ils se sentaient. Ils ne m'ont rien signalé de particulier. “On a pris du recul, tout va bien.” C'est plus compliqué pour le juge d'instruction qui est seul. »

Durant les interminables audiences, un des juges assesseurs a installé devant lui deux sortes de notes. Sur l'une, il écrit ce qui a trait au dossier et qui aura son utilité dans le long délibéré. Sur l'autre, les perles du prétoire. Une façon de se défouler. Il ne peut pas éclater de rire ouvertement, pas pleurer, pas craquer. Alors, il devient scribe. L'huissier montre à l'un des accusés une photo figurant dans le dossier. Elle le représente. Réplique de l'intéressé. « C'est bien ma tête, mais ce ne sont pas mes cheveux. » Mieux vaut en rire.

Magistrat depuis onze ans, Hervé Lollic fut pendant tout le procès chargé de l'organisation, de la logistique, jusqu'au moindre détail, comme les repas des accusés. Les hommes détenus déjeunaient de leur côté. Les femmes du leur. « Je suis redevenu le pion que j'avais été avant d'être magistrat. Les mêmes scènes qu'au collège ou au lycée où les petits pois volent dans le réfectoire. Tandis que certaines accusées ne touchaient pas à leur repas, d'autres finissaient les plats des voisines de table. Un jour, l'une d'entre elles a mangé treize boudins que ses coaccusées avaient laissés sur le plateau-repas. »

Pour éviter les critiques acerbes de l'institution pendant le procès Outreau, la justice prenant exemple sur ce qui vient d'être fait avec succès en Belgique lors du procès Dutroux, Hervé Lollic est également bombardé « magistrat référent presse », autrement dit autorisé à communiquer au nom de l'institution sur le procès. « Le fait de pouvoir communiquer avec la presse, donc de libérer la parole m'a forcément aidé. J'ai pu parfois sortir de la salle d'audience lorsque cela était trop lourd. Certaines dépositions ont été très dures à entendre par moments. Mes deux collègues avocats généraux qui tenaient l'accusation ne pouvaient pas le faire. »

Le 25 juillet 2005, les jurés sortent de leur caserne pour rendre leur verdict. Ce sont plus de cinq cents années de prison qui sont prononcées. Moins que ce qui avait été requis par l'accusation. Les peines s'échelonnent de vingt-huit ans de réclusion criminelle à quatre mois avec sursis. Trois accusés seulement sont acquittés.

La juge d'instruction, le président des assises, un des magistrats du parquet général, et le greffier ont reçu les insignes de chevalier de l'Ordre national du Mérite. Angers n'est pas Outreau. Élisabeth Linden et Hervé Lollic ont été sollicités par d'autres juridictions pour témoigner de l'organisation de ce « méga procès ».

Quant à l'un des magistrats du procès, le président des assises, il garde un excellent souvenir de ce procès. Il a refait sa vie avec une de ses juges assesseurs.

18

Vous avez demandé un psy, ne quittez pas !

Un numéro vert. Comme pour les victimes. Comme pour les femmes battues. Les magistrats, mais également tout personnel judiciaire, peuvent désormais composer le 08...[39] pour raconter leurs angoisses, leurs insomnies, leurs réflexions métaphysiques. Au bout du fil, un psychologue. Le magistrat, le greffier peut appeler ce numéro à tout moment. Sept jours sur sept, vingt-quatre heures sur vingt-quatre, une oreille attentive écoute les angoisses ou interrogations de ses interlocuteurs. Soit cette simple conversation, sous le sceau de l'anonymat, suffit à redynamiser l'appelant. Soit, si ce dernier l'accepte, un suivi psychologique peut être mis en place sous forme de cinq entretiens téléphoniques, ou sous forme de rendez-vous. « Il ne s'agit pas d'une disposition de soins, de se substituer à un soutien à long terme. Il s'agit de permettre à quelqu'un qui est manifestement en souffrance de pouvoir aller au-delà d'un simple appel téléphonique. C'est une proposition et non une obligation », précise Marielle Thuau, la directrice des services judiciaires.

Un numéro vert qui est une révolution dans le monde judiciaire français. Le magistrat jusqu'à présent n'a jamais été invité à vider ses tripes, alors que toute la misère de notre

39. Ce numéro n'est volontairement pas publié, l'institution judiciaire souhaitant qu'il ne soit connu que des personnels de justice, afin d'éviter les appels fantaisistes. Il n'est pas non plus affiché dans les couloirs des palais. Une carte de visite a été remise personnellement à chaque magistrat et fonctionnaire qu'il peut ainsi garder à disposition dans son portefeuille.

société lui arrive en pleine face. Pour plusieurs magistrats, cette initiative est salutaire. Un trop-plein de douleurs a forcément des conséquences dommageables. Soit le magistrat craque. Soit le justiciable devient victime collatérale.

Ce numéro vert se veut efficace mais le plus discret possible. Dire et exprimer ses émotions et son ressenti n'est plus un tabou mais c'est encore un secret qui doit être préservé.

Ce numéro vert a été préconisé en avril 2015 dans un rapport axé sur l'accompagnement psychologique des personnels judiciaires. Prévu pour être mis en service à l'automne 2015, il a été mis en place sans tambour ni trompette avant l'été 2016. « Les collègues vont-ils appeler pour dire : "Je viens d'avoir une affaire difficile ?" Je ne sais pas. Il ne faut pas montrer sa faille. Cela reste entre nous. Il y a la culture de la confidentialité », s'interroge Virginie Duval, la présidente de l'USM, principal syndicat des magistrats. « Ce n'est pas parce que l'on appelle le numéro vert que l'on est malade », temporise l'un de ses prédécesseurs, Valéry Turcey. « En parler peut être considéré comme un aveu de faiblesse, renchérit Hervé Lollic. Avec le risque que si un avocat l'apprend, il en profite pour déposer une requête en suspicion légitime qui peut avoir pour conséquence le dessaisissement du magistrat. »

Ce dispositif existe depuis quelques années dans la police et dans l'administration pénitentiaire. Au Canada, deux numéros verts ont été mis en place. L'un pour répondre aux questions d'ordre déontologique. L'autre pour un soutien personnel. « Les chefs de juridiction ne sont pas formés à ce rôle de management des ressources humaines », constate l'ancien premier président de la Cour de cassation et ancien membre du Conseil constitutionnel Guy Canivet, pour qui ce numéro vert est à saluer.

Parallèlement les services judiciaires du ministère intensifient la gestion de crise. S'il s'avère que dans une juridiction, un problème majeur intervient, comme l'agression d'un magistrat par un justiciable mécontent, ou d'un bâtonnier par un avocat comme cela s'est vu récemment à Melun, un système d'urgence se met en place le plus rapidement possible pour gérer la situation dans les meilleurs délais. Ce sont des psys qui travaillent régulièrement pour la PJJ (Protection judiciaire de la jeunesse) ou l'AP (Administration pénitentiaire) qui sont dépêchés sur place dans les deux à trois heures.

Idem, dans le cas d'une tension extrême dans un service d'un tribunal. Sollicitée par le chef de juridiction ou par un syndicat, la DSJ (Direction des services judiciaires) diligente une équipe pour débriefer au plus vite la situation critique. Une aide plutôt qu'une mise en cause. Il y a peu, chaque événement traumatisant vécu dans un Palais de Justice débouchait automatiquement sur une inspection des services judiciaires.

Un moment imaginée ou préconisée par certains, la nomination dans les tribunaux d'un magistrat référent « bureau des pleurs » a été abandonnée. « Un magistrat n'est pas formé pour cela. Il est là pour juger, considère Marielle Thuau. En revanche, le chef de juridiction ou le chef de cour doit être sensibilisé aux questions de management, aux risques psychosociaux. Certes ils doivent être des bons juristes mais également des gestionnaires, des managers. »

Signe des temps, signe que les magistrats demandent à être écoutés, à défaut d'être entendus, le CSM (Conseil supérieur de la magistrature) a instauré depuis le 1er juin 2016 une consultation anonyme centrée sur deux thématiques : les questions déontologiques et la prévention des conflits d'intérêts. Il s'agit de reproduire ce qui se pratique depuis de nombreuses années au Canada.

Commandé par Christiane Taubira, un autre rapport a été remis à Jean-Jacques Urvoas le 28 juin 2016. Plusieurs groupes de travail composés de magistrats, mais aussi de policiers et d'avocats, se sont penchés sur les mesures à préconiser pour améliorer la protection des magistrats dans les tribunaux. Depuis plusieurs années, les cas de menaces, violences, outrages, incivilités se multiplient. De la part des justiciables, mais également des avocats. Le rapport met en avant l'augmentation des menaces à l'encontre des magistrats spécialisés, principalement dans la lutte contre le terrorisme.

Parmi les douze préconisations du rapport, notons la nomination d'un référent au sein du ministère chargé de prendre en charge le magistrat ayant fait l'objet de menaces ou de tentatives de déstabilisation, et la possibilité d'étendre les mesures de protection aux membres de sa famille.

« Mais comment faites-vous pour supporter tout cela ? »

On l'a compris, longtemps ce fut le désert. Aucun lieu pour se confier. Alors qu'il était lui-même partie prenante dans un syndicat, un ancien magistrat prêchait pour sa paroisse. « Je leur disais : syndiquez-vous. C'est le seul endroit où vous pourrez parler de vos angoisses sans que cela fasse le tour du tribunal. La justice est un corps où l'on ne s'aime pas. On ne se pardonne rien. On dit que tout le monde est indépendant. Sauf le voisin. »

Plusieurs syndicats, FO-magistrats en tête, se sont agacés de ce retard à l'allumage de l'institution face à des situations de crise, comme après les attentats de Paris de 2015. « Comme d'habitude, nous étions dans l'improvisation la plus totale. On est toujours dans le réactif. Il n'y avait pas de psychologue sous la main. Ils sont allés débaucher celui de l'administration pénitentiaire. Au syndicat, cela nous a fait sourire. Dans les affaires de terrorisme, c'est une violence sans surprise », regrette amèrement Jean de Maillard.

Pas de DRH dans les tribunaux. Pas de médecine du travail. « La médecine de prévention est un leurre, constate Alain Vogelweith. Nous rencontrons le médecin une fois tous les cinq ans en moyenne. Résultat, il n'y a aucune prise en compte, par exemple, des phénomènes d'addiction chez les magistrats. »

Après avoir été à la tête de la conférence des procureurs de la République, qui, depuis plusieurs années, dresse un bilan alarmiste de la situation des parquets, Robert Gelli occupe le poste stratégique de directeur des affaires criminelles et des grâces. Il a donc un regard lucide et qui fait autorité sur l'évolution du métier. Dans son bureau donnant sur l'arrière de l'Opéra de Paris, il n'est pas le dernier à reconnaître que l'institution a plusieurs années de retard dans la prise de conscience de la souffrance au travail et des risques psycho-sociaux. Lors de notre entrevue, sa première phrase rejoint notre préoccupation. « Le métier de magistrat est violent. On n'a jamais considéré que le magistrat peut avoir des émotions. Qu'il pouvait affronter tout sans la moindre difficulté. Depuis peu de temps, on se rend compte qu'un magistrat peut être exposé à des situations d'émotions. Aller chez son supérieur hiérarchique n'est pas une démarche naturelle, reconnaît Robert Gelli. Nous nous sommes trop centrés sur la gestion administrative. Le chef de juridiction gère bien son entreprise. Mais la justice n'est pas une entreprise. Il faut revenir à l'humanité. »

Pour l'ancien président de l'USM, Christophe Régnard, le magistrat ne peut guère ouvrir son âme à n'importe qui. « Il est difficile de se confier à celui qui est aussi celui qui va vous évaluer. Il est difficile de lui confier des choses qui sont de l'ordre du privé. » « Le magistrat est jugé et noté sur ses statistiques et sa rentabilité, et non sur son appréciation qualitative, insiste Valéry Turcey. Le bon magistrat est celui qui clôt ses dossiers et dont l'impartialité n'est pas mise en doute. » Comme partout, la justice vit sous le double sceau de la carotte et du bâton. La carotte, c'est l'avancement. Le bâton, c'est l'absence d'avancement.

Conséquence : chacun aujourd'hui y va de sa méthode. Jean-Marie Beney à Metz distribue les dossiers lors de réunions collégiales. En toute transparence. « C'est compliqué parce qu'il faut être attentif, sans être intrusif par rapport aux collègues. » À Lille, Frédéric Fèvre rassemblait les magistrats qui le souhaitaient pour « aborder cette notion de souffrance au travail, pour qu'ils puissent s'exprimer, raconter ce qu'ils avaient vécu, vu ». À Annecy, Éric Maillaud se targue d'être vigilant, attentif. « Je leur propose d'aller prendre un café, de parler d'autre chose, de créer un sas de décompression. »

« Mais comment faites-vous pour supporter tout cela ? » Cette question, Maryvonne Caillibotte l'a souvent entendue dans la bouche de profanes ou de ceux que l'on appelle les laïcs, au CSM. Maryvonne Caillibotte se souvient qu'à Nanterre, la salle de permanence « était à la fois la salle des horreurs, mais également le défouloir. Un peu comme dans la série *Urgences*. À la fin de la semaine, tout le monde s'y retrouvait : juges, policiers, avocats. Un lieu de briefing et de débriefing. Une soupape de soulagement ». En un mot, certaines pièces d'un tribunal se transforment, en fin de journée, en authentiques salles de garde, à l'image de ce qui se passe dans les hôpitaux. Un humour de carabin. « Si les gens nous entendaient, ils seraient un peu surpris, reconnaît le procureur Érick Maurel. Mais c'est un rire salvateur qui n'est pas irrespectueux. Mais la dérision nous permet de gommer les aspérités de cette souffrance et d'en faire quelque chose de supportable. »

Quand Bruno Cotte était à la tête d'une quarantaine de magistrats au parquet de Paris, il réunissait tous les lundis matin à 9 heures les magistrats qui avaient tenu la permanence le week-end avec les procureurs adjoints. Tous les jours à 17 heures, il rendait visite aux différentes sections. « Quand je savais qu'ils allaient être ou qu'ils avaient été confrontés à une situation difficile, de crise, je leur mettais un petit mot d'encouragement. C'était mon côté "mère poule". Une attention en apparence banale, mais qui peut porter ses fruits. "Je me suis fait agresser dans mon cabinet par un gamin qui voulait m'arracher le cœur, évoque Virginie Duval. Le président du TGI m'a mis un petit mot. J'avais trouvé cela très bien. J'avais le sentiment d'être prise en compte. C'est rare." »

Quand Nicole Maestracci présidait le tribunal de grande instance de Melun, elle s'était inspirée d'une pratique courante aux Pays-Bas. L'intervision. Les magistrats se regardent les uns les autres. On assiste au fonctionnement du collègue et on le critique en toute confraternité. « Aujourd'hui, seuls les auditeurs de justice sont nos observateurs. Seulement, ils se gardent bien de nous faire des remarques. Ils n'osent pas critiquer le maître de stage. Les magistrats sont par nature individualistes, solitaires. La collégialité est rare. Le magistrat travaille le plus souvent seul. Il faut organiser une remise en cause de ses pratiques. Sinon, au fil des dossiers, on devient répressif. On a le sentiment que les dossiers sont toujours les mêmes. Une accoutumance qui peut être néfaste. Il ne faut pas s'installer dans la routine. Ces réunions permettent de mettre en commun ses connaissances, ses méthodologies. »

Un ancien président des assises fait, lui, appel à un ostéopathe. Pour des problèmes de dos. Être magistrat du siège a aussi ses inconvénients. Un autre se souvient de son ancienne greffière. Lorsqu'il présidait les audiences devant le tribunal d'instance et qu'il ne se maîtrisait plus face aux justiciables ou aux avocats, elle lui donnait un coup de coude. « Aujourd'hui, dit Rémy Crosson du Cormier, ce coup de coude, je le sens encore. »

Comme dans de nombreux corps de métiers, les choses ont évolué. La notion de souffrance au travail est désormais admise dans les entreprises, comme dans les administrations. « Il y a moins de gêne à évoquer ses larmes. Plus de honte à cela », note Nathalie Bécache, chef du Service national de la douane judiciaire.

Un psy à toutes les sauces, plusieurs magistrats y sont hostiles. « Je passe mon temps à dire que quand on a choisi ce métier-là, il faut avoir la conviction qu'on possède des aptitudes psychologiques, de comportement et de caractère qui permettent de l'assurer, insiste Dominique Ferrière. Si on est fragile et émotif, on n'est pas cancérologue. » « Si après le procès du gang des barbares, il m'avait fallu trois mois de soutien thérapeutique pour pouvoir reprendre mes fonctions, je ne crois pas que l'institution aurait accepté, développe Olivier Leurent. Pour un magistrat du siège, se faire aider sur un plan psychologique, c'est reconnaître quelque part que vous n'avez plus la sérénité pour juger. »

Paradoxe de ce métier, c'est à la sortie de l'ENM que le magistrat va occuper les fonctions les plus en contact avec le justiciable et donc être confronté à une masse de douleurs. Aller sur la scène de crime. Être affecté à la permanence où il se transforme en juge hygiaphone. « Ils sortent d'un relatif cocon pour être nommés dans un premier poste à Bobigny ou dans le Nord. Et vivre un vrai choc de culture », regrette Guy Canivet. En revanche, plus il monte dans la hiérarchie et plus il s'éloigne du terrain.

Chaque année, le CSM publie son rapport d'activité. Peu de magistrats sont sanctionnés par la formation disciplinaire. Certains penseront, avec raison ou pas, que le corps se protège et donc que le corporatisme l'emporte sur la volonté de faire le ménage dans l'institution. Parmi ceux qui subissent les foudres du CSM, on relève surtout des magistrats qui souffrent d'insuffisances professionnelles, qui ne finissent pas leurs dossiers dans un délai raisonnable. Qui s'endorment sur leurs procédures. Le magistrat devient stérile. Plus rentable.

Il demeure que les hauts magistrats semblent aujourd'hui partagés sur leur efficacité lorsqu'ils interviennent dans les cas problématiques. Pour l'une des plus importantes présidentes de cour d'appel « lorsqu'un magistrat dépasse la ligne blanche, il y a toujours quelqu'un qui va vous alerter. En premier, un avocat. En second, un magistrat. C'est quelque chose de rassurant. Le magistrat est toujours surveillé ». Pour Guy Canivet, faire bouger un magistrat défaillant est un défi. « J'ai demandé quelques fois à des magistrats de se dessaisir. Je ne l'ai obtenu qu'une fois. Il y a très peu de cas de magistrats faisant eux-mêmes la démarche de s'autoanalyser. Ceux qui font mal leur travail ne s'en rendent pas compte. Ils résistent et se retranchent derrière le principe d'inamovibilité. »

La fin du juge unique ?

Bien qu'ils soient plus de 8 000, les magistrats ne sont pas assez nombreux. C'est un constat perpétuel. Tant par rapport au nombre d'habitants que par rapport aux contentieux qu'ils ont à régler. Pour éviter la solitude du juge, pour empêcher les dérapages, pour prévenir les scandales ou les catastrophes judiciaires, comme dans les affaires Grégory ou Outreau, des commissions, des rapports d'enquête préconisent régulièrement la collégialité. Autrement dit, il vaut mieux être trois pour se pencher sur un dossier que tout seul. Faut-il encore pouvoir le mettre en application. Robert Badinter, du temps il était ministre de la Justice, défendait cette initiative et l'avait inscrite dans les textes. Ses successeurs y ont alternativement renoncé ou y ont eu recours. Jean-Michel Hayat, président du TGI de Paris, se souvient avoir été présent le jour où Badinter avait réuni tous les magistrats instructeurs à l'ENM pour défendre ce principe de collégialité. La scène se passe en 1985. « Je me suis levé pour dire que j'étais entièrement d'accord parce que je trouvais cette fonction trop dure à porter tout seul. Je me suis fait agonir d'injures par mes collègues. Aujourd'hui, dès que je sens qu'un dossier va être compliqué, va nécessiter d'être solide, je nomme deux ou trois juges pour leur permettre de réfléchir ensemble. Il y a une authentique stratégie d'instruction. »

Dans les dossiers liés aux affaires de terrorisme, ce sont parfois six juges d'instructions qui sont nommés ensemble.

Mon psy vient me voir

Toutes les six semaines, plusieurs magistrats ont rendez-vous avec leur psychanalyste. Pour une quasi-thérapie de groupe. Ils sont six ou sept magistrats. Principalement des juges des enfants et des affaires familiales. Il faut vraiment un imprévu de dernière minute pour qu'ils ratent le rendez-vous fixé en début d'année. C'est une invitation et non une obligation. N'y vont que les volontaires et c'est évidemment plus facile si le chef de juridiction ne s'y oppose pas. Durant cette séance, des magistrats travaillant dans le même tribunal, et parfois dans la même fonction, se rencontrent plus longuement. Cinq fois au cours de la saison, le praticien se déplace dans leur tribunal. Depuis quatre ans à Paris et deux ans à Bobigny. Pas n'importe quel psychanalyste. Une des plus cotés sur la place de Paris, Caroline Eliacheff.

Dans son cabinet qui donne sur la place de Fürstenberg, elle explicite sa démarche. « Je suis là pour faire circuler la parole. Ils sont là pour parler d'une difficulté rencontrée dans leur pratique. Soit quelque chose qu'ils ont vécu. Soit quelque chose qu'ils anticipent par rapport à une épreuve à venir. La difficulté n'est pas pour eux de se sentir impuissants, mais de se maîtriser. "J'ai envie de leur mettre une baffe. Qu'est-ce que je fais ?". »

Pourtant séparés de quelques kilomètres, les juges de ces deux tribunaux vivent des problématiques totalement différentes. À Bobigny, ils évoquent en premier les violences dont ils sont l'objet de la part de justiciables. « C'est quotidiennement qu'ils se font agresser physiquement ou verbalement. Aussi je leur donne des notions de psychiatrie, parce qu'ils n'ont jamais eu une once de cours de psychiatrie pendant leurs études. Ils font face à une forte proportion de parents qui sont des malades psychiatriques : psychotiques, paranoïaques, souffrant de délires. Ils ont besoin d'un minimum de connaissances pour les repérer et savoir comment gérer la situation. »

Après plusieurs années d'expérience, Caroline Eliacheff a analysé le comportement des magistrats lors de ces séances. Ils s'écoutent respectueusement et se refusent à se juger mutuellement. En revanche, ils n'hésitent pas à s'échanger des méthodes ou des pratiques, soulever des questions de déontologie. Faut-il tutoyer ou pas un enfant ? Chacun y va de son anecdote, de son conseil. Par exemple, un mineur a commis un vol chez un magistrat de Bobigny. La juge devant lequel il comparaît est une amie de la victime. La discussion a tourné autour de la question : était-elle suffisamment impartiale pour pendre le dossier. Les avis étaient partagés.

Il est évident pour Caroline Eliacheff que cette initiative devrait être étendue à d'autres tribunaux. Et tout au long de la carrière. À l'image de ce qui se pratique pour les psychanalystes eux-mêmes. Mais comme me l'ont fait remarquer plusieurs magistrats rencontrés durant cette enquête, il va falloir du temps avant que cela aille au fin fond de la province…

« On ne peut pas prétendre juger les gens si l'on n'est pas soi-même irréprochable »

Avant d'occuper le poste de procureur général près la cour d'appel de Colmar, Jean-François Thony a été, de septembre 2007 à février 2012, directeur de l'ENM.

« Pendant les six premiers mois après mon arrivée à Bordeaux, je me suis mis en phase d'observation. L'un des points que j'ai constatés, c'est cette souffrance par rapport à ce que j'appelle la violence judiciaire. Le magistrat vit quotidiennement dans le conflit perpétuel. Ce n'est nullement spécifique aux affaires pénales. C'est le lot aussi des juges du civil, de l'instance, des affaires familiales, le juge des enfants. C'est une violence permanente, insidieuse. »

En étroite collaboration avec l'Inspection générale des services judiciaires et le Conseil supérieur de la magistrature, il a participé à l'élaboration de ce que l'on peut qualifier le « profil idéal du magistrat ». Ainsi ont été définies treize compétences, capacités fondamentales qui sont désormais une clé essentielle lors du recrutement du futur auditeur de justice. Pêle-mêle, on y relève la capacité à la relation, à l'écoute et à l'échange, à travailler en équipe, à organiser, gérer, innover, à prendre une décision, fondée en droit et en fait. Évidemment, il n'est écrit nulle part que le magistrat doit être sans cœur, imperméable au ressenti, aux sentiments. En quelque sorte, « magistrats en herbe ayant la larme à l'œil facile, s'abstenir ».

Des dispositions, des règlements que la direction de l'ENM met en application depuis la déflagration judiciaire qu'a représenté l'affaire Outreau devenue, pour l'institution, l'affaire Burgaud.

Autre bouleversement de taille au lendemain de ce séisme judiciaire, depuis la rentrée de 2009, tous les auditeurs de justice passent désormais un examen psychologique. Une initiative qui avait provoqué une volée de bois vert de la part des syndicats de magistrats. « C'est de la cosmétique. C'est de la bonne conscience, martèle Béatrice Brugère, la secrétaire générale de FO-magistrats. Quel est son rôle ? Détecter les failles ou détecter le magistrat qui ne rentrera pas dans le moule ? » La France n'était pourtant pas la pionnière dans le domaine. Autriche, Pays-Bas, Hongrie, Portugal et République tchèque le pratiquent. Les commissaires de police y sont aussi soumis.

L'évaluation du candidat ne se fait plus seulement sur sa connaissance du droit, son bagage juridique, mais sur son propre équilibre mental. Elle cherche à écarter tous ceux qui, dès le départ, présentent une fragilité qui n'est pas compatible avec la fonction. Écarter tous ceux qui n'ont pas les qualités humaines requises pour affronter de face la détresse des autres. Un filtre supplémentaire pour éviter tout mauvais *casting* lors des nominations, à commencer par l'un des premiers postes de la magistrature : le juge d'instruction.

Le test prend la forme d'un questionnaire type de deux cents questions. Il s'agit de cerner la personnalité du futur juge ou futur parquetier. Il s'agit surtout, pour l'institution, d'arrêter avant qu'il ne soit trop tard celui qui, plus tard, pourra avoir un comportement déviant dans son cabinet ou à l'audience. Évidemment, le test n'est pas infaillible et il pourra toujours se produire des dérapages malheureux. Comme ce fut le cas à Angoulême où un magistrat s'est masturbé sous sa robe pendant un procès. Ou bien des juges qui se sont présentés à l'audience légèrement éméchés. Sans oublier ceux qui tweetaient pendant les débats.

À l'ENM, les auditeurs de justice doivent passer une épreuve de « mise en situation collective ». « Un test de personnalité et d'aptitude », stipule l'école. Une sorte de jeu de rôle avant l'heure. Devant un jury, on leur demande de simuler une situation donnée. Un oral en publique d'une trentaine de minutes. Le jury regarde autant la façon dont l'élève a géré la situation de crise que son comportement par rapport à l'autre, son rapport de force, sa faculté d'écoute, de compréhension et d'adaptation.

Dans le même ordre d'idée, dans le but de combattre le phénomène de résilience, dont peut être victime un magistrat, Jean-François Thony a obtenu que le neuropsychiatre Boris Cyrulnik prenne en charge en qualité de doyen le pôle « environnement judiciaire » à l'ENM.

« On relève souvent l'arrogance dont peuvent faire preuve les jeunes magistrats, tant à l'audience que dans leur cabinet. Je pense qu'il s'agit là avant tout d'une posture. Pour se protéger. Une carapace, note le procureur général. Outre la violence des mots, des images, des procès-verbaux, il y a aussi, ne l'oublions pas, une confrontation tendue avec le justiciable et la victime. Il arrive parfois que la décision que vous rendez ne satisfasse ni l'un ni l'autre. Vous êtes alors confronté à une violence verbale importante. » À laquelle, le juge ne peut pas répondre. Sauf un rappel à l'ordre. À la loi.

Des initiatives mises en place, mais d'autres qui sont restées lettre morte. Jean-François Thony, riche de son expérience et de sa connaissance de l'institution, avait un projet. « Je voulais que dans les juridictions, chaque magistrat se choisisse un aîné, un ancien, à qui il aurait pu se confier. Soit pour évoquer, pour lui soumettre, une difficulté juridique, soit pour lui confier un souci plus personnel face à un dossier. Un rôle de conseil, de sage. Face à l'opposition des syndicats des magistrats, j'ai abandonné cette idée. »

Quand l'ENM innove

À Bordeaux comme à Paris. C'est une première. Presque une révolution. Après cinquante-sept ans d'existence, l'ENM ose parler d'émotions, de ressenti. Plus d'un quart de siècle, pour briser un tabou. Dans ce haut lieu où sont formés les magistrats de demain, le droit laisse un peu de place aux sentiments. Nous ne sommes plus dans la théorie, mais dans le vécu.

Le 21 décembre 2015, s'ouvre à Bordeaux pour la première fois une session intitulée « Gestion des douleurs ». Une quarantaine d'auditeurs de justice est présente dans la grande salle de l'école. Face à eux, leurs formateurs, tous magistrats en détachements. Ils racontent leurs expériences. Sur le terrain. Dans leur cabinet. À l'audience. Y ont été également invités des psychologues. L'ENM a mis longtemps avant de faire appel à ces praticiens de l'esprit.

La session débute par des projections de petits films réalisés par l'école. Des témoignages. Face à la caméra. À visage découvert. Juge d'instruction, procureur, juge des enfants, ils évoquent en quelques minutes leur expérience passée. Le jour où l'émotion a été trop forte. L'un raconte qu'un justiciable fou de colère a renversé son bureau. Un autre évoque le jour où, bouleversé par la plaidoirie de l'avocat de la partie civile, incapable d'enchaîner pour son réquisitoire, il a avoué publiquement son trouble. « Cela m'a évité de me mettre à pleurer. Et j'ai très bien requis. » Un troisième se souvient humblement de la fois où, agacé par le comportement de parents face à un enfant en difficulté, il s'est énervé et les a mis à la porte de son cabinet. Un dernier enfin reconnaît qu'il a demandé sa mutation après s'être rendu pour la dixième fois à l'institut de médecine légale. « L'autopsie de trop. » Certains en parlent d'une manière presque obsessionnelle. « C'est leur guerre », précise Valérie Noël qui est à l'initiative de cette session.

Arrivée à l'ENM en janvier 2015, chargée du pôle communication judiciaire, elle n'a pas eu à faire un long chemin pour rejoindre sa nouvelle affectation. Précédemment, elle officiait dans les sous-sols du tribunal de grande instance de Bordeaux, dans le même pâté de maisons. Juge d'instruction à la JIRS (Juridiction interrégionale spécialisée), elle a été l'un des trois magistrats à instruire le dossier Bettencourt dans lequel Nicolas Sarkozy, entre autres, a été mis en examen avant de bénéficier d'un non-lieu.

« Ce métier n'est intéressant que parce que l'on a des émotions. Si on n'en a pas, cela ne vaut pas la peine d'être magistrat. Nous sommes là pour donner aux futurs magistrats des conseils et les psychologues pour leur apporter des techniques afin de les maîtriser. Le discours dominant est qu'il ne faut surtout pas mettre ses émotions de côté. Les jeunes veulent mettre à distance tout ce qui est émotion. Pour eux, être professionnel, c'est écarter les émotions. C'est une erreur phénoménale. Si on les met de côté, cela sera pire. Elles finiront par ressurgir. Elles ne doivent pas parasiter la décision. Il ne faut pas mettre en opposition l'humanité et l'impartialité.»

Valérie Noël note que les émotions divergent selon la fonction qu'occupe le juge. De la colère ou du dégoût quand on est au parquet. De la tristesse quand on est juge des enfants. «Les auditeurs aiment bien que l'on leur raconte nos échecs, nos faiblesses. Ils sont prêts à l'entendre après plusieurs semaines de stages d'observations. Jamais dans les premiers jours.»

L'antenne de Paris n'est pas en reste. Ici, on s'adresse aux magistrats déjà en fonction. Ils viennent dans le cadre de la formation continue. Volontairement ou parce que c'est un passage obligé. Ils sont une trentaine à s'être inscrits pour une session un peu particulière. Une nouveauté dans le catalogue de l'ENM. «Face à la mort: enjeux humains et pratiques professionnelles.» Elle se tient dans le petit amphithéâtre au sous-sol. Un stage de deux jours en ce début mai 2016. Majoritairement des magistrats, mais aussi des gendarmes. Ces derniers, plus que jamais, avec les policiers, sont quotidiennement confrontés à la mort. Bien avant le magistrat du parquet. Face à eux, des psychologues, des psychiatres, mais aussi un ethnologue. La mort est différente selon les us et coutumes.

À l'issue de cette session, je retrouve celui qui en est le modérateur, mais aussi l'instigateur. Après dix-sept ans comme juge d'instruction, Patrick Ramaël est président de chambre à la cour d'appel d'Aix-en-Provence. L'homme ressort de ces deux jours de stage ravi mais surpris. Pour lui, il s'agissait d'abord de donner aux professionnels des clés pour pouvoir gérer une situation difficile. Annoncer, sur la scène de crime ou dans son cabinet, la mort à un proche, un membre de la famille.

Comment le dire ? Quels mots employer ? « Cadavre, autopsie et mort, sont trois mots que je ne citais jamais quand je me retrouvais dans cette situation-là, souligne-t-il. Pour ne pas augmenter le traumatisme des personnes en annonçant la mort brutale. Il ne faut pas les survictimiser. »

Mais pour certains des participants, le titre de la session « Face à la mort » avait une autre lecture. Ils sont venus pour raconter leur traumatisme. Pas celui des victimes. Pas celui des familles. Le leur. Celui qui ne passe pas. Qu'ils ne digèrent pas. « Nous sommes des éponges à des histoires horribles. Nous n'avons pas la culture du débriefing, contrairement à ce qui se passe dans d'autres corps de métier, reconnaît le juge Ramaël. Dès qu'il y a un souci avec un magistrat ou dans une juridiction, le réflexe est d'envoyer l'Inspection des services judiciaires. » Les bœuf-carotte de la justice.

On devient magistrat après trente-trois mois de scolarité. L'auditeur de justice alterne les cours à l'école de Bordeaux, avec les stages en juridiction. Une phase de formation essentielle qui devient un sas entre le monde très protégé de l'université et le bouillonnement de la juridiction. Non seulement cela lui permet d'évaluer quel poste aura sa préférence, et dans le même temps le futur magistrat est formé à toutes les fonctions. Ensuite selon son classement au concours de sortie, il choisit son poste parmi ceux qui sont disponibles. D'une façon très minoritaire, il y a depuis la promotion 2012 plus de redoublements et de radiations. Le 16 mars 2016, le jury a exclu cinq auditeurs de justice et décidé du redoublement de neuf autres. Des décisions lourdes qui ont suscité la colère de la majorité des auditeurs de justice de la promotion 2014.

Le rôle du Conseil supérieur de la magistrature

Début novembre 1981, Christian Raysseguier quitte Paris pour Marseille. Il s'installe au bureau du juge Pierre Michel. Ce magistrat instructeur s'était jeté corps et âme dans des dossiers liés au grand banditisme marseillais : Cosa Nostra, French

Connection, le clan Zampa. En décidant de faire incarcérer la femme de l'un des parrains, le juge Michel signe son arrêt de mort. Pierre Michel est abattu le 21 octobre 1981 alors qu'il rentre chez lui à moto pour déjeuner avec les siens. Victime d'un contrat.

Son successeur, Christian Raysseguier reprend ses dossiers. Comme Pierre Michel, il reçoit des menaces de mort. « À aucun moment, dit-il trente-cinq ans plus tard, je n'ai reçu un quelconque soutien de ma hiérarchie ou du ministère. »

Il n'aura pas plus de soutien dix ans plus tard quand le 17 octobre, il se rend à la gare de Melun. À 6 heures 29, le train autos-couchettes Nice-Paris a percuté un train de marchandises. Le magistrat découvre une vision d'horreur. Les trains sont enchevêtrés. On relève seize morts. « On ne m'a rien demandé non plus. À l'époque, nous n'étions ni aidés ni soutenus. Aujourd'hui, poursuit-il, il ne faut pas aller à l'extrême, chouchouter, materner les magistrats. Ils doivent savoir dès le départ qu'ils vont être confrontés à des choses pas simples. »

Deux fois membre du Conseil supérieur de la magistrature. Cinq ans à la tête de l'Inspection générale des services judiciaires, Christian Raysseguier a un regard lucide sur l'institution. « Le corps de la magistrature est sain. Il y a très peu d'affaires où la probité du magistrat est en cause. En revanche, il y a quelques cas de dossiers liés à ce que j'appelle la misère humaine: des addictions à l'alcool, des problèmes liés à la sexualité ou à la violence. »

D'où l'importance dans les nominations de magistrats. Chaque année, environ mille postes font l'objet d'une décision du CSM. Tous les magistrats ne sont pas auditionnés. Pour la plupart des postes, le choix se fait à partir du dossier du magistrat dans lequel figurent les évaluations faites par le supérieur hiérarchique tous les deux ans. Non seulement, il y a accès, mais le contradictoire est respecté. Fini le temps où le candidat découvrait que, dans son dossier, on avait subrepticement glissé des coupures de presse, des lettres de justiciables mécontents ou des tracts syndicaux. La transparence est aujourd'hui de mise.

Pour les postes de la hiérarchie, en revanche, le candidat est auditionné au Conseil supérieur de la magistrature, par des magistrats et par des représentants de la société civile qui sont en majorité. Il a dix minutes pour plaider sa cause et ensuite, pendant trente minutes, il essuie des questions en rafale.

On ne devient pas chef de juridiction par hasard. Si aujourd'hui ce poste ne correspond pas forcément à une fin de carrière et n'est pas uniquement destiné à des magistrats d'un certain âge, il nécessite de répondre à un double critère. Le magistrat devient un chef d'entreprise qui doit se préoccuper autant des justiciables que des fonctionnaires de justice dans leur ensemble.

Pour les procureurs et les procureurs généraux, le CSM donne un avis. Que les ministres de la Justice s'engagent désormais à respecter. « Désormais, le nouveau chef de juridiction doit avoir aussi des capacités de management, de dynamisme et de *process* administratif. Cela représentera 80 % de son activité. Il faut recruter et détecter. Tout cela est très borné. Très encadré », précise Christian Raysseguier.

« On essaye de tester l'individu, mais nos moyens sont faibles, intuitifs, reconnaît de son côté Jean-Claude Marin qui, en qualité de procureur général près la Cour de cassation, fait partie de la formation parquet.

« La fragilité ne se perçoit pas en quarante-cinq minutes, confirme Christophe Régnard, actuel membre du CSM. Mais on les interroge de plus en plus sur la souffrance au travail, sur la gestion de crise et plus seulement sur leurs capacités juridiques ou juridictionnelles. »

L'avenir dira si dans les magistrats qui ont composé le 08…, figurent des présidents, des procureurs pour témoigner à leur tour de leur souffrance au travail.

19

À mon tour de m'allonger sur le divan

Je l'avoue. J'ai de mauvaises fréquentations.

Depuis 1989, je ne compte plus les prévenus et les accusés que j'ai vu ressortir de la salle d'audience, menottes aux poignets, quelquefois abasourdis par la peine qui venait d'être prononcée à leur encontre. Oserais-je confesser qu'avant un délibéré, il arrive aux chroniqueurs judiciaires que nous sommes de nous livrer à un sombre calcul ? Quel âge aurons-nous quand ce condamné sortira de prison ? Il me reste en mémoire des images fortes. Comment ne pas oublier ces victimes ou ces proches du condamné qui s'effondrent dans la salle d'audience quelques minutes après le rendu du verdict. Pleurant seuls sur leur banc rarement confortable. Abandonnés par leur avocat qui a préféré se précipiter dans la salle des pas perdus pour répondre aux journalistes.

Après avoir « pissé MA copie » comme disait Antoine Blondin, il me faut rejoindre mon hôtel, ou mon domicile. Je le dis souvent. Nous sommes une éponge. Le journaliste absorbe une masse d'informations qu'il recrache en fin de journée, en écrivant son papier. Dans le meilleur des cas, car parfois, faute de place dans son média, la rédaction décide de faire l'impasse. Résultat, le journaliste garde son petit bagage de la journée pour lui tout seul. Et il compense comme il peut.

Une éponge en forme de millefeuille. À force de noircir du papier, on broie du noir. On somatise. Moi, je dors mal. Déjà dans la nuit qui précède un procès lourd, mon sommeil est agité. Comme si j'allais être jugé. Non pas par les magistrats, mais par les téléspectateurs. Je me mets la pression. Dans le minimum de temps qui nous est imparti, dans la presse audiovisuelle comme dans la presse écrite, le journaliste n'a pas le droit à l'erreur. Impossible de faire un contresens juridique. Impossible de prendre parti dans le débat judiciaire. Une pression, un trac qui atteint tous les protagonistes d'un procès. Éric Dupond-Moretti a avoué qu'à la veille de ses plaidoiries, en début de carrière, il vomissait avant de se jeter dans la bataille en plein prétoire. Pas étonnant que l'avocat lillois plaide avec ses tripes. Moi c'est le sommeil tout aussi troublé après le procès. Je n'arrive pas à m'endormir du sommeil du juste. Je ressasse, je rumine. Je refais l'audience, je refais mon papier, comme d'autres refont le match ou le monde.

Après avoir confessé tant de magistrats, je suis obligé de reconnaître à mon tour mes blessures. J'ai versé quelques larmes pendant la déposition du père du petit Grégory, Jean-Marie Villemin, racontant la dernière vision de son fils dans le rétroviseur de sa voiture, le 16 octobre 1984. J'ai vécu un grand *stress* lorsque l'acquittement de Patrick Dils est tombé en plein direct du 20 heures. J'ai pouffé de rire, comme beaucoup, après les saillies et lapsus du président Gilles Latapie ou de certains témoins lors du procès de Michel Fourniret et de Monique Olivier. Des soupapes nécessaires dans des audiences lourdes en dramaturgie.

Moments inoubliables lors des dépositions des témoins ou survivants des convois d'extermination lors du procès de Maurice Papon. Souvenirs poignants de ces parents venus à la barre défendre la mémoire de leurs enfants assassinés, qu'ils s'appellent Delphine Boulay, Kalinka Bamberski, Anne-Lorraine Schmitt, Susanna Zetterberg, Aurélie Fouquet. Ces soirs-là aussi, j'ai mal dormi.

Perturbante et troublante, la déposition à la barre des témoins d'un des fils de Maurice Agnelet lors du troisième procès en 2014. Soutien incontestable lors du premier procès à Nice, Guillaume Agnelet devient accusateur numéro un à Rennes. Un réquisitoire avant l'heure.

Heureux temps où les accusés et les prévenus s'appellent Simone Weber, Omar Raddad, Marie-Élisabeth Cons-Boutboul, Bernard Tapie, Victor-Emmanuel de Savoie, Paul Touvier, Véronique Courjault, Alfred Sirven, Jean-Marie Messier, François-Marie Banier, Jérôme Kerviel, Dominique Alderweireld dit « Dodo la Saumure », Charles Pasqua, Jérôme Cahuzac… Leur crime ou délit passe au second plan derrière leur personnalité. Sur nos bancs, on condamne leurs actes, mais on loue leur charisme, leur culot, leur repartie. Par la suite, nous sommes rentrés dans le noir, l'obscur, le dégoût. Guy Georges, Patrice Alègre, les frères Jourdain, Youssouf Fofana, Francis Heaulme, les curés ou instituteurs pédophiles. Le temps des prédateurs. On ne s'habitue pas à ces torrents d'horreurs. Les cours d'assises ne jugent plus majoritairement des Jacques Mesrine, des François Besse, des Roger Knobelspiess, Jean-Claude Bonnal dit « le chinois », Antonio Ferrara, mais des auteurs de viols.

J'ai toujours la nausée quand je repense au dossier de Pierre Bodein, qui porte bien son surnom de « Pierrot le fou ». Ce ne sont pourtant que quelques lignes lues dans l'arrêt de renvoi. Au détour d'un paragraphe, les juges détaillent, sans rien omettre, ce que l'accusé a fait subir comme sévices à ses petites victimes. Le fait que les inimaginables mutilations aient été perpétrées *post mortem* n'enlève rien au dégoût. Ces détails ne s'effaceront jamais de ma mémoire. Des détails imprégnés à jamais. Et aucune gomme ne les effacera.

Il y a des visites immobilières dont on ne se remet pas. Jamais. Le 27 avril 2004, avec un autre journaliste français, j'ai été accrédité pour me rendre dans la cache que Marc Dutroux avait confectionnée dans sa maison de Marcinelle près de Charleroi en Belgique. Journalistiquement, ce fut enrichissant. Humainement, ce fut dévastateur. Ce transport de justice fut organisé par Stéphane Goux, le président des assises d'Arlon où se déroulait le procès. Douze ans plus tard, je n'ai oublié aucun détail. Le départ en convoi avec l'ensemble de la cour. Les Mercedes blindées avec les accusés. L'hélicoptère au-dessus de l'autoroute coupée pour la circonstance. Et 175 kilomètres plus loin, derrière une palissade, le 128, route de Philippeville. Après les magistrats, les jurés, les avocats, les accusés, et les journalistes belges, ce fut mon tour. En raison de la vétusté des lieux, nous portions tous un casque de chantier. Au premier étage, j'ai d'abord senti une odeur de moisi, puis remarqué les papiers jaunis, et au coin d'une pièce, un lit rouillé où Dutroux attachait ses proies. Ensuite on m'a invité à redescendre vers le sous-sol. Une descente aux enfers. D'abord la cave, puis la chaufferie et, dans la pénombre, une ouverture dans le mur. Une trappe fermée par une plaque de béton de plus de 200 kg. Un système dont l'occupant était très fier. Recroquevillé, je pénètre dans la cache. Là où Julie et Mélissa ont succombé après un séjour forcé de cent trois jours. Là d'où sont sorties miraculeusement Laetitia et Sabine, âgées à l'époque de 14 et 12 ans. Cette cache fait 2 mètres de long, 1 m 60 de haut et 1 mètre de large. On n'y tient pas debout. On n'y tient pas à deux. Pas de lumière. Juste une planche pour y poser quelques affaires. Laetitia et Sabine, après Julie et Mélissa, y ont été séquestrées et violentées pendant quatre-vingts jours. Au bout de deux minutes, je décide de sortir de ce piège. J'ai juste eu le temps de relever, sur un des murs de couleur orangée, une inscription. Une écriture enfantine. Un mot écrit au crayon noir. Comme une épitaphe. « Julie ».

Ce soir-là non plus, je n'ai pas bien dormi.

Mon casier judiciaire est toujours vierge. Mais mon bagage à idées noires s'est considérablement alourdi. Preuve, s'il le fallait, que personne ne sort indemne de la justice.

20

Douze conseils aux magistrats de demain

– « La vie judiciaire d'un magistrat, aussi prégnante et exigeante soit-elle, ne doit être qu'un élément de sa vie. L'ouverture ailleurs est indispensable. » Pierre Truche, ancien premier président de la Cour de cassation.

– « On a le droit de dire que cette affaire-là, on n'a pas envie de la traiter. » Jean-Claude Marin, procureur général près la Cour de cassation.

– « Je trouve que souvent mes collègues n'ont pas un regard compatissant et bienveillant sur les fonctionnaires alors que nous sommes tous ensemble. On ne fait rien sans les autres. » François Molins, procureur de la République de Paris.

– « Être seul est quelque chose qu'il faut éviter. Il faut être en première ligne, leader, responsable mais avoir quelqu'un avec soi pour échanger, décompresser. Ne pas s'impliquer, c'est la pire des choses. » Robert Gelli, directeur des affaires criminelles et des grâces.

– « Il ne faut pas devenir une partie prenante du drame qui se déroule devant vous. » Olivier Leurent, directeur de l'École nationale de la magistrature.

– « Ne pas se laisser envahir par l'émotion et l'empathie. Ne pas agir sous l'emprise de l'affect. Nous n'avons pas à être des éponges. Nous ne sommes pas là pour souffrir avec les victimes. La première question que nous avons à nous poser est : que dit la loi ? » Christophe Barret, procureur de la République à Montpellier.

– « Ce n'est pas son affaire, son détenu, son mis en examen. Surtout ne pas s'approprier l'affaire. Il faut préconiser la règle des 3 H : Humanité, Humilité. Humour. » Jean-Yves Coquillat, procureur de la République de Grenoble.

– « Il y a deux erreurs à ne pas commettre : vouloir être aimé et s'identifier à sa fonction. » Dominique Coujard, ancien président de cour d'assises.

– « Beaucoup de scènes criminelles se passent sur la voie publique. N'importe qui peut filmer nos réactions, mais aussi nos attitudes : un sourire ou une larme. Vous imaginez le procureur de Paris qui, se rendant au Bataclan sous le feu des caméras ou des smartphones, laisserait couler une larme sur sa joue. Ce n'est pas concevable. Nous devons être vigilants afin de rester dans la neutralité, l'impartialité. Nous ne sommes pas des justiciers. » Érick Maurel, procureur adjoint à Pontoise.

– « On a tous un petit cimetière judiciaire dans la tête. Je le dis aux jeunes. Faites attention qu'il ne soit pas trop développé. » Jean-Christophe Muller, procureur de la République à Pau.

– « Ce qui est commun à toutes les fonctions, c'est notre exigence de trouver chaque fois une solution. Il faut répondre à l'attente. Sinon il y a un déni de justice manifeste. » Michelle Torrecillas, juge d'application des peines à Montpellier.

– « Les magistrats sont très preneurs de la formation continue, car c'est l'un des rares moments où ils échangent. » Alain Vogelweith, vice-président du TGI d'Aix-en-Provence.

Liste des magistrats rencontrés ou contactés

Remerciements à tous les magistrats qui ont accepté de me recevoir. En espérant ne pas avoir trahi leur confiance.

Que ceux, nombreux, à qui je ne me suis pas adressé, me pardonnent. Comme je pardonne à ceux qui ne m'ont jamais répondu.

– Jean-Paul Albert, président de chambre à la cour d'appel de Versailles.

– Martine Anzani, ancien président de la commission de révision à la Cour de cassation.

– Christophe Barret, procureur de la République de Montpellier.

– Nathalie Bécache, chef du Service national de la douane judiciaire.

– Jean-Marie Beney, procureur général à la cour d'appel de Metz.

– Francis Bobille, conseiller à la cour d'appel de Pau, président de cour d'assises.

– Dominique Boiron, secrétaire général au parquet général de Pau.

– Paul-André Breton, premier président de la cour d'appel de Rouen.

– Marc Brisset-Foucault, avocat général à la cour d'appel de Paris.

– Béatrice Brugère, secrétaire général de FO-magistrat.

– Maryvonne Caillibotte, avocat général près la cour d'appel de Paris.

– Guy Canivet, ancien membre du Conseil constitutionnel.

– Yves Charpenel, premier avocat général près la Cour de cassation.

– Franck Charon, procureur adjoint à Lille.

– Claude Choquet, 1er juge d'instruction antiterroriste à Paris.

– Olivia Cligman, juge des enfants à Créteil.

– Jean-Yves Coquillat, procureur de la République de Grenoble.

– Sabine Corvaisier, magistrat en détachement à l'École nationale de la magistrature.

– Bruno Cotte, ancien président de la chambre criminelle à la Cour de cassation, membre de l'Institut de France.

– Pierre-Yves Couilleau, procureur de la République de Toulouse.

– Dominique Coujard, ancien président de cour d'assises à Paris.

– Philippe Courroye, avocat général à la cour d'appel de Paris.

– Rémi Crosson du Cormier, avocat général à la cour d'appel de Paris.

– Bruno Dalle, directeur du Tracfin.

– Jacques Dallet, procureur général à la cour d'appel de Grenoble.

– Laurent Davenas, ancien avocat général près la Cour de cassation.

– Catherine Denis, procureur de la République de Nanterre.

– Anne Devigne, vice-président du tribunal des enfants de Charleville-Mézières.

– Guillaume Didier, ancien porte-parole du ministère de la Justice, directeur conseil au cabinet Vae Solis.

– Thierry Dran, procureur de la République à Chambéry.

– Édouard Durand, secrétaire général à la première présidence de la cour d'appel d'Orléans.

– Virginie Duval, président de l'Union syndicale des magistrats.

– Caroline Eliacheff, psychanalyste.

– Dominique Ferrière, procureur général à la cour d'appel de Bordeaux.

– Frédéric Fèvre, procureur général à la cour d'appel de Nancy.

– Luc Frémiot, avocat général à la cour d'appel de Douai.

– Robert Gelli, directeur des affaires criminelles et des grâces.

– Jean-Michel Hayat, président du TGI de Paris.

– Rémy Heitz, procureur général près la cour d'appel de Metz.

– Éliane Houlette, procureur national financier.

– Patrick Lalande, ancien avocat général près la Cour de cassation.

– Jérôme Lazard, président du TGI d'Albertville.

– Renaud Le Breton de Vannoise, président du TGI de Bobigny.

– Laurent Le Mesle, premier avocat général près la Cour de cassation

– Michel Lernout, avocat général à la cour d'appel de Paris.

– Olivier Leurent, directeur de l'École nationale de la magistrature.

– Francine Levon-Guérin, ancienne conseillère près la Cour de cassation.

– Élisabeth Linden, ancienne première présidente de la cour d'appel d'Angers.

– Hervé Lollic, procureur de la République de La Roche-sur-Yon.

– Jean-Yves Lourgouilloux, procureur adjoint au parquet national financier.

– Étienne Madranges, avocat général à la cour d'appel de Paris.

– Nicole Maestracci, membre du Conseil constitutionnel.

– Jean de Maillard, vice-président au TGI de Paris.

– Éric Maillaud, procureur de la République de Clermont-Ferrand.

– Marc Mariée, procureur adjoint au TGI de Bayonne.

– Sabine Mariette, conseillère à la cour d'appel de Douai.

– Jean-Claude Marin, procureur général près la Cour de cassation, membre du Conseil supérieur de la magistrature.

– Érick Maurel, procureur adjoint à Pontoise.

– François Molins, procureur de la République de Paris.

– Agnès Mouillard, président de la chambre commerciale à la Cour de cassation.

– Jean-Christophe Muller, procureur de la République à Pau.

– Francis Nachbar, avocat général près la cour d'appel de Rennes.

– Valérie Noël, maître de conférences à l'École nationale de la magistrature.

– Jean-Baptiste Parlos, conseiller à la Cour de cassation.

– Jean-Louis Peries, président de chambre à la cour d'appel de Paris.

– Alain Philibeaux, avocat général près la cour d'appel de Versailles.

– Patrick Poirret, directeur de l'Inspection des services judiciaires.

– Jean Quintard, procureur adjoint au TGI de Paris.

– Patrick Ramaël, président de chambre à la cour d'appel d'Aix-en-Provence.

– Franck Rastoul, procureur général à la cour d'appel de Bastia.

– Christian Raysseguier, ancien avocat général près la Cour de cassation.

– Christophe Régnard, conseiller à la cour d'appel de Paris, membre du Conseil supérieur de la magistrature.

– Brice Robin, procureur général près de la cour d'appel de Chambéry.

– Gilles Straehli, conseiller à la Cour de cassation, membre de la cour de justice de la République.
– Jean-François Thony, procureur général à la cour d'appel de Colmar.
– Marielle Thuau, directrice des services judiciaires.
– Michelle Torrecillas, juge de l'application des peines à Montpellier.
– Marc Trévidic, vice-président du TGI de Lille.
– Pierre Truche, ancien premier président de la Cour de cassation.
– Valéry Turcey, président de chambre à la cour d'appel de Paris.
– Éric Vaillant, procureur de la République à Cayenne.
– Renaud van Ruymbeke, juge d'instruction au pôle financier à Paris.
– Laurence Vichnievsky, avocat général à la cour d'appel de Paris.
– Alain Vogelweith, vice-président au TGI d'Aix-en-Provence, membre du Conseil supérieur de la magistrature.

Il convient d'ajouter tous ceux qui ont préféré rester anonymes, à l'ombre de leur robe de magistrat.

Ouvrages signés par les magistrats rencontrés

– Albert (Jean-Paul), Ayadi-Takerkart (S.), Bauer (J.C.) (illustrations), *La Justice*, collection « La Grande Imagerie », éd. Fleurus, 2013.
– Albert (Jean-Paul), Ayadi-Takerkart (S.), Bauer (J.C.) (illustrations), *La République*, collection « La Grande Imagerie », éd. Fleurus, 2015.
– Albert (Jean-Paul), Ayadi-Takerkart (S.), Dayan (J.), Bauer (J.C.) (illustrations), *Les Experts scientifiques*, collection « La Grande Imagerie », éd. Fleurus, 2016.
– Charpenel (Yves), *Le Glaive & la Rustine*, éd. Economia Eyrolles, 2012.

– Dallet (Jacques), *Mes homicides. Un procureur face au crime*, éd. Robert Laffont, 2015.

– Davenas (Laurent), *Profession : répression*, éd. Acropole, 1988.

– Davenas (Laurent), *Lettre de l'Himalaya à ceux qui jugent et à ceux qui sont jugés*, éd. du Seuil, 1998.

– Frémiot (Luc), *Je vous laisse juges… Confidences d'un magistrat qui voulait être libre*, éd. Michel Lafon, 2014.

– Le Mesle (Laurent) et Pansier (Frédéric-Jérôme), *Le procureur de la République*, collection « Que sais-je », éd. PUF, 1998.

– Madranges (Étienne), *Les Palais de Justice de France*, éd. LexisNexis, 2011.

– Madranges (Étienne), *La tarte aux groseilles de grand'mère et trente autres récits*, Madranges éditeur, 2016.

– Maurel (Érick), *Paroles de procureur*, collection « Témoins », éd. Gallimard, 2008.

– Ramaël (Patrick), *Hors procédure. Dans la tête d'un juge d'instruction*, éd. Calmann-Lévy, 2015.

– Trévidic (Marc), *Au cœur de l'antiterrorisme*, éd. J.C. Lattès, 2011.

– Trévidic (Marc), *Terroristes. Les 7 piliers de la déraison*, éd. J.C. Lattès, 2013.

– Trévidic (Marc), *Qui a peur du Petit Méchant Juge ?*, éd. J.C. Lattès, 2014.

– Trévidic (Marc), *Ahlam*, éd. J.C. Lattès, 2016.

– Turcey (Valéry), *Le Prince et ses juges*, éd. Plon, 1997.

– Turcey (Valéry), *Lettre aux gens honnêtes qui se sentent un peu seuls en ce moment*, éd. Plon, 1999.

– Turcey (Valéry), *L'horreur juridique. Vers une société de procès*, éd Plon, 2002.

– van Ruymbeke (Renaud), *Le juge d'instruction*, collection « Que sais-je ? », éd. PUF, 2008.

Signalons également :

– Caroline ELIACHEFF et Daniel SOULEZ LARIVIÈRE, *Le temps des victimes*, éd. Albin Michel, 2007.

Table des matières

Préface 11

1 - Face aux attentats 17

Les silences de François Molins 17

Tuerie en plein conseil municipal 25

Marseille, un 11 septembre avant l'heure 27

Huit morts et cent dix-sept blessés au RER Saint-Michel 28

Une médecine de guerre 31

Rencontre avec Marc Trévidic, ancien juge d'instruction antiterroriste 33

2 - face aux catastrophes 41

Le geste criminel d'un copilote 41

Le ***crash*** d'un avion mythique 48

Deux postes, deux catastrophes 51

Une ambiance de guerre 56

Dans l'enfer du tunnel 57

La chapelle ardente 60

3 - Le premier cadavre 63

Quand le mort est un squelette 65

L'école de l'autopsie 67

Porteur de mauvaises nouvelles 68

Une odeur de dentifrice 69

4 - On ne compte plus les morts 71
Et toi, qu'aurais-tu fait ? 75
L'émotion boomerang 77
Tuée par un mineur récidiviste 78
Une tête sur la télé 81
Une seule chaussette 84
« Que faire des enfants ? » 85

5 - Des affaires criminelles dont ils ne sont pas sortis indemnes 87
Jean-Claude Romand ou une vie de mensonges 87
Pierre Chanal ou les disparus de Mourmelon 92
Michel Fourniret ou le pervers pépère 100

6 - Le poids d'une affaire 115
Le mystère de la troisième rotule 115
Une tuerie sur fond de neige 117
Un mensonge criminel 119
Des morts sur ordonnance 121
Le premier crime de SK1 123
Le combat d'un père 125
Silence 127
Rencontre avec Laurence Vichnievsky, ancien juge d'instruction 128

7 - Un goût d'inachevé 137
L'énigme Chevaline 137
Le secret de la Vologne 140
Recherche Mathis désespérément 145
Des échecs qui matent la mort au bord de la route 147
La jeune fille de la Croix-Rousse 148
Rencontre avec Philippe Courroye, ancien procureur de la République 150

15 - L'enfant en souffrance.......... 293
Une juge des enfants devenue sage.......... 296
Un sacerdoce.......... 297
De Mulhouse à Montpellier.......... 299
Juge ou parent ?.......... 300
La visite d'une maternité.......... 300
Un remerciement qui intervient trente-sept ans plus tard.......... 302
« Si j'ai pu être un bon juge… ».......... 303
Rencontre avec Éliane Houlette, procureur national financier.......... 305

16 - Face aux victimes.......... 309
L'incompréhension d'un père.......... 309
L'accusé victime.......... 313
Victimes de génocide.......... 315
Victime de son gynécologue.......... 317
Un talc qui tue.......... 318
Une fausse victime.......... 319

17 - Accompagner les jurés.......... 323
Pau, ville pilote.......... 323
Juré un jour, juré toujours.......... 327
Des présidents qui donnent la mesure.......... 328
Le poids des mots, le choc des photos.......... 332
Angers n'est pas Outreau.......... 334

18 - Vous avez demandé un psy, ne quittez pas !.......... 339
« Mais comment faites-vous pour supporter tout cela ? ».......... 342
La fin du juge unique ?.......... 346
Mon psy vient me voir.......... 347

ses d'otages.......... 155
.... 156
férence d'âge.......... 157
.... 158
.... 160
.... 160
.... 162
.... 165

ıres sensibles.......... 169
enu.......... 169
.... 170
ge.......... 172
chaise vide.......... 174
.... 176
.... 178
II.......... 180
ans le viseur.......... 181
.... 184
.... 185
parquet le plus puissant
.... 187
ou faire sauter le gouvernement
.... 190
ud Van Ruymbeke, juge
.... 191

t.......... 199
treau.......... 199
ous des Fabrice Burgaud ».......... 202
moclès.......... 203
le angoisse ».......... 203

Le spectre de l'erreur ....

Parole contre parole....................................

La victime qui n'a pas été violée ....

Un *copycat* peut en cacher un autre..............

Accuser pour attirer le regard ....

La condamnation que l'on n'a pas vu venir....

L'acquittement que l'on n'a pas vu venir ....

Le dossier que l'on n'a pas ouvert et que l'on n parvient pas à refermer....................................

11 - Quand le juge est un pompier ....

Un magistrat chargé des obsèques......................

Mise sous tutelle ....

12 - Instants d'audience ....

La voix d'Ilan Halimi ....

Meurtre sur dictaphone ....

La joggeuse...

Le violeur aux lacets ....

Procès d'une « tournante » ....

Père et fille dans le box, chacun leur tour.............

Un coup de feu en guise de divorce ....

« Je vous la raconte comme si c'était hier » ....

Les remerciements d'une mère............................

Livreur de journaux...

Rester de marbre...

Du doute à la conviction......................................

13 - Dans le huis clos du cabinet.................................

Un aveu qui ne soulage pas la peine......................

Plus à un aveu près ....

L'aveu d'Émilie...

....250

et on dénonce 251

neurtrier sort du cabinet du juge.....................253

ı divorce 255

esse avait prévenu 257

amants qui divorcent 257

ur de jeunesse 259

ues du métier..260

s dans le bureau..261

s de mettre en prison 263

lroit à l'erreur...264

tentions mortelles...265

le 266

détenus dans la tête » ....

....269

ant mort 271

ter au phénomène d'identification 273

ntifier à des victimes, mais aussi à un lieu..............274

x enfants à l'autopsie 275

nort au bout du fil..278

mères meurtrières..279

enfants meurtriers..280

l'influence des psys, ou pas.......................................281

ie main d'enfant ensanglantée sur le mur..................28

es peluches et une boîte à musique 28

eux boucles d'oreilles...28

ne vie de m...2

e jeu du foulard 2

essica...

Des nounous criminelles...

Bébé secoué...

Achevé d'imprimer par ISI PRINT,
en juillet 2018
N° d'imprimeur : 138374

Dépôt légal : février 2017

Imprimé en France

« On ne peut pas prétendre juger les gens si l'on n'est pas soi-même irréprochable » 349
Quand l'ENM innove 351
Le rôle du Conseil supérieur de la magistrature 354

19 - À mon tour de m'allonger sur le divan 357

20 - Douze conseils aux magistrats de demain 361

Liste des magistrats rencontrés ou contactés 363